O'NEIL · LOWNDES

Der Lebenslauf

GEORGE UND GISELA O'NEIL
FLORIN LOWNDES

Der Lebenslauf

Lesen in der eigenen Biografie

*Herausgegeben, bearbeitet und
mit einem abschließenden Kapitel versehen
von Florin Lowndes*

VERLAG FREIES GEISTESLEBEN

*Aus dem Amerikanischen
von Bettine Braun und Doris Hecht
Titel der Originalausgabe:
«The Human Life»*

ISBN 978-3-7725-2620-6

5. Auflage 2021
Verlag Freies Geistesleben
Landhausstraße 82, 70190 Stuttgart
www.geistesleben.com

© 1990 by Florin Lowndes
© 1994 Verlag Freies Geistesleben
& Urachhaus GmbH, Stuttgart.
Zeichnungen im Text und «Lebens-Plan» von Florin Lowndes.
Einband: Walter Schneider unter Verwendung von
Bildern von Gerhard Wendland
Druck: GGP Media GmbH, Pößneck
Printed in Germany

Inhalt

Vorwort zur 4. Auflage.............................13
Aus dem Vorwort des Herausgebers zur Erstausgabe 22
Vorbemerkung...................................25
   I. Der Lebensplan 27
   II. Reifen der Seelenkräfte....................81
   III. Ausgleich der Polaritäten im Menschenleben ..125
   IV. Das Leben des Kosmos im Spiegel der Lebensalter 161
   V. Unsere karmischen Weggefährten 223
   VI. Menschenbegegnungen im Lichte von Mond
       und Sonne................................. 247
   VII. Entscheidungsjahre – die Rhythmen von Sonne,
       Mond und Sternen.........................269
   VIII. Metamorphose der schöpferischen Kräfte –
       was uns gegeben ist und was wir uns
       selbst erringen 289
   IX. Quellen der geistigen Erneuerung: Nacht,
       Mittwinter und Mitte des Lebens.............303
   X. Der «Lebens-Plan» 321

Anhang..417
Anmerkungen 435
Register 386

Inhaltsverzeichnis

Vorwort zur 4. Auflage 13
Aus dem Vorwort des Herausgebers zur Erstausgabe 22
Vorbemerkung 25

  I. Der Lebensplan............................... 27

    1. Etwas, das jeden angeht...................... 29
      Was die Welt sagt 31
      Ein Überblick 32
      Aspekte von Körper, Seele und Geist 34
      Der Gipfel mit 27 – und was danach kommt 48

    2. Jahre der Wandlung........................... 53
      Rätsel des Himmels, der Erde und des Menschen 53
      Rückblick 54
      Vergangenheit und Zukunft im Zeiterleben 56
      Die zweite Lebensperiode – ein Beispiel 57
      Der Wendepunkt – Pflanze und Mensch 59
      Polaritäten: Abstieg und Aufstieg 61
      Verwandlung 63

    3. Zeit der Reife: Die Brücke im 35. Jahr 67
      Kurzer Rückblick 67
      Warum der Lebensplan wichtig ist 68
      Der Reifeprozess 68
      Offene Tore 70
      Rudolf Steiner zum Wendepunkt um 35 72

II. REIFEN DER SEELENKRÄFTE 81

1. Die Entstehung des Urteilsvermögens............. 83
   Das Verhältnis von Kopf und Herz 83
   In der Welt ... 86
   ... und im anthroposophischen Leben 88

2. Der Weg des Denkens: Vom Vorurteil zur Erkenntnis 92
   Drei Wege der reifenden Seele 92
   Geburt und Wiedergeburt 93
   Aus Vorurteilen herauswachsen 94
   Die Fabel vom Fremden 96
   Der Heimat näher kommen 96
   Im Spiegel der Bilder 99
   Die Tugend, die man Toleranz nennt 100
   Offenheit und Einsicht 101
   Das Ziel kennen 104
   Angenommensein 104
   Rudolf Steiner über Interesse und Toleranz 106

3. Idealismus: Flammen der Jugend und Glut des Alters 108
   Idealismus einst und jetzt 108
   Der wunderbare Idealismus der Jugend 110
   Was wird daraus? 111
   Die Jungen und die Alten 114
   Die Verwandlung von Ideen in Ideale 118
   *Rudolf Steiner über angeborenen und
   selbsterzogenen Idealismus* 121

III. AUSGLEICH DER POLARITÄTEN IM
MENSCHENLEBEN 125

    Polaritäten: Grundstruktur der Existenz 127
    Ein ursprünglicher Plan der Götter und seine
       Abwandlung 128
    Luzifer und Ahriman im Lebenszyklus 131
    Wie der Mensch sich selber sieht: die luziferische
       und die ahrimanische Täuschung 134
    Ein Schlachtfeld ist der Mensch 136
    Der Mensch als Balance-Künstler 142
    Gefahren auf dem Weg 151
    Der Bewusstseinsseelen-Mensch 156

IV. DAS LEBEN DES KOSMOS IM SPIEGEL DER
LEBENSALTER 161

    1. Die Kapitel in unserem Lebensbuch............. 163

    Das Geheimnis der Lebensperioden 163
    Das Lebenstableau 164
    Lebensalter 166
    Die Lebensperioden als Organe
       geistiger Wahrnehmung 168
    Die Planetensphären 170
    Vom Gang des Menschen durch die Sphären 172
    Wie die Sphären in die Phasen des menschlichen
       Erdenlebens hineinwirken 175

    2. Die Hierarchien und das Schicksal des Menschen... 181

    Rückblick 181
    Wiederentdeckung der Hierarchien 182
    Schicksalsgestaltung 186
    Wie das Lebensbuch vorbereitet wird 192
    Mensch und Kosmos: durch das
       Schicksal verwoben 195

3. Vom Denken zum Wollen.................... 201
   Denken und Wollen – ein scheinbares Paradox 202
   Die Entwicklung des leiblichen Organismus 204
   Schicksalsforderungen und ihre Erfüllung 207
   Die Herausforderung der Lebensmitte
     und ihre Gefahren 211
   Das Leben des Anthroposophen: sein Weg vom
   Denken zum Wollen 214

V. UNSERE KARMISCHEN WEGGEFÄHRTEN............ 223
   Vom Netzwerk der Beziehungen 225
   Zeitgenossenschaft 226
   Was wir anderen verdanken 227
   Beziehungen in der Jugend und im Alter 229
   Brüche und Trennungen 231
   Unsere Lehrer und wir 233
   Eltern und Kinder 235
   Menschliche Beziehungen im Sterben und danach 241
   Begegnung und Zusammensein mit geliebten
     Menschen nach dem Tod 243

VI. MENSCHENBEGEGNUNGEN IM LICHTE
   VON MOND UND SONNE 247
   Das Zusammenspiel der Schicksale 249
   Vom Suchen und Sich-Finden 251
   Das Tor des Mondes 253
   Das Tor der Sonne 254
   Die geistigen Kräfte des Mondes und der Sonne 256
   Traum und Erwachen 259
   Zwei Arten des Begegnens – Wille und Verstand 261
   Beobachtung und Übung 264
   Begegnungen an der Schwelle 265

VII. ENTSCHEIDUNGSJAHRE – DIE RHYTHMEN VON SONNE,
MOND UND STERNEN 269
> Der Sonnenzyklus: unsere Lebensspanne   271
> Mond-Fenster in eine andere Welt   274
> Einblick und Ausblick I
> – Zusatz zur 4. Auflage   279

VIII. METAMORPHOSE DER SCHÖPFERISCHEN KRÄFTE –
WAS UNS GEGEBEN IST UND WAS WIR
UNS SELBST ERRINGEN 289
> Über die Reife – Individuum und Menschheit   291
> Mysterien der Kindheit und schöpferischer Geist   296

IX. QUELLEN DER GEISTIGEN ERNEUERUNG:
NACHT, MITTWINTER UND MITTE DES LEBENS..... 303
> Nacht: unsere Begegnung mit dem Geist   306
> Mittwinter: die Welt des Sohnes   311
> Lebensmitte: der Schöpfergott   314

X. DER «LEBENS-PLAN» 321

1. Die Biografie in bildhafter Form................. 323
> Der Lebens-Plan: am Tag   324
> Das Lebenstableau: in der Nacht   329

2. Aufzeichnen des Lebenslaufes 332
> Aspekte und Faktoren   334
> Ein Zeitorganismus   340
> Rhythmen und Muster   345
> Ziele und Ergebnisse   371
> «Mit dem Herzen denken»
> – Zusatz zur 4. Auflage   375

3. Selbsterkenntnis und Biografie.................. 379
   Kontinuität des Bewusstseins 379
   Kontinuität des Lebenszieles 380
   Freiheit und Liebe 381
   Kreativität 389

4. Einblick und Ausblick II – Zusatz zur 4. Auflage.... 393
   Von der Geburt, Entwicklung und Reife der
      höheren Wesensglieder 393
   Von Engeln und Teufeln – vom Fördern
      und Fordern 398
   Von der «Ich Kultur» – die Anthroposophische
      Kulturepoche 410

Anhang 415
   Worte für den Wanderer 417
   Luzifer und Ahriman in Amerika 423
   Von Kräften und neuen Formen 431

Anmerkungen..................................... 435

Register 490

Vorwort zur 4. Auflage

I

Ich lernte George O'Neil (1906–1988) kurz vor Weihnachten 1974 kennen, als ich mich der von ihm geleiteten Anthroposophischen Arbeitsgruppe anschloss. Ein gegenseitiges Gewahrwerden unserer geistigen und karmischen Verbindung führte unmittelbar zu einer engen Freundschaft, trotz des großen Altersunterschiedes.

Über viele Jahre übernachtete ich regelmäßig im Hause der O'Neils, um George und seiner deutschstämmigen Ehefrau Gisela (geb. Thomas, 1924–1988) bei ihrer Arbeit zu assistieren. In einem der Zimmer hingen zwei große Zeichnungen an der Wand, die sie als «Life-Chart» (Lebens-Plan) bezeichneten, und in denen sie den Lauf ihres Lebens aufzeichneten. Dieser Lebens-Plan machte einen großen Eindruck auf mich. Er schien mir so ausgezeichnet für die Darstellung eines persönlichen Lebenslaufes zu sein, dass ich George immer wieder nachdrücklich dazu aufforderte, ein Buch darüber zu schreiben, um auch anderen Menschen dieses so beeindruckende und hilfreiche Instrument für die Selbsterkenntnis zur Verfügung zu stellen.

Wir führten viele Gespräche bezüglich der möglichen Inhalte eines solchen Buches; viele davon nahm ich während der Jahre 1975/76 auf Tonband auf und schrieb sie nieder, um George das Verfassen eines solches Buches soweit wie möglich zu erleichtern.

Gisela, die zu der Zeit Herausgeberin des vierteljährlich erscheinenden *Newsletters* der amerikanischen Anthroposophischen Gesellschaft (American Anthroposophical Society) war, gelang es letztendlich, George davon zu überzeugen, ein «paar kurze Artikel» über die Biografie und den Lebens-Plan für den *Newsletter* zu schreiben – denn er war ein künstlerischer, freier Geist, der äußerst ungern unter Zeitfristen arbeitete. George begann diese Artikelserie im Frühjahr 1977 und setzte sie über viereinhalb Jahre bis zum Herbst 1981 fort. In leicht redigierter Form bilden diese Artikel die Kapitel eins bis neun des vorliegenden Buches.

George O'Neil begriff das Wesen der Biografie im Sinne des Hegel'schen Diktums, dass «die Teile nur aus dem Ganzen zu begreifen sind». Auf der Grundlage des allgemeinen Urbildes erschafft jeder einzelne Mensch sein eigenes Leben, individualisiert seine eigene Biografie. Demnach können die einzelnen Ereignisse eines Menschenlebens nur aus der ganzheitlichen Gestalt seiner Biografie verstanden werden. Zwar erscheinen dem Menschen Erfahrungen wie Schicksalsbegegnungen, Krisen, Krankheiten, Entscheidungen als die sein Leben bestimmenden Ursachen, doch letztendlich zeigt sich, dass all diese tatsächlich dem *individualisierten* Urbild des eigenen Lebens entspringen. Der wesentliche Beitrag O'Neils zur Biografiearbeit ist es, die Ur-Gestalt dieses Wesens offenbart zu haben; in diesem Sinne gehört er zu den Pionieren auf dem Feld der Biografieforschung.

George konzipierte die Artikelserie von Anfang an als ein Ganzes. Seine Gedanken entwickelte er in rein innerer Tätigkeit und er half sich nur mit bildhaften Skizzen; Entwürfe schrieb er keine nieder. Waren seine Gedanken gereift, tippte er auf einmal einen ganzen Artikel – manche davon waren so lang, dass sie über zwei oder drei Newsletter verteilt werden mussten. Er tippte auf seiner mechanischen Remington-Schreibmaschine, deren Tasten im Anschlag sehr hart waren und darum viel Kraft beim Tippen erforderten. Er löste dies Problem in einer für ihn typischen, originellen Weise: er stellte die Schreibmaschine auf einen Hocker zwischen seine Knie und lehnte sich darüber, um mit Hilfe seiner Körperkraft die Tasten von oben anzuschlagen.

Gisela unterstützte George in seinem Schreiben, indem sie alle Inhalte mit ihm besprach und in Steiners Werken nach relevanten Passagen suchte, um diese entsprechend in den Text einzufügen. Dann reichte sie alles an mich weiter. Ich schuf basierend auf Georges Skizzen die Illustrationen und bereitete den endgültigen Text für den Druck vor, was damals, als die Druckverfahren noch nicht computergeneriert waren, ein komplizierter und aufwendiger Prozess war. Unsere Zusammenarbeit legte den Grundstein für das, was dieses Buch letztendlich geworden ist.

Als letztes Kapitel war ein Leitfaden für die individuelle Arbeit mit dem Lebens-Plan vorgesehen. Aber George schrieb dieses Kapitel nie, wodurch die Artikelserie unvollendet blieb. Erst im Januar 1988, wenige Tage vor seinem zweiten und tödlichen Herzinfarkt, teilte er mir mit, dass er es nicht geschrieben habe, weil ... ich es schreiben solle. Dies überraschte mich sehr, da er so etwas nie hatte verlauten lassen. Unerwartet starb auch Gisela drei Wochen später infolge eines Schlaganfalls, gefolgt von einem Herzinfarkt.

Nach ihrem Tod wurde mir testamentarisch Georges Nachlass übergeben. Die erste Aufgabe, die ich mir stellte, war das unvollendete Buch inklusive des Lebens-Plans zu vollenden und zu veröffentlichen, um mich dann der weiteren systematischen Erforschung des Denkstils Rudolf Steiners zu widmen. Das letzte Kapitel zu schreiben war für mich, als bildender Künstler, eine große Herausforderung, denn weder konnte noch wollte ich Georges literarischen Stil nachahmen. Was ich aber wohl wollte und konnte, war im selben Denkstil zu schreiben, den George verwendet hatte – nämlich im Stil des «Herz-Denkens», sodass das Buch als eine gedankliche Einheit erscheinen würde. Ich konnte *The Human Life* im Sommer 1990 vollenden und herausgeben. Für die 1994 erschienene deutsche Übersetzung überarbeitete ich den englischen Text, erweiterte viele der Zitate aus Rudolf Steiners Vorträgen und fügte auch einige neue hinzu.

II

Seit der Veröffentlichung der amerikanischen Erstauflage im Jahr 1990 und der deutschen im Jahr 1994 ist *Der Lebenslauf* ein wichtiges Handbuch geworden für all diejenigen, die zur Erkenntnis der «Mysterien» des menschlichen Lebenslaufs und der eigenen Biografie unter dem Gesichtspunkt der Geisteswissenschaft Rudolf Steiners streben. Dieses Buch führt in das Wissen ein, wie aus einem für alle Menschen gleichen Urbild (Archetyp) ein individueller Lebenslauf (Biografie) entsteht. Es zeigt auf, wie jeder einzelne Mensch dieselben Lebensstufen und Lebensprüfungen durchläuft – jeweils in seiner einzigartigen Weise.

Die Tatsache, dass der individuelle und einzigartige Lebenslauf eines jeden Menschen nur auf einem einzigen Urbild beruht, ist den meisten Menschen noch immer unbekannt. In vielen Kulturen waren zwar manche der Gesetzmäßigkeiten und Muster des Lebenslaufs bekannt und regelten das soziale Leben. Aber erst Rudolf Steiner (1861–1925) beschrieb dieses Urbild, durch dessen Kenntnis und Verständnis es erst möglich wird, eine systematische Arbeitsmethode zur Entschlüsselung der Biografie zu entwickeln.

Das vorliegende Werk ist ein Ergebnis der langjährigen Forschung der Autoren auf dem Feld der Geisteswissenschaft und des «Herz-Denkens». Allein diese Denkart ermöglicht uns das Urbild des Lebenslaufes zu erfassen; mit dem normalen, logischen Denken ist es unmöglich. Im Buch sind die Ergebnisse vieler Jahre der Beschäftigung mit der menschlichen Biografie gebündelt, darüber hinaus wird ein Überblick über die Literatur Steiners zu diesem Thema gegeben.

Der Lebenslauf stellt sowohl das Urbild des menschlichen Daseins detailliert dar als auch wie sich dieses im Leben des einzelnen Individuums verwirklicht. Es sind gerade die Kenntnisse über dieses Urbild, die uns helfen können, das eigene Leben in seinen Tiefen zu verstehen und es mit unseren Mitmenschen und den geistigen Hierarchien in Harmonie zu führen. Dafür hat sich die beigelegte großformatige Farbtafel – «Der Lebens-Plan» – zur Aufzeichnung der eigenen Biografie als unentbehrliches Werkzeug erwiesen.

Das Buch ist komponiert aus neun Themenkreisen:

- Die archetypische Struktur der Biografie: Stufen, Rhythmen, Jahre der Metamorphose und der Reife (1. Kapitel)
- Die drei Wege – Denken, Fühlen, Wollen – im Erwachsenwerden und Reifen (2. Kapitel)
- Des Menschen Ringen mit Luzifer und Ahriman – beide unentbehrlich für das innere Wachstum (3. Kapitel)
- Die geistigen Hierarchien der planetarischen Sphären und ihre Wirksamkeit in der Biografie (4. Kapitel)
- Schicksal, altes und neues Karma, karmische Partnerschaften (5. und 6. Kapitel)
- Rhythmen von Sonne, Mond und Sternen bezogen auf das menschliche Leben (7. Kapitel)
- Kreativität – Christus und die «drei Jahre» (8. Kapitel)
- Die Begegnungen mit den Wesenheiten der Trinität, dem Vater-, Sohn- und Heiligen-Geist-Prinzip: einmal im Leben, einmal im Jahr, jede Nacht (9. Kapitel)
- Das Urbild der Biografie und der «Lebens-Plan» (10. Kapitel).

Wie in einer Nußschale zusammengefasst, findet man in dem beigelegten Lebens-Plan – der in grafischer Form das Urbild der Biografie darstellt – den ganzen Inhalt des Buches. (Das Wort «Biografie» stammt vom griechischen *bíos* = Leben und *grafé* = Zeichnung.) Ich habe ihn derart gestaltet, dass der Leser darin die für seine Biografie relevanten Ereignisse systematisch eintragen kann. Werden diese in die entsprechenden Felder des Lebens-Plans eingezeichnet, so offenbart sich das einzigartige Muster der eigenen Biografie. Das 10. Kapitel bildet hierfür die Grundlage und enthält allgemeine Hinweise für das Individualisieren des Urbildes und zeigt auf, wie man den Lebens-Plan nutzen soll, um die Bedeutung der Ereignisse und die Richtung der eigenen Biografie im Lebens-Plan zu erkennen – ausführlichere Hinweise werden in einem zur Zeit in Vorbereitung befindlichen Ergänzungsband gegeben.

George O'Neil entwarf 1948 eine erste Skizze des Lebens-Plans, die er 1955 als Großformat gestaltete. Auf dieser Basis erarbeitete ich 1990 für die Erstausgabe des *Human Life* eine farbige, dritte Fassung des Lebens-Plans und überarbeitete sie nochmals für diese deutsche Neuauflage.

III

In ihrer Tiefe kann die Biografie des Menschen nur aus der anthroposophisch-geisteswissenschaftlichen Perspektive begriffen werden, aus der sich die geistige Dimension des Menschen und der Welt erschließen lässt. Obwohl viele geistige Lehrer aus den verschiedensten Traditionen zu diesem Wissen beigetragen haben, findet man es heute in einer umfassenden und dem Zeitgeist entsprechend entwickelten Form nur in der Geisteswissenschaft Rudolf Steiners. Um dieses geistige Wissen selbst zu erreichen, braucht man ein Denken, mit dem man auch die geistige Seite der Welt begreifen kann, ein Denken, das Steiner selbst oft als «Herz-Denken» bezeichnet hat. Dieses steht hierarchisch höher als das gewöhnliche, logische Denken, weil das letztere nur die materiell-sinnliche Seite der Welt erfassen kann, nicht aber die geistige.

Steiner hat auf das Herz-Denken zwar immer wieder hingewiesen, es aber nie erklärt. Vor ihm haben Mystiker und Künstler der verschiedenen geistigen Traditionen dieses Denken in sich als göttliche Inspiration erlebt, nie aber als bewusstes Denken. Steiner hat als Erster Intuitionen bis in bewusstes Denken geführt, wodurch das Denken eine höhere Stufe erreicht; damit wurde ein neuer Schritt in der Bewusstseinsentwicklung der Menschheit errungen. Dem uns vertrauten logischen «Kopf-Denken» erscheint dieses höhere Denken zunächst verschlüsselt, im Goethe'schen Sinne als «geheime Offenbarung». Steiner hat von Anfang an sein ganzes Werk aufgrund dieses höheren Denkens hervorgebracht – weshalb er das Herz-Denken als «überlogisch», als über der Logik liegend, bezeichnet. – Die gegenwärtige wissenschaftliche Forschung zeigt, dass das menschliche Herz ein weitaus stärkeres Energiefeld erzeugt als dasjenige, welches das Gehirn erzeugen kann, und dass das Herz die innewohnende Fähigkeit hat zu denken etwa wie ein «Herz-Gehirn». Dies bestätigt, was Steiner vor einhundert Jahren mit dem «Denken des Herzens» oder «mit dem Herzen denken» meinte: ein höheres Denken, das weit über das logische Denken hinaus bis in die geistige Seite der Welt reichen kann.

Es ist George O'Neils außerordentlicher Verdienst, dass er die Gesetzmäßigkeit des Herz-Denkens in Steiners Texten entdeckte, erforschte und es als das eigentliche Denken der anthroposophischen Geisteswissenschaft erkannte. Auf dieser Grundlage forsche ich selbst seit nunmehr vierzig

Jahren. Die Systematik dieses Denkens veröffentlichte ich zunächst in meinem Buch *Das Erwecken des Herz-Denkens* (Stuttgart, 1998, Verlag Freies Geistesleben) und seit 2008 in der fortlaufenden Ausgabe der 21 Bücher Rudolf Steiners («CodeX-Ausgabe – Rudolf Steiner decodiert», Warburg, ab 2008, Heartthink).

Das Herz-Denken erhebt die Seele des Menschen in die geistige Seite der Welt. Wir, die Autoren des vorliegenden Buches, haben selbst über Jahrzehnte dieses höhere Denken in uns entwickelt und es beim Schreiben verwendet. Die Seele des Lesers kommt bei einem aus dem Herz-Denken komponierten Text in eine Mitschwingung mit der geistigen Welt. Dadurch begreift und erlebt sie die gelesenen Inhalte in viel tieferer Weise als gewöhnlich. So entwickelt sich für den Leser allmählich die Fähigkeit in ein inneres Gespräch mit dem Höheren Ich – dem führenden Genius der eigenen Biografie – zu treten.

IV

Der Lebenslauf wurde ursprünglich für die Mitglieder der amerikanischen Anthroposophischen Gesellschaft geschrieben. Da es sich über die Jahre gezeigt hat, dass das allgemeine Interesse an der Biografiearbeit immer mehr zunimmt, habe ich das Buch für diese Neuauflage so überarbeitet, dass es auch einen erweiterten Leserkreis unmittelbar ansprechen kann. So sind für diese Auflage die folgenden Erweiterungen und Änderungen entstanden:
- Um den aktuellen Stand der Alternsforschung, der für die Biografie überaus relevant ist, mit einzubeziehen, habe ich das Buch um zwei längere Zusätze erweitert.
- Auch habe ich drei Kapitelabschnitte aus dem Text heraus

VORWORT ZUR 4. AUFLAGE

genommen und in den Anhang gesetzt, sodass sie den Leser vom thematischen Lesestoff nicht ablenken. Diese Abschnitte behandeln spezifische Themen, die für Mitglieder der Anthroposophischen Gesellschaft relevant sind.
- Aus denselben Gründen habe ich Formulierungen wie z.B. «Mitglieder» ersetzt durch «Anthroposophen», und zwar deshalb, weil heute die Bezeichnung «Anthroposoph» für jeden sinnvoll und berechtigt ist, der ernsthaft nach Selbsterkenntnis und Weisheit strebt. Das Wort «Anthroposoph» hat seine Wurzeln im Griechischen – *ánthropos* = Mensch und *sophía* = Weisheit – und soll denjenigen Menschen bezeichnen, der in sich selbst die eingeborene Weisheit erkennt und der dementsprechend sein Leben führen möchte.
- Einige Textstellen habe ich durch Ergänzungen und/oder neue Zitate überarbeitet.
- Aufgrund der Erfahrungen, die ich in den letzten zwanzig Jahren in meinen Seminaren gesammelt habe, habe ich auch den Lebens-Plan überarbeitet.

Auf diesen Seminaren habe ich Menschen aller Lebensalter und -bereiche getroffen, wodurch ich viele neue Einsichten gewinnen und neue Methoden zur Biografie-Arbeit entwickeln und erproben konnte.

Mit meiner Ehe- und Arbeitspartnerin, Sylvia Weyand, arbeite ich zur Zeit an einem Ergänzungsband zu *Der Lebenslauf* in den diese Erfahrungen einfließen werden. Das Buch wird praktische Schritt-für-Schritt-Anweisungen und bildhafte Darstellungen enthalten sowie Arbeitsvorlagen, die man von einer beigelegten CD ausdrucken kann.

Warburg, im Januar 2014   *Florin Lowndes*

Aus dem Vorwort des Herausgebers zur Erstausgabe (1990)

Der Aufruf, den Beitrag [der O'Neils] zum Verständnis des Urbildhaften im menschlichen Leben in eine dauerhafte Form zu bringen, geschah in einer Zeit, da in der ganzen Welt ein spiritueller Impuls spürbar wurde. Für eine relativ kurze Zeitspanne, von etwa 1975 bis 1978, erwachte damals das allgemeine Bewusstsein für die wesentlichen Aspekte der Geistnatur des Menschen und seines Lebens.

Ein Zeichen dafür war das 1975 erschienene Buch von Raymond Moody: *Leben nach dem Tod*. Es wurde sofort zu einem Bestseller und lenkte die öffentliche Aufmerksamkeit auf die Möglichkeit, dass das Leben des Menschen sich jenseits der Todesschwelle fortsetzt, dass seine wahren Aufgaben – Taten der Liebe sowie Selbst- und Welterkenntnis – nach dem Tode weiterbestehen und die Biografie des Menschen nicht mit dem Tode endet.

Der überraschende Erfolg dieses kleinen Buches öffnete das allgemeine Bewusstsein für die Thematik des Lebens nach dem Leben. Darüber hinaus schuf Moody durch die Prägung des Begriffs «near-death experiences» (Nah-Tod-Erlebnisse), mit dem die Erfahrungen jener beschrieben werden, die die Kontinuität des Bewusstseins nach dem Tod selbst erlebt hatten und sie damit bezeugen konnten, ein neues wissenschaftliches Paradigma, das die nach der Publikation von *Leben nach dem Tod* einsetzende intensive Erweiterung der Forschung auf einem neuentdeckten Feld legitimierte.

Moody ließ seinem Buch 1977 eine Fortsetzung unter dem Titel *Reflections on Life after Death* (Nachgedanken über das Leben nach dem Tod) folgen. 1978 erschien ein kleines

Buch von George Ritchie, *Return from Tomorrow (Rückkehr von morgen)*, in dem der Autor sein eigenes Erlebnis an der Todesschwelle schildert – einer der eindrucksvollsten und detailliertesten Berichte, die wir kennen. Ritchie war es auch gewesen, der Moody den ersten Anstoß zu seinen Forschungen gegeben hatte. Der Widerhall, den diese von Ärzten verfassten Bücher beim Publikum fanden, ermöglichte es vielen Menschen, die den Schwellenübergang vom Leben zum Tod bewusst erlebt hatten, offener über ihre Erfahrungen zu sprechen. Das Gebiet der Nah-Tod-Erlebnisse ist inzwischen gut dokumentiert, und eine 1989 durchgeführte Gallup-Umfrage ergibt, dass acht Millionen Erwachsene in den Vereinigten Staaten, also einer von zwanzig, behaupten, eine «Nah-Tod-Erfahrung» gehabt zu haben; die amerikanische Öffentlichkeit wird zunehmend empfänglicher für solche Erkenntnisse.

1976, ein Jahr nach Erscheinen von *Leben nach dem Tod*, wurde ein weiterer Bestseller veröffentlicht: *Passages (In der Mitte des Lebens)* von Gail Sheehy. Darin wurde zu zeigen versucht, dass es ein Grundmuster des Lebens – oder zumindest seiner Krisen – gibt, das für alle Menschen Gültigkeit hat, ungeachtet der unterschiedlichen Bedingungen von Herkunft, Erziehung, sozialem Status, äußeren Lebensumständen und so weiter; darauf weist auch der Untertitel hin: Predictable Crises of Adult Life (Vorhersehbare Krisen des Erwachsenenlebens). Aspekte dieses Themas wurden von Gail Sheehy auch 1981 in *Pathfinders (Neue Wege wagen)* behandelt.

Das 1978 erschienene wissenschaftliche Werk des Yale-Psychologen Daniel Levinson und anderer, *The Seasons of a Man's Life* umfasst die Ergebnisse jahrelanger eingehender Fallstudien, die zeigten, dass sich jede Biografie nach dem gleichen Zeitmuster entfaltet, und dies trotz der unendlichen Vielfalt von Lebensumständen, ja, dass es dadurch nur um so deutlicher erscheint.

AUS DEM VORWORT ZUR ERSTAUSGABE

So traten diese beiden Ideen – die der Ausweitung des menschlichen Bewusstseins über die Todesschwelle hinaus und die der archetypischen Biografie, des urbildhaften Lebensmusters, das für alle Menschen gleich ist – in jenen Jahren sozusagen mit einem Schlag in das öffentliche Bewusstsein. Sie haben seitdem einerseits eine breite wissenschaftliche Forschung nach sich gezogen, andererseits eine Veränderung des allgemeinen Bewusstseins und eine Öffnung für Anschauungen herbeigeführt, die bisher eher als geheim galten. Doch keine der beiden Ideen war neu.

Beide Ideen sind vor allem jenen Menschen vertraut, die das Werk Rudolf Steiners kennen: Sie sind Grundgedanken seiner Geisteswissenschaft und Anthroposophie. Im Laufe der Jahre sind zahlreiche Untersuchungen von anthroposophischen Autoren veröffentlicht worden; doch vor 1970 gab es, zumindest in englischer Sprache, kaum eine allgemeinverständliche Behandlung des Archetypischen, Urbildhaften der menschlichen Biografie.

In den Jahren, in denen die erwähnten Werke erschienen, regte sich auch der Impuls, das Urbildhafte des menschlichen Lebens aus der Perspektive der Geisteswissenschaft umfassend darzustellen. 1979 wurde das Buch des holländischen Arztes Bernard Lievegoed, *Lebenskrisen – Lebenschancen*, das 1967 in Holland erschienen war, ins Englische übersetzt, gefolgt 1985 von *Der Mensch an der Schwelle – Biografische Krisen und Entwicklungsmöglichkeiten*. 1983 kam die englische Übersetzung des 1974 erschienenen Buches des Priesters der Christengemeinschaft, Diether Lauenstein, heraus: *Biblische Rhythmen in der Biografie*. Diesen vom Gesichtspunkt der Anthroposophie verfassten Arbeiten kann das vorliegende Werk, das einen weiteren umfassenden Blick auf das Phänomen der menschlichen Biografie bietet, an die Seite gestellt werden.

Vorbemerkung

Im vorliegenden Buch wird der Leser häufig auf das Wort «Denken» stoßen, und zwar in zwei Bedeutungsrichtungen: einerseits als das normale, *logische* Denken und andererseits als das *neue* Denken, das Rudolf Steiner seiner anthroposophischen Geisteswissenschaft zugrunde legt, nämlich das *über-logische* Denken, das Herz-Denken. In einem großen historischen Prozess – das logische Denken ergänzend – entwickelt sich bereits seit dem Ende des 19. Jahrhunderts das Herz-Denken zu einem zweiten, zu einem *höheren* Denken des Menschen, das allmählich so «normal» werden wird, wie heute das logische «normal» ist. Als Steiner dieses höhere Denken in sich ausbildete, gab es dafür weder Begriffe noch Worte, und so sah er sich vor die Notwendigkeit gestellt, diese Begriffe erkenntnistheoretisch zu erarbeiten und in seinen Büchern darzustellen. Für dieses Denken hat er viele Wortschöpfungen kreiert, um es unter vielen verschiedenen Gesichtspunkten zu charakterisieren, sodass die Begriffe nicht im Korsett einer Definition erstarren und dadurch ihre lebendige Realität verlieren.

Hier werden diese zwei Denkarten folgendermaßen bezeichnet:

- *Für das normale, logische Denken*: klares, abstraktes, abstrakt-intellektuelles, totes, logisches, zeitgebundenes, analytisches, luziferisches, gewöhnliches Denken, Intellekt.
- *Für das neue, über-logische*: lebendiges, begriffliches, bildhaftes, inspiriertes, reines, eigenständiges, imaginatives, anschauendes, selbstständiges, unabhängiges, wollendes,

willendurchsetztes, nicht-abstraktes-Denken, Denken als Gabe des Engels, Herz-Denken.

(In meinem Buch *Das Erwecken des Herz-Denkens* habe ich eine ausführliche Auswahl von Steiners Ausdrücken für das Herz-Denken zusammengestellt.)

Das Wort «Denken» findet sich aber auch ohne nähere Bezeichnungen – insbesondere in den Steiner-Zitaten. In solchen Fällen kann man nur durch den Kontext feststellen, um welche der beiden Denkarten es sich handelt.

1.
Der Lebensplan

1.
Etwas, das jeden angeht

Das Thema Biografie betrifft einen jeden von uns. Nicht nur um das eigene Leben und den persönlichen Weg geht es dabei, sondern auch um den Versuch zu verstehen, wie eigenartig und vielgestaltig sich das Leben anderer Menschen entfaltet.

Selbsterkenntnis und Welterkenntnis sind hier untrennbar miteinander verquickt. Wir leben in einer Welt, die voll ist von Menschen jeden Alters, jeder Art. Unser Schicksal wird bestimmt und ermöglicht, aber auch beschnitten durch das Leben anderer, seien sie nahe oder fern, und ebenso beeinflussen wir das ihre. Jeder hat seinen eigenen Lebensfaden; alle Fäden zusammen werden zu dem Stoff verwoben, der die sich fortentwickelnde menschliche Gesellschaft ausmacht.

Wenn wir uns mit Lebensmustern befassen, sollten wir Folgendes festhalten: Die Muster sind dynamisch, voller Möglichkeiten und von vielen Faktoren abhängig. Kräfte aus der Vergangenheit sind am Werk. Das Gewesene ist stets gegenwärtig; die Zukunft ist zugleich jetzt. Was sein wird, wirft seine Schatten voraus. Aus den Augen junger Mädchen leuchten schon die künftigen Kinder. Und in der Aura junger Menschen ist schon anwesend, was sie später vollbringen werden. Mit solchen Dingen muss man rechnen.

Und dann gibt es das Archetypische, Urbildhafte, das, worin wir alle gleich sind. Diesen Gedanken überspielen wir natürlich gerne, er ist uns nicht sympathisch, vor allem nicht in unserer Gegenwart, wo die «Persönlichkeit» mit ihren Philosophien der Einsamkeit und des Existentialismus ein so hohes Ansehen genießt.

I. DER LEBENSPLAN

«Ich bin einzigartig», «Ich und die Welt», «Keiner muss so viel ertragen wie ich, keiner versteht mein Schicksal» – diesen emphatischen Beteuerungen stehen überall die Stereotypen der Kleidung, der äußeren Erscheinung, der Verhaltensweisen und Ansichten gegenüber. Dennoch fühlt sich jeder allein und jammert in seiner privaten Wüste. Und dabei scheinen wir in aller Unschuld blind und achtlos an der Tatsache vorüberzugehen, dass unser Leben als ein Drama abrollt, dessen Text schon in groben Zügen geschrieben steht. Der Fluss der Zeit trägt die einsamen Kajaks der Persönlichkeit dahin. Natürlich können wir schneller paddeln oder nach links oder rechts steuern, uns im Kreis drehen oder umkippen. Aber der Kurs ist festgelegt. Das Flussbett ist so alt wie die Zeit selbst.

Unter diesen Umständen sind äußere Freiheiten offensichtlich trügerisch. Was uns wirklich frei macht, ist nicht der Weg, den wir gehen, sondern das, was wir spirituell im Innern tun, in der Einsamkeit, in der inneren Wüste. Der Lebenskurs ist festgelegt. Wir werden älter, denken, fühlen und handeln anders, und alles geschieht nach einem Plan.

Wie ist nun dieser Lebensfluss beschaffen? Was hat es auf sich mit Jugend, Reifezeit und Alter? Können wir von dem, was uns erwartet, nichts wissen? Und wie steht es mit dem Archetypischen?

Was die Welt sagt

Man hat den frühen Entwicklungsphasen der Kindheit große Aufmerksamkeit und zahlreiche Studien gewidmet. Viel weniger wurden die späteren Phasen, die Zyklen der reifen Jahre, erforscht.

1. ETWAS, DES JEDEN ANGEHT

Das gilt für anthroposophische Kreise, vor allem aber in der allgemeinen Fachwelt. Noch sind die Formen der Periodizität, der zyklischen Veränderungen im Erwachsenenleben zu wenig klar definiert; sie müssen erst noch Gegenstand des öffentlichen Interesses werden.

Aber die Zeiten ändern sich. Inzwischen hat man begonnen, die Phasen des späteren Lebens zu untersuchen, wie folgende Beispiele zeigen. Ein Artikel über «New Light on Adult Life Cycles» («Neue Erkenntnisse über die Zyklen des Erwachsenenlebens») in der *Time* vom 28. April 1975 nimmt folgende Einteilung vor:[1]

Verlassen der Familie	16-22
Ausweitung (Gemeinschaft)	23-28
Fragen, nichts als Fragen (Krisis mit 30)	29-34
Explosion in der Lebensmitte (Infragestellen aller Werte)	35-43
Verwurzelung	44-50
Reifung	nach 50

Eine Untersuchung des Berufslebens unter dem Titel «The Agony of Executive Failure» («Das Elend des Scheiterns der Angestellten») in der *Time* vom 13. April 1970 prägt den Begriff des «vorzeitigen Ausbrennens» für die «Midlife-Crisis um 35». Es heißt dort: «Manche der Ausgebrannten versinken einfach in Depressionen, andere ergeben sich dem Trunk.»

Ein weiterer Artikel in der *Time* vom 8. März 1968 – «Second Acts in American Life» («Der zweite Akt im Leben von Amerikanern») – befasst sich mit dem sogenannten Charley-Grey-Syndrom, so benannt nach dem Helden des Romans *Point of No Return*.[2] Er verkörpert den erfolgreichen Mann mittleren Alters, dem seine Position und seine Arbeit plötzlich sinnlos erscheinen. Manche dieser Männer versuchen, auf einen zweiten Beruf umzusatteln. Äußere Anreize scheinen keinen Wert mehr zu haben. Die Abhängigkeit von äußeren Zielsetzungen wird allmählich durch die Entdeckung innerer Motivationen ersetzt.

Solche Untersuchungen bestätigen, was viele von uns in verschiedenen Phasen selbst durchlebt haben; doch sie beziehen sich nur auf die äußeren Symptome. Ihrer deskriptiven Betrachtungsweise entgehen die Ursachen für die inneren Erfahrungen und Krisen, wie sie sich offenbar in einem bestimmten Alter häufen, und für die inneren – und äußeren – Schwierigkeiten, mit denen sich so viele in der gleichen Zeitspanne auseinanderzusetzen haben.

Auf den folgenden Seiten soll der Versuch gemacht werden, zumindest einige der zugrunde liegenden Ursachen vom Standpunkt der Geisteswissenschaft aus zu untersuchen.

Ein Überblick

Für die Selbsterkenntnis wurden – seit den Zeiten Delphis bis heute – viele Lippenbekenntnisse abgelegt, aber das hat zu wenig wirklicher Einsicht in den Lebensplan, die Landkarte des Menschenlebens geführt. Diese Karte, auf der verzeichnet ist, woher wir kommen und wohin wir gehen, scheint in Schleier gehüllt, die von unserem Widerstreben geschaffen sind, sie zu erkennen. Wir betrachten unsere Biografie nun einmal nicht gern im hellen Tageslicht. Wir ahnen noch nicht, wie wichtig es ist zu lernen, unser Leben vor uns auszubreiten. Es anzuschauen kann unsere Erinnerung objektivieren, Geschehnisse klären und die Begegnung mit dem Hüter der Schwelle, dem höheren Selbst – sei es auf dem Weg zur Einweihung oder am Tor des Todes – vorbereiten.

1. ETWAS, DES JEDEN ANGEHT

Was die Geisteswissenschaft zum menschlichen Lebenslauf ausführt, ist so tief und umfassend, dass eine einzelne Studie der Thematik nie wirklich gerecht werden kann. Was vielleicht am ehesten erreicht werden kann, ist, einen Zugang zu den Darstellungen zu eröffnen. Anthroposophie ist ja im Grunde das Streben, die Geheimnisse des Menschenwerdens zu erhellen, und das individuelle Leben spiegelt in seiner Ausgestaltung die Biografie der ganzen Menschheit wider.

In der Tat wirken Dutzende von Faktoren in die zyklischen Muster der menschlichen Existenz hinein. Sie müssen zunächst gesondert behandelt werden, damit ihr Charakter klar hervortritt. Sie alle zusammen als ein Gewebe sich durchdringender Fäden schauen zu können kann das Ergebnis, nicht aber der Anfang einer Untersuchung sein.

Die folgende Aufzählung von Themen kann uns eine Ahnung davon vermitteln, wie umfangreich die Beschäftigung mit dem Menschenleben sein müsste:

– Lebensüberblick: Aspekte von Körper, Seele und Geist
– Wendepunkt mit 27 Jahren – und was danach kommt
– die zwei Lebenshälften: Abstieg und Aufstieg
– der ursprüngliche Plan der Elohim, was der Mensch sein sollte
– das Wirken Luzifers und Ahrimans
– das Leben des Menschen als Spiegel der historischen Entwicklung
– die Widerspiegelung der Evolution im Leben des Einzelnen
– die planetarischen Einflüsse in den Siebenjahreszyklen
– künstlerische Fähigkeiten: ein Bewahren von Kindheitskräften
– die Metamorphose der frühen Jahre in späteren Lebensaltern
– unsere karmischen Freundschaften und Beziehungen in der Jugend, der Mitte des Lebens und dem Alter

– der frühe Tod, der späte Tod und der Wendepunkt mit 35 Jahren
– unsere drei Begegnungen mit der Trinität
– die Mondknoten: der 18/7-Jahres-Zyklus
– die Lebensspanne von 72 Jahren: ein Sonnenzyklus
– wie Rudolf Steiner mit seiner Biografie umging

Aspekte von Körper, Seele und Geist[3]

Das Leben des Menschen entfaltet sich in drei großen Phasen: In der ersten Periode bis etwa zum zwanzigsten Jahr wird die körperliche Reife erlangt; emotionale und seelische Stabilität erreicht der Mensch während der mittleren Jahre um etwa vierzig; danach kann die Individualität beziehungsweise die spirituelle Reife sichtbar werden.

Man denke an die Sportler, die körperliche Höchstleistungen erbringen müssen. Ein Schwimmer ist mit 25 Jahren «alt». Ein Läufer oder ein Akrobat erreicht seinen Höhepunkt in der Jugend. Auch das Militär verlässt sich auf die Kräfte der Jugend.

Im Bereich der Astronautik jedoch fand man heraus, dass junge Menschen dem Stress nicht gewachsen und nicht verlässlich genug waren. Hier lag das Durchschnittsalter bei Ende dreißig.

Im öffentlichen Leben und in der Wirtschaft jedoch übernehmen erst Menschen über vierzig große Verantwortung, und es scheint einen Konsens darüber zu geben, von welchem Alter an jemand zum Präsidentschaftskandidaten geeignet ist. Wenn in diesem Zusammenhang auch nicht geradezu von «körperlicher, seelischer und geistiger Reife» gesprochen wird, so scheint ihnen die praktische Handhabung der Angelegenheiten doch Rechnung zu tragen. Umstritten ist,

1. ETWAS, DES JEDEN ANGEHT

ob im kulturellen Leben das Prinzip der drei Reifealter ebenso zum Ausdruck kommt wie in pragmatischeren Bereichen; jedenfalls sind alle Professoren und führenden Köpfe an den Universitäten meist in Ehren ergraut.

Jede dieser drei Phasen kann nun als Ausdruck rhythmischer Wachstumsprozesse weiter unterteilt werden – auch diese Unterteilung wird aus der Erfahrung einsichtig.

Körperliche Reife: Die Kindheit bis zum 7. Lebensjahr ist offensichtlich eine Periode des körperlichen Aufbaus. Die physische Energie ist unerschöpflich, wie alle Eltern wissen, die mit einem Vorschulkind Schritt zu halten versuchen. Wenn die Schulzeit beginnt, strömt ein Teil der Lebenskräfte in Fantasie, in Gedächtnis und Lernfähigkeit. Mit Anbruch der Adoleszenz treten dann intellektuelle Kräfte hervor, aber auch persönliche und emotionale Elemente. Eros beginnt zu herrschen. (Die Literatur über die Waldorfschulen beschäftigt sich ausführlich mit diesen Phasen. Es wird dort von den drei Geburten – und der Entwicklung – des physischen Leibes, des Ätherleibes und des Astralleibes gesprochen.)

Reifung der Persönlichkeit: Vom 20. Lebensjahr an können drei Phasen der seelischen Reifung noch klar unterschieden werden, auch wenn sie nicht ganz so deutlich zutage treten.

Die soziale Schwelle zur Volljährigkeit – früher mit 21 Jahren – wurde durch die Vorverlegung auf 18 Jahre ein wenig verwischt. Da es sich aber gezeigt hat, dass Jugendliche wenig Neigung haben, an Wahlen teilzunehmen, und da sehr früh geschlossene Ehen selten glücklich sind, spricht einiges dafür, dass die persönliche Reife doch erst mit Anfang zwanzig einzusetzen beginnt.

Die Krise um das dreißigste Jahr, mit der Angst um den Verlust der Jugendlichkeit, weist deutlich darauf hin, dass in dieser Zeit zwischen 28 und 30 Jahren etwas Neues, etwas anderes beginnt. Die natürlichen, instinktiven Seelenkräfte scheinen sich zu erschöpfen. Die Veränderung bei den jungen Menschen wird deutlich sichtbar. Die Worte kommen ihnen nicht mehr so schnell und leicht von den Lippen; und mit dem Verlust der absoluten Selbstsicherheit wächst ein gewisser Dogmatismus. Der Charme und das natürliche Gemeinschaftsgefühl, über das sie früher so reichlich verfügten, schwinden dahin. Ihr liberaler Idealismus löst sich oft in Rauch auf. Der «Düsenantrieb» der Jugendkräfte lässt nach, und die Persönlichkeit muss nun beginnen, aus eigenem Impuls Kräfte zu entwickeln. Das Ausklingen der Jugendkräfte fällt mit dem zusammen, was wir den Übergang vom Leben in der Empfindungsseele zu dem in der Verstandes- und Gemütsseele nennen. Nun hängt viel von der inneren Initiative und der Bemühung um Selbsterziehung ab.

Die Veränderungen in den späten Dreißigern treten nun vermehrt ins Blickfeld. Das Schicksal schöpferischer Menschen in diesem Lebensalter ist gut dokumentiert. Es ist bekannt, dass Maler, Musiker, Schriftsteller in diesen Jahren Krisen durchmachen und oft sogar in Vergessenheit geraten. (Ein Comeback findet dann, wenn überhaupt, meist Mitte vierzig statt.) In diesen entscheidenden Jahren kommt es nur allzu leicht zu einem Bruch in der Karriere, im gesellschaftlichen Leben, in der Ehe und in der Gesundheit. So kann man auch in der Persönlichkeitsentwicklung drei Phasen feststellen.

Die Persönlichkeit tritt in der Empfindungsseele zutage (21. bis 28. Lebensjahr): Es ist das Alter des Abenteuers, des inneren und äußeren Auftriebs, der Kraft und Geselligkeit. Die sogenannte «Erfahrung» ist das primäre Ziel. In dieser Zeit zeigen sich oft ungewöhnliche schöpferische Fähigkeiten. Und das Gedächtnis und die Fähigkeit zu verbaler Artikulation erreichen einen Gipfel. Wenn der Universitätsabschluss nicht in der ersten Hälfte erlangt wird, kann das später fast nicht mehr nachgeholt werden. (Man möchte annehmen, dass es später, mit größerer geistiger Reife, einfacher wäre, doch Akademia hat merkwürdige Traditionen.)

Das Ich kommt in der Verstandes- und Gemütsseele zu sich selbst (vom 28. bis zum 35. Lebensjahr). Mit dem Erwachen für die Wirklichkeit der Welt geht einher, dass der Sinn der Dinge infrage gestellt wird. Wenn die Erkenntnis dämmert, dass es im Lauf der Jahrhunderte außer uns auch noch andere kluge Menschen gegeben hat, entsteht oft das Bedürfnis, die Schulbildung aufzufrischen, eine Ausbildung zu vervollständigen oder zu erweitern. Die Philosophie und die großen Werke der Literatur gewinnen an Anziehungskraft. Der Mensch entdeckt, dass das Selbst mehr umfasst als nur die Person. Auch der Geisteswissenschaft nähert er sich nun anders; sie wird jetzt eher gedanklich-wissenschaftlich angegangen und nicht mehr nur als großes Abenteuer in der Kunst oder im sozialen Feld gesehen, wie das bisher der Fall war.

Die neu erworbenen Fähigkeiten helfen, Erfahrungen und erworbenes Wissen zu sichten. Wir ziehen Bilanz, stellen Fragen, setzen uns Ziele. Wir entdecken unsere Neigung, Memoiren und Briefe zu schreiben und ein Tagebuch zu führen. Wort- und Gedankensinn gehen eine enge Verbindung ein. Die Leidenschaft zu rationalen Wahrheiten ist oft begleitet von der Fähigkeit, diese Wahrheiten auch geschickt zu formulieren.

So positiv sich dies jedoch auf dafür geeigneten Gebieten erweisen kann, so leicht kann es auch in leidenschaftliche Rechthaberei ausarten. Zu keiner anderen Zeit kann die menschliche Stimme von so durchdringender Schärfe sein, so ohne jede Wärme wie in den Dreißigern. Zu keiner anderen Zeit ist die Versuchung so groß, sich für unfehlbar zu halten oder mit angemaßter Autorität andere zu kritisieren.

I. DER LEBENSPLAN

Bisher war die Urteilsfähigkeit, die jetzt eine sehr persönliche Färbung annimmt, durch ein instinktives soziales Empfinden gemäßigt worden. Doch in dem Maß, wie die warmherzige Anteilnahme am größeren Ganzen abnimmt, wachsen die kalten, kritischen Kräfte. Unbewusst beginnen wir auszustrahlen, was die anderen schmerzhaft als Antipathie wahrnehmen. Wir selbst werden uns der Mängel und Unvollkommenheiten in unserer Umgebung immer bewusster. Wenn es bisher hieß: Ist das nicht wunderbar? – heißt es jetzt: Es ist nicht so, wie es sein sollte. Freunde und Bekannte, die man früher so akzeptierte, wie sie waren, werden nach dem beurteilt, was sie nicht sind. Der rosige Schimmer um jene, die wir bewunderten, verblasst, und wir entdecken, dass unsere Helden erhebliche Mängel haben. Damit dies nicht zu weit geht und wir überkritische Nörgler werden, die alle Mängel außer unsere eigenen bemerken und uns unserer Wirkung auf andere völlig unbewusst sind, sollten diese genialen Gaben kühler Analyse der Tatsachen und leidenschaftsloser Diagnose nach innen gerichtet werden und sich mit unseren eigenen Schwächen beschäftigen. Nach außen hin sollte bewusst ein bisschen Nachsicht mit anderen und gerechte Wertschätzung ihrer Bemühungen gepflegt werden.

Hier sollte nur angedeutet werden, mit welchen Schwierigkeiten der Einzelne in diesen ersten Jahren intellektueller Blüte, in die, historisch gesehen, einige der bedeutendsten Errungenschaften der Menschheit fallen, zu kämpfen hat. Nicht jedem ist Genialität verliehen, und nicht jedem gelingt es von sich aus, die Tugenden zu entwickeln, die diese gefährlichen intellektuellen Kräfte auszugleichen vermögen. Die frühen Dreißigerjahre sind durchsetzt von persönlichen Tragödien, von denen manche sicher in den Karten des Schicksals stehen, manche aber völlig unnötig sind – wie wir später sehen werden.

1. ETWAS, DES JEDEN ANGEHT

Das Ich wird sich seiner selbst bewusst in der Bewusstseinsseele (vom 35. bis zum 42. Lebensjahr). In der Mitte des Lebens ist der Mensch vollständig inkarniert. Er und sein Organismus sind ganz ausgebildet. Er spürt das nur allzu gut, denn jetzt tritt Schwere an die Stelle der Spontaneität. Jetzt wird die Entdeckung der inneren Motivation zur Herausforderung: Antrieb von innen anstatt von außen. Das wird zum ersten Mal als Lebensnotwendigkeit empfunden, weil die Empfänglichkeit für äußeren Druck nachlässt.

Es war dieser Druck, der bisher die typischen Reaktionen hervorgerufen hatte: der persönliche Antrieb, das Bedürfnis, bekannt zu sein, die Notwendigkeit, Recht zu haben, der Anflug von Überheblichkeit, die hohe Selbsteinschätzung. Sie lassen nun ein wenig nach, lassen gleichsam von uns ab. Wir wenden uns vom Äußeren ab und werden uns dessen bewusster, was im Inneren geschieht, und dass wir unser Leben dementsprechend einrichten müssen. Wenn wir nur den inneren Willen aufbringen, es auch zu tun!

Bis jetzt haben wir uns selbst stellvertretend durch andere erlebt, wie in einem Spiegel. Was mir Wert verlieh, war die Achtung anderer, ihre Anerkennung, *was* ich tat und *wie* ich es tat. Meine Rolle, mein Titel, meine Position spiegelten wider, wer ich bin. Jetzt dämmert uns eine innere Wahrnehmung unseres «Ich», ein Identitätsgefühl. «Ich bin ein Ich», unabhängig von allen äußeren Auszeichnungen und Bedingtheiten – ich existiere! So beginnen wir, die Zwiebelhäute der Persönlichkeit abzuschälen.

In den Zwanzigern lebte «Ich» in meinen Erfahrungen.
In den Dreißigern lebte «Ich» in meinen Gedanken.
Nun in der Bewusstseinsseele ist das «Ich» nackt.

Es wird als innerer Kern erkannt. Es wird als Lenker des Schicksals erlebt. Jetzt geschieht nichts mehr, wenn *ich* es nicht tue.

I. DER LEBENSPLAN

Menschen, denen es an gut gegründeten Moralvorstellungen – vielleicht aus einer guten Erziehung herübergekommen – mangelt, können jetzt in Schwierigkeiten geraten. Vielen gelingt es nicht, sich von dem zu lösen, was ihnen Halt gab. Für den – im weitesten Sinne – schöpferischen Menschen kann das eine schmerzhafte Zeit werden, indem die Begabungen verdorren, die Muse ihn verlässt und die Inspiration aufhört. Die inneren Tore schließen sich, er ist aus der olympischen Gemeinschaft ausgeschlossen, er bringt nichts mehr hervor. Isolationsgefühle steigen auf, der Mensch fühlt sich einsam in der Menge und den früher gepflegten Interessen und Freundschaften entfremdet. Ohne stoischen Mut können diese Erfahrungen zu verzweifelten Schritten führen – und tun es auch. Je mehr man bisher erreicht hat, je höher die Position ist, die man erklommen, und je größer die Verantwortung, die man getragen hat, desto tiefer der Absturz in einen Abgrund von Bedeutungslosigkeit und innerer Erschöpfung. Vitalität, Antriebskraft und Ehrgeiz versagen. Und der Tiefpunkt wird am Ende dieser Periode erreicht.

Keine Fantasiekräfte durchlichten mehr die Sinneswahrnehmung, der Körper verleiht keinen Enthusiasmus mehr, die natürliche Spiritualität verblasst. Die Zukunft erscheint schwarz und hoffnungslos, als neige sich das Leben dem Ende zu. Die Seele leidet an einer Art Erstickungsgefühl und fürchtet, von den Anforderungen des äußeren Lebens, von dem nicht enden wollenden Lernenmüssen, von der Routine des Daseins und einem Berg von Problemen überwältigt zu werden. Sie ringt innerlich nach Luft.

Wer in diesen Dürrejahren zur Anthroposophie stößt, kann sich glücklich schätzen. Neu erwachte Entdeckerlust kann die innere Leere füllen. Doch viele, die ihr schon früher begegnet sind, geraten in eine weniger glückliche Lage. Sie spüren die innere Veränderung und müssen nun eine neue Beziehung

1. ETWAS, DES JEDEN ANGEHT

zur Welt des Denkens finden. Die Zeit des wohligen Sichsonnens ist vorbei. Die Fähigkeit, unersättlich Neues aufzunehmen, die Freude, intensiv Vorträgen zu lauschen, das völlige Aufgehen in der Lektüre von Zyklen und Büchern – all das hört auf. Alles kann leblos und fade erscheinen. Die innere Kraft, all dem Leben einzuhauchen und mit Begeisterung zu antworten, ist dahin. Staub legt sich auf die Bücher in den Regalen.

Manch einer, der in jüngeren Jahren vielversprechend für die anthroposophische Bewegung war, unterhält von nun an zur anthroposophischen Arbeit nur noch eine lockere Verbindung, aus einem gewissen Loyalitätsgefühl heraus. Die gelegentliche Lektüre eines Artikels oder der gelegentliche Besuch eines Vortrags, wenn ein besonderer Redner in die Stadt kommt, sind vielleicht die einzigen Gelegenheiten, bei denen ein Feuer, das früher hell loderte, noch einmal aufflackert. Das Leben mit seinen äußeren Anforderungen, mit den neuen Möglichkeiten, die sich nach den Dürrejahren eröffnen, absorbiert nun alle Energien, die äußeren wie die inneren. Das ist oft so geschehen, und keiner ist ganz sicher vor solch einem Schicksal, der nicht so durch diese verzweifelten Jahre hindurchgegangen ist, dass er aus ihnen mit neuer Vitalität, mit neuer Begeisterungsfähigkeit und neuer Hingabe an die Pflege eines aktiven spirituellen Lebens hervorging.

Wer diese «innere Todeserfahrung» durchlitten hat und innerlich auferstanden ist, weiß, was gemeint ist. Andere, die noch vom natürlichen Schwung des Lebens getragen sind, können es unmöglich verstehen. Das Lesen von Biografien kann einem helfen, sich auf solche Erfahrungen vorzubereiten und sie zu überstehen. Andrej Belyi beispielsweise schreibt über sein Leben als 41-jähriger: «In den schwersten Augenblicken meines Lebens (1921-1922), als es so aussah, als hätte ich mich selbst, meinen Weg, die Freunde rechts und links verloren ... als ich mich gegen den Doktor

I. DER LEBENSPLAN

[Rudolf Steiner] selbst auflehnte und keinen einzigen Menschen neben mir hatte ...«[4] Dies war die Erfahrung eines äußerst schöpferischen Menschen, der vier Jahre in nächster Nähe Rudolf Steiners und unter dessen fördernder Führung verbracht hatte.

Die inneren Veränderungen während dieser drei Epochen der Seelenentwicklung (von 21 bis 42) können auch in einem Bild zusammengefasst werden, in dem sich eine alte Mysterienweisheit ausspricht: in der Beziehung des Menschen zu seinem Pferd.

Der Kentaur ist das Bild eines Menschen, der mit seinem Pferd verschmolzen ist. Ein starkes Empfinden dieser Art kann man haben, wenn man den jugendlichen Kräften in den dynamischen Zwanzigern begegnet: Die Persönlichkeit hat die ungebändigte Energie eines Wesens mit vier Hufen!

Die nächste Epoche: Der Ritter in seiner eisernen Rüstung, mit Schwert und Speer. Er hat zwar deutlich menschliche Gestalt, aber er ist immer noch ganz und gar von seinem Pferd abhängig: ein Bild für den edlen Geist auf der Suche nach der Wahrheit, dem seine ausgebildete Intelligenz zu Diensten ist.

Doch wo sind der Mensch und sein Pferd in den schweren Dürrejahren, die nun folgen? Sie wurden offensichtlich voneinander getrennt, sodass die Individualität zum ersten Mal ganz auf sich selbst gestellt ist. Der Verlust des Streitrosses und das Wiederfinden sind Bilder aus alter Mysteriensprache. Der Mensch im gegenwärtigen Zeitalter der Bewusstseinsseele und vor allem der Mensch um vierzig muss nach seinem Pferd suchen und es wiedergewinnen. Am besten ein geflügeltes Pferd, eine vergeistigte Form der Intelligenz. Das nennen wir heute Ich-Aktivität. Das Wunderpferd, das den Menschen bis zu den schöpferischen Jahren hintragen kann.

Man darf nicht vergessen: Nach dreißig ist jede Weiter-

1. ETWAS, DES JEDEN ANGEHT

entwicklung nur noch eine *Möglichkeit*. Die von Natur aus überquellende Energie der Zwanziger trägt nicht mehr. Was nach dreißig erreicht wird, hängt einzig und allein davon ab, was der Einzelne aus seinen Fähigkeiten und Kräften macht. Heute ist für die meisten Menschen das 27. Jahr die Grenze – eine tragische Tatsache mit schwerwiegenden sozialen Auswirkungen.

Das letzte Drittel – der Aufstieg: Nach vierzig – es heißt, dass da erst «das Leben beginnt» – wird noch entscheidender, was der Einzelne aus seinen Möglichkeiten macht. Vielen gelingt die Weiterentwicklung nicht. Fast epidemisch hat sich die Unsicherheit darüber breit gemacht, was mit «Leben» eigentlich gemeint sei. Ganz gewiss weder Körperkultur noch Liebesfrühling! Beide sind in diesen Jahren trügerische Fallen. Wer aber erkennt, dass «das Alter schön ist» und dass eine jugendliche Persönlichkeit per se nur eine Maske ist, kann gewahr werden, dass der wahre Geist erst in den späteren Jahren durch den Menschen wie eine innere Sonne hindurchzuleuchten beginnt. Vorher mag das «Es» der Person charmant, gescheit und kraftvoll sein, doch noch verbirgt sich hinter der äußeren Erscheinung in Wirklichkeit eine innere Leere. Erst wenn die Stürme sich gelegt haben, findet der Mensch sein wahres Gesicht und kommt wirklich zu sich selbst.

Wieder sind nun drei Phasen zu erwarten. Wenn man weiß, worauf man achten muss, und wenn man es mit der sich stetig entfaltenden Biografie eines wirklichen Menschen zu tun hat, der die Schwelle des 27. Jahres überschritten hat, sind die Symptome tatsächlich deutlich zu erkennen.

Die (potenzielle) Periode des Geistselbst (42 bis 49): Der Mensch in den Vierzigern kann ein Ideenmensch sein. Das «Geist»-Selbst drückt sich durch ein reges Gedankenleben aus. Produktivität, Erneuerung, Imagination und spirituelle Kraft sind die Zeichen. Für den Erfolg im Berufsleben ist dies notwendig. Während dieser Zeit eröffnen sich neue Möglichkeiten, die berufliche Karriere bekommt andere Schwerpunkte, und im persönlichen Leben beginnt Ordnung zu herrschen. Das bleibt so bis etwa fünfzig, wo sich das Bild sehr rasch ändern kann.

Die (potenzielle) Periode des Lebensgeistes (49 bis 56): Am Beginn der zweiten Phase sind traumatische Erfahrungen möglich. Es ist, als werde einem neue Vitalität verliehen, auf die man sich nun einstellen muss. Wer noch beweglich ist und Humor und Lebensziele hat, kann den Übergang leichter vollziehen. Manchmal treten Symptome auf, die an die Adoleszenz erinnern. In den Evangelien wird davon gesprochen, das Leben zu ändern, und hier sind zweifellos Unterscheidungen angebracht. Ein Mann, der in diesen Jahren der Selbsterkenntnis aus dem Weg geht, kann einen «Herzanfall» erleiden – und das im doppelten Sinn des Wortes: Entweder verliebt er sich urplötzlich, oder er kommt ins Krankenhaus. Frauen müssen sich natürlich in dieser Zeit mit einer Metamorphose der Körperkräfte in geistige Lebenskräfte vertraut machen.

Die jetzt erscheinende Reife zeigt sich auch in der Entschiedenheit, mit der sich ein Mensch in diesen Jahren für eine neue Sache einsetzt. Man erkennt sie an der Ausstrahlung eines älteren Eurythmisten oder Schauspielers auf der Bühne oder eines älteren Lehrers im Umgang mit Kindern. Es ist dies etwas ganz anderes als die Talente und Fähigkeiten, mit denen Jüngere ausgestattet sind. Es ist, als werde Lebensweisheit nun zu einem das ganze Wesen durchdringenden Instinkt.

In dieser Zeit bewegt sich auch im Umkreis etwas, weil der Mensch nun Gedanken nicht nur klar artikuliert wie in den

Vierzigern, sondern damit auch andere mitreißt und zur aktiven Teilnahme bewegt. Es ist, als strahle von Menschen in den Fünfzigern ein neues Lebenselement aus. (Der negative Aspekt dieser Kraft tritt vielleicht in der dominanten Schwiegermutter oder dem reizbaren Vorgesetzten in Erscheinung, die zuviel Macht ausüben.)

In diesem Alter können sich in Gemeinschaften und Institutionen Urteilskraft und Autorität als sehr segensreich erweisen. Diese Persönlichkeitskräfte haben so viel Substanz, dass sie allseits Vertrauen erwecken und natürliche Führungseigenschaften hervorbringen. Charakteristisch für dieses Alter ist eine ansteckende Vitalität, die mitreißt, ohne zu verletzen, vorausgesetzt, dass sie sich vom persönlichen Element befreit hat.

Allgemein kann gesagt werden: Während sich ein Mensch in den Vierzigern der Ideen, die ihn beschäftigen, bewusst ist, kann er in den Fünfzigern die Kraft finden, diese Ideen als Absichten zum Leben zu erwecken; aber erst in den folgenden Jahren erwächst ihm die Fähigkeit, diese Ideen und Absichten in konkreter Form zu verwirklichen.

Die (potenzielle) Periode des Geistesmenschen (56. bis 63. Lebensjahr): Im Falle Rudolf Steiners beispielsweise wurden in diesen Lebensjahren Institutionen von Menschen gegründet, die durch seine Lehre dazu angeregt worden waren. Es war, als hätte sich sein Wille in den Initiativen anderer objektiviert. Ein Mensch von der Reife Steiners musste eine soziale Notwendigkeit nur aussprechen, damit sie von anderen begeistert aufgegriffen und verwirklicht wurde – wenn auch nicht immer so, wie es beabsichtigt war. Es ist, als habe der reife Mensch in den späten Phasen seines Lebens nun die Fähigkeit, seinen persönlichen Willen so umzuwandeln, dass er in anderen Liebe und Hingabe, wenn auch nicht immer volle Einsicht weckt.

Weniger herausragende Menschen sind dann etwa Organisationstalente, die volle Verantwortung übernehmen und in anderen hingebungsvolle Unterstützung wachrufen. Unreifen Menschen fehlt diese besondere Fähigkeit, außerhalb ihres engsten Kreises die Bereitschaft zu dienendem, aufopferndem Wollen anzufachen; daher kommt es in von ihnen geleiteten Gemeinschaften ständig zu inneren Kämpfen, Aufspaltungen in Gruppen von In- und Outsidern und zu Ausschlüssen Einzelner.

Dies ist das Alter, in dem Selbstlosigkeit, die Tugend des freien Geistes, Wirklichkeit werden und sich in «magischen» Kräften manifestieren kann. Sie erweckt die besten Kräfte in anderen, fördert ihre latenten Möglichkeiten und wirkt in Menschengemeinschaften als einigende, heilende Kraft.

Nach 63: Bisher haben wir die Entfaltung des Lebens, insofern sie sich in Siebenjahresrhythmen darstellt, betrachtet. Wir werden später zeigen, wie diese Rhythmen den Einflüssen der Planetensphären folgen und wie der Mensch ein lebendiges Abbild der Sternenwelt ist. Mit 63 hat er seine Entwicklung vollendet und wird, dichterisch gesprochen, ein Kind der Götter. Jetzt ist er endlich ganz geboren! All diese Zeit hat er gebraucht, um wirklich Mensch zu werden. Jetzt, wo er von allem Persönlichen frei ist, hat er die Möglichkeit, als freier Geist und als Gefährte des Zeitgeistes der Menschheit zu dienen. Natürlich ist dies ein Ideal, das der Einzelne demütig anstreben kann; wie nahe er seiner Verwirklichung kommt, hängt davon ab, was er als Individuum aus sich gemacht hat.

Bei jemandem, der seine Fähigkeiten eingesetzt und sich Verdienste erworben hat, können jetzt entscheidende Jahre folgen. Wer sich weniger weit entwickelt hat, wird entsprechend weniger leisten. Dieser Zeitpunkt bezeichnet im Leben Rudolf Steiners eine Wende. Von 1924 an war er in der

1. ETWAS, DES JEDEN ANGEHT

Lage, sich mit außerordentlicher Kraft der letzten ihm vom Schicksal gestellten Aufgabe zu widmen: der Karma- und Reinkarnationsforschung.

In unserer heutigen Zivilisation bedeuten die Sechziger die Jahre des mehr oder weniger freiwilligen Ruhestandes. Für wirklich schöpferische Menschen, die jung und anpassungsfähig geblieben sind, kann das eine wunderbare Zeit sein, eine leidvolle jedoch für jene, die es versäumt haben, sich darauf vorzubereiten, sich für ihre spirituelle Unabhängigkeit zu rüsten.

Überall in unserer Umgebung finden wir Beispiele produktiver älterer Menschen; aber wir sehen auch die Tragödien jener, die sich an das gewohnte Leben klammern, voller Angst, ihre Identität zu verlieren, wenn ihnen äußerer Status, Titel und Position genommen werden. Ein «Ex» oder ein «Ehemaliger» ist eben nicht mehr das, was er war. Solche Dinge geschehen im Großen und Kleinen auf allen Ebenen. Die Menschen können nicht in Würde altern. Warum? Vielleicht, weil sie der Pflege eines aktiven inneren Lebens, das heißt seelisch-geistiger Produktivität und spiritueller Eigenständigkeit zu wenig Aufmerksamkeit widmen. Die Menschen scheinen nicht an die Zukunft zu denken. Sie unterlassen es, zu ihrer Arbeit einen sinnvollen Ausgleich – gleichsam als zweite Bogensehne – zu schaffen. Es liegt so offen zutage, dass jemand, der sich mit Leib und Seele auf das Gerüst seines Berufes stützt, diesen Beruf nicht auch notwendigerweise gut ausübt. Wenn er dann noch der Illusion erliegt, unersetzlich zu sein, ist das sicher nicht die richtige Voraussetzung, einen fähigen Nachfolger zu finden.

Ist ein eigenständiger, fantasievoller Mensch einmal aus dem täglichen Trott und jahrelang getragener Verantwortung befreit, steht ihm eine Welt voller interessanter Dinge offen. Er kann die Früchte seiner Lebensarbeit mit anderen teilen. In anthroposophischen Kreisen begegnen wir kräftigen, energischen Persönlichkeiten, die mit der Pensionierung nach einem vollen Arbeitsleben zu schreiben, zu lehren, Vorträge zu halten beginnen und der Bewegung mit ihren errungenen Fähigkeiten dienen. Ihre moralische Fantasie hilft ihnen, neue Möglichkeiten zu entdecken, wie man etwas zur anthroposophischen Arbeit beitragen kann.

Eine Frage sei erlaubt: Was werden Sie mit 63 Jahren tun?

Der Gipfel mit 27 – und was danach kommt

In alten Zeiten wurde ein Patriarch hoch verehrt. Dafür gab es gute Gründe. Bei ihm war Weisheit etwas Natürliches. Die Weisheit der Stammesgötter sprach durch ihn zu den Menschen. Es war natürlich, im Alter weise zu sein. Die Seelenentwicklung hielt bis ins hohe Alter mit der Körperentwicklung Schritt. In dem Maße, wie der Körper alterte, reifte die Seele. Mit jeder Kulturepoche der Menschheit wurde dieses natürliche innere Reifen um sieben Jahre verkürzt – wobei eine Kulturepoche jeweils etwa 2100 Jahre umfasst.[5]

Die Seele reifte auf natürlicher Weise:

von 56 bis 49 im alten Indien (ca. 7500–ca. 5200 v. Chr.)
von 49 bis 42 im alten Persien (ca. 5200–ca. 3100 v. Chr.)
von 42 bis 35 im alten Ägypten (ca. 3100–ca. 750 v. Chr.)
von 35 bis 28 in Griechenland/Rom (ca. 750 v. Chr.–1413)
von 28 bis 21 in unserer Epoche (ca. 1413–ca. 3753)

Das bedeutet, dass die Seele nach dem angegebenen Alter von selbst nicht mehr reift, sondern nur durch bewusste und aktive Selbstentwicklung. Tatsächlich entwickelt sie sich ohne Selbstentwicklung zurück und kann noch nicht einmal

1. ETWAS, DES JEDEN ANGEHT

die natürlich erlangte Reife halten. Da unsere Epoche um 1500 begann und also schon eine Zeit verstrichen ist, liegt der Zeitpunkt heute auf dem 27. Jahr – wie Rudolf Steiner oft erwähnt. In der sechsten nachatlantischen Kulturepoche wird er auf das 21. Jahr zurückgehen, dann weiter auf das 14. und 7. Jahr. Dieser Vorgang wird mit sich bringen, dass die menschliche Rasse unfruchtbar wird und auf biologischem Weg keine Kinder mehr gezeugt werden.[6]

Steiner maß dieser Tatsache solche Bedeutung zu, dass er den Lehrern der ersten Waldorfschule sagte:

18-jährige junge Leute sollten dahin gebracht werden, in lebendiger Weise schon die historischen Epochen zu verstehen, und zwar mit dem ‹Jüngerwerden› der Menschheit; das würde einen bedeutenden Einfluss auf die Menschheit ausüben. In der ältesten Epoche spürten die Menschen die seelische Entwickelung bis zum 60. Jahre ... während wir heute eigentlich nur bis zum 27. Jahre kommen. Das ist ein durchgehender Zug, der müsste begreiflich werden, bevor irgendein Fachstudium auf einer Hochschule betrieben würde. Das müsste allgemeine Bildung werden in einer Schule nach Waldorf-Lehrplan. Das würde einen ungeheuer wohltuenden Einfluss auf die seelische Verfassung haben.[7] (Stuttgart, 25. April 1923.)

Diese Tatsachen sind für das soziale Leben von weitreichender Bedeutung; wir wollen uns indessen auf das unmittelbar vor uns Liegende beschränken. Was bedeutet das: Die Menschheit wird heute «von Natur aus» mit 27 Jahren reif? Es bedeutet, dass ein Mensch heute ohne intellektuelle Anregung von außen, ohne wirksame Gedankenschulung und ohne stetiges persönliches Bemühen um Selbsterziehung, durch die er seine in ihm schlummernden Fähigkeiten entwickelt, das bleibt, was er mit 27 war. Er pendelt sich auf diesem Niveau ein, er kommt, geistig und kulturell gesehen, zum Stillstand.

I. DER LEBENSPLAN

Nur allzu deutlich lässt sich diese Tatsache an der Seelenkonfiguration vieler Menschen in unserer Umgebung ablesen. Man betrachte ihre Freizeitvergnügungen, ihren Umgang mit der Zeit, die Helden, die sie bewundern. Die Medien, die seelisch-kulturelle Nahrung der Massen, müssen, um zu überleben, das Empfindungsseelenleben aufpeitschen, seine Instinkte und Egoismen, seine Selbstbezogenheiten und Modetorheiten, seine Ängste und Sehnsüchte.

Viele Karrieren sind ein Abbild dieses seelischen Stillstands. Erfolgreiche Politiker würden ihren Beruf unerträglich finden, wenn sie mit intellektueller und moralischer Reife belastet wären. Jeder, der in eine bedeutende politische Position aufsteigt, muss sich einer Bevölkerung anpassen, die ihre Entscheidungen auf dem Entwicklungsniveau von Endzwanzigern trifft.

Solche Überlegungen sollen nur zu weiteren eigenen Beobachtungen anregen; die «große» Welt gibt reichlich Gelegenheit dazu. In der «kleinen» Welt des strebenden Menschen herrscht dagegen die Sehnsucht, weit über die natürliche Grenze hinauszugehen, die Ziele der Menschheit wenigstens in Gedanken und Träumen zu erfüllen, wenn es schon in der Wirklichkeit nicht möglich ist. Wir können den göttlichen Plan zum Teil verstehen, wenn wir uns vergegenwärtigen, dass das, was wir mitgebracht haben und was die Natur uns als Grundlage gibt, nur die Ausgangsbasis ist für das, was wir selbst erreichen können. Mit 27 Jahren sollten wir als moderne Seelen beginnen! Von dieser Schwelle an ist es unsere Aufgabe, den Lernprozess selbst in Gang zu halten, sorgfältig an unserer weiteren Ausbildung und Erziehung zu arbeiten, die nun zur Selbsterziehung wird, uns mit neuen Fertigkeiten und neuem Können auseinanderzusetzen, das innere Leben und die Denkkräfte zu disziplinieren und uns selbst zu sinnvollem Studium und Lesen und zu intelligentem Schreiben und Sprechen zu erziehen.

1. ETWAS, DES JEDEN ANGEHT

Natürlich, ganz einfach ist das nicht zu verwirklichen. Die Hindernisse scheinen übermächtig. Keine Zeit! Zu viel zu tun! Zu erschöpft am Abend! Abnehmende Vitalität wird zum Hindernis. Und ewig diese sozialen Anforderungen! Wir alle kennen die Liste. Die Entschuldigungen sind abgedroschen und fadenscheinig. Wir als Anthroposophen sollten meditieren, unsere Übungen machen. Wir haben uns einmal entschlossen, den Pfad zu gehen. Was hindert uns? Kurz gesagt: Wir müssen Prioritäten setzen.

Um in diesen «jenseitigen» Bereich vorzudringen und unser uns selbst gegebenes Versprechen zu halten, müssen wir zunächst den inneren Menschen klar vom äußeren trennen. Wir müssen lernen, zwei Leben zu leben. Und zunächst dem Priorität geben, was wir *allein* tun, ohne andere. Zunächst minutenweise, dann stundenweise. Wir müssen lernen, uns allmählich von übermäßigen äußeren Anforderungen frei zu halten: von den Verlockungen der Geselligkeit, der Anhänglichkeit an instinktiv-empfindungshaft gebildete Gemeinschaften, der völligen Vereinnahmung durch den Beruf; und wir sollten bis zu einem gewissen Grad von den Anforderungen des «gabrielischen» Familienlebens unabhängig werden. (Der Erzengel Gabriel ist der traditionelle Schutzengel der Familie. Wie mit eisernem Griff bewahrt er die Zugehörigkeit zur Familie.) All das sind «Werte» der ästhetischen Jahre, in denen die «Empfindung» herrscht. Sie sind nur der Nährboden für das individuelle Wachstum. Wenn wir nicht weiterwachsen, haben wir unseren Schicksalsgefährten nur wenig zu geben; und wir verlieren mit der Zeit möglicherweise auch das, was wir haben.

Priorität bekommt nun also die Verpflichtung sich selbst gegenüber. Die gewollte, bewusste Pflege des inneren Lebens führt zum Rendezvous mit dem Selbst.

I. DER LEBENSPLAN

2.
Jahre der Wandlung

Rätsel des Himmels, der Erde und des Menschen

Die früheren Kulturen waren zum Himmel orientiert. Der östliche Mensch saß mit gekreuzten Beinen auf seiner Matte, abgeschnitten von dem, was unter ihm war, nur dem geöffnet, was von oben kam.

In der griechischen Zeit wandte sich der Mensch der Erde zu. Mysterien, zu denen der «Abstieg in die Hölle», die «Höllenfahrt», gehörte, bereiteten den Weg zur Initiation.

Seither ist das Mysterium der Mensch selbst, das Rätsel seiner Seele und die Pflege des ihm innewohnenden Geistes. Die Entdeckung des «Ich», des Selbst, der Ichheit, ist heute Streben und Weg.

Himmel, Erde, Mensch. Das war der Weg der Menschheit. Und sein Urbild liegt im menschlichen Lebenslauf.

Als Kinder bringen wir die Gaben des Himmels mit, die Jugendkräfte, diese wunderbaren Energien, die unseren Leib aufbauen und unsere Fähigkeit, aufrecht zu gehen, zu sprechen, zu denken, zu lieben und zu arbeiten, entfalten.

Als junge Erwachsene erobern wir die Erdenwelt, werden geschickt in der Beherrschung der äußeren, materiellen Dinge, arbeiten an unserer Berufslaufbahn, gründen Heim und Familie.

Im Lauf der Zeit, wenn wir die Mitte des Lebens erreichen, werden wir uns selbst ein Rätsel, werden unsere eigene Sphinx, die fragt: Wer bist du, und warum bist du der? Warum bist du hier? Damit werden wir zu wahrhaft modernen Seelen, die den historischen Gang der Menschheit

2. JAHRE DER WANDLUNG

rekapituliert und abgeschlossen haben und an dem Punkt angelangt sind, an dem die Zukunft beginnt.

In diesem Abschnitt geht es um innere Veränderungen im menschlichen Leben, um Vergangenheit und Zukunft, Inkarnation und Exkarnation, Abstieg ins Leben und Aufstieg und um das Aufscheinen spiritueller Kräfte in der menschlichen Seele.

Zunächst wollen wir kurz auf die Thematik des ersten Teils dieses Kapitels zurückblicken und, an einem Beispiel aus unserer Kindheit, einige klärende Gedanken zu unserer Erfahrung in der Zeit entwickeln.

Rückblick

Bisher haben wir verfolgt, wie das menschliche Leben, das eigene Leben, *in Bewegung* ist und sich in Siebenjahresrhythmen fortentwickelt, die sich qualitativ voneinander unterscheiden. Zusätzlich hatten wir drei größere, deutlich erkennbare Abschnitte gefunden, die ihrerseits jeweils in drei Phasen unterteilt sind:

– körperliche Reifung bis zum 21. Jahr;
– seelische Reifung bis zum 42. Jahr;
– mögliche geistige Reifung in der Zeit danach.

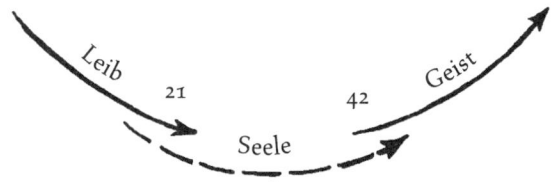

I. DER LEBENSPLAN

So kann das Leben als eine Folge von Geburten und Verwandlungen erfahren werden, mit in jeder Siebenjahresphase neu erwachenden Fähigkeiten. Die frühen Phasen treten «natürlich» und wie von selbst ein, während die späteren aus der Arbeit des Menschen an sich selbst resultieren.
– Erste Phase: Geburt des physischen, des Äther- und des Astralleibes
– Zweite Phase: Geburt des Ich in der Empfindungsseele, der Verstandes- und Gemütsseele und der Bewusstseinsseele
– Dritte Phase: Mögliches Erwachen des Geistselbstes, des Lebensgeistes und des Geistesmenschen

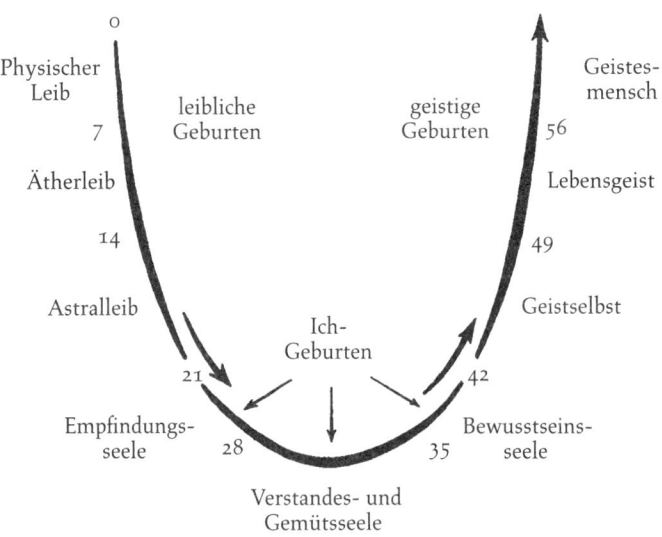

So erscheint also im Lauf der Zeit der neunfach gegliederte Mensch – wie ihn Rudolf Steiner in seiner *Theosophie* dargestellt hat –, dessen untere Glieder in den frühen Jahren deutlich unterscheidbar sind, während die höheren Wesensglieder später bis zu einem gewissen Grad errungen werden *können*.

2. JAHRE DER WANDLUNG

Zusammen bilden sie das ganze Menschenwesen, doch leben sie sich im Zeitenlauf nacheinander dar, sodass es den Anschein hat, als fänden radikale Veränderungen statt.

Vergangenheit und Zukunft im Zeiterleben

Der Raum kann, wie wir wissen, statisch erlebt werden. Die Dinge des Raumes sind unbeweglich, starr. Das Erleben der Zeit hingegen bringt uns in ein dynamisch bewegtes Element. Alles fließt. Selbst ein «Zeitraum» oder eine «Zeitspanne», wie beispielsweise eine Siebenjahresperiode, ist in sich qualitativ nicht gleichförmig.

Ein Jahr, eine Woche, ein Tag oder eine Stunde – alles hat seine zyklische Struktur. Doch neben dieser zyklischen Unterteilung müssen wir hier noch ein anderes, subtileres Element berücksichtigen: das Hereinwirken von Vergangenheit und Zukunft in die Gegenwart. Was voranging und was folgen wird, gibt dem gegenwärtigen Augenblick seine Farbe.

Man denke beispielsweise an die Arbeitswoche, die Schulwoche. Je nachdem, wie das vorangegangene Wochenende war, sind der Montag und Dienstag entweder erfrischt oder hektisch. Der Donnerstag und Freitag wiederum stehen schon unter dem Einfluss dessen, was folgen wird: eine Reise, ein Ausflug, eine Party – alles wirft seinen Schatten voraus. (Die Lehrer kleinerer Kinder erleben diese Kraftfelder von Nach- und Vorwirkungen oft sehr stark und haben damit zu kämpfen.)

Es ist wichtig zu erkennen, dass es diese Einflüsse gibt. In jeder Zeiteinheit ist diese subtile Unterteilung wirksam und deutlich zu erkennen:

I. DER LEBENSPLAN

Anfang: Die Vergangenheit wirkt noch nach.
Ende: Die Zukunft ist schon spürbar.
Mitte: unabhängig.

Ein Urlaubsaufenthalt illustriert das: Wenn wir ankommen, packen wir unsere Sachen aus und lockern uns; während des Aufenthalts gehen wir ganz in den Freuden des Augenblicks auf; dann bereiten wir uns wieder auf den Abschied vor und packen unsere Sachen ein. Wo immer die Zeit eine Rolle spielt, ist auch dieses Prinzip des Hereinspielens von Vergangenheit und Zukunft wirksam. Es zeigt sich auch in den Siebenjahresperioden. Der Lehrplan der ersten Klassen einer Waldorfschule und die Gestaltung des Unterrichts erwachsen aus dieser Lebenstatsache.

Die zweite Lebensperiode – ein Beispiel

Erfüllt von imaginativem Staunen entfalten sich die ersten Schuljahre zwischen Zahnwechsel und Pubertät. Voraus geht ihnen das Nachahmungsalter, in dem das Lernen über das Tun geht, und es folgt ihnen das Erwachen intellektueller Fähigkeiten, das Lernen durch geistige Bemühung. Vergangenheit und Zukunft sind in diesen Jahren als Nachklang und Vorschattenwurf lebendig. Der willenshafte Charakter der vorangegangenen Jahre färbt das erste Drittel, und die denkerische Qualität der Teenagerzeit wirft ihren Schatten in das letzte Drittel.

Starke, spürbare Umschwünge vollziehen sich in der kindlichen Entwicklung mit 9 1/3 und mit 11 2/3 Jahren. Sie finden ihren Niederschlag im Lehrplan und in den Lehrmethoden. Fremdsprachen können beispielsweise noch bis zur dritten Klasse durch Nachahmung gelernt werden, eine außerordentliche Gabe, die noch aus den vergangenen Jahren herübergetragen wird und die dann schwindet. Mit dem Heraufdämmern der intellektuellen Kräfte um das 12. Jahr beginnt die Beschäftigung mit der Wissenschaft.

Diese Schuljahre fordern eine dreifache Weise, die Welt zu sehen, die Lehrer und Eltern kultivieren können, um sich in das sich wandelnde Bewusstsein des Kindes einzufühlen.
- Erstes Drittel: Die Natur ist belebt, beseelt, sie spricht wie ich.
- Zweites Drittel: Die Natur ist lebendig, alles lebt wie ich.
- Drittes Drittel: Die Natur kann erkannt werden als eine wunderbare Welt der Gesetze und Zahlen, die ich denkend erfassen kann.

Doch was in diesem Alter so deutlich hervortritt, gilt auch später. Das ganze Leben hindurch kann man in den Siebenjahresphasen solche Untergliederungen erkennen. Aber auch in den Phasen, die bestimmte Interessen durchlaufen, und in Freundschaften können sie erlebt werden. Träume und Sehnsüchte gehen den Gelegenheiten zu ihrer Verwirklichung voraus, innere Entfremdung und Rückzug kündigen ein äußeres Ende an.

Das kann uns helfen, die Siebenjahresphasen des Lebens besser zu verstehen, die nicht in sich starre Zeitblöcke sind, auch wenn viele Menschen gewisse Wendepunkte als radikale Umbrüche oder Schicksalswendungen erleben.

Die Nachklänge und Vorschattenwürfe sind Realitäten, die man sich bewusst machen sollte. Die Veränderungen, die mit 42 spürbar werden, wenn sich die schöpferischen Jahre ankündigen, kommen oft im 45. Jahr zur Blüte. Auch die Sehnsucht nach Unabhängigkeit, die mit 21 erwacht, bleibt vielleicht noch für eine Weile während der späteren Phase des Studiums latent, in der ein Student sich immer noch der Führung seines Professors anvertraut. Doch etwa Mitte zwanzig wird er sich endlich jubelnd selbstständig machen.

Der Wendepunkt – Pflanze und Mensch

Alles Lebendige entwickelt sich in Phasen, in rhythmischen Veränderungen, in einer Folge von Gestalten. Dieser Gestaltwandel ist die Offenbarung des Lebens. Damit eine Rose erblühen kann, müssen sich erst Wurzel, Stiel und Blatt entwickeln. Damit die Frucht ansetzen und der Same sich bilden kann, muss die Blüte im Sonnenlicht reifen. So werden drei Phasen des organischen Lebens sichtbar: wachsen, blühen und fruchten. Zeitlich betrachtet werden aus den drei Phasen zwei, mit einer kurzen Blütezeit dazwischen:

1. die Entfaltung unsichtbarer Kräfte bis hin zur voll entwickelten Pflanze,

2. das Reifen von Frucht und Samen als Grundlage für das Fortbestehen der Art.

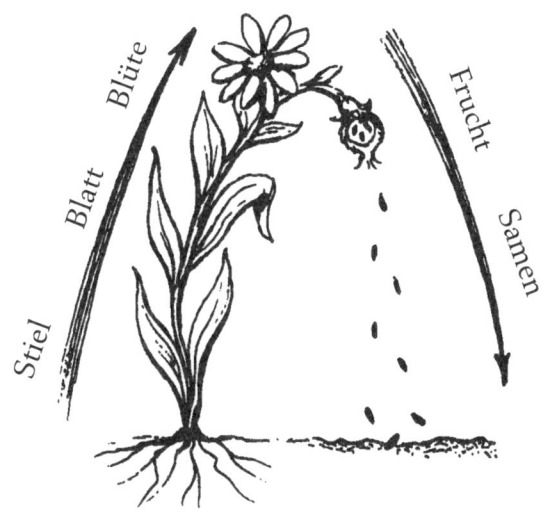

Die Blüte als umgewandeltes Blatt, berührt von der Sternenwelt der Farbe, ist etwas, das noch von *außen* kommt. In Frucht und Samen entwickeln sich die Kräfte, die sich während der ersten Hälfte des Pflanzenlebens in ihrem *Inneren* gesammelt haben.

Dieses imaginative Bild kann helfen, die Metamorphose im Ganzen des menschlichen Lebens zu verstehen. Dazu brauchen wir die Begriffe von Wachstum und Vergehen, von Ausdehnung und Zusammenziehung. Die Wirkkräfte, die eine Pflanze entstehen lassen, sind nicht die gleichen wie jene, die den Samen bilden. Wir können hier von Wachstums- und Todeskräften sprechen. Im Menschen sind es die Todeskräfte, die Bewusstsein, Wachheit und Gedankenkraft bringen. Lebenskräfte sind die regenerativen Kräfte des Schlafs, des Wachstums und der leiblichen Erhaltung.

So können wir erkennen, wie in der ersten Lebenshälfte die organisch aufbauenden Kräfte dominieren und wie in der zweiten Hälfte ein Prozess der Vergeistigung die Oberhand gewinnt, denn hier ziehen sich die lebendigen Kräfte allmählich aus dem Leib zurück, und die freiwerdenden Energien können in das innere Gedankenleben, in die Aktivität des menschlichen Geistes fließen.

Polaritäten: Abstieg und Aufstieg

Die menschliche Existenz offenbart sich als erstaunlich vielschichtig, wenn wir aufhören, uns gegen ihre geheimen Gesetze aufzulehnen.

Wir stürzen uns nämlich mit einem Enthusiasmus und einer Kraft ins Leben, über deren Ursprung wir wenig wissen. Und wenn wir auf gute und gesunde Weise altern, steigen wir mit einem der Jugend unbekannten inneren Feuer zu höherer Einsicht und größerer schöpferischer Kraft auf. Herabschwung und Aufschwung: die Polarität von Jugend und Alter.

Bis zur Mitte des Lebens steigen wir immer tiefer in die physische Existenz hinab. Wir inkarnieren uns ganz und gar. Nach 35, wenn die im Leib wirkenden lebendigen Kräfte sich zurückziehen und schwächer zu werden beginnen, lösen wir uns allmählich von den instinktiven, irdischen Bindungen. Schritt für Schritt exkarnieren wir uns. Das Leben besteht einerseits im Lebenlernen, andererseits im Sterbenlernen.

Wir werden von der Natur geführt, der wir uns beim Herabsteigen anvertrauen. Beim Aufstieg führen wir uns selbst durch die moralische Folgerichtigkeit und Strenge, die wir uns selbst auferlegt haben. Aus der Lebenserfahrung erwachsen ein Gefühl für die Folgen unseres Tuns und gesunder Menschenverstand. Freudige Hingabe und moralische Verantwortung lenken den Weg der Seele.

Und welches sind die Quellen? Woher bekommen wir die Kraft, die wir zum Aufsteigen, zum Sterben und Werden brauchen? Das Geheimnis liegt in der Metamorphose. Die verborgenen geistigen Kräfte, die in der ersten Hälfte des Lebens den Organismus aufbauen, sind dieselben, die in der zweiten Lebenshälfte die Grundlage moralischer Stärke, inneren Mutes und der Überzeugung sowie der Urteilskraft bilden können. Als Aufbaukräfte dienten sie dem Werk der himmlischen Hierarchien, den Menschen zu inkarnieren; als menschlich-spirituelle Kräfte können sie in der zweiten Hälfte seines Lebens im Menschen geboren werden.

Wenn die physischen Kräfte um das 35. Jahr ihre Spannkraft verlieren, nährt sich das Ich von den Seelenkräften, die die physische Entwicklung aufrechterhielten. Der Astralleib beginnt zurückzutreten und zu verhärten. Und nach dem 42. Jahr werden auch die ätherischen Lebenskräfte betroffen und nutzen sich ab.[8] Wir zehren von instinkthaften und sinnesgebundenen Reserven, wenn wir älter werden. Wir zehren uns allmählich auf. In der Jugend können wir unsere Speicher mit den Schätzen der Schönheit, des Staunens und der Welterkenntnis füllen. Im Alter können wir zu unserer moralischen Stärkung und für das Streben nach oben davon zehren.

Verwandlung

Die Tatsache, dass die frühen Jahre eine Zeit physischen Reifens sind, wird allgemein anerkannt. Die Symptome sind so deutlich erkennbar, die Veränderungen auf dem Weg zum Erwachsensein so unübersehbar. Für die zweite Phase des Lebens, in der sich die Seele entwickeln soll, ist das nicht mehr der Fall. Die Orientierung unserer Zivilisation auf das Materielle scheint unsere Wahrnehmung für seelische Feinheiten zu schwächen. Wenn ein Mensch als ein mit Sinnesorganen, Nerven und Gehirn ausgestatteter Körper gut funktioniert, kann er als Erwachsener gelten, soviel er auch noch zu lernen haben mag, was den Umgang mit seinem Innenleben, seinen Impulsen, Hoffnungen und Ängsten betrifft. Wer hat heute jenseits der zwanzig eine Ahnung davon, dass er sich noch entwickelt? Glaubt nicht jeder, er sei fertig und in der Lage, alles «in den Griff zu bekommen»? Das soziale Chaos, dem wir heute ausgesetzt sind, wird uns vielleicht wachrütteln.

Das Sozialverhalten in einer komplexen Gesellschaft fordert eine viel weitergehende seelische Entwicklung, als sie heute üblich ist. Die Menschen bräuchten mehr gesunde Urteilskraft, Kontrolle über ihre Emotionen und mehr Gefühl für moralisches Handeln. Man braucht sich nur einmal die Themen anzusehen, von denen die Medien wie besessen sind, um sich klarzumachen, dass die Seelenentwicklung nicht mit der Körperkultur Schritt gehalten hat. Im Vergleich mit der Vergangenheit haben wir Rückschritte gemacht. Degeneration ist die Folge, kultureller Niedergang und Dekadenz.

Das muss mit Nachdruck betont werden, damit wir erkennen, wie notwendig die Einsicht in ein einfaches Gesetz der menschlichen Entwicklung ist, dass nämlich Leib, Seele und unabhängiges Ich sich in drei verschiedenen Phasen entwickeln. Zwischen dem 20. und 40. Lebensjahr lernen wir, unser Innenleben zu beherrschen. Das Leben selbst ist unser Lehrmeister, oft durch Tragödien, wenn es an eigener Lernbereitschaft mangelt; das ist der harte, steinige Weg. Der leichtere Weg ist das Lernen durch eigene Einsicht und durch die Beobachtung dessen, was die uns Vorangegangenen durchlebt haben.

In der dritten Phase, nach dem 40. Jahr, wenn die Erschütterungen dieser bewegten Seelenjahre vorüber sind und das Selbst das Ruder übernommen hat, kann etwas beginnen, das man «spirituelles Leben» nennen könnte, ein Leben unabhängiger Reflexion, Einsicht und Selbstbeherrschung. Dann kann ein Lernen auf noch höherer Ebene stattfinden, vielleicht erleuchtet durch die Sonne eines strahlenden, objektiven Selbst.

Ein Bild veranschaulicht all dies: der Schmetterling, der Dichter und Weise fasziniert hat. In den Mysterienschulen spielte er eine wichtige Rolle.

Rudolf Steiner spricht in diesem Zusammenhang von «sinnenfälliger Bildlichkeit»,[9] durch die die höchsten Hierarchien, die Schöpfer der natürlichen Welt, zur Erziehung des Menschen geistige Wahrheiten in der Sinnenwelt zur Erscheinung kommen lassen. Diese Bildformen unterscheiden sich von den Seelenbildern der Mythen und der rein spirituellen Bildhaftigkeit mathematischer Symbole und dynamischer Zeichen.

Der Schmetterling legt seine Eier auf die Erde, sodass sie dem Himmel und den Sternen ausgesetzt sind. Kosmische Kräfte wirken hinein. Das Ei reift über den Winter und wird

I. DER LEBENSPLAN

zur Raupe, wenn die horizontal wirksamen Mondenkräfte die grünen Blätter hervorlocken. Später spinnt die Raupe selbst einen seidenen Kokon aus sich heraus, in dem sie eine Puppenphase durchläuft, bevor der Schmetterling als Bild der Farbe und des Lichtes erscheint. Ein Sonnenwesen, dessen Sein und Flug die Gesetze irdischer Existenz zu leugnen scheint.

Ebenso ist es mit dem Seelenmenschen. In die Zweige seines physischen Daseins wird ein Ei gelegt, ein embryohaftes «Ich», ein «Ich-Ei», das allmählich heranreift, während die Sternenkräfte der Jugend sich in der Empfindungsseele ausdrücken. Das Individuum ist bis zum 30. Jahr tatsächlich im Embryonalzustand – was immer man auch über die Persönlichkeit, die Maske des Selbst, sagen mag. Und dann findet die Verwandlung statt: Eine seltsame, Bücher fressende, wissbegierige Intelligenzseele nimmt Gestalt an. Eine fleißige Seelenraupe verbringt ihre Jahre damit, das Wissen der Welt zu sammeln und für sich zu verarbeiten. Später dann wickelt sie sich in ihrem selbstgeschaffenen silberglänzenden Gespinst ein, sie bildet um sich einen Kokon der Einsamkeit. Dorthinein kriecht der Mensch mit 35. Er geht nach innen, wird unsichtbar zur Chrysalide, ein Seeleneremit, der sich verwandelt, während er außen vor der Welt noch silbrig glänzt.

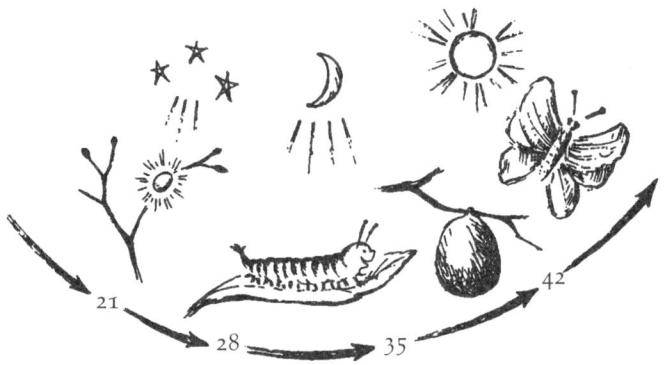

Was so sorgfältig als Lebenserfahrung gesammelt wurde, als Lernen und Wissen, wird nun innerlich in Geisteskräfte umgewandelt. Später, wenn seine schöpferischen Jahre beginnen, kann der Mensch als Lichtwesen hervorkommen. Dann beginnt die Ideenwelt zu sprechen, ein Leben in innerer Aktivität und Freiheit beginnt. Der Mensch ist aus dem Leben der Seele aufgetaucht.

3.
Zeit der Reife: Die Brücke im 35. Jahr

Kurzer Rückblick

Im ersten Teil dieses Kapitels haben wir die Entwicklung des menschlichen Lebens in neun Siebenjahresperioden betrachtet. Diese Übersichtskarte kann uns helfen zu erkennen, wo wir bisher waren, wo wir im Augenblick stehen und wohin wir gehen. Wir müssen uns auch vergegenwärtigen, dass die Entwicklung notwendigerweise zyklisch verläuft. Das Leben bewegt sich in Wellen, nicht in geraden Linien. Wir beginnen jede Phase neu auf einer höheren Ebene und mit neuen Kräften. Wenn wir unsere Wanderkarte kennen, kann uns das helfen, unsere Lebensreise aktiv zu gestalten, anstatt die Dinge von außen geschehen zu lassen. Wir lernen es nun schätzen, dass der Pfad von denen, die uns vorausgingen, gut ausgetreten wurde. Wie ging es dir, als du 33 warst? Oder als du die 40 überschritten hattest? Es kann uns helfen, wenn wir wahrnehmen, wo unsere Weggefährten gerade sind; und wir können ihnen Verständnis und – vielleicht – Mitgefühl und Liebe entgegenbringen.

Die Jahre der Wandlung, also die mittlere Lebensspanne zwischen 27 und Anfang 40, bildeten das Thema des zweiten Teils. Wir benutzten das Bild von Wachsen und Vergehen, des Abstiegs ins Leben und des Aufstiegs und das der Verwandlungsstadien des Schmetterlings, um darzulegen, dass das Leben in zwei Hälften geteilt ist. Es setzt sich nicht in gerader Linie fort. Hier ist es wichtig, sich rechtzeitig klarzumachen, dass Mitte dreißig bedeutsame Veränderungen

3. ZEIT DER REIFE: DIE BRÜCKE IM 35. JAHR

vor sich gehen, die zugleich Verlust und Gewinn mit sich bringen, ein Vergehen und ein neues Werden, die oft von radikalen Schicksalsumbrüchen begleitet sind.

Warum der Lebensplan wichtig ist

Das wahre Wesen des Menschen ist unsichtbar. Was wir von diesem unsichtbaren Menschen in anderen – und in uns selbst – wahrnehmen, ist eine Raum- und Zeitillusion. Es erscheint räumlich in einem Zeitquerschnitt, wie eine Momentaufnahme. Die irdische Inkarnation dieses unsichtbaren Wesens findet in rhythmischen Phasen unter aufeinanderfolgenden nicht-irdischen «Einflüssen» statt. Sie sind planetarischen Ursprungs und für alle Menschen gleich, also archetypisch. Bevor wir erkennen können, was wahrhaft «individuell» im Menschen ist, müssen wir erst sehen lernen, was universell in ihm ist. Es sind dies die Phasen seiner Inkarnation. Sie bilden die Landkarte und die Meilensteine der Lebensreise.

Wie der Mensch diese allgemeine Straße zusammen mit allen anderen geht, wieviel er beobachtet, lernt, aus sich macht und anderen gibt – erst das verleiht ihm die wirklich individuellen Züge.

Der Reifeprozess

Hinsichtlich der Reife ist zunächst von Bedeutung, dass der Mensch unter allen Formen bewussten Lebens einzigartig ist. Der Mensch kann weiter reifen bis zum Tag seines Todes, während die Tierformen innerhalb einer kurzen Zeitspanne reifen und danach jedes Lernen aufhört. Dem Menschen öffnen sich mit jeder Lebensphase neue Horizonte und Ausblicke für das Erwerben neuer und das Vervollkommnen alter Fähigkeiten. Wir können uns selbst etwas beibringen und von anderen lernen. Manche Menschen sehen im Leben eine Art «Erdenschule», die man bis zum Tod besucht. Die Todeserfahrung, die in den mittleren Lebensjahren einsetzt, wenn die Vitalität nachlässt und das innere Bewusstsein wächst, kulminiert im letzten Erwachen, wenn wir uns verabschieden. Der Augenblick des Todes ist eine großartige Reifungsübung, weil wir in ihm schließlich einige Antworten auf die Fragen bekommen, die wir zu stellen wagten.

Reife ist, wie wir sehen werden, das Herzthema von Jugend und Alter, der beiden Lebenshälften. Es geht dabei aber nicht einfach um die Polarität zwischen Kraft und Weisheit, sondern um eine ständige Verwandlung. Dinge, die wir früher erlebt haben, erscheinen später verwandelt wieder; Gaben und Impulse, die wir aus vorgeburtlichen Welten mitbrachten, verwandeln sich in Schätze, die wir für das Leben jenseits des Raumes sammeln. Wir erleben darin Negatives wie Positives: Irrtümer und versäumte Gelegenheiten hinterlassen ihre Spuren; Samen, die gelegt wurden, gehen auf. Und – nicht zu vergessen – nach der Jugendphase ist ohne weitere Schulung und starke innere Initiative kein Reifen möglich. Wir sind mit 27 auf dem Gipfel, und was dann überlebt, ist, im schlimmsten Fall, nichts als ein «Charakter», ein «Typus», ein programmiertes Wesen, kein lernender, strebender Mensch.

3. ZEIT DER REIFE: DIE BRÜCKE IM 35. JAHR

Offene Tore

Eine der besten Illustrationen der beiden Lebenshälften ist die Wirkung, die Geburt und Tod auf die Menschen haben.

Eine Geburt bringt meist Glück und Freude in die Familie. Manche Probleme scheinen sich von selbst zu lösen, und das Leben scheint neu zu beginnen, als sei der Himmel allgegenwärtig.

Der Tod verändert die Dinge ebenfalls. Nach dem Schmerz über den Verlust kann eine innere Verbundenheit wachsen. Neue Impulse tauchen auf, Begeisterung wird geweckt.

Es ist, als ströme durch diese beiden Tore zu einem anderen Reich ein geistiges Licht menschlicher Wärme in das Erdendasein und verwandle uns. Doch wie unterschiedlich ist dieses Licht! Die Freude über das Kind wirkt Wunder bei den strahlenden Eltern, erfüllt das Haus und zieht die Menschen der Umgebung mit. Es hat eine äußere Quelle, die alle beleuchtet. Was von dem ausstrahlt, der uns verlassen hat, spricht von innen heraus zum menschlichen Herzen und verleiht demjenigen Mut und Kraft, der den anderen liebend in seinen Gedanken trägt, als sei er immer gegenwärtig. Es ist eine innere, persönliche Quelle.

In der Vergangenheit wurden Geburt und Tod die Tore des Mondes und der Sonne genannt. Diese beiden überirdischen Lichtquellen leuchten über den beiden Lebenshälften. Die Jugendkräfte, die durch den Organismus wirken, tragen uns sicher und ohne unser bewusstes Zutun durch viele Verwandlungen bis zur Lebensmitte. Die Geburtskräfte des Mondes mit allem, was zu seiner reflektierenden Natur gehört, bereiten uns auf das vor, was um das 35. Jahr von uns ausgehen kann, wenn wir uns inneren Motiven zuwenden. Es ist dann immer mehr so, als würde eine Verbindung zu unserem eigenen unsichtbaren Wesen hergestellt; wir werden von unserem höheren Selbst inspiriert. Eine innere

I. DER LEBENSPLAN

Sonne beginnt aufzugehen, eine innere Kommunion wird möglich.

Der Wendepunkt um 35 markiert den Übergang von den organischen Quellen zu den rein geistigen. Vorgeburtliche Impulse steigen, sich spiegelnd, vom Körper über die Seele ins Bewusstsein auf. Es sind starke, instinktiv wirkende Kräfte; sie wecken die Sehnsucht nach Gemeinsamkeit und führen zur Familiengründung und einem instinktgetragenen Gemeinschaftsleben. Was in einem sich weiterentwickelnden Leben nach den einsamen Jahren Ende 30 und Anfang 40, wenn das Leben sich weiterentwickelt, folgt, ist das Erwachen des Bewusstseins, dass heute die Form der Gemeinschaft, die schöpferische Kräfte verleiht, eine geistige Gemeinschaft ist.

Was in der Jugend eine Ahnung jener inneren Musik ist, die wir mitbringen, wird im späteren Leben zur Gewissheit: dass der Geist über den Tod siegt.

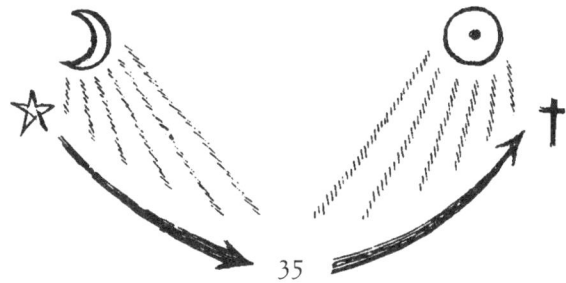

3. ZEIT DER REIFE: DIE BRÜCKE IM 35. JAHR

Rudolf Steiner zum Wendepunkt um 35

Über das Ratgeben

Im 35. Jahr beginnt der Mensch segensreich die Kräfte in sich selbst zu verarbeiten. An seiner Seele arbeitet bis dahin an dem Zeitlichen dasjenige, was er mitgebracht hatte aus früheren Verkörperungen; für das Ewige fängt der Mensch nun an, nach innen zu arbeiten. Deshalb wird alles, was wir gelernt haben, erst vom 35. Jahr an reif, etwas zu werden, um es der Welt zu geben. Es ist die Zeit, wo er in sich selbst fest wird, in sich selbst Gewicht erhält. Muss der Mensch bis dahin lernen durch die Welt und durch das Leben, so kann erst vom 35. Jahr an die Welt von ihm lernen. Beraten soll die Jugend werden, raten kann erst der, der über die Sonnenhöhe sich erhoben hat ... Besonders begabte Menschen können dieses vor dem 35. Jahr, aber Gewicht hat es erst vom 35. Jahr an. Die alten Griechen würden nie gestattet haben, dass ein Mensch vor dieser Zeit raten könne. Tun wohl, aber raten nicht. In allen Geheimschulen kamen alle Schüler vor dem 35. Jahr nur in das Vorbereitungsstadium. Erst wenn die Kräfte frei geworden waren, konnten sie höher steigen ...

Dann hat der Lebenslauf des Menschen mit seinem Aufsteigen und Absterben etwas sehr Sinnvolles. Wenn wir wissen, mit dieser Weisheit zu leben, nach dem erhabenen Satz: Erkenne dich selbst, zeigt sie ihm, wie die Welt ihn schafft und wie er sich aus sich selbst hinausarbeitet. Es zeigt uns, wie wir der Welt unser Dasein verdanken, aber auch, dass wir geben können. Die Seligkeit des Nehmens und Gebens zeigt uns dieser Weg.[10]

I. DER LEBENSPLAN

Blöcke auf dem Weg

So gewinnt der Mensch mit dem 35. Jahr seine Selbstständigkeit. Er tritt in das Alter ein, in dem er nicht nur bloß erfährt, sondern das Erlebte innerlich kräftigt und verfestigt. Durch den fest einsetzenden Willen wird der Leib des Menschen sich selbst überlassen, und das Innere konsolidiert sich. Jetzt wird der Mensch ein Rater für seine Umgebung. Sein Urteil hat nun Wert für die andern. Früher sollte er auf die Welt hören, nun kann die Welt auf ihn hören. Das ist wichtig, denn in dieser Beziehung wird viel gesündigt. Vor allen Dingen schädigt der Mensch sich selbst, wenn er sich hinstellt und Ratschläge erteilt, bevor er das Reifealter, die Mitte des Lebens, erreicht hat. Fühlt er sich nur als Schüler, der das wiedergibt, was er gehört hat, so wird er sich nicht solche Blöcke in den Weg werfen, wie es geschieht, wenn er allerlei Dinge als seine eigene Lehre darstellt. Dadurch macht er geradezu seine besten Kräfte unwirksam. Wissen kann man sich vorher erwerben, aber Weisheit ist etwas, was innerlich entwickelt werden muss. Wissen ist das, was man erst aufsammeln muss und was dann Weisheit werden kann.[11]

Kulmination

Um das 35. Jahr herum, da liegt des Menschen Lebensmitte, was alle Zeiten, die etwas gewusst haben von der Geisteswissenschaft, als etwas ungeheuer Wichtiges angesehen haben ... Vorher hat er zu lernen gehabt aus der Umgebung und von der Umgebung; jetzt wird sein Urteil so, dass es eine gewisse Tragkraft bekommt für die Umgebung, und der Mensch tut wohl, wenn er vorher mit seinem Urteil über die Welt nicht zu stark abschließt.

3. ZEIT DER REIFE: DIE BRÜCKE IM 35. JAHR

Erst gegen das 35. Jahr zu sollten wir unser Urteil verfestigen ...

Mit dem 35. Jahre beginnt es, dass die Erfahrungen zu einer Art von Weisheit werden können. Mit dem 35. Jahre ist der Zeitpunkt eingetreten, der sich auch im physischen Leben dadurch kennzeichnet, dass der Astralleib und Ätherleib sich von der Welt zurückziehen ....

Vom 35. Jahre ab zieht sich der Mensch immer mehr und mehr ins Innere zurück ...

Die günstigste Zeit für die Entfaltung spiritueller Anlagen ist die Zeit, wenn das 35. Jahr gekommen ist. Da werden die Kräfte, die sonst in den Körper hineingehen, frei, man hat sie zur Verfügung und kann mit ihnen arbeiten. Es ist daher ein besonders günstiges karmisches Geschick, wenn der Mensch nicht zu spät zur okkulten Entwicklung kommt. Solange der Mensch noch damit zu tun hat, seine Kräfte nach außen zu richten, solange kann er sie nicht nach innen richten. Daher muss der Zeitpunkt um das 35. Jahr herum als ein Kulminationspunkt angesehen werden. In der ersten Hälfte des Lebens hat sich alles schon zu einem rhythmischen Gang entwickelt, aber in der zweiten Hälfte sind die Grenzen nicht mehr so bestimmt, obwohl in der Geisteswissenschaft Grenzen immer angegeben worden sind, aber diese sind ungenau.

Wir arbeiten da der Zukunft erst entgegen. Was der Mensch in der höheren Altersstufe in seinem Innern ausbildet, wird in der Zukunft Organ- und Körper-schaffend sein ... Diese Einteilung hat vielleicht, namentlich für die Jugend, etwas Bedrückendes, aber wer die Lehren der Geisteswissenschaft wirklich in sich aufnimmt, kann das nicht mehr empfinden. Wenn Sie das Menschenleben von einem hohen Standpunkt aus überschauen, werden Sie sehen, dass gerade durch eine solche Betrachtung des Lebenslaufes der Mensch zum richtigen Gebrauch und zu der Praxis hingeführt wird. Der Mensch wird die Resignation üben müssen, zu warten, bis er die Organe hat, um in der ihnen entsprechenden Sphäre richtig zu wirken.[12]

Der ewige Kern: Keim für die Zukunft

Dieses 35. Jahr gilt für diejenigen, die auf dem Boden der Geisteswissenschaft stehen, als ein Wendepunkt. Wenn wir das Durchschnittsleben betrachten, so werden wir sehen, dass dieses 35. das Jahr bedeutet, worin alles, was im Menschen veranlagt war, zum Abschluss kommt. Bis jetzt hat er sich alles angeeignet, was er sich assimilieren konnte. Gegen die letzten Jahre hin zu diesem 35-jährigen Lebensmittelpunkt, wenn die Lehr- und Wanderzeit des Menschen vorüber ist, beginnt er, seine Kräfte und Fähigkeiten ausübend darzuleben. Aber dann fangen die Kräfte wieder an, abwärts zu gehen. Mit dem 35. Jahr beginnt der Astralleib, der bis dahin im freien Verkehr mit der Außenwelt war und worin alles eingraviert ist, was zur Entwicklung gekommen war, es beginnt jetzt dieser Astralleib sich zu verhärten, sich rückzubilden. Das dauert bis zum 40. Jahr. Dieses ist eine wichtige Epoche in der Entwicklung des Menschen, denn diese Rückbildung ist nur die eine Seite der Sache, und die andere Seite ist wesentlich wichtiger.

In dem Augenblick, wo diese letzte Hülle, der Astralleib, anfängt sich rückzubilden, wo die Kräfte des Astralleibes verzehrt werden, in diesem Moment wird der Kern im Menschen, der ewige Kern, herausgehoben. Wenn der Mensch richtig erzogen ist, kann sich dieser um so besser bilden als Keim für die Zeit nach dem Tode. Während das Zeitliche nach abwärts hin verschwindet, wächst dieses Ewige im Menschen hinauf. Das zeigt sich sehr stark im 42. Jahr, in welchem nach dem Astralleib auch der Ätherleib anfängt sich aufzuzehren.[13]

3. ZEIT DER REIFE: DIE BRÜCKE IM 35. JAHR

Vom Überfluss

Jetzt ist dies alles nicht mehr allgemein bekannt, aber es hat Zeiten gegeben, schon sehr lange her, wo man dieses alles wusste; wo man zum Beispiel wusste, dass das 35. Jahr eine Lebensmitte ist, und dass man erst nach dieser Zeit, wenn man mit sich selbst ganz fertig ist – und das ist um das 35. Jahr –, reif ist, um anderen zu geben, um das auszuleben, was man als Überfluss hat. Erst nach dem 35. Jahr hat man einen Überfluss; bis dahin hat der Mensch zu sorgen für die Entwicklung seiner Hüllen. Es hat also der Mensch bis zu seinem 35. Jahr mit sich selbst zu tun. Wenn er nichts mehr an sich selbst zu tun hat, und zwar erst nach seinem 35. Jahr, weil dann die Körper sich rückbilden – dann strömen die Kräfte, die früher seinen physischen Leib aufgebaut haben, in seinen geistigen Leib, um auf seine Umgebung zu wirken. In den Zeiten, wo man eine Ahnung hatte von diesen Dingen, wurde deshalb dieses 35. Jahr für sehr wichtig gehalten. Man hat dem Menschen erst ein Urteil zugetraut, als er das 35. Lebensjahr erreicht hatte, nachdem er alle Kräfteströme erhalten hatte. Erst dann, so sagte man, wurde der Mensch urteilsfähig; es haben dann andere Menschen auf sein Urteil zu hören, wenn er nichts mehr mit sich selbst zu tun hat. Und dieses war so lange gültig, als der Mensch seinen Astralleib abbaute. Wenn der Ätherleib hinzuschwinden beginnt, dann ist sein Urteil nicht nur so maßgebend, dass man darauf hören soll, dann ist es so maßgebend, dass man es als etwas hinnimmt, was nicht nur für einen selbst, sondern für die Gemeinschaft gilt, innerhalb welcher man sich befindet. – In alten Zeiten, als dieses verstanden wurde, als man wusste, dass derjenige, der in dieses Alter eingetreten ist, nichts mehr an seinem Ätherleib hinzuzutun braucht, da dieser bereits zurückgeht, da konnte der Mensch in diesem Lebensalter sein Urteil geben im Rat der Gemeinschaft. – In den Zeiten, wo man solches wusste, wo diese Dinge bekannt waren, da richtete man das Leben danach ein, und etwas Wunderbares sagte man in jenen Zeiten, wo man dieses fühlte. Man sagte: Dann erst, wenn der Mensch in dasjenige Lebensalter gekommen ist, in dem sein physischer Leib nach und nach verfällt, sodass er nichts mehr beansprucht und allmählich fortschwindet, dann kann man auf ihn hören; dann ist sein Urteil erhaben, man kann sein Urteil annehmen. – Solche Dinge hat es gegeben, und viele waren sich dessen bewusst.

Es gibt eine solche Einweihung in die Geheimnisse des Daseins in besonderen Schulen, in den Mysterienschulen. Und niemals wurde da der Mensch für reif erachtet, über geheimwissenschaftliche Tatsachen zu sprechen, der noch etwas mit sich selbst zu tun hatte, dessen Leben nicht bereits auf der absteigenden Linie ist.

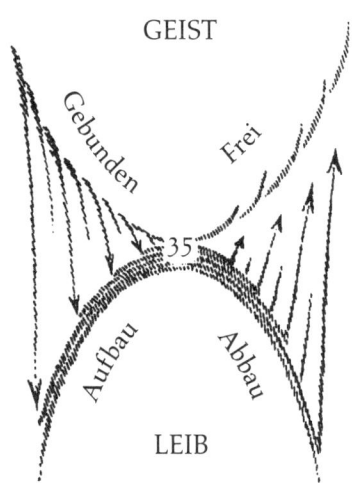

3. ZEIT DER REIFE: DIE BRÜCKE IM 35. JAHR

Wenn Sie dieses alles vom Standpunkt der Geisteswissenschaft aus zusammenhalten, dann werden Sie sehen, dass Sie auf der einen Seite einen Evolutionsweg haben, auf welchem sich die verschiedenen Körper, der physische Leib, Äther- und Astralleib, entwickeln, und einen andern, auf dem sich diese Körper zurückbilden: einen aufsteigenden und einen absteigenden Weg. Auf dem letzteren aber, wo die Hüllen abnehmen, ist es, dass das Ewige im Menschen wachsend sich entfaltet. Wenn dann der Mensch durch die Pforte des Todes zu schreiten hat, treten die Kräfte hervor, die sich auf geheimnisvolle Weise nach und nach in den Hüllen ausgebildet haben.[14]

Reife für die höchsten Dinge

Immer mehr muss die Menschheit dahin kommen, Reife zu fordern von demjenigen, der wahre Urteile haben soll. Wirkliche Reife gehört gerade auch zu der Arbeit auf geisteswissenschaftlichem Gebiet. Daher ist auch erforderlich, dass die, welche Leiter sogenannter Geheimschulen sind, erst in ihren Zirkeln wirken und nicht vor einem Alter von ungefähr 35 Jahren vor die Welt treten und geisteswissenschaftliche Wahrheiten hinaustragen. Vorher können sie Urteile aus dem Gebiete der Philosophie in die Welt bringen. Reif aber, um aus dem Geiste zu schöpfen, wird man erst in dem Augenblicke, wo man nicht mehr die geistige Kraft zu verwenden hat auf den Aufbau des Leibes. Solange der Körper im Wachsen ist, müssen die Kräfte, aus denen sich ein logisches Urteil aufbaut, in den Leib hineingehen. Daher kann es möglich sein, dass einem Dichter wirkliche Gedichte gekommen sind vor der Lebensmitte. Der Mensch verkennt aber so leicht, dass, um wirklich in die Tiefe zu dringen, sodass man nicht nur etwas versteht zu seiner eigenen Befriedigung und zu seinem Werden, sondern dazu kommt, unter voller Verantwortung vor die Menschheit hinzutreten und geisteswissenschaftliche Arbeit zu vertreten, die höchste Lebensreife gehört, die nur in einem vorgerückten Lebensalter zu erreichen ist. Um aber theosophische Phrasen zu dreschen, dazu gehört gar keine Reife.

Das ist das Eigentümliche bei den höchsten Dingen, dass, sollen sie gründlich bearbeitet werden, Reife dazu gehört ... Deshalb erleben wir es gerade auf diesem Felde so sehr, dass Phrase über Phrase blüht und dass gerade das Unreife, das Unreifste fort und fort wirkt. Dabei schadet der, welcher das Unreife vertritt, mehr noch sich selbst als der Welt. Die Welt wird wiederum auswerfen, was von dieser Seite kommt. Engagieren Sie sich in dieser Richtung, dann setzen Sie sich selbst vor Ihre weitere Entwickelung. Sie kommen nicht vorwärts.[15]

Überschauendes Erkennen

Und derjenige, der da weiß, was wirkliche Erkenntnis ist, der weiß auch, dass alles frühere Aneignen von Erkenntnissen nur Vorbereitung sein kann; dass jene Reife des Lebens, wo man wirklich überschauend sich Erkenntnisse aneignen kann, im Grunde genommen durchschnittlich erst mit dem 35. Jahre eintritt. Solche Gesetze gibt es. Nur derjenige wird sie nicht beobachten, der überhaupt das menschliche Leben nicht beobachten will.[16]

Ein Einschnitt

Es ist ja so, dass wirklich die einzelnen Abschnitte, die ich angegeben habe für das physische Leben, für dieses Leben eine

3. ZEIT DER REIFE: DIE BRÜCKE IM 35. JAHR

große Bedeutung haben. Ich habe die Lebensabschnitte angegeben: den ersten bis zum 7. Jahre, bis zum Zahnwechsel, dann bis zum 14. Jahre, zur Geschlechtsreife, dann bis zum 21. Jahre und so weiter, von sieben zu sieben Jahren. Und wenn Sie das ernst nehmen, was in diesen Unterscheidungen des dahinfließenden Lebens liegt, so ist uns ja das 35. Jahr ein wichtiger Lebensabschnitt. Bis dahin sind wir sozusagen in einer Art von Vorbereitung, während wir später die Vorbereitung beendet haben und das Leben mehr aufbauen auf Grundlage dessen, was bis zum 35. Jahr vorbereitet wurde. Dieses 35. Lebensjahr hat eine sehr große Bedeutung. Bis dahin dauert zwar nicht gerade das körperliche, aber das seelische Wachstum bei einem Menschen, der nun wirklich seelisch wächst. Dann muss entschieden betont werden, dass manches von dem, was Reifezustand des Lebens ist, erst nach dem 35. Lebensjahr gewonnen werden kann.[17]

Die Brücke

Und das 35. Lebensjahr ist eine wichtige Grenze. Da überschreitet man gleichsam eine Brücke. Da zieht sich die Welt, aus der man herausgegangen ist, zurück, und man gebiert mehr aus dem Innern heraus eine neue geistige Welt. Das ist wichtig, dass wir das unterscheiden.[18]

2.
Reifen der Seelenkräfte

1.
Die Entstehung des Urteilsvermögens

Das Verhältnis von Kopf und Herz

Ein Bauer sagte einmal: «Die jungen Leute sind gescheit, aber sie haben kein Urteilsvermögen. Sie wissen alles über Radios und Elektronik, mehr als ich je wissen werde, aber sie schaffen es nicht einmal, einen schweren Stein zu heben.» Er hätte hinzufügen können: Auch mit menschlichen Problemen können sie nicht umgehen. Er hat durchaus recht. Der Kopf ist viel weiter als der Körper. Aber auch viel weiter als das Herz, die (mit)fühlende Einsicht in Dinge und Wesen.

Doch schauen wir zurück. Seit den Tagen des Paradieses begleitet der Irrtum die Schritte des Menschen. Der Irrtum, der einhergeht mit der Freiheit, die Luzifer dem Menschen verlieh, der Fähigkeit, Gut und Böse zu unterscheiden. Sie wird heute Urteilskraft genannt. Aber wenn wir auch mit der Unvermeidlichkeit des Irrtums rechnen – denn wenige menschliche Entscheidungen halten heute auf Dauer einer Prüfung stand, wie unsere wichtigtuerische Wissenschaft und soziale Experimente beweisen –, wir bedenken selten oder nie, wo die Urteilskraft ihren Ursprung hat, wie sie reifen oder gepflegt werden kann. Man meint einfach, sie stelle sich von selbst ein wie die Äpfel am Baum. Man erwartet sie einfach.

Früher hat man bei Fachleuten Unterscheidungsvermögen und Einsicht als etwas Selbstverständliches vorausgesetzt; heute zeigt das wachsende Misstrauen, dass diese Voraussetzung nicht mehr gilt. Das Ansehen von Erziehern, Ärzten,

Rechtsanwälten, Wissenschaftlern, Staatsmännern und gewählten Volksvertretern, ja sogar von Bankern, ist im Sinken. Die Menschen scheinen deren Urteil nicht mehr zu trauen. Was liegt dieser Entwicklung zugrunde? Warum nehmen die menschlichen Irrtümer so überhand?

Der Kopf reift schneller als der übrige Mensch. Man betrachte ein Kind. Der Kopf ist schon beim Säugling gut ausgebildet, Gliedmaßen und andere Organe sind noch unreif. Zwanzig Jahre lang versucht der Körper, den Rückstand aufzuholen. Gehirn und Nerven sind Anfang zwanzig voll funktionstüchtig. Die analytischen Fähigkeiten haben einen Höhepunkt erreicht, der Mensch ist für das akademische Leben gerüstet. Und der übrige Organismus? Das Gefühlsleben, die Willens- und Durchhaltekraft? Sie sind weit zurück! Der Intellekt mag brillant funktionieren, doch die Fähigkeit zu reifem Rat, vertrauenswürdigem Urteil und fundierten Ansichten stellt sich erst durch Erfahrung und Alter ein. Den Genius bringen wir aus dem vorgeburtlichen Leben mit; das Urteilsvermögen muss individuell im Erdenleben errungen werden.

«Wir haben nicht nur organisch die Kopfentwickelung und die Entwickelung des übrigen Organismus, sondern wir haben auch zwei verschiedene Tempi, zwei verschiedene Geschwindigkeiten in unserer seelischen Entwickelung. Unsere Kopfentwickelung geht nämlich verhältnismäßig schnell, und die Entwickelung, die den übrigen Organismus zur Ausbildung bringt – ich will sie die Herzensentwickelung nennen –, geht verhältnismäßig langsamer, geht etwa drei- bis viermal langsamer. Was den Kopf zur Bedingung hat, ist mit seiner Entwickelung in der Regel mit den Zwanzigerjahren des Menschen schon abgeschlossen; mit Bezug auf den Kopf sind wir alle mit 20 Jahren schon Greise.»[19]

Da haben wir also einen Schlüssel. Mit 20 sind wir in-

1. DIE ENTSTEHUNG DES URTEILSVERMÖGENS

tellektuell alle schon uralt. Doch es kann Jahrzehnte dauern, bis Verantwortungsgefühl und «gesunder Menschenverstand» dazukommen. Dreimal so lange in Wirklichkeit. «Sie können sich an den Fingern herzählen die ganze Bedeutung dessen, was ich jetzt meine: Jemand könnte bis zu seinem 15. Jahre soviel mit dem Kopfe aufnehmen, dass er, wenn er diese Begriffe verarbeitete und wenn diese Begriffe sich zum Beispiel auf die Verwaltung der öffentlichen Angelegenheiten beziehen würden, er mit 45 Jahren reif sein würde, in eine Stadtverwaltung, in ein Parlament gewählt zu werden; denn da muss er sich als ein ganzer Mensch hineinstellen ... Und den Anschauungen der Alten, die noch ein lebendiges Wissen von diesen Dingen aus den Mysterien hatten, lagen solche Dinge noch zugrunde. Heute dagegen gehen die Bestrebungen dahin, die Altersgrenze möglichst herabzusetzen.»[20]

Ein köstliches Beispiel dafür, wie solch ein Wissen noch lebendig sein kann, ist der Dialog zwischen einem jungen Landpfarrer und einer uralten Kirchgängerin auf den Stufen einer kleinen Kirche in Pennsylvania: «Mütterchen, wie hat dir meine Predigt gefallen?» «Mein Sohn, du bist noch viel zu jung, um genug gesündigt und genug bereut zu haben, wie willst du mir da etwas sagen?»

In diesem Verhältnis zwischen Kopf und Herz, wie es sich im allmählichen Heranreifen menschlicher Weisheit darstellt, muss ein gut Teil der Antwort auf die Frage nach dem Ursprung des Irrtums liegen. Das Chaos, in dem sich die menschlichen Angelegenheiten heute befinden, hat der Geist des Intellekts ausgelöst, die unreife Inspiration der ersten Lebenshälfte.

II. REIFEN DER SEELENKRÄFTE

In der Welt ...

Heute hat das Sagen der brillante Verstand mit all seinem theoretischen Idealismus, seinen jugendlichen Utopien und seinen ungeduldigen Forderungen, alles müsse sofort geschehen. Es fehlt an Reife, die Menschen werden nicht erwachsen, kaum einer ist bestrebt, mit zunehmendem Alter auch weiser zu werden. Man will heute unbedingt schon vor dem vierzigsten Jahr produktiv werden. Man hört kaum auf jemanden, der die Geduld hatte, die Dinge zu durchdenken und zu warten, bis sich das Gesetz des «drei zu eins» erfüllt hat. In den Schulen, in der Industrie, der Medizin, der gesellschaftlichen Planung werden immerzu Neuerungen eingeführt, die nach spätestens zehn Jahren nichts mehr wert sind und durch andere, ebenso unausgegorene Allheilmittel ersetzt werden. Symptom einer regelrechten Neuerungsmanie. Wodurch und durch wen ist sie inspiriert?

Was wir in der ersten Lebenshälfte in die Welt setzen, mag brillant und verlockend sein, ist aber von geringer Dauer und von noch weniger Gewicht. Erfindungen dieser Art können moralisch sogar recht fragwürdig sein. Ein sprechendes Beispiel dafür ist die für das Fernsehen grundlegende Erfindung, die 1930 von einem 21-jährigen gemacht wurde.[21] Oder das Drama der Fünfzigerjahre, wo ältere Physiker, die an der Atombombe arbeiteten, in eine moralische Krise gerieten. Oder man denke an die heutigen Ingenieure in den Atomkraftwerken, die ihre Arbeit nicht fortsetzen wollen, weil sie an das Sicherheitsrisiko und an die Zukunft denken.

Wenn die Geistesprodukte der jungen Forscher nicht gleich der Kommerzialisierung und unmittelbaren Anwendung übergeben, sondern bis zum vierzigsten Lebensjahr sorgfältig durchgearbeitet würden, könnten diese erfindungsreichen Inspirationen der Engel der Technologie vielleicht

1. DIE ENTSTEHUNG DES URTEILSVERMÖGENS

wirklich bis zu Ende durchdacht und menschlich und moralisch verantwortet werden, gewürzt mit den Inspirationen weisheitsvollerer Engel.

«Die Menschen brauchen Entdeckungen und Erfindungen, das ist Naturgesetz. Wenn solche Entdeckungen, namentlich aber Erfindungen, auch Erfindungen technischer Art, von Menschen gemacht werden, die noch nicht in den Vierzigerjahren sind, dann wirken diese Erfindungen im Gesamtzusammenhang der Menschheit retardierend, eigentlich irgendetwas zurückstauend in der Menschheit, vor allen Dingen gegen den moralischen Fortschritt der Menschheit.

Die schönsten Erfindungen können gemacht werden von jungen Menschen: es ist nicht zum Fortschritt der Menschheit. Ist der Mensch in die Vierzigerjahre gekommen und bewahrt er sich dort hinauf seinen Erfindergeist für dasjenige, was für die physische Welt geschehen soll, dann gibt er mit der Erfindung auch moralischen Inhalt, dann wirkt diese im Fortschritt der Menschheit moralisch. Wenn so etwas ausgesprochen wird, ist es für die Menschheit ein Wahnsinn, da die Menschheit ja überhaupt geistige Gesetze nicht anerkennt.

Aber es ist ein geistiges Gesetz, dass der Mensch erst reif wird, durch seine Erfindungsgabe für den Fortschritt der Menschheit zu wirken auf geistigem und namentlich auf technischem Gebiet, wenn er vierzig Jahre alt ist. So weit müssen wir rechnen mit den Entwickelungsgesetzen der Menschheit.»[22]

Ein Bewusstsein für die Konsequenzen, für Langzeit- und Nebenwirkungen sowie subtile Auswirkungen auf andere Menschen, auf die gesamte Menschheit – all dies erfordert eine umfassende Vision. Solche Einsichten kommen aus den gereiften «Herzenskräften», aus jenem Urteilsvermögen, das durch das Feuer der Lebenserfahrung gegangen ist und den ganzen Menschen durchdrungen hat.

Gefordert ist hier ein «peripheres», ein umfassendes Urteil, nicht der persönliche Standpunkt, das heute so übliche punktuelle Urteil.

... und im anthroposophischen Leben

Soviel zum Geschehen in der Welt. Was uns am tiefsten angeht, ist die gemeinsame Arbeit in den Studiengruppen, unser anthroposophisches Leben. Wir sollen arbeitende Schüler werden und nicht so sehr Zuhörende, Redende oder Beobachtende sein. Wir sind aufgefordert, substanziell zu lesen, zu sprechen und zu schreiben, Fragen zu beantworten und wirksam zu «repräsentieren», was uns am Herzen liegt. Der Kern all dieser Fähigkeiten oder Gaben der Musen ist Unterscheidungsvermögen, Urteilskraft und die große Kunst, Qualitäten zu erkennen.

Wie oft werden wir aufgefordert, in uns ein Gefühl, ein Organ, einen Sinn für die Wahrheit zu wecken. Das heißt natürlich: O Freund, unterscheide wirklich das Gute vom bloß Populären, das Richtige von dem, was ringsum üblich ist, das Schöne vom Modisch-Modernen. Es ist der Ruf, menschliche Gedanken von Weltgedanken, von kosmischen Gedanken zu unterscheiden, jenen wirkenden Wahrheiten, die durch Schöpferwesen in die Welt gekommen sind.

Es sind eben jene Gedanken, die wir als Anthroposophie aufzunehmen und mitzuteilen bemüht sind. Als Bücher oder Vortragszyklen wurden sie «mit Herzblut» gegeben.[23] Wie sollen wir sie aufnehmen? Wie damit arbeiten?

Natürlich nicht als reines Kopfwissen, auch nicht als Mittel, uns mit verbaler Geschicklichkeit und dramatischen Gesten in Szene zu setzen, sondern als tiefgründige, ernsthafte Erfahrung eines höheren Lebens. Das wissen wir.

1. DIE ENTSTEHUNG DES URTEILSVERMÖGENS

Doch vergegenwärtigen wir uns einen Augenblick, was so oft in unseren inneren Kreisen geschieht. Wir lesen oder bekommen vorgelesen, wir werden aufgefordert zu referieren, zu kommentieren. Doch wie kann ich allein mit meinem Kopfwissen über die tiefsten Mysterien sprechen? Ich kann nach ein- oder selbst mehrmaligem Lesen oder Hören den Inhalt nicht wirklich begriffen haben. Vielleicht erfasse ich die Worte und kann sie sogar wiederholen. Aber das lässt den Zuhörer kalt. Kommen Pathos und persönliches Gefühl dazu, so verschlimmert das den Eindruck nur noch. Die Leere wird nur überdeckt. Natürlich kann eine hochgestochene esoterische Sprache leichtgläubige und naive Menschen beeindrucken. Aber feinfühlenden Menschen raubt so etwas den Schlaf.

Ich kann einfach nicht verantwortungsvoll über etwas sprechen, über das ich nicht nachgedacht habe. Immer und immer wieder nachgedacht, bis es ein Teil von mir geworden ist – und sei es auch nur meinen Mitstudenten zuliebe. Doch leider sind sich viele von uns nicht bewusst, *wie* sie sprechen und welchen Eindruck sie hinterlassen. Das ist am Anfang natürlich, doch im Lauf der Jahre kann das Bewusstsein dafür wachsen.

Mit Nachdruck sei wiederholt: Wir haben es mit zwei Extremen zu tun. Wissen, das nicht gelebt wurde, wirkt auf intelligente Menschen entweder leblos, kalt und abstrakt oder als verantwortungslose Schwärmerei und irrationale Rhetorik. Wenn wir andererseits mit einem Text – einem Abschnitt, einem Vers oder einem Aufsatz – arbeiten und ihn im Zusammenhang sehen, vor dem dazugehörigen Hintergrund, der ihm Sinn verleiht, und ihn durch eigene reale Lebenserfahrung anreichern können, dann sprechen wirklich wir selbst, dann öffnen wir uns und andere für neue Gedanken und Inspirationen, und Begeisterung lebt auf. Die Zuhörer werden ganz still, und ihr Gesichtskreis erweitert sich. Eine «magische» Atmosphäre erfüllt den Raum. Es ist dieses Staunen über etwas, das verstanden wurde, das unsere Zusammenarbeit lebendig hält. Dies ist das Geheimnis seines Lebens. In alten Schriften wurde es «Fülle» oder «Gegenwart» genannt. Wir sprechen von «Schwellenluft».[24]

Ohne dieses «magische» Element können Zusammenkünfte zu bloßer unqualifizierter Geselligkeit verkommen, in denen die Kobolde der Zwietracht und Narrheit ihr Unwesen treiben. Dann finden sich immer weniger Freunde ein.

Wenn andererseits die geistige Substanz anthroposophischer Literatur wirklich aufgenommen, am Leben erprobt und als inneres Bild, als Anschauung erlebt wurde – Rudolf Steiner spricht sogar von mystischer Ideenerfahrung –, dann und nur dann können Zusammenkünfte von Anthroposophen ihren Sinn erfüllen. Ohne diese Erfahrung liegt die Arbeit in anthroposophischen Gruppen brach.

«Die Menschen werden heute nur für den Kopf erzogen; das können sie schulmäßig machen. Denn der Kopf schließt im äußersten Falle, wenn er sich lange an der Erkenntnisentwickelung beteiligt – aber bei den meisten Menschen geht es nicht so weit –, in den Zwanzigerjahren des Lebens ab. Dann ist der Kopf fertig mit seinem Erkennen, mit seinem Aneignen der Welt. Der übrige Organismus braucht dafür die ganze Zeit bis zum Tode ... Daher ist es für den, der die Gabe hat, solche Dinge durch Erkenntnis zu beobachten, klar, dass er, wenn er irgendetwas ergriffen hat durch den Kopf, warten muss, bis er es mit dem ganzen Menschen vereinigt hat ... Der gewissenhafte Geistesforscher wird nie das erzählen, was er nur mit dem Kopfe aufgenommen hat, sondern nur das, was er mit seinem ganzen Menschen begriffen hat. Das hat eine außerordentliche, weit- und tiefgehende Bedeutung.»[25]

Emil Leinhas, einer der Pioniere der Dreigliederungsbewegung und enger Mitarbeiter Rudolf Steiners, erzählte

1. DIE ENTSTEHUNG DES URTEILSVERMÖGENS

einmal, wie er diesem die Frage vorlegte, ob es wichtiger sei, fünfzig Vortragszyklen zu lesen oder einen einzigen Zyklus fünfzigmal. Die entschiedene Antwort war: «Studieren Sie einen Zyklus fünfzigmal.» Dies ist sicher eine Möglichkeit, erworbenes Kopfwissen in ein Wissen des ganzen Herzensmenschen zu verwandeln. Die Zahl fünfzig erinnert an den Pfingstrhythmus. Bildhaft genommen könnte das bedeuten, dass nach sieben mal sieben Erfahrungen mit dem lebendigen Gedankenorganismus der Schriften dieser geistige Organismus Teil des eigenen Ätherorganismus wird und sich so kleine feurige Zungen der Begeisterung entzünden.

Da all dies von diesem kostbaren Ding braucht, das wir Zeit nennen, sollten wir bald damit beginnen. Denn das Herz kann Tage, Wochen, Monate, Jahre brauchen, um aufzunehmen, was der Kopf weiß. Unsere mit Äußerlichkeiten vergeudete Jugend kann uns teuer zu stehen kommen. Aber unser vergeudetes Alter auch. Die Zeit zu beginnen ist immer: jetzt. Lasst uns nach dem Geheimnis suchen, das Gedanken zum Leben erweckt.

2.
Der Weg des Denkens: Vom Vorurteil zur Erkenntnis

Drei Wege der reifenden Seele

Das Leben ist der große Lehrmeister, die Natur die große Schule. Man denke daran, wie beispielsweise im Jahreslauf die Seelenkräfte angeregt und diszipliniert werden: fühlende Wahrnehmung im Frühjahr, bewusste Initiative im Herbst, im Sommer Beobachtung und Nachdenken, während der Winter das innere Wesen und sein Schicksal auf die Probe stellt.

Und welches Reifen findet in den Lebensphasen der mittleren Jahre, zwischen 25 und 45, statt! Wieder ein Zyklus von fühlendem, empfindendem Frühling, einer gedankenmächtigen Sommerzeit bis 35, gefolgt von den Forderungen des Lehrmeisters Leben, mit dem reifenden Herbst, mit 40, ernst zu machen und zu innerer Initiative zu erwachen. Man könnte hinzufügen, dass diese frühen Herbstjahre, in denen die rein körperlichen natürlichen Kräfte schwinden, von einem recht rauhen Winter gefolgt sein können, wenn man sich nicht darauf vorbereitet hat.

Während in der Vergangenheit der Jahreslauf und die Sozialformen, die die Lebensphasen des Menschen bestimmten, die wichtigste Schulung waren, muss heute ein dritter Faktor dazukommen. Der Mensch ist dem natürlichen Jahreslauf gegenüber unsensibel geworden, und sein soziales Leben liegt im Chaos, weil es an moralischen Instinkten fehlt. Das Reifen der Seelenkräfte ist nun Aufgabe des individuellen Selbst.

2. DER WEG DES DENKENS

Jeder Mensch ist nun sein eigener Lehrer. Und sein Lernstoff sind die drei Wege: der Weg des Herzens, der Weg des Kopfes und der Weg des die Initiative ergreifenden Willens.

Im ersten Teil dieses Kapitels sprachen wir von der Entwicklung des Urteilsvermögens und den Jahren, derer es bedarf, damit das Kopfwissen den ganzen Menschen durchdringt. Die Weisheit der Empfindungsseelenjahre, der Zwanziger, kann erst im späteren Leben als Wärme und Licht in Erscheinung treten; vorher ist sie noch unerlöst. Der Weg des richtigen Urteils, des Abwägens von Werten und Worten, ist dann der erste Weg der Seele, der Weg zum Erwachen des fühlenden Herzensmenschen. Der zweite und dritte Weg, der des Denkens und des Wollens, können uns zunächst gleichermaßen befremden. Da ein vernünftiges Urteil selten mit reifem Fühlen verbunden ist, wird uns oft nicht klar, dass Erkenntnis und Idealismus mit Denken und Initiative zu tun haben. Doch wir werden sehen. Die herkömmlichen Begriffe sind dabei, sich einem Proteus gleich vor unseren modernen Augen zu verwandeln.

Geburt und Wiedergeburt

Ein wunderbares Empfinden der die Welt durchwirkenden Weisheit erfüllt unsere Seele, wenn wir zu erkennen beginnen, welche Kräfte uns ins Leben führen und später über die Mitte weitertragen.

Jeder Mensch wird als Naturwesen geboren und kann sich selbst als individuelles geistiges Wesen entdecken. Geboren aus dem Mond, wiedergeboren aus der Sonne. So wurde es früher gesehen. Unsere alten und neuen schriftlichen Traditionen werden da lebendig: Jahve, der Monden-Elohim, ist der Gott der Geburt und des Vererbungsstromes, der Persönlichkeit und der Völker, Christus, das Sonnenwesen, der Gott des «Ich» im Innern. Unsere Kultur spiegelt in Jahrtausenden wider, was unser Leben im Kleinen ist. In der Mitte des Lebens, nach den Traumata des persönlichen Selbst, beginnt das Leben des «Ich» im Menschen.

Aus den Darstellungen Rudolf Steiners, wie sie oben (Seite 72ff.) zitiert wurden, ersehen wir, wie umfassend Krise und Wandlung um das 35. Jahr herum sind und wie diese Jahre in der Lebensmitte wirklich die Brücke zwischen dem Alten und dem Neuen in uns bilden. Ein faszinierender Gedanke: Wenn ich jung bin, dann bin ich sehr, sehr alt, sehr selbst-sicher. In der Mitte des Lebens beginne ich zu merken, wie hilflos neugeboren ich bin, wie unsicher! Es sei denn, ich erlangte eine Sicherheit aus mir selbst heraus. Jeder Mensch steht um 35 vor dem christlichen Dilemma: äußeres Gesetz oder innere Lichtquelle. So müssen wir also wohl oder übel sagen, dass es aussieht, als wären wir alle als Hebräer geboren. So klingt es zumindest.

Aus Vorurteilen herauswachsen

Wie lernen wir, wie erwerben wir Wissen und Anschauungen? Wir wachsen auf, überschwemmt von moralischen Ratschlägen und Vorschriften von Eltern, Lehrern, Ärzten, Juristen. Der Mensch wird in eine Welt von Vorurteilen hineingeboren: Rasse, Nation, Sprache, Familie, Religion, Geschlecht – all das bestimmt seine Ansichten und legt sie fest. Alles, was er von außen empfängt, was er von anderen hört und lernt, muss er umformen und umprägen, damit es ihm zu eigen wird. Sein Erbe ist sein Rohmaterial.

Mit Vorurteilen geboren, unfrei geboren! Eine missliche Lage. Früher war alles durch Klassen und Kasten, durch Geburt und Blutsbande festgelegt. Die Schichten waren übereinander geordnet. Und die Gesellschaft spiegelte diese Verhältnisse wider. Heute ist die Welt zu einem einzigen großen Schmelztiegel geworden. Alles liegt auf der gleichen Ebene, es gibt kein Oben und Unten. Ein 20. Jahrhundert der Kriege und Konflikte, ohne dass ein Ende abzusehen wäre – Symptome für die Flammen, in denen die Vorurteile zu Asche niederbrennen.

Doch wenn nun jeder seine eigene Meinungswelt haben soll, wenn die Anschauungen jedes Einzelnen, ob einfach oder komplex, so einseitig sind, wie sollen wir da je im Namen der Menschheit zusammen leben und arbeiten? Verwandlung und Austausch der Anschauungen müssen möglich sein, ohne dass wir die Welt in Asche legen.

Dazu führt auch ein Weg. Es ist der Weg des Denkens. Jenes Lichtes, das im 15. Jahrhundert in den Seelen der Menschen aufzuscheinen begann. Diese reine, von allem Erdgebundenen befreite Denkkraft kann die geistigen Barrieren überwinden. Dabei wird sie einem Verwandlungsprozess unterworfen, aus dem sie als einfühlende Macht der Liebe und des Verstehens hervorgeht.

Doch erforschen wir zunächst ein wenig die Barrieren. Die Gehäuse, in denen wir unser Denken verbergen, sind oft starr und hart wie Austernschalen. Und ebenso die Art und Weise, womit wir so vielfältig und geschickt unseren Vorurteilen anhängen.

Die Fabel vom Fremden

Rudolf Steiner hat die Eigenheiten der verschiedenen Völker köstlich beschrieben, indem er schilderte, wie die verschiedenen Nationalitäten sich zu Fremden in ihrer Mitte verhalten, wie sie auf einen Ausländer hinschauen.[26] Für den in der Empfindungsseele lebenden Italiener ist er der Außenseiter, der Fremde, der nicht zu «unserer» Familie gehört. «Ma fia». Die Verstandesseele des Franzosen empfindet ihn als ungehobelt, ungebildet, als Barbaren. Für die instinkthafte Bewusstseinsseele des Engländers wird er als Bedrohung für die eigene Arbeit betrachtet, als Konkurrent. Die Ich-Seele des Deutschen nimmt die existentielle Herausforderung an, «die Klingen zu kreuzen», vielleicht nur verbal. Der Fremde ist der Feind. Für die embryonale Geistselbst-Seele des Russen entsteht das Bild des Ketzers: Er ist kein Anhänger unseres wahren Glaubens – oder heute: unserer Parteilinie.

Die polyethnischen Amerikaner, bei denen keine solche Ausprägung stattfindet, haben vielleicht von all diesen Anschauungen etwas. Das Vorurteil hat viele Gesichter, und wir begegnen im Laufe der Zeit einem jeden von ihnen.

Der Heimat näher kommen

Um den Umgang mit der Bildhaftigkeit dieser Fabel zu illustrieren, wollen wir die mediterrane Haltung der Empfindungsseele betrachten und die Art, wie sie ihre Vorurteile auch noch nach der natürlichen Phase zwischen dem 21. und 28. Lebensjahr an den Tag legt. Wie sehr neigen wir dazu, besondere Grüppchen zu bilden, Cliquen und innere Kreise, in denen manche, unabhängig von ihren Fähigkeiten, völlig akzeptiert und andere, mit denen uns das Schicksal eigens zusammengebracht hat, übersehen werden. Wie schwer ist es, den «Fremden» in unsere Mitte aufzunehmen. Diese Neigung zur Clanbildung, diese liebevolle Vetternwirtschaft und private Loyalität begleiten uns immer weiter, da heute die natürliche Seelenentwicklung mit dem 27. Jahr – also innerhalb der Empfindungsseelen-Zeit – ihren Abschluss findet.

Die Befangenheiten des gallischen Geistes, mit den vorherrschenden Verstandesseelen-Kräften, zeigen sich auf subtile und weniger subtile Weise. Die Herablassung gegenüber allen menschlichen Bemühungen außerhalb des Rahmens «unserer» eigenen Kreise will nicht sehen, dass der Zeitgeist überall mächtig wirkt. Doch diese elitäre Einstellung zeigt sich noch krasser: beispielsweise in dem kuriosen Atavismus, einem Namen immer Titel und Ämter hinzuzufügen; um diplomierte Würdenträger eine Art Aura zu schaffen und so die Habenden von den Habenichtsen, die «Gebildeten» von den laienhaften «Barbaren» abzugrenzen. Und all dies, ohne wirklich hinzuschauen, wo die tatsächlichen Fähigkeiten und Qualifikationen liegen. Eine papierene Hierarchie anstelle der Anerkennung konkreter Leistungen.

Und wo finden wir wohl den Wettbewerbsgeist der westlichen Bewusstseinsseele? Wo, wenn nicht im Bereich des praktischen Know-how in der Welt draußen mit ihrem Kampf ums Überleben des Stärkeren. Wo sonst als in den geschickten Strategien, mit denen wir unsere «Lehen» und «Königreiche» errichten. Wo jeder Häuptling nur den Horizont seines eigenen gehätschelten Projekts, seiner Institution überschaut. Der Wettbewerbsgeist, dem es um Einflusssphären geht, dringt oft in die Komitees ein, in denen die Finanzen kontrolliert werden: Jeder will sich sein Stück vom Kuchen sichern. Die Missachtung des Gemeinwohls, die Vernachlässigung gegenseitiger Hilfe scheint typisch für die Vorurteile westlicher Menschen.

Der Kampfinstinkt der teutonischen Ich-Seele, der die Auseinandersetzung so schätzt, ist deutlich in der Geschichte der Anthroposophischen Gesellschaft zu finden: in den Konfrontationen und Feindseligkeiten, den persönlichen Konflikten und Auseinandersetzungen, die das Wachstum der anthroposophischen Arbeit behindert und verzögert haben. Übersetzer beispielsweise sind so individualistisch, dass sie ihre Arbeit selten untereinander koordinieren können. Siebzig Gelehrte haben an der Übersetzung des einen großen Werkes, der *Septuaginta*-Bibel, gearbeitet. Wie viele können *wir* zusammenbringen, damit sie ihr Wissen und ihre sprachlichen Fähigkeiten in die Übersetzung der mehr als 350 Bücher Rudolf Steiners gemeinsam einbringen?

Das Seelenbild des slawischen Geistselbst, das dazu tendiert, «Häresien» aufzuspüren, ist noch in seinem Kindheitsstadium; doch wirkt es heute durch seine Vorlieben unbewusst in den Gedankenfeldern und in unserem religiösen Leben. Die Symptome sind oft sehr verdeckt. Warum hängen wir so stark an bestimmten «Strömungen»? Wie oft haben wir den Gral, Alexander, Hypatia, Giotto und immer wieder Goethe auf unser Banner geschrieben? Und dann die sogenannten Schulen, die die Künstler nach den Meistern einteilen, bei denen sie gelernt haben. Solche Anhängerschaft kann zur Illusion irgend eines «richtigen Glaubens» verleiten. Diese Zersplitterung in Strömungen wirkt sich sehr ungut aus.

Wenn wir wach genug geworden sind, solche Wucherungen im Seelenleben zu erkennen, sind wir auf dem besten Weg, uns zu fragen, wie wir davon frei werden können. Wie können Vorurteile aufgebrochen werden? Wie löse ich mich von einem gewohnten Standpunkt? Ist Selbstlosigkeit in der Gedankensphäre wirklich möglich? Solche Fragen führen uns zu der Erkenntnis, dass die «Heimatlosigkeit» der modernen Seele mehr als nur die Geografie betrifft.

2. DER WEG DES DENKENS

Im Spiegel der Bilder

Wie leicht können wir Fehler, Einseitigkeiten und festgefahrene Meinungen bei einem Bekannten oder Freund ausmachen. Wie offenkundig sind sie doch – bei anderen natürlich, nicht bei uns. Die Selbsterkenntnis kommt zuletzt und wird umfassend erst möglich, wenn wir die Schwelle der irdischen Existenz überschreiten. Dichter, Mystiker und Geistesforscher berichten gleichermaßen von Begegnungen mit dem niederen Selbst, diesem abschreckenden, drachenartigen Bild der eigenen Unvollkommenheiten und Vorurteile, dem sich der Mensch bewusst nur mit übermenschlichem Mut und dem Willen zur Wandlung, zur Vervollkommung, stellen kann. Andernfalls senkt sich Dunkelheit über uns, und wir finden uns wieder auf die Küsten unseres alltäglichen Lebens zurückgeworfen.

Wir können vielleicht damit beginnen, eine Liste mit dem Titel «So bin ich wirklich» anzulegen. Zu jeder guten Eigenschaft notierten wir die Polarität, die negative Ergänzung. Wenn wir uns so mit unseren Mängeln auseinandersetzen und in der Selbstbeobachtung Objektivität sowie Humor walten lassen, wird das gewiss die Schärfe der Schwellenbegegnungen mildern und vielleicht ein wenig Liebe und Mitgefühl für andere wecken. Vielleicht zeigt es einem auch einen Weg, wie man anderen hilfreich sein kann. Der heilkräftige Heilige war einst ein Sünder.

Über dem Tor steht geschrieben: «Ohne gesunden Menschenverstand sind alle deine Schritte vergebens.» Und: «Alle Vorurteile müssen von dir fallen.»[27]

II. REIFEN DER SEELENKRÄFTE

Die Tugend, die man Toleranz nennt

Vieldeutige Worte richten in den Köpfen und in der Verständigung großen Schaden an. Die soziale Tugend der Nachsicht, der Toleranz, ist ein solches Wort. Jeder Wanderprediger trägt es auf den Lippen. Die Jungen sollen die Alten ertragen, die Alten die Jungen gelten lassen. Wissenschaftler und Künstler – laissez faire! Seltsamerweise ist Toleranz ein außerordentlich verbreiteter Zug bei westlichen Menschen jeder Schicht. Wir sind instinktiv höflich, haben es gelernt, «zu leben und leben zu lassen». Wir praktizieren formvollendete Begrüßungsrituale und halten bei allen Zusammenkünften die parlamentarischen Regeln ein, vom Nähkreis bis in die Entscheidungsgremien der Anthroposophischen Gesellschaft hinein. Höflichkeit wird vorausgesetzt. Wir lauschen geduldig weitschweifigen Reden und lachen weder über Pannen noch über törichtes Verhalten. Wir erteilen keine Ratschläge und halten den Mund.

Wenn wir erwachsen sind, haben wir das Wohlverhalten gut gelernt. Wenn die Jugendjahre mit ihrer Ungehobeltheit und der puritanischen Intoleranz den Älteren gegenüber vorbei sind, benehmen wir uns als soziale Wesen, als wohlanständige Bürger.

Ebenso wie «Freiheit» etwas Äußerliches oder etwas Inneres sein kann, hat auch die gegenseitige Toleranz beide Aspekte. Die rein äußerliche Toleranz lehrt, den Dingen ihren Lauf zu lassen, zu übersehen, zuzulassen, zu ertragen, zu dulden. Zuzuhören, ohne aufmerksam zu sein. Jeden reden zu lassen. Die wahren Gefühle werden dabei nicht ausgedrückt. Das kann – vor allem in Krisenzeiten, wenn Entscheidungen getroffen werden müssen – zu unklaren, verworrenen Situationen führen.

Indem wir lernen, die in unserer Jugend übernommenen

2. DER WEG DES DENKENS

Vorurteile zu überwinden, werden wir erwachsen. Wir lernen die Welt kennen. Unser Weg zur Reife in der Mitte des Lebens führt vom Vorurteil zur Toleranz. Doch dann erkennen wir, dass Toleranz nicht ausreicht, dass mehr vonnöten ist. Die Kraft der Duldung muss so tief gehen, dass sie in die lebendige Gedankenwelt des anderen führt. Was bloße Toleranz war, muss sich zu innerer Anerkennung wandeln.

Offenheit und Einsicht

Zu erkennen, wie sich der ordnende Geist in die Welt und im Menschen offenbart, bildete im Lauf der Zeiten die Botschaft der Engel und der Weisen. Auf wie vielfältige Weise konnte sich das sich entwickelnde menschliche Bewusstsein betätigen, von den Ordensdisziplinen über die meditative Hingabe der Mystiker bis hin zur wissenschaftlichen Epoche mit ihrer strengen Schulung des analytischen Denkens und mathematischer Askese.

Historisch gesehen begann diese Zeit mit der scholastischen Schulung des Streitgesprächs. Das war eine andere Art des Wort- und Gedankenaustauschs, als wir sie heute pflegen. Damals wurde gemäß strengen Regeln erwartet, dass sich der Sprecher erst das Recht zur Äußerung verdiente. Er musste in der Lage sein, das, was sein Vorredner gesagt hatte, neu zu formulieren, zu rekapitulieren, nach-zudenken. Und erst, wenn er das genauso gut oder vollendeter getan hatte, durfte er vorbringen, was er selbst zu sagen hatte.

Man stelle sich vor, was dieses Vorgehen verlangte: konzentrierte Aufmerksamkeit, die Fähigkeit, das Gesagte ohne Verzerrung aufzunehmen, selbstlose, offene Aufnahmebereitschaft. Diese Schulung legte die ersten Grundlagen für die geforderte «objektive Wahrheitssuche», die die wissenschaftliche Welt heute für sich in Anspruch nimmt.

Objektives, selbstloses Gewahren, die Fähigkeit, den gewöhnlichen Strom des Persönlichen zurückzuhalten, Raum zu schaffen für ein Gedankensystem, das anders als das eigene ist – gleichgültig, ob es den Menschen, die Wirkung der Naturgesetze oder die Inspirationen einer inneren Welt betrifft. Man lernte zu unterscheiden zwischen dem, was *ich denke*, und dem, was *in mir denken* kann.

Heute ist ein wirkliches Gespräch beinahe unmöglich, wenn nicht Schritte unternommen werden, diese Fähigkeit zu stärken und man sich nicht in der Selbstlosigkeit des Denkens schult. Man bedenke nur einen Augenblick, wie wir mit einem beiläufigen Wort zerstören können, was jemand sagt; wir lassen seinen Gedanken in der Luft hängen – in aller Höflichkeit natürlich –, wechseln zu einem eigenen Thema über, haken uns an irgendeiner Nebensächlichkeit fest und reiten dann in vollem Galopp auf unseren Lieblingsgedanken davon. Könnte es eine gröbere Art von Egozentrik geben?

Empfängliches Lauschen auf die Art und Weise, wie sich Gedanken durch einen anderen Menschen ausdrücken, einschließlich der sie begleitenden Seelenqualität und Stimmung, erfordert innere Ruhe, gepaart mit wacher Konzentration und Aufmerksamkeit. Der Empfangende muss für Augenblicke ganz selbstlos werden und dabei völlig gegenwärtig sein, dann schafft er sozusagen einen sphärischen Seelenraum, der den anderen einhüllt.

Ein zurückstrahlendes Gespräch, die Kunst, aus dem Gedankenleben heraus zu antworten, das vom anderen auf uns zukommt, und nicht aus den Reaktionen des eigenen Inneren, das erfordert intensives Gegenwärtigsein und wirkliches Interesse am anderen. Es schafft jene Atmosphäre, in der Verstehen und Verstandenwerden möglich sind. Es erfordert, die Seelenqualitäten der Unvoreingenommenheit und

2. DER WEG DES DENKENS

Positivität – Offenheit für das Neue und Wertschätzung des Entstehenden, mag es auch noch so ungeschickt ausgedrückt sein – immer wieder zu üben und ebenso die Bereitschaft, dieses Entstehende zu unterstützen und zu fördern.

Durch diese Seelenhaltung kann das Spirituelle des anderen Menschen in uns erwachen. Ohne dieses Leerwerden, diese Erfahrung des Nicht-Ich und der geistigen Qualitäten des anderen in diesem neugeschaffenen Raum kann es keinen wirklichen Fortschritt auf dem Gedankenweg zum Geist geben. Ein Erwecken des höheren Selbst ist gefordert, das die intuitive Liebefähigkeit mit sich bringt, die sich für das Mysterium des anderen Menschen öffnet: Einsehen und Erkenntnis seines Strebens und seines Wertes.

Man vergesse dabei nicht: Der «andere» kann auch der Autor eines Buches sein. Vielleicht ein Lehrer der Sonnenmysterien. Auch seine Worte sind ein «Gespräch», an dem man nur durch Intuition und Liebe teilhaben kann.

Mit der Zeit lernen wir auch, wie das Schicksal durch die Menschen, denen wir begegnen, zu uns spricht. Es spricht dann zu uns, wenn wir fähig sind zu hören. Es kann durch den Mund eines kleinen Kindes sprechen, und unser schlichtester Freund kann uns wichtige Botschaften vermitteln. Selbst das Unglück, das uns begegnet, kann die Sprache des Schicksals sprechen, und wir lernen oft erst später schätzen, wie wir von unserem Engel geführt wurden.

All das sind Formen selbstloser Offenheit für die Stimme des Geistes, der durch die Gedanken anderer Menschen zu uns spricht. Und in dem Maße, wie wir überwinden, was uns ausschließt und verschließt, werden wir allmählich zu Mitgliedern der Hierarchie der Menschen.

Das Ziel kennen

«Wer vom Ziel nicht weiß, kann den Weg nicht haben.»[28]

Initiierte Priester nicht allzu lang vergangener Zeiten wussten, dass sie mit dem Engel des anderen Menschen sprachen – Engelkunde war damals eine Geisteswissenschaft. Sie lernten, mit dem inneren Ohr auf das zu lauschen, was der Engel sprach. Und so konnte der Priester dem vor ihm stehenden Menschen Worte von dessen eigenem Schutzengel sagen. Daher konnten die Worte der Weisen heilen, trösten und sein Schicksal lenken. Das war eine frühere Form des «Nicht ich spreche, sondern der Geist spricht durch mich».

Heute spricht der Angelos des Menschheitsgeistes durch die Herzen jener, die den denkerischen Weg zur geistigen Welt gefunden haben. Der Weg ist weit und von unzähligen Ablenkungen begleitet. Anthroposophie ist dazu da, die einzelnen Schritte zu zeigen. Der Rat initiierter Priester ist heute nicht mehr zeitgemäß. Doch können eigenständige Schüler, wenn sie das Bild des Zieles vor sich haben, die Angaben zum Weg richtig einschätzen. Wir alle haben sie gelesen und studiert. Die Frage ist nur, wie gründlich wir sie uns zu Herzen genommen haben.

Angenommensein

Die Erfahrung, verständnisvoll eingehüllt und angenommen zu sein, wird am besten durch die Wirkung auf jene Menschen veranschaulicht, denen sie zuteil wurde. Diese Erfahrung ist intuitiv, kaum zu beschreiben und dennoch greifbar wirklich. So wie ein Kind auf das liebevolle Interesse des Lehrers antwortet, vergleichbar einer Blüte, die sich dem Sonnenlicht öffnet. Verständnis scheint den anderen tatsächlich

2. DER WEG DES DENKENS

einzuhüllen; Menschen, die es erlebt haben, vergessen es nie mehr.

Wieder und wieder lesen wir in den Lebensbeschreibungen von Menschen, die Rudolf Steiner begegneten, welch unauslöschlichen Eindruck eine solche Begegnung, selbst wenn sie nur kurz war, hinterließ. Sie wussten für immer, dass sie angenommen worden waren, wie sie sind. Sie erinnerten sich noch Jahre danach genau, welche Worte gesprochen wurden. Vor allem aber wurde die einhüllende Wärme, welche die Worte begleitete, tief empfunden, alles war so anders als bei üblichen Menschenbegegnungen.

Wir bekommen eine Ahnung der höchsten Erfahrung dieser Kraft, wenn wir die Schilderungen jener lesen, die einige Minuten lang klinisch tot waren, so in Raymond Moodys Buch *Leben nach dem Tod*. Sie berichten von unaussprechlichen Begegnungen mit dem Lichtwesen. Während der Lebensrückschau und der dabei stattfindenden «direkten, ungehinderten Gedankenübertragung ... auf eine so klare Weise, dass sowohl Missverständnisse als auch jegliches Lügen dem Licht gegenüber von vornherein ausgeschlossen»[29] sind, fühlt sich die kurzzeitig exkarnierte Seele eingehüllt in Wärme, Verständnis und völliges Angenommensein. Die Liebe, die dieses Wesen ausströmt, «ist einfach unvorstellbar, überhaupt nicht zu beschreiben ... Ich habe mich von dem Augenblick an, in dem das Licht zu mir zu sprechen begann, unendlich wohl gefühlt, geborgen und geliebt.»[30]

Das ist die Erfahrung eines Überirdischen, das nun ins irdische Leben hineinzuleuchten beginnt, Menschenkräfte über sich hinaustragend hin auf ein erhabenes Menschen-Ideal. Der Dichter spricht davon in seinen Worten:

> Das ist der Christus,
> der zum Sterbebette eines jeden geht,
> seitdem er auferstanden.[31]

II. REIFEN DER SEELENKRÄFTE

Rudolf Steiner über Interesse und Toleranz

Ich bin als ein vorurteilsvoller Mensch geboren und muss mir die Gedankenvorurteilslosigkeit im Leben erst erwerben. Und wodurch kann ich sie hier erwerben? Einzig und allein dadurch, dass ich nicht nur Interesse entwickele für dasjenige, was ich selber denke, was ich selber für richtig halte, sondern dass ich selbstloses Interesse entwickele für alles, was Menschen meinen und was an mich herantritt, und wenn ich es noch so sehr für Irrtum halte. Je mehr der Mensch auf seine eigenen eigensinnigen Meinungen pocht und sich nur für diese interessiert, desto mehr entfernt er sich in diesem Augenblicke der Weltentwickelung von dem Christus. Je mehr der Mensch soziales Interesse entwickelt für des anderen Menschen Meinungen, auch wenn er sie für Irrtümer hält, je mehr der Mensch seine eigenen Gedanken beleuchtet durch die Meinungen der anderen, je mehr er hinstellt neben seine eigenen Gedanken, die er vielleicht für Wahrheit hält, jene, welche andere entwickeln, die er für Irrtümer hält, aber sich dennoch dafür interessiert, desto mehr erfüllt er im Innersten seiner Seele ein Christus-Wort, das heute im Sinne der neuen Christus-Sprache gedeutet werden muss. Der Christus hat gesagt: «Was ihr einem der geringsten meiner Brüder tut, das habt ihr mir getan.» Der Christus hört nicht auf, immer wieder und wieder sich den Menschen zu offenbaren, bis ans Ende der Erdentage. Und so spricht er heute zu denjenigen, die ihn hören wollen: Was einer der geringsten eurer Brüder denkt, das habt ihr so anzusehen, dass ich in ihm denke und dass ich mit euch fühle, indem ihr des anderen Gedanken an euren Gedanken abmesset, soziales Interesse habt für dasjenige, was in der anderen Seele vorgeht. Was ihr findet als Meinung, als Lebensanschauung in einem der geringsten eurer Brüder, darin suchet ihr mich selber ...

2. DER WEG DES DENKENS

Christus ist der Gott für alle Menschen. Wir finden ihn aber nicht, wenn wir egoistisch in uns bleiben mit unseren Gedanken, sondern nur, wenn wir unsere Gedanken messen mit den Gedanken der anderen Menschen, wenn wir unser Interesse erweitern in innerer Toleranz für alles Menschliche, wenn wir uns sagen: Durch die Geburt bin ich ein vorurteilsvoller Mensch, durch meine Wiedergeburt aus den Gedanken aller Menschen heraus in einem umfassenden sozialen Gedankengefühl werde ich denjenigen Impuls in mir finden, der der Christus-Impuls ist. Wenn ich mich nicht als den Quell alles dessen, was ich denke, nur selbst betrachte, sondern wenn ich mich als ein Glied der Menschheit bis in das Innerste meiner Seele hinein betrachte, dann ist ein Weg zu dem Christus gefunden. – Das ist der Weg, der heute als der Gedankenweg zu dem Christus bezeichnet werden muss. Ernste Selbsterziehung dadurch, dass wir uns einen Sinn für das Rechnen auf die Gedanken der anderen aneignen, dass wir dasjenige korrigieren, was wir als unsere eigene Richtung von selbst in uns tragen, an Unterhaltungen mit den anderen, es muss das eine ernste Lebensaufgabe werden. Denn würde unter den Menschen diese Lebensaufgabe nicht Platz greifen, so würden die Menschen den Weg zu dem Christus verlieren. Das ist der Weg der Gedanken heute ...

Fragen Sie heute nicht nach abstrakten Wegen zu dem Christus, fragen Sie nach diesen konkreten Wegen. Fragen Sie, wie der Gedankenweg ist, der darin besteht, dass wir innerlich tolerant werden für Meinungen der Gesamtmenschheit, dass wir soziales Interesse für die Gedanken der anderen Menschen gewinnen.[32]

3.
Idealismus: Flammen der Jugend und Glut des Alters

Idealismus einst und jetzt

Wir wissen wenig davon, was den menschlichen Willen anfeuert. Noch wissen wir den Idealismus der Jugend von dem Enthusiasmus zu unterscheiden, den wir später für uns entzünden. Selten erkennen wir, dass das, was in den jungen Menschen, den Lehrlingen des Lebens, brennt, flüchtig ist, ein Strohfeuer, das der Zeit nicht standhält, während im Meister das Feuer aus dem Herzensholz der Erfahrung lodert.

Idealismus, die treibende Kraft des Willens! Ideen, Pläne, Vorstellungen, die aus dem Kopf herabsteigen und sich im Wesen des Menschen verkörpern: Inkarnierte Ideen werden zum Charakter, zu Dispositionen. Die Ideen sind gedanklicher Natur, aber unseren Idealismus tun wir. Er ist das, was wir sind.

Zu den Mysterien des Eintritts in die Erdenexistenz gehören die besonderen Kräfte, die latent in uns schlummern. Jedes Menschenkind ist ein Wunderkind, wenn auch, wie bei den Schößlingen im Wald, nur wenige die Chance haben, groß zu werden. Jene, die in der Vergangenheit groß wurden, weil ihr Schicksal es so wollte, traten hervor im Lied, in der Farbe, im Wort, in starken Kräften, die der impulsgebende Geist der vorwärtsstrebenden Menschheitsgeschichte waren. Einst gaben junge Krieger mit ihren Leiern, Harfen und Gesängen dem Lauf der menschlichen Geschichte eine andere Richtung. Alte Weisheiten der Stammesgötter wur-

3. IDEALISMUS

den in Rhythmen gebracht und gesungen. Oder Krishnas Mut-Gesang und Alexanders bewegte Jugend! Jugendlicher Idealismus hatte schon immer etwas Göttlich-Kämpferisches an sich, eine flammende Unbedingtheit, die nicht erdgeboren sein kann. Sie bricht, wenn es an der Zeit ist, unaufhaltsam hervor.

So war es im Kindheitsstadium der Menschheit, vor allem in der frühen Zeit, als sich die Jugendkräfte weit in das hinein erstreckten, was wir heute Alter nennen. Es war die Zeit, als junge Männer Mitte der fünfzig noch über ihr Erleben im Reich der Engel vor ihrem Eintritt ins Erdendasein sangen.

Heute ist das anders. Die göttlichen Lehrer der Erdenschule, die Hierarchien, kürzen die Jugendzeit immer mehr, und der aufsteigende Ich-Mensch muss sein eigenes Willensfeuer entzünden. Er kann sich nicht mehr auf seinen vom Körper getragenen Enthusiasmus, das «Gott-erfüllt-sein» durch Musik und Tanz, durch religiöse Zeremonien verlassen. Das «Ich» muss nun sich selbst begeistern, muss sein eigener Idealist werden, der moralische Intuitionen in die Tat umsetzt.

Wie in der Geschichte, so ist es auch im Leben des einzelnen Menschen. In dem Maß, wie die natürlichen feurigen idealistischen Kräfte, die das Weltgeschehen in Gang halten und die wir aus dem Reich der Ungeborenen mitgebracht haben, sich erschöpfen und ersterben, müssen sie aus der individuellen Bemühung heraus zu neuem Leben erweckt werden.

Dies ist also unser Thema. Die angeborenen himmlisch-göttlichen Motivationen der Jugend, ihr Wunder, ihr Schicksal. Und der wiedergeborene Willens-Idealismus des reifen Menschen, des vollständig inkarnierten Individuums, seine Quellen, seine Kämpfe, seine Errungenschaften und sein Ziel.

II. REIFEN DER SEELENKRÄFTE

Der wunderbare Idealismus der Jugend

«Die Wolken jenseitiger Herrlichkeit» um uns (William Wordsworth) treten wir ins Erdendasein. Durch die Kräfte der Verehrung, die wir aus unserem Dasein unter Engelwesen mitgebracht haben, spiegeln wir getreulich die Eigenschaften jener wider, die uns hier empfangen. Unkritisch und voller Liebe zum Lernen sehen wir dann zu unseren Lehrern als der Quelle aller Weisheit auf. Wenn wir die Erdenreife erlangen, erwacht die Liebe zum anderen Geschlecht, geistige Fähigkeiten treten mit Macht hervor. Und wir nehmen auf, übernehmen die Ideale unserer Lehrer, die uns durch Geschichten, Legenden, Heldensagen und Biografien eingepflanzt werden – oder übernehmen im schlimmsten Fall die Schwärmereien und Ideologien Gleichaltriger, was manchmal wie eine ansteckende Krankheit ist.

Der Idealismus bricht hervor, eine Blüte der ersten Lebenshälfte, so natürlich, wie bei der Pflanze die Blüte auf Blatt- und Wurzelbildung folgt. Natürlich kann er auch zerstört werden: durch eine seelenlose Erziehung oder eine verfrühte Begegnung mit der Realität. Doch welches Strahlen, welche Freude, wenn er angesichts der Welt erwacht. Woher kommt er? Wo ist seine Quelle? Wenn wir es nur wüssten! Wir bringen ihn einfach mit. Wir entdecken, dass er in unsere physische Natur eingesenkt ist, dass er in unserem Blut pulsiert.

Um die zwanzig sind wir willens – und glauben uns auch ohne Einschränkung in der Lage –, unser Leben einer heiligen Sache zu widmen. Glühender Eifer, unbegrenzte Energie, Opferwille und die unschuldige Bereitschaft, uns ganz hinzugeben, erfüllen uns. Wir wollen dienen, wollen die Welt verbessern. Wenn wir unser Traumziel vor Augen haben, ist uns keine Mühe, kein Zeitaufwand, keine Anstrengung zuviel.

3. IDEALISMUS

So war es immer, im Großen wie im Kleinen. Jede neue Jugendgeneration bringt, von Jahrzehnt zu Jahrzehnt, kulturelle Veränderungen mit sich. Wenn wir einen Augenblick zurückschauen, werden wir uns leicht an einige der rasch vergänglichen Erscheinungen erinnern: Studentenproteste und -revolten, Ökologie, Kommunen und jener «Trivialmystizismus» der siebziger Jahre. Und noch zuvor: die Liedermacher, die gerechte Gesellschaft, das «Friedenskorps».

Wo immer die Ereignisse radikale Wendungen genommen haben, finden wir die von Begeisterung und Energie getragene Jugend an vorderster Front. Dominikaner und Franziskaner waren Jugendbewegungen, ihr Ideal war eine Erneuerung, eine Reinigung der Kirche. Oder man denke an das Alter derer, die den Sturm auf die Bastille anführten. Zum Glück waren die Unterzeichner der Unabhängigkeitserklärung nicht allesamt faltenlose Gesichter!

Wer brachte den Feuereifer für die Initiativen Rudolf Steiners auf? Die Anthroposophie begann mit der Würze einer Jugendbewegung. Wie jung waren sie doch alle, diese Lehrer, Schauspieler, Künstler und Wissenschaftler! Es waren ihr Idealismus, ihre Opferbereitschaft, ihre hingebungsvolle Arbeit, die ermöglichten, was heute lebt.

Diese wunderbare, feurige Gabe der Jugend! Sie schießt unvermeidlich übers Ziel hinaus, aber sie dient letztlich den Zielen der Menschheit.

Was wird daraus?

Wenn man sich den Dreißigern nähert, lassen Fieber und Feuer, Energie und glühender Enthusiasmus nach. Die Träume sinken zusammen, und die Beziehung zu den geistigen Dingen verblasst. Unsere «Flügel» tragen uns nicht mehr, beide Beine auf der Erde, verwickeln wir uns allmählich immer mehr in die irdischen Angelegenheiten.

Die Wünsche und Bedürfnisse des Lebens gewinnen immer mehr an Bedeutung. Äußere Notwendigkeiten beginnen auf uns zu lasten. Die Zeit muss strukturiert werden. Die Begeisterung für Probenarbeit, Feste, endlose Gesprächskreise, gemeinsames Singen, Zusammenkünfte und Konferenzen nimmt ab. Die Grenzen der Kraft und der Zeit, die es vorher nicht gab, werden spürbar. Wir machen genaue Stundenpläne. Verpflichtungen werden wichtiger. Träume wollen in Geld umgesetzt werden.

Der Prozess der Ernüchterung läuft allmählich ab. Für die meisten wird der Tiefpunkt in den späten Dreißigern erreicht, wenn Gesundheit und Vitalität zum Problem werden, Leiden und Krankheiten ihren Zoll fordern, wenn Erschöpfung und innere Leere einsetzen. Wir merken, dass die Begeisterung, die unsere kleine Welt von Unternehmungen und Verantwortungen bestimmte, einfach versunken ist. Seelische Niedergeschlagenheit hat das Feuer der Jugend erstickt. Was uns freudig trug, ist nicht mehr da. Der Idealismus weicht den Lebensnotwendigkeiten.

Rudolf Steiner beschrieb diesen Vorgang 1912 in Wien so: «Es stellt sich eine merkwürdige Tatsache heraus. Wir alle erleben so um die eigentliche Mitte unseres Lebens herum diejenige Epoche, wo sozusagen die aufsteigende Linie in die absteigende Linie übergeht, wo wir alle Jugendkraft aus uns herausgesetzt haben, einen Höhepunkt überschreiten, und dann geht es wieder in die absteigende Linie über. Dieser Punkt, der so in die Dreißigerjahre hineinfällt, kann nicht als allgemeine Regel angegeben werden, aber es gilt dennoch für jeden von uns. Es ist diejenige Epoche unseres Lebens, in der wir in unserer Welt am meisten auf dem physischen Plane leben. In dieser Beziehung kann man sich einer Täuschung hingeben ... Da leben wir am allermeisten in der

3. IDEALISMUS

Welt des physischen Planes, da sind wir am meisten verstrickt in alles dasjenige, was uns von außen beschäftigt. Da haben wir unsere Lehrzeit ja sozusagen durch, da treten wir an das Leben unmittelbar heran, da müssen wir mit unserem Leben fertig werden. Da sind wir sozusagen mit uns selbst beschäftigt, am meisten beschäftigt mit dem Arrangieren der Außenwelt-Umstände für uns und mit dem Sich-in-ein-Verhältnis-setzen zur Außenwelt. Dasjenige aber, was sich mit der Welt in ein Verhältnis setzt, das ist der Verstand und die Willensimpulse, die aus dem Verstande kommen. Was am meisten da aus uns herausquillt, das ist das Fremdeste, dem sich die geistigen Welten verschließen. Wir sind sozusagen am fernsten dem Geistigen in der Mitte des Lebens.»[33]

Ein interessanter Aspekt dieses Dramas von Jedermann ist sein offenbares Geheimnis. Jeder kann es sehen, niemand erkennt es oder sieht es voraus. Die Älteren haben, wenn sie zurückschauen, kein Aha-Erlebnis, und die Jüngeren sind die armseligsten Propheten des Kommenden und werden von allem überrascht. Weder Epimetheus noch Prometheus ist darauf gefasst. Uns fehlen heute wahrlich die Musen.

Die Träume vom Gemeinschaftsleben, die in jedem Jahrzehnt aufflackern – sind sie alle Maja? Hält irgendjemand einmal inne und fragt sich, was aus den alten Träumen geworden ist? Es ist ein sehr ermutigendes Zeichen, wenn sogenannte Gemeinschaftsgründer, die in eine Sackgasse geraten sind, sich fragen: Was sind die wirkenden, nichtphysischen Kräfte, die menschliche Geistwesen zusammenbringen und -halten? Eine Frage, die vor dem vierzigsten Lebensjahr selten gestellt wird.

Aber das Alte muss sterben, damit die Zukunft entstehen kann. Was wir ererben oder als Gabe mitbringen, welkt unvermeidlich dahin, damit neue Kräfte zutage treten können. Mit unseren Jugendkräften pflanzen wir einen Samen ein; Blüte und Frucht müssen wir abwarten. Die Dekade in der

Mitte des Lebens ist die Zeit der Umwandlung, der Verarbeitung, wo jeder von uns dieses «Ich will allein sein» erlebt, das durch Greta Garbo so unsterblich geworden ist. Und in diesem Alleinsein entdecken wir unsere inneren Ressourcen, die wahren Prioritäten, entdecken wir unsere Lebensaufgabe.

Die Jungen und die Alten

Wenn die mitgebrachten spirituellen Kräfte sich zurückziehen, ist der Mensch aufgerufen zu ringen und zu streben. Das ist kosmisches Gesetz. Der natürliche Idealismus lodert hell in der Jugend, sinkt in den Dreißigern in sich zusammen und erlischt dann ganz. Damit der Mensch sich in der zweiten Lebenshälfte erneuern kann, muss er aus freien Stücken von innen heraus wiederbelebt werden. Ohne die Erneuerung von innen heraus rollt der Wagen unaufhaltsam den Berg hinab; wir sind ein «War», ein Vorbei, ein nicht eingelöstes Versprechen.

Beim jüngeren Menschen ist es der Organismus, der die überschäumenden Energien, die grenzenlose Vitalität, den spontanen Enthusiasmus schenkt. Beim älteren Menschen gilt das Gegenteil: Der Organismus wird eher zum Hindernis. Immer wieder muss der Mensch es überwinden, muss gegen die körperlichen Beschwernisse ankämpfen. Und wenn seine Seele nicht der allgegenwärtigen Gefahr erliegen soll, eins zu werden mit dem alternden, schwächer werdenden Körper, muss er Möglichkeiten finden, sich zu befreien, in Gedanken zu leben, die nicht vom Alltagstrott bestimmt sind, muss sich, unabhängig vom Körper, zu wirklicher seelischer und geistiger Arbeit aufschwingen, um sein inneres Feuer zu entzünden.

Die göttliche Gabe des jugendlichen Idealismus kann auch

3. IDEALISMUS

zu Hyperaktivität führen, was man früher in den Tempeln als Extase erlebte. Wenn wir sehr jung sind, können wir uns bis zur völligen Erschöpfung treiben oder treiben lassen, unsere Gesundheit aufs Spiel setzen, die Kräfte unseres Ätherleibes aufzehren. Reifer Idealismus hingegen kann tatsächlich neue Lebenskräfte erzeugen. Je härter wir in der zweiten Lebenshälfte geistig arbeiten, desto mehr Gesundheit und Kraft wachsen uns zu! Aus dem Inneren kommender Idealismus kann die Kräfte unseres Ätherleibes beleben. Spirituelle Arbeit ist die beste Therapie für irdische Gebrechen.

Die Fackel der Jugend flammt auf und erlischt. Die Fackel der Begeisterung, welche ältere Menschen tragen, brennt immer heller und heller, obwohl sie schon Jahre zuvor entzündet wurde.

Wenn wir jung sind, neigen wir dazu, unsere Ideen von anderen zu übernehmen. Wir schmücken uns mit fremden Weisheitsfedern. Wir können uns für etwas begeistern, was uns ein Lehrer ans Herz gelegt oder was Rudolf Steiner einmal gesagt hat. Wir werden von außen zum Handeln angeregt. Worte gehen am Kopf vorbei und gleich in den Willen, in die Tat. «Das Unverstandene sofort ausführen», diagnostizierte Rudolf Steiner dieses Verhalten humorvoll. Wenn wir älter sind, werden wir nicht mehr unmittelbar durch das angetrieben, was andere sagen. Wir saugen ihre Ideen nicht mehr vorbehaltlos auf, wir müssen alles erst «durchkauen». Das Ich muss die Gedanken abwägen und mit ihnen leben. Und es ist das «Ich», das sich selbst mobilisieren muss, um sie auszuführen. Nichts von außen Kommendes kann das «Ich» zur Tat treiben. Es ist die objektive Situation, die das Handeln notwendig macht. Und das «Ich» fühlt sich verantwortlich. Es handelt aus Selbstlosigkeit, für andere, und nicht, weil es sich so großartig fühlt. All das setzt ein aktives inneres Leben voraus, die erworbene Fähigkeit, das Engelhafte im Menschen zu erwecken.

II. REIFE DER SEELENKRÄFTE

Stellen wir uns einen Augenblick den Klang der Stimmen vor. Beachten wir den Unterschied im Tonfall, in dem junge und ältere Menschen ihre Ideale zum Ausdruck bringen. Folgendes können wir wahrnehmen: In der Jugend klingt die Stimme hohl, fast seelenlos. Sie hat etwas Erinnerungshaftes. Und sie kann scharf, dogmatisch oder salbungsvoll sein. Spirituelle Tiefe und Wärme stellen sich erst mit dem Alter ein.

Bei jungen Leuten sprudeln die Worte oft nur so hervor oder werden mit der Feierlichkeit eines alten Barden vorgetragen, voll dunkler Bedeutung, die niemand versteht. Reifer Idealismus drückt sich mit innerer Ruhe und einer Sicherheit aus, die aus Lebenserfahrung gewonnen ist. Er klingt durchseelt, durchgeistet.

Die Jugend neigt, wenn sie nicht von der Liebe zu mathematischer Präzision und wissenschaftlicher Gewissenhaftigkeit erfüllt ist, dazu, «verschwommen» zu sein und unzusammenhängend wiederzugeben, was gehört oder gelesen wurde. Das oft tiefe Empfinden für die Heiligkeit oder tiefe Bedeutung gewisser Worte verführt sie dazu, sie dann mit dem Eifer eines alttestamentarischen Propheten vorzutragen. Hingegen sind Bescheidenheit, Behutsamkeit, Schlichtheit, Klarheit und ein bewusst aphoristischer Stil Zeichen für Reife.

Rücksichtslose Redegewandtheit, hypnotisches Predigen der eigenen Überzeugungen, Aufdrängen des eigenen Willens, Verkünden dessen, was getan werden *muss,* was andere tun *sollten,* also gleichsam eine Tyrannei der eigenen Ideale – das alles sind Zeichen für einen sehr unreifen Idealismus.

Auch geistreiche Schlagfertigkeit, die eine gewisse Schärfe haben kann, ist eine jugendliche Fähigkeit. Besänftigender Humor bildet sich erst durch Erfahrung, durch erlebtes Leiden, durch Einsicht.

3. IDEALISMUS

☆

Ein Wort zur sogenannten Kluft zwischen den Generationen, von der so viel die Rede ist. Wirkliche Lebensbeobachtung wird erweisen, dass es zwischen dem reifen Idealisten und ehrlicher jugendlicher Begeisterung keine solche Trennlinie gibt. Abgesehen von denen, die an Selbstüberschätzung leiden, werden ernste Jugendliche durchaus die Nähe kreativer älterer Menschen suchen. Sie sind verbunden in der gemeinsamen Wertschätzung von Weisheit und Lernen. Es gibt viele Beziehungen, wo der reife Idealist als Mentor die Entwicklung des Jüngeren fördert, ihn ermutigt und freilässt und sich bemüht, ihn nicht zu stark zu beeinflussen oder zu überwältigen.

Indessen gibt es neben den schöpferischen reifen Menschen – und es finden sich in der Tat viele hervorragende Persönlichkeiten auf allen unseren Arbeitsfeldern, da die Anthroposophie universell ist – auch solche, die nicht zum eigenständigen Idealismus durchgedrungen sind; beklagenswerte ältere Menschen, die vom Idealismus der Jugend zehren, weil sie den eigenen verloren und selbst nichts Neues hervorgebracht haben. Das Feuer der Jugend wirkt wie ein künstliches Stimulans für ihren passiven und entleerten Willen. Sie erleben eine nur vorgespiegelte Erneuerung dessen, was sie einst wussten und inzwischen verloren haben. Hier liegt die Tragödie der geschwächten Seelen und ihrer unkritischen Vergötterung der Jugend.

Wenn solche «Fossile» in hohe Positionen kommen, verlassen sie sich ganz auf ihren jugendlichen Stab, wie wir das bei unseren Präsidenten beobachten können.

Selbsterkenntnis über das eigene Dasein im Zeitverlauf ist notwendig. Die Jungen können lernen, an den Älteren zu sehen, was sie selbst eines Tages sein werden. Wenn mein Feuer erlischt – werde ich dann wie dieser Mensch oder wie jener?

So unvermeidlich, wie der Herbst irgendwann auf den Frühling folgt, werden nicht wenige unserer vielversprechenden jungen Erneuerer und Weltverbesserer eines Tages unter den freundlichen alten Damen und Herren sein, die nur noch von ferne zuschauen.

Die Verwandlung von Ideen in Ideale

Wie schwer ist es für Worte, ihre Bedeutung beizubehalten. Wie Pflanzen neigen sie dazu, zu mutieren, sich zu kreuzen, zu verwildern, durch Gifte verdorben zu werden oder einfach zu verdorren.

Ideen waren einst die schöpferischen Kräfte geistiger Wesenheiten, die in der Natur wirkten, bevor sie dann als wirkende Wahrheiten und Grundprinzipien generalisiert wurden. Und was sind sie heute? Kaum mehr als Meinungen, Begriffe, aufflackernde Gedanken im Spiegel des Intellekts.

Ideale waren einst der Wille Gottes im Menschen, göttliche Einsichten, die sich in großen Menschen inkarnierten. Sie waren die Motivationskräfte für die sich entwickelnde Menschheit, die inspirierenden Kräfte der Verehrung, welche die Tempel nach dem Bilde des Himmels errichteten. Sie brachten die «mores», die Sozialformen hervor. Und heute? Ein Idealist ist ein Träumer, jemand, der den Bezug zur Realität verloren hat.

Wer so glücklich war, zur Anthroposophie zu finden, entdeckte eine unerschöpfliche Quelle von Ideen – Ideen im ursprünglichen Sinn. Bei der ersten Begegnung war die Entdeckung für die meisten von uns überwältigend. Wie Kinder unterm Weihnachtsbaum ihre Geschenke öffnen, schlagen wir voller Beglückung ein Buch nach dem anderen auf. Die Größe, das Umfassende, die Vielfalt, der Reichtum der

3. IDEALISMUS

Lebensgebiete – wir sind fasziniert. Und dann erwacht unser missionarischer Eifer. «As we bibble it in, we babble it out» – wie Francis Edmunds[34] es einmal, unübersetzbar, ausdrückte. Wir sprechen über alles, was wir wissen oder woran wir uns zumindest erinnern. Bis uns schließlich die schreckliche Wahrheit dämmert: So geht es nicht, nicht in dieser Form.

Ebenso wenig wie ein Kind von einem Lehrer Wissen aufnehmen kann, das dieser nicht gründlich verdaut und in die eigene künstlerische Form gebracht hat, kann ein Erwachsener Ideen von jemandem übernehmen, der sie nicht verarbeitet, verwandelt und individualisiert hat. In beiden Fällen richtet das Weitergeben des Unverarbeiteten Schaden an.

Wenn alles nicht mehr so neu und aufregend ist, beginnen wir, die Menge dessen, was wir aufnehmen, zu reduzieren. Wir verspüren das Bedürfnis, uns die Ideen, die nicht aus uns selbst stammen, sondern in den Büchern verborgen liegen, wirklich zu eigen zu machen. Wir ziehen uns zurück, um sie allein oder mit anderen zu studieren. Und dann beginnen wir zu erkennen, vor welcher Herausforderung wir stehen. Wie schwierig sind die Gedankenbilder und Themen, wie viel Mühe kostet es, sie wirklich zu verstehen, sodass wir sie im Gedächtnis behalten und selbst formulieren können. Die Substanz dieser Ideen verflüchtigt sich, sie ist schwer zu erinnern. Man hat den Kontext, die inneren Zusammenhänge vergessen. Wie blass scheint in den Arbeitskreisen alles zu werden, wie hohl und leblos klingt es bei uns – und vor allem bei den anderen. Diese Räume, in denen die Worte umherschwirren als mattes Echo dessen, was uns so belebte und begeisterte.

Im Lauf der Jahre beginnt der «Wissensschatz» aus der Anthroposophie, alles, was man über Mensch und Welt gelesen und gehört hat, schwer auf der Seele zu lasten. Man fühlt eine gewisse Erstarrung. Übersättigung tritt auf.

Das kann solange dauern, bis unser Wille erwacht und

wir beschließen, den inneren Entwicklungsweg durch regelmäßiges Üben, durch Konzentration und Meditation zu gehen, um das zu meistern, was in den grundlegenden Büchern beschrieben ist.

Der subjektive persönliche Umgang durch Aufnehmen und Darüber-Sprechen muss dadurch ersetzt werden, dass wir ein aktives kontemplatives Leben beginnen und uns ganz mit dem gelernten Wissen durchdringen, sodass es sich zu objektiver und selbstloser Einsicht und Überzeugung wandelt.

Wer sich mit dem Grundgedanken des ersten Kapitels von *Wie erlangt man Erkenntnisse der höheren Welten?* auseinandergesetzt hat, wird verstehen, dass Ideen heute aus sich selbst Träger von Todeskräften sind, von Todeskräften, die das Bewusstsein wecken. Und dass Ideen, die zu Idealen geworden sind, in der Seele Lebenskräfte wecken:

«Jede Idee, die dir nicht zum Ideal wird, ertötet in deiner Seele eine Kraft; jede Idee, die aber zum Ideal wird, erschafft in dir Lebenskräfte.»

Das Buch über die Erkenntnis der höheren Welten beginnt als Dialog mit dem Autor darüber, wie man sich selbst objektiv gegenübertreten kann. Es endet mit der Begegnung mit dem Großen Hüter, dem Engel des Christuswesens, das das Wohlergehen der Menschheit verkörpert. Der beschriebene Weg führt zu einer Verwandlung all unseres Lernens und Wissens. Anthroposophie als Lebensweise ist ein Ideal, das verwirklicht werden will. Die Metamorphose von Wissen bringt ungeahnte Kräfte hervor. Dieser moderne Weg wird als eine «Initiation des Willens» betrachtet, als Verwandlung von Begabungen in Wirklichkeiten.

3. IDEALISMUS

*Rudolf Steiner über angeborenen
und selbstanerzogenen Idealismus*

Dennoch wird es sogar schwierig sein, der Jugend dasjenige auszutreiben, was jugendlicher, natürlicher, elementarer Idealismus ist. Aber was ist das? Schön ist es, groß ist es, aber es darf nicht das Alleinige im Menschen sein. Denn dieser jugendliche Idealismus ist doch nur der Idealismus des Ex deo nascimur, des Göttlichen, das auch mit dem Jahve-Göttlichen identisch ist, das aber nicht allein bleiben darf, nachdem das Mysterium von Golgatha über die Erde hingegangen ist. Es muss daneben noch etwas anderes geben, es muss eine Erziehung, eine Selbsterziehung zum Idealismus geben. Neben dem angeborenen Idealismus der Jugend muss darauf gesehen werden, dass in der menschlichen Gemeinschaft etwas erworben wird, was eben erworbener Idealismus ist, was nicht bloß Idealismus aus Blut und Jugendfeuer heraus ist, sondern was anerzogen ist, was man sich selbst erst aus irgendeiner Initiative erwirbt. Anerzogener, namentlich selbstanerzogener Idealismus, der auch dann nicht verlorengehen kann mit der Jugend, das ist etwas, was den Weg zu dem Christus eröffnet, weil es wieder etwas ist, was im Leben zwischen Geburt und Tod eben erworben wird. Fühlen Sie den großen Unterschied zwischen Blutidealismus und dem anerzogenen, dem erworbenen Idealismus. Fühlen Sie den großen Unterschied zwischen Jugendfeuer und demjenigen Feuer, das aus dem Ergreifen des Geisteslebens kommt und immer von neuem und neuem entfacht werden kann, weil wir es in unserer Seele, unabhängig von unserer leiblichen Entwickelung, uns angeeignet haben, dann haben Sie ergriffen den zweiten Idealismus, welcher der erworbene Idealismus ist, der Idealismus der Wiedergeburt, nicht der des Angeborenseins. Das ist der Willensweg zu dem Christus ...

Fragen Sie, wie der Willensweg ist, so werden Sie nicht

irgendetwas Abstraktes finden, sondern die Notwendigkeit, einen Idealismus sich anzuerziehen. Dann aber, wenn Sie sich diesen Idealismus anerziehen, oder wenn Sie ihn der Jugend, der aufwachsenden Jugend anerziehen, was insbesondere notwendig ist, dann finden Sie in dem, was da als Idealismus heranerzogen wird, dass in dem Menschen der Sinn erwacht, nicht nur dasjenige zu tun, wozu die äußere Welt stößt. Sondern aus diesem Idealismus heraus quellen die Impulse, mehr zu tun, als wozu die Sinneswelt stößt, quillt der Sinn auf, aus dem Geiste heraus zu handeln. In dem, was wir aus anerzogenem Idealismus tun, verwirklichen wir dasjenige, was der Christus wollte, der nicht deshalb aus außerirdischen Welten auf die Erde herabgekommen ist, um bloß irdische Ziele hier zu verwirklichen, sondern aus der außerirdischen in die irdische Welt herabgekommen ist, um Überirdisches zu verwirklichen. Wir wachsen aber nur mit ihm zusammen, wenn wir uns Idealismus anerziehen, sodass Christus, der überirdisch im Irdischen ist, in uns wirken kann. Nur im anerzogenen Idealismus verwirklicht sich das, was das Paulinische Wort über den Christus sagen will: «Nicht ich, sondern der Christus in mir.» Wer nicht versuchen will, den in innerer moralischer Wiedergeburt anerzogenen Idealismus zu entwickeln, der kann nichts anderes sagen als: Nicht ich, sondern der Jahve in mir ... Dann werden wir von dem Christus sprechen als dem Gotte unserer inneren Wiedergeburt, während der Jahve der Gott unserer Geburt ist.

Dieser Unterschied muss gefunden werden von dem neueren Menschen, denn dieser Unterschied allein ist zugleich das, was uns zu wahren sozialen Gefühlen, zu wahren sozialen Interessen bringt. Wer anerzogenen Idealismus in sich entwickelt, der hat auch Liebe für die Menschen. Predigen Sie, wie viel Sie wollen von den Kanzeln, die Menschen sollen sich lieben. Sie reden wie zum Ofen. Wenn Sie ihm gut zureden,

3. IDEALISMUS

er wird doch nicht das Zimmer heizen, er wird das Zimmer heizen, wenn Sie Kohle hineintun. Sie brauchen ihm dann gar nicht zuzureden, dass es seine Ofenpflicht ist, das Zimmer zu wärmen. So können Sie der Menschheit immer predigen: Liebe und Liebe und Liebe. Das ist eine bloße Rederei, das ist ein bloßes Wort. Arbeiten Sie dahin, dass die Menschen in Bezug auf den Idealismus eine Wiedergeburt erleben, dass sie neben dem Blutidealismus einen seelisch anerzogenen Idealismus haben, der durchhält durch das Leben, dann heizen Sie auch in der Seele des Menschen Menschenliebe. Denn so viel Sie an Idealismus sich selber anerziehen, so viel führt Sie Ihre Seele von Ihrem Egoismus hinaus zu einem selbstständigen Gefühlsinteresse für die anderen Menschen ...

Aus dem wiedergeborenen Willen, in anerzogenem Idealismus wiedergeborenen Willen, da entwickelt sich etwas, das nicht anders bezeichnet werden kann als ein für alle Dinge, die man tut und denkt, erhöhtes Verantwortlichkeitsgefühl.[35]

3.
Ausgleich der Polaritäten im Menschenleben

Polaritäten:
Grundstruktur der Existenz

Alle Dinge offenbaren sich im Irdischen in Polaritäten. Was im Geiste eine Einheit ist, wird in der Natur zur Zweiheit. Der geistige Mensch verhüllt sich im physischen Körper unter einem Mantel aus Gegensätzen. Im Himmel sind die Menschen weder weiblich noch männlich. Nur für ihren Aufenthalt auf der Erde nehmen sie ein Geschlecht an.

Wir leben in einem Meer von Gegensätzen. *Im Raum:* rechts/links, vorne/hinten, oben/unten, ebenso leicht/schwer, kurz/lang, dick/dünn. *In der Zeit:* Tag/Nacht, Sommer/Winter, Vergangenheit/Zukunft, Jugend/Alter, Geburt/Tod. *Im Bewusstsein:* Schlaf/Wachen, Licht/Dunkelheit, Freude/Schmerz, Liebe/Hass, Schönheit/Hässlichkeit, Tugend/Sünde. Und wir leben in der Polarität von Ich und Du, Gedanke und Wille, Wesen und Dingen – die Aufzählung ließe sich endlos fortsetzen.

Jeder, der etwas poetischen Sinn hat, kann in diesen Polaritäten die Manifestation von Wesen fühlen, die Eigenschaften entgegengesetzter Wesenheiten, die unser Verhalten beeinflussen und verändern können. Man denke nur an Sonnenlicht und Mondlicht und wie deren Kräfte auf uns wirken. Wir leben in den Spannungsfeldern zahlloser solcher Extreme. Sie liefern unserem Leben die Energien, unserer Existenz die Antriebskräfte. Auch die Gefahren. Aber was wäre das Leben ohne Gefahr?

Und dann beginnen wir ihre Bedeutung zu erahnen: Wir werden von der Natur in alle Richtungen getrieben, vor und zurück, hierhin und dorthin – bis wir die Stärke erlangt haben, uns selbst die Richtung zu geben, bis wir so klug geworden sind, mit den Extremen umgehen zu können. Je stärker die Kraft wird, uns selbst zu bestimmen, desto mehr nimmt das unstete Hin und Her ab. Zielbewusstheit verleiht der Seele Schwung und Stabilität. Das Geheimnis liegt in dem erreichten Gleichgewicht, in der Kunst, die allgegenwärtigen Gegensätze und Polaritäten der Erdenwelt auszubalancieren.

Ein ursprünglicher Plan der Götter und seine Abwandlung

Im Leben des Menschen ereignen sich eine Reihe von «Geburten». Wir sprechen von der Geburt der Ich-Organisation mit einem deutlichen Selbst-Empfinden im Alter von 21 Jahren. Doch haben wir uns schon einmal überlegt, was das bedeutet? Wie ist es möglich, dass wir schon viel früher von uns selbst als «Ich» sprechen?

Der Geburt der Ich-Unabhängigkeit um das 21. Jahr gehen drei verschiedene Phasen voran. Die Leibesglieder des Menschen entwickeln sich nach und nach: die physische Struktur bis zum 7. Jahr, die Lebensprozesse bis zum 14. Jahr, der Ausdruck von Wunschnatur und Verstand bis zum 21. Jahr. Dann folgt die Geburt des Ich, das sich durch die nächsten drei Mal sieben Jahre hindurch entwickelt. Als Selbst sind wir bis zum 42. Jahr noch gar nicht da!

Es waren die Sonnen-Geister der Form, die Elohim, die den Menschen mit dem Feuerfunken des Ich, der Ich-Organisation begabten. Wäre es nach ihrem ursprünglich gefassten Plan gegangen, wäre der Mensch nur sehr langsam zu einer objektiven Wahrnehmung der Welt erwacht.

«Wenn niemand diesen Geistern der Form bis zum 20. Jahr dazwischen käme, so würde der Mensch während der ersten sieben Jahre der Entwickelung das Bewusstsein haben, das dem physischen Leibe zukommt; das ist nämlich ein sehr

EIN URSPRÜNGLICHER PLAN DER GÖTTER

dumpfes Bewusstsein, wie es die Mineralwelt hat. Im zweiten Stadium – in der Zeit vom 7. bis zum 14. Jahre – würde er ein Schlafbewusstsein haben. Vom 14. bis 20. Jahre würde er in intensiver Weise im Innern wirksam sein, aber eine Art von Traumdasein führen. Nach diesem Bewusstsein als Mondenwesenheit, etwa im 21. Jahre, würde der Mensch erst eigentlich erwachen. Da würde er erst zu dem Ichbewusstsein kommen. Wenn es nach der normalen Entwickelung ginge, dann würde er da erst aus sich herausgehen und die Außenwelt in dem Weltbilde überblicken, das heute unser bekanntes Weltbild ist.»[36]

Wir könnten von diesem ursprünglichen Plan als von einer 21-Jahres-Periode des «Keimzustandes» sprechen. Sie hätte nicht auf der Erde, sondern in einer ätherischen Sphäre stattgefunden. Kinder wären bis zum 21. Jahr unsichtbar geblieben! Der Mensch hätte dann eine zweite Lebensperiode, vom 21. bis zum 42. Jahr, sichtbar auf der Erde verbracht und das letzte Drittel wieder in einem geistigen Zustand.

So hätte der Mensch sich also nur während der mittleren Periode seines Lebens auf der Erde inkarniert. Es tritt aber etwas anderes ein. Durch den Einfluss zurückgebliebener Wesen erwacht das Ich-Bewusstsein zu früh. «Das erste Drittel unseres Erdenlebens wird nicht durch die den Erdenzustand beherrschenden geistigen Wesenheiten, sondern durch andere, abnorme geistige Wesenheiten regiert, und weil diese teilnehmen an der Entwickelung, so haben wir Menschen auch nicht die Gestalt, die wir hätten, wenn wir in dem Zustande geboren würden, den wir um das zwanzigste Jahr herum haben. Das muss der Mensch damit bezahlen, dass er ein Drittel seines Lebens – die Zeit bis zu seinem zwanzigsten Jahre hin – so zubringt, dass er dem großen Einfluss dieser abnormen Wesenheiten hingegeben ist. Sein ganzes Wachstum macht der Mensch eigentlich unter den Einflüssen der abnormen Wesenheiten durch. Er

III. AUSGLEICH DER POLARITÄTEN

muss es dadurch bezahlen, dass, nachdem das mittlere Drittel abgelaufen ist – das im Grunde nur den normalen Geistern der Form gehört –, die absteigende Bahn, ein Zurückgehen beginnt und seine Äther- und Astralorganisation zerfällt, sodass das Leben in drei Glieder oder Abteilungen zerfällt: in ein aufsteigendes, ein mittleres und ein absteigendes Drittel. In dem mittleren Teil wird der Mensch während seines Erdenlebens eigentlich erst Mensch, und im letzten Drittel muss er das zurückgeben, was er während des ersten, aufsteigenden Drittels empfangen hat, muss er die entsprechende Abschlagszahlung leisten.»[37]

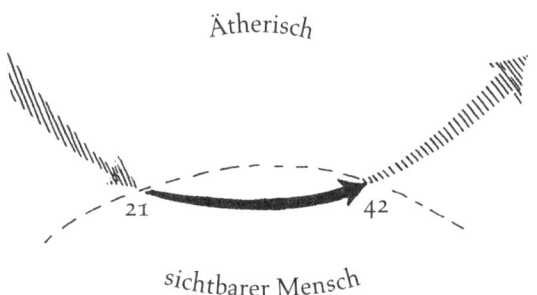

Das also sind die Geheimnisse von Jugend und Alter. Die den Menschen betreffenden Dinge sind nie so normal oder natürlich, wie sie scheinen. Da ist zwar die Sichtbarkeit. Aber da ist auch die übermäßige Vitalität der frühen Jahre und die Erkenntnis, dass wir das Pfand auf die Zukunft zurückzahlen müssen. Hätten wir gewusst, was es uns kostet, hätte der Geist unserer Jugend sich achtsamer ausgegeben.

Luzifer und Ahriman im Lebenszyklus

So entwickelt sich das Leben des Menschen in Siebenjahresrhythmen. Diese fortschreitende Evolution geschieht unter dem Einfluss der Hierarchien, die sich normal entwickelt haben. Wäre dies der einzige Einfluss, verliefe das menschliche Leben auf der Erde ganz anders als jetzt. Der Mensch würde «vom 14. bis 20. Jahre ... eine Art von Traumdasein führen», bis er zwischen 21 und 28 zu sich selbst käme. Erst wenn dann die göttlichen Kräfte nicht mehr in ihm wirksam wären, würde er für die äußere Welt erwachen. Und er würde – dies ist entscheidend – seine Gedanken in der *äußeren Welt* wahrnehmen; nicht seine eigenen Gedanken, sondern die Gedanken der lenkenden Wesen, die ihn umgeben – so wie es die frühen Griechen noch taten. Dass sich dies geändert hat, geht auf andere Strömungen zurück, die in das Seelenleben des Menschen eingedrungen sind. Es sind zwei Ströme, die den Hauptstrom der Entwicklung begleiten.

In der Mitte der ersten Periode, etwa um das dritte Jahr, beginnen die luziferischen Kräfte auf den Menschen einzuwirken. Es ist der Augenblick, in dem das Kind zum ersten Mal «Ich» zu sich selbst sagt. Es ist die Zeit, in der das Gedächtnis einsetzt und bis zu der man sich zurückerinnern kann.

«Dass wir so frühzeitig zum Selbstbewusstsein kommen, dass wir so frühzeitig zu uns Ich sagen, das ist lediglich das Ergebnis der luziferischen Kräfte, die in den Menschen hereinwirken.»[38] Dieses luziferische Selbstgefühl bleibt dann das ganze Leben lang bestehen. Es gibt dem Menschen seine Identität als zeitgebundenes Wesen. Er identifiziert seine Erinnerungen mit seinem «Ich». Wer bin ich? Ich bin die Summe meiner Erinnerungen.

III. AUSGLEICH DER POLARITÄTEN

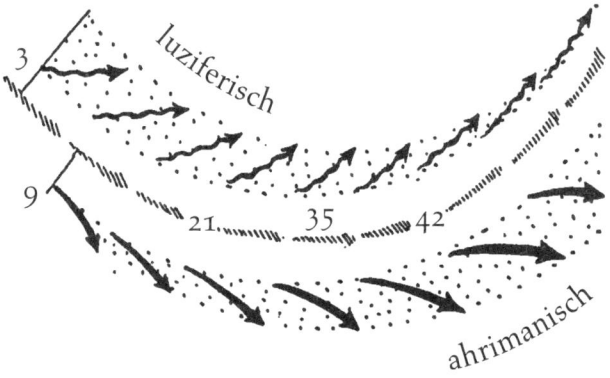

Während der zweiten Periode, zwischen 9 und 10 Jahren, kann ein anderer Einfluss beobachtet werden. Ein Einfluss, der einen Ausgleich zu dem luziferischen Strom schafft. Jetzt wirken ahrimanische Kräfte ein, die eine Intensivierung jenes Selbstgefühls auf einer neuen Ebene mit sich bringen. Die Trennung zwischen «mir» und der Welt wird manifest. Äußere Dinge in der Welt rings umher werden objektiv, gegenständlich. Sie verlieren das Animistische, sind nicht länger mehr von Naturwesen beseelt und durchdrungen. Der Glanz des Märchenlandes verblasst. Durch den ahrimanischen Strom werden wir uns der Dinge um uns her bewusst. Das Selbstgefühl verhärtet sich, als wären wir von all den wunderbaren Geschehnissen rings um uns abgeschnitten. Auch dieser Vorgang setzt sich das ganze Leben hindurch fort. Von dieser Zeit an beginnen sich Urteile zu bilden. Wir beginnen zu unterscheiden zwischen dem, was wir sehen, und dem, was wir denken. Das «denkende Selbst» kommt zum «Erinnerungs-Selbst» hinzu. Für die Erziehung des Kindes ist es wichtig, «wenn man weiß, dass ein Dreifaches an seiner Seele beteiligt ist: die fortschreitenden guten göttlich-geistigen Wesenheiten und Luzifer und Ahriman, und wenn man diese auseinanderhalten kann.»[39]

Im Erwachsenenleben muss der Mensch selbst den Ausgleich zwischen diesen Kräften herstellen; beim Kind fällt der erzieherischen Umwelt diese Aufgabe zu. Leider erfüllt sie gewöhnlich diese Aufgabe nicht. Die Gefahr besteht, dass kein Ausgleich gefunden wird, sondern das Kind zwischen den Extremen von Sentimentalität und Intellektualismus hin- und hergerissen ist. Ebenso zwischen nachsichtigem Geschehenlassen und übermäßigen Anforderungen, zwischen törichten Fantasien und trockenen Fakten, zwischen «Spaß haben» und seelenloser Erziehung. All dies führt zu einem amorphen, undisziplinierten, egozentrischen und leeren Innenleben auf der einen und zu verfrühter Wachheit auf der anderen Seite. Ein aufgeblasenes luziferisches Ego und ein ahrimanischer Computer-Intellekt.

Die Extreme treten in aller Krassheit in der Pubertät zutage. Man kann sich fragen, ob die jungen Teenager je so unberechenbar wie heute waren. Ihre angeborene Eigenwilligkeit und Arroganz, die wie eine Naturkraft auftreten, und die supercoole, beißende Kritik an ihrer Umgebung scheinen in unseren Jahrzehnten besonders auffällig. – Nur hingewiesen sei in diesem Zusammenhang auf die Grundlagen und Ideale der Waldorfschulerziehung; sie sind ausführlich in der Literatur behandelt.

Doch es muss gesagt werden: Wenn unsere Erinnerung nicht erfüllt ist von in der Jugend gesammelten Schätzen, Schätzen der Weltweisheit in bildhafter Form, nahegebracht durch Kunst und Religion, durch goetheanistische Betrachtung all der Wunder der Natur, dann treten Mitte dreißig sehr leicht ernsthafte Schwierigkeiten auf. Der Grund ist folgender: «In dieser Lebensepoche entwickelt die Seele eine starke unterbewusste, aber in das Bewusstsein triebartig heraufwirkende Neigung nach dem Einswerden mit der physischen Leibesorganisation. Die Seele strebt da gewissermaßen durch die Kräfte ihrer eigenen Wesenheit danach, sich von der geistigen Welt, in der sie vor ihrem Eintritte in das sinnenfällige Dasein lebte, abzuwenden.»[40]

Wenn die Seele dann dem Zug nach unten, der Anziehung der Sinnenwelt in der Mitte des Lebens widerstehen kann, verdankt sie das der wohltätigen Wirkung jener luziferischen Kräfte, die in diesem Meer von Materialismus dem Menschen einen Rettungsring zuwerfen.

Es trifft im Allgemeinen zu, dass in der ersten Lebenshälfte Luzifer herrscht und in der zweiten Ahriman. Ohne die Hilfe durch die Auftriebs- und Feuerkräfte Luzifers – wir wollen sie Enthusiasmus für die geistigen Ursprünge nennen – wird in der zweiten Lebenshälfte die Welt düster und lichtlos erscheinen.

Wie der Mensch sich selber sieht: die luziferische und die ahrimanische Täuschung

Der Mensch, der wahre Anthropos, ist unsichtbar. Das wahre Selbst mit all seinen Möglichkeiten, Zukunftsaussichten, Gaben und Wirksamkeiten verbirgt sich vor uns durch die Art, wie unsere Wahrnehmungen und unser Denken beschaffen sind, nämlich die Wirklichkeit stark verfälschend.

«Könnte der Mensch auf sein wahres Wesen hinschauen, so würde er vor allen Dingen fortwährend eine große Veränderung in seinem persönlichen Leben zwischen Geburt und Tod erblicken. Er würde, wie alt er auch ist, ob zwanzig, dreißig oder fünfzig Jahre, zurückschauen auf seine früheren Jahre gegen die Geburt hin und würde sich in einer fortwährenden Metamorphose vorkommen. Er würde die Veränderungen, die er durchgemacht hat, genauer auffassen, und er würde sich hoffende Vorstellungen für die Zukunft machen, dass er dann wieder Veränderungen durchmachen wird.»[41]

LUZIFERISCHE UND AHRIMANISCHE TÄUSCHUNG

Durch die materialistische Betonung von Äußerlichkeiten neigt der Mensch dazu, sich mit seinem Körper zu identifizieren und ihn als etwas zu betrachten, das er in jugendlichem Zustand erhalten möchte. Er bemerkt zwar die Veränderungen vom Kind zum Erwachsenen, aber er nimmt nicht wahr, dass er sich fortwährend von innen heraus *erneuert*. Alle sieben Jahre hat er die alte Substanz ganz ausgetauscht. Er hat viele «Leiber», von denen jeder progressiv anders ist in seinen Fähigkeiten und Kräften. Der Mensch ist ein sich selbst erneuerndes und verwandelndes, sich selbst differenzierendes Wesen. Und es ist das schöpferische «Ich» in seiner Tätigkeit, das dies bewirkt.

Ahriman will, dass wir uns selbst als statisch, unveränderlich und rein materiell betrachten. Unter seinem Einfluss sehen wir uns zu «grob» und körpergebunden.

«Was sehen wir da, was erscheint uns da, wenn wir so auf unseren Leib hinsehen? Das Ahrimanische erscheint uns, dasjenige, was an uns selbst als Ahrimanisches tätig ist. Doch dieses Ahrimanische ist nicht unser wahres Menschenwesen; das ist das Gattungsmäßige, was in der Tat gleich bleibt durch alle Zeitalter hindurch. Wir schauen also eigentlich, indem wir auf unseren Leib blicken, auf unser Ahrimanisches, und die moderne wissenschaftliche Anthropologie schildert eigentlich nur das Ahrimanische am Menschen. Das ist das eine, was wir schauen: das von uns selbst verdichtet vorgestellte Leibliche.»[42]

Unser inneres Leben der Seele und des strebenden Geistes, wir sehen es zu «dünn». Wenn wir wirklich ehrlich sind, betrachten wir das Selbst, zu dem wir «Ich» sagen, als eine Art Flaschengeist. Oder als flackernde Flamme, die erlischt, wenn wir nicht wach sind, ein Irrlicht, das über die Wahrnehmungen der Gegenwart hinweghuscht oder sich in den Verworrenheiten der Erinnerungen an die Vergangenheit verliert, oft ziel- und absichtslos und immer darauf aus, es sich angenehm zu machen. «Das andere, das wir sehen, ist das abstrakte Ich, das eigentlich recht fluktuierend ist, recht sehr nur in der Zeit lebend ist, wenn wir uns selber dann uns zwischen Geburt und Tod vorstellen. Da haben wir unsre individuelle Erziehung darinnen, unser Nichtsnutzig- und Bravsein, da überschauen wir unser persönliches Leben zwischen Geburt und Tod. Aber wir schauen unser Ich nicht, wie es in Wahrheit ist, wie es an der Metamorphose unseres physischen Leibes arbeitet; sondern wir schauen es dünn, luziferisch verdünnt.»[43]

All das schauen wir unter dem Banne Luzifers. Er bewirkt es, dass wir uns so abstrakt, so träumend unbestimmt wahrnehmen. Er verdunkelt unsere Aufgaben und die Schau unserer Ziele. Nur die Starken können an dem festhalten, was sie sich vorgenommen haben. Nur das wirkliche Ich kann seine Absichten lebendig halten.

«So also haben wir eigentlich nie unser wahres Wesen vor uns, sondern auf der einen Seite das physisch-leibliche ahrimanische Trugbild und auf der andern Seite das geistig-seelische luziferische Trugbild, zwei Trugbilder von uns, zwischen denen aber, für uns unwahrnehmbar, unser wahrer Mensch lebt, von dem wir aber doch, wenn wir vom Menschen reden, sprechen müssen; denn der ist unser wahrer Mensch, der von Leben zu Leben geht.»[44]

Ein Schlachtfeld ist der Mensch

Die zweifache Illusion, in der wir leben, verbirgt nicht nur die Realitäten unseres physischen und unseres seelisch-geistigen Wesens vor uns, sondern auch das Kräftespiel, das unsere irdische Existenz ermöglicht. Wir leben wie Ahnungslose in einem Waffenlager.

«Man kann sich vorstellen, dass auch noch unserem materialistischen Zeitalter gruselig wird, wenn die Menschen

EIN SCHLACHTFELD IST DER MENSCH

hören, was da eigentlich auf dem Grunde der Menschennatur sich abspielt. Weil den Menschen gruselig wird davor, war es ja so eingerichtet in der Weltenordnung, dass in alten Zeiten göttliche Lehrer den Menschen ein überbewusstes Wissen mitteilten, damit die Menschen nicht selber sich diesem Geisteskampfe entgegenzustellen brauchten.

Da konnten dann die Eingeweihten gegenüber der äußeren Welt schweigen von diesem Geisteskampfe. Menschen, die von diesem Geisteskampfe, der sich gewissermaßen bei jedem Menschen hinter der Szene des Lebens abspielt, wissen, wussten, die gab es immer. Immer gab es Menschen, welche sich davon überzeugt hatten, dass das Leben ein Sich-Hindurchwinden durch einen Kampf ist, dass das Leben eine Gefahr in sich schließt.

Aber immer mehr und mehr bestand auch der Grundsatz, die Menschen nicht hinzuführen zur Schwelle der geistigen Welt, sie nicht hinzugeleiten zu dem Hüter der Schwelle, damit sie nicht – verzeihen Sie den trivialen Ausdruck, aber er passt – das Gruseln bekommen. Aber die Zeiten sind vorbei, in denen das möglich ist ...

Aber wissen, dass man drinnensteht und im Drinnenstehen das Leben wissend führen muss, das muss heute als Lebensnotwendigkeit für die menschliche Zukunft gesagt werden und muss verstanden werden. Eine bloße Wissenschaft des Schweigens kann es für die Zukunft nicht geben.»[45]

Als Einführung lese man, was Rudolf Steiner in London über den Pakt in der Natur zwischen den Luft-Feuer-Wesenheiten und den Erd-Wasser-Wesenheiten und über ihre Absichten hinsichtlich des Menschen sagte.

«Die luziferischen Wesenheiten [sagen] zu den ahrimanischen: Wir haben dem Vatergott versprochen, dass wir um die Mineralien, die Pflanzen, Tiere und auch um den Menschen, solange er noch ein unbewusstes altes Wesen war, das noch nicht nachdachte, das selber wie ein Tier lebte, dass wir über sie nicht streiten, nicht kämpfen, aber um den Menschen, der sein Selbstbewusstsein errungen hat, da wollen wir bis aufs Messer kämpfen. – Und um den Menschen herrscht eben zwischen den Luft-Feuerwesen und zwischen den Erd-Wasserwesen ein furchtbarer Krieg. Und das ist dasjenige, in was man hineinsehen muss.»[46]

Beschäftigt mit der Welt der Sinne, ist der Mensch normalerweise geschützt vor dem Wissen um die Dinge, die hinter den Kulissen in ihm und um ihn vorgehen. Der Pakt gilt, die Naturkräfte gehorchen friedfertig dem Gesetz. Die Menschen werden jedoch zunehmend sensibilisiert und durch die künstliche Umgebung beeinflusst, die der technisch orientierte Mensch sich selbst schafft. Das wirkt sich in Reaktionen, Seelenzuständen, in dem Bedürfnis nach Anregungs- und Beruhigungsmitteln oder Zerstreuungen aus, die helfen sollen, die moderne Arbeitswelt zu ertragen.

Der sensibilisierte Mensch kann sich solcher Einflüsse sehr stark bewusst werden. Er beobachtet, wie hie und da Gedanken, Gefühle und Willensimpulse aufgefangen werden, wie sie den Einzelnen stundenlang aufwühlen und beunruhigen und wie sie oft unbewusst auf andere abgewälzt werden.

Ob nun der Verkehr auf den Straßen oder die Nachrichtenmedien die Ursache sind, ob Begegnungen mit anderen oder das Alleinsein mit unseren Gedanken – wir scheinen dauernd von Reizen, beunruhigenden Vorstellungen und Ängsten heimgesucht. Wir leben sozusagen zwischen einer äußeren und einer inneren Hölle: Zwiespalt ringsum, Zwiespalt in uns.

Es gibt Mittel, durch die man sich schützen kann, das weiß jeder produktive, schöpferische Mensch. Intensive Konzentration auf die eigene Arbeit ist solch ein Schutz, vorausgesetzt, dass sie maßvoll erfolgt. («Workaholic» ist die Bezeichnung für jene, die übers Ziel hinausschießen.) Glücklich ist, wer die Beschäftigung mit der Geisteswissenschaft als wirksamen Schutz erfahren kann. Doch das Leben in «reinen

Gedanken» gehört, selbst unter Anthroposophen, nicht allzu häufig zum täglichen Stundenplan.

«Der Mensch kann in der Mitte ... eine ruhige Tätigkeit entwickeln. Sein Denken wird recht wenig gestört durch den Einfluss von Luzifer und Ahriman, weil sie da [in der Mitte] aneinander abprallen.»[47]

So sind wir in der intensivsten Arbeit, in der Tätigkeit reinen begrifflichen Denkens, wie wir es in den schwierigsten Schriften Rudolf Steiners finden, am meisten von störenden Einflüssen frei.

Wie steht es nun mit der Kriegsführung um das Menschenwesen? Der Kampf wird auf drei Ebenen ausgefochten. Im physischen Leib geht es vor allem um Form und Kraft, im Ätherleib um Leben und Bewegung und im Astralleib um Bewusstseinszustände. «Unser Organismus gehört nicht uns, sondern er ist aufgeworfen durch den Kampf der luziferischen und ahrimanischen Mächte.»[48]

In den Vorträgen über die *Welt als Ergebnis von Gleichgewichtswirkungen* finden wir eine nüchterne Beschreibung des mystischen Kubus des Menschen, den viele schon in einer Meditationsszene in den *Mysteriendramen*[49] gesehen haben. Da greifen die roten Schlangenkräfte von oben, von links und von vorne an, und die blaue Schlange von unten, von rechts und von hinten. Wir können diese drei Konfliktfronten wahrnehmen, wenn wir uns mit den Quellen unserer Seelenimpulse auseinandersetzen.

«Von links nach rechts Gedankengeschosse, von vorne nach rückwärts Gefühlsgeschosse, von oben nach unten und von unten nach oben gehen die Willensgeschosse.»[50] Und: «Also in Bezug auf die Vorwärts- und Rückwärtsrichtung sind wir in der Tat ein solches Wesen, welches Raum hat. In Bezug auf links und rechts haben wir keinen Raum.»[51] Weitere Einzelheiten mögen im Vortrag nachgelesen werden; es

III. AUSGLEICH DER POLARITÄTEN

kann einen schaudern angesichts der Lage des Menschen in seinem kleinen «Kubus» – wobei man nicht vergessen darf, dass der Vortrag im November 1914 unter dem Kanonendonner vom Rhein her gehalten wurde.

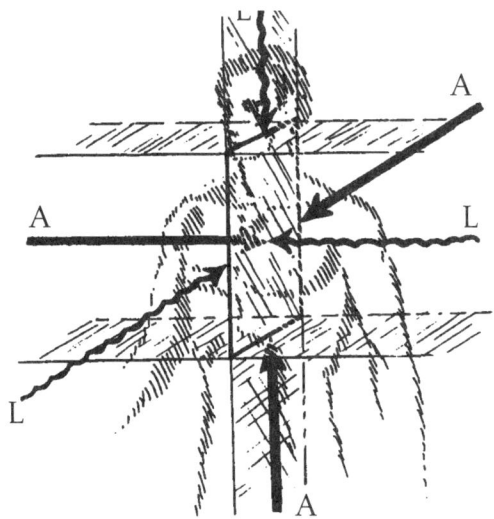

So sind auch die Seelenkräfte, mit denen wir so stolz agieren, gar nicht unsere eigenen. Sie steigen im Ätherleib auf: «Wenn die ahrimanischen Kräfte die Überhand haben, so ist das ein Ausdruck des Denkens, wenn die luziferischen Kräfte die Überhand haben, so ist das ein Ausdruck des Wollens, und wenn sie sich gegenseitig raufen, könnte man sagen, so ist das ein Ausdruck des Fühlens.»[52]

Im Astralleib, dem Träger des Bewusstseins, wechseln wir zwischen Wachen, dem Einflussgebiet Ahrimans, und Schlafen, dem Bereich, in dem Luzifer herrscht.

In der moralischen Sphäre, in der es um die Beziehung zu anderen Menschen geht, ist der Mensch hin- und hergerissen zwischen Forderungen, die von außen an ihn gestellt werden, und seinen eigenen persönlichen Wünschen. Er lebt zwischen Verpflichtung und eigenem Bedürfnis, zwischen Pflichten und Rechten.

«Wir leben allerdings in einer Epoche, wo die Menschen lieber von ihren Rechten sprechen als von ihren Pflichten. Alle möglichen Gebiete machen ihre Rechte geltend. Wir haben daher Arbeiterrecht, Frauenrecht und so weiter ... Und erst in der Zukunft, allerdings mehr in einer späteren Zukunft, wird man Bewegungen haben, wo immer weniger betont werden wird die Rechtsforderung, sondern viel mehr die Pflichtforderung. Es wird dann mehr gefragt werden: Was hat man als Frau, als Mann an dieser oder jener Stelle für Pflichten?»[53]

Doch die Beziehung des Menschen zu seinen Pflichten kann hart und kalt und uninspiriert werden, was ihn in den ahrimanischen Bereich treibt. Er kann ein Gleichgewicht herstellen, indem er seine Pflichten mit luziferischer Wärme erfüllt.

«Beim Rechte ist es so, dass das Recht, indem wir es geltend machen, sich sogleich mit Luzifer verbunden zeigt. Sein Recht braucht der Mensch nicht lieben zu lernen, er liebt es, und es ist ganz naturgemäß, dass er sein Recht liebt ... Die Gelassenheit hat die Kälte des Ahriman. In dem Verstehen dessen, was in der Welt ist, verbinden wir unsere verstehende warme Liebe mit dem, was Kälte draußen in der Welt ist. Da erlösen wir Ahriman, wenn wir verstehend dem, was geworden ist, gegenüberstehen, wenn wir nicht nur aus unserer Selbstliebe heraus dem Recht gegenüber fordern, sondern verstehen, was in der Welt geworden ist.»[54]

Unser gesunder Drang nach Veränderungen kann, wenn er einen Ausgleich findet durch das Interesse dafür, wie die Dinge entstanden sind, was die Geschichte eines Ortes oder einer Situation ist, letztlich mehr erreichen als der ungestüme Drang nach Reformen. «Das ist der ewige Kampf zwischen

Luzifer und Ahriman in der Welt. Es ist so, dass der Mensch auf der einen Seite in konservativer Art die Zustände verstehen lernt, dass er die Zustände, wie sie geworden sind aus kosmischer, karmischer Notwendigkeit heraus, verstehen lernt. Das ist die eine Seite. Und die andere Seite ist die, dass man in seiner Brust fühlt den Drang, immer Neues werden zu lassen, die revolutionäre Strömung. In der revolutionären Strömung lebt Luzifer. In der konservativen Strömung lebt Ahriman.«[55]

Wichtig ist in diesem Zusammenhang schließlich auch der Arbeitervortrag, in dem das Thema des Gleichgewichts unter dem Blickwinkel von Physiologie, Medizin, Erziehung und Seelenverfassungen behandelt wird.[56] Hier haben wir die Polarität zwischen Jugend und Alter, Blut und Nerven, Entzündung und Sklerose. Auf der *körperlichen* Ebene: Erweichung und Verhärtung, Verjüngung und Verkalkung. Auf der *Seelen*-Ebene: Phantastik und Pedanterie, Schwärmertum und Philistertum, Mystizismus und Materialismus, Theosophie und trockener Intellektualismus. Und auf der *spirituellen* Ebene Einschlafen und Aufwachen.

Der Mensch als Balance-Künstler

Das Leben verläuft zwischen diesen beiden entgegengesetzten Kräften. Kunst und Wissenschaft, Osten und Westen, Himmel und Erde, Geist und Leib, Vergangenheit und Zukunft, Jugend und Alter, Geburt und Tod – mitten zwischen den Polen spielt sich unser Leben ab. Was wir auch betrachten, ob Familie, Gemeinschaft, Arbeitsleben oder Krankheit, überall finden wir solche Polaritäten.

Doch jeder, der sich mit diesem Thema auseinandergesetzt hat, wird bemerkt haben, dass keine absoluten Aussagen möglich sind. Immer ist die Situation, der Kontext entscheidend. Vorschnelle Festlegungen sind deshalb allzu billig.

Der positive Aspekt: Man darf nie vergessen, dass, abgesehen von den immer gegenwärtigen gefährlichen Verlockungen und Übertreibungen, auch der «gute Luzifer» und der «gute Ahriman» existieren, deren Gaben und Kräfte lebensnotwendig sind, damit der Mensch den Weg zur Ichheit und Freiheit gehen kann. Beide haben einen berechtigten Wirkungskreis.

Es erfordert Unterscheidungsvermögen und den Willen zur Klarheit, will man die feinen Unterschiede zwischen Nutzen und Übertreibung erkennen. Unsere ureigenen luziferischen Kräfte sind notwendig, um der Gefahr entgegenzuwirken, dass wir uns zu sehr in materielle Dinge verstricken und in der Sinnenwelt versinken, und um uns zum Streben nach Wahrheit, Schönheit und Güte zu inspirieren. «Dasjenige, was immer wieder und wiederum wie ein Sauerteig die Menschheit rettet, sie aus dem Philistertum herauszustreben anspornt, das ist schon die luziferische Regsamkeit.»[57]

Und Ahriman ist kein Eindringling! Er wurde von den Hierarchien geschickt als «Herr des Intellektes»,[58] um das irdische Gegengewicht zu schaffen für geistige Höhenflüge, um klares Denken möglich zu machen und den einzigartigen menschlichen Zustand des Alleinseins mit sich selbst herbeizuführen. Körperliches Getrenntsein ist das Übungsfeld für die Ichheit.

Bilder für das Gleichgewicht: Häufig benutzt Rudolf Steiner in seinen zahlreichen Vorträgen über diese polaren Kräfte das Bild der Waage. «Es handelt sich darum, Ahrimanisches und Luziferisches zu betrachten wie zwei Waagschalen, die beide da sein müssen. Und den Waagebalken, der im Gleichgewichtszustande zwischen beiden ist, müssen *wir* darstellen.»[59]

III. AUSGLEICH DER POLARITÄTEN

Die ältere Generation wird noch Erinnerungen aus der Kindheit an solche Waagen haben, an Waagebalken oder das «Zünglein», dessen Bewegung gut zu beobachten war. Auf alten Bildern ist der Erzengel Michael mit einer Waage dargestellt. Sie war einst eine sichtbare Realität. Heute haben Waagen Skalen oder digitale Signale. Und so hat das Bild seine Unmittelbarkeit verloren. Es ist zu einem abstrakten Symbolbegriff geworden.

Die Schaukel ist als Bild kein guter Ersatz, es sei denn, wir stellten uns zwei Kobolde auf beiden Seiten sitzend vor und den Menschen in der Mitte, der versucht, ihren Schwung zu dämpfen. Im Zirkus auf dem Hochseil sehen wir Menschen, die mit einer Stange in der Hand unglaubliche Balance-Akte unter wirklicher Gefahr vollbringen. Auch Ballonfahrten sind ein Bild für das Gleichgewicht zwischen Aufstieg und Abschwung, ebenso der fliegende Drache mit seinem langen Schweif. All dies sind hilfreiche Annäherungen, die vielleicht dazu beitragen können, uns das Bild des «Gleichgewichts» konkret werden zu lassen. Keines aber ist so gut geeignet wie die altmodische Waage.

Klare Unterscheidungen: Verallgemeinerungen und ungenaue Feststellungen tragen wenig dazu bei, die Wirksamkeit der polaren Kräfte zu verdeutlichen. Beispielsweise wird die Kunst allgemein als Luzifers Domäne, als ein großes Geschenk an die Menschheit betrachtet. Sie hebt den Menschen über die Welt der Notwendigkeit hinaus. Der einzelne Künstler kann jedoch nach beiden Seiten «abweichen»: «Heute lebt der Mensch seine ahrimanischen Neigungen aus in der Wissenschaft, seine luziferischen in der Religion. Und im Künstlerischen pendeln die Menschen zwischen dem einen und dem anderen hin und her. In der letzten Zeit gab es solche Künstler, die mehr luziferische Neigungen hatten, andere waren solche, die mehr ahrimanische Neigungen hatten. Diejenigen, die mehr luziferische Neigungen hatten, sie wurden Expressionisten; die, welche mehr ahrimanische Neigungen hatten, wurden Impressionisten.»[60]

Verallgemeinernde Feststellungen sind übrigens selbst luziferisch, sollten also mit Vorsicht genossen werden. «Während Luzifer immer die Tendenz der Vereinheitlichung hat, ist das ahrimanische Prinzip von der Tendenz durchdrungen zu differenzieren ... In dem Augenblick, wo man generalisiert, wo man vereinheitlicht, naht man sich schon dem luziferischen Denken.»[61]

Blut und Knochen: Das kindlich-unschuldige Vertrauen, den «Teufel» fernhalten zu können, indem man gut ist oder an seinem naiven Glauben festhält, muss allmählich durch das Bemühen ersetzt werden, die gegensätzlichen Kräfte auszubalancieren, diese zwei polaren, lebendigen Prozesse, die uns bis in die Muskeln und Nerven hinein ganz durchdringen. Man kann sie auch in körperlichen Begriffen wahrnehmen und ausdrücken:

«Physiologisch gesprochen: das Ahrimanische in uns ist alles das, was in uns die Kräfte ausbildet, durch die wir Knochenmenschen sind; das Skelett charakterisiert den Ahriman. Das Luziferische in uns ist alles das, was die Kräfte ausbildet, die uns nach Muskeln und Blut hinüber organisieren. Zwischen diesen zwei Polen, zwischen Blut- und Knochenleben, stecken wir drinnen als Menschen und müssen, wenn wir Vollmenschen sind, den Gleichgewichtszustand anstreben zwischen Blut- und Knochenleben, zwischen dem ins Illusorische Gehenden, wozu uns immer das Blut drängen will, und dem ins Nüchterne, Trockene, Philiströse Gehenden, wozu uns immer der Knochenmensch drängen will. Dazwischen sind wir drinnen, und niemals ist der Mensch ein wirklich Ruhendes, sondern ein innerlich Bewegtes zwischen diesen beiden Extremen, und man versteht ihn nur, wenn man ihn innerlich bewegt zwischen diesen beiden Extremen auffasst.»[62]

III. AUSGLEICH DER POLARITÄTEN

Das Maß des Luziferischen in uns erkennen: Wenn wir lernen, die Übertreibungen bei anderen – was immer leicht ist – und bei uns selbst – was immer schwer ist – zu sehen, taucht das Thema der Selbstbezogenheit und des Eigeninteresses auf.

Ausschließlich mit seinen eigenen Angelegenheiten befasst zu sein ist ein verräterisches Symptom. Meist dauert es bis zur Lebensmitte, ehe wir andere Menschen wirklich erkennen und ihre Verdienste, ihre Mühen und Opfer zu schätzen beginnen. Ein Zeichen dafür, dass sich die unmäßige Faszinierheit von uns selbst allmählich abschwächt, ist die erste tiefempfundene *Dankbarkeit* gegenüber älteren Menschen, Mitarbeitern oder unserem Ehepartner. Alles, was andere für uns tun, nimmt der Luzifer in uns als selbstverständlich hin, der Gedanke an eine Dankesschuld liegt ihm fern.

«Man bekommt sogar einen recht guten Maßstab, wie viel Luziferisches in einem Menschen ist, wenn man frägt: Interessiert der Mensch sich für andere Menschen objektiv, tolerant, oder interessiert er sich doch eigentlich nur für sich selbst? – Luziferische Naturen haben wenig Interesse für ihre Mitmenschen, sind in sich versteift, verstockt, halten nur dasjenige für richtig, was sie selber ausdenken, was sie selber empfinden, sind nicht zugänglich für die Urteile von anderen.»[63]

Wie anders sähe die Welt aus, wenn wir erkennen würden, wie stark unser Drang ist, uns übermäßig mit unseren eigenen Angelegenheiten zu beschäftigen und viel zu wenig damit, was die anderen denken, fühlen und tun.

Moralische Verantwortungslosigkeit: In jeder Lebenssituation neigt unser Luzifer dazu, sich auf unsere eigenen Bemühungen und Kämpfe, Sorgen und Probleme zu konzentrieren und sie auf andere abzuladen. Die objektiven Erfordernisse der Situation werden gar nicht bemerkt. Das kann zu Formen moralischer Verantwortungslosigkeit führen, zum Fehlen auch nur des geringsten Bedauerns angesichts der sich aus dem Handeln ergebenden Folgen.

«Wie oft trifft man heute Menschen an, die, wenn sie irgendetwas getan haben, zufrieden sind, wenn sie, wie sie oftmals sagen, die Sache so verrichtet haben, dass sie sich keinen Vorwurf zu machen haben, dass sie nach bestem Wissen und Gewissen die Sache gemacht haben. Das ist ein rein luziferischer Gesichtspunkt, der geltend gemacht wird. Denn es kommt bei dem, was wir im Leben tun, gar nicht darauf an, ob wir uns einen Vorwurf zu machen brauchen oder keinen Vorwurf zu machen brauchen, sondern es kommt darauf an, dass wir die Dinge objektiv, ganz abgesehen von uns objektiv erfassen, dass wir die Welt durchschauen, dass wir aus objektivem Tatsachenverlauf heraus die Dinge vollziehen. Und die meisten Menschen streben heute nicht nach einer objektiven Durchdringung der Sache, nach einem Erkennen, wie die Sache aus dem weltgeschichtlichen Werden heraus zu geschehen habe.»[64]

Kein Mensch ist dem andern gleich: Ein anderer Aspekt des «moralischen Luzifer» ist das blinde Gewährenlassen, wo alles erlaubt ist und jeder reden und handeln darf, wie es ihm beliebt. Solch eine überzogene Toleranz und die Unfähigkeit zu unterscheiden ersparen uns lediglich die Mühe, den anderen wirklich zu verstehen.

«Wer freilich wiederum von der Idee ausgeht: Alle Menschen musst du als gut ansehen und alle Menschen gleich lieben –, der macht sich die Sache ja allerdings recht luziferisch bequem, denn er geht erst recht von seinen Fantasien aus. Alle Menschen gleich zu betrachten, das ist erst recht eine luziferische Fantasie. Es handelt sich nicht darum, eine allgemeine Idee zu pflegen, sondern gerade darum, auf das Konkrete jedes einzelnen Menschen einzugehen und dafür ein liebevolles, vielleicht besser gesagt, interessevolles Verständnis zu entwickeln.»[65]

III. AUSGLEICH DER POLARITÄTEN

Gesetzeserfüllung und Gesetzesbruch: Wenn es um die Interaktionen zwischen Menschen, um menschliche Beziehungen und Begegnungen, um Zusammenkünfte und Zusammenleben geht, können einem außenstehenden Betrachter die Kontraste zwischen dem Luziferischen und dem Ahrimanischen recht amüsant erscheinen.

So lehnen beispielsweise viele junge Paare den Trauschein ab. Aber die Natur ist konservativ. Wenn ein Kind kommt, möchte man plötzlich alles legalisieren. Die romantischen Kapriolen und die mystische Verklärung der jungen Beziehung stehen im krassen Gegensatz zur misstrauischen Exaktheit, mit der Scheidungen eingeleitet werden. «Im Grunde sind die Skeptiker nur Ahrimanschüler, die Mystiker nur Luziferschüler.»[66]

Während die Jugend Freiheit und Unbekümmertheit liebt, neigt das Alter zu Struktur und Planung. Man sagt, dass die Menschen mit zunehmendem Alter konservativ werden, und die meisten tun das sicher auch, doch manche zeigen schon früh solche Tendenzen. «Und dieses luziferische Wesen möchte vor allen Dingen alles, was Gesetzlichkeit in der Welt ist, was die Menschen jemals an Gesetzen aufgestellt haben, aus der Welt herausschaffen. Im menschlichen Zusammenleben ist dem Luzifer nichts so sehr verhasst als alles das, was irgendwie nach Gesetz riecht.

Ahriman möchte überall Gesetze haben; Ahriman möchte überall Gesetze so eben hinschreiben. Und wiederum ist das menschliche Gemeinschaftsleben aus dem Hasse des Luzifer gegen die Gesetzmäßigkeit und aus der Sympathie des Ahriman für Gesetzmäßigkeit zusammengewoben, und man begreift dieses Leben nicht, wenn man es nicht dualistisch versteht. Ahriman liebt alles dasjenige, was äußere Form ist, was erstarren kann. Luzifer – ‹die Luzifere› – lieben alles dasjenige, was formlos ist, was die Form auflöst, was flüssig und beweglich wird. Am Leben muss man lernen, Gleichgewicht zu schaffen zwischen dem Erstarrenwollenden und dem Flüssigwerdenden.»[67]

Der Übergang von der luziferischen Führung zur ahrimanischen: Er beginnt allmählich mit dem Schwinden der Jugendkräfte, um 27, und kann in der Mitte des Lebens deutlich in Erscheinung treten. Das Bedürfnis, sich nicht mehr vor allem als großartig zu sehen, sondern Macht auszuüben, wird spürbar, wenn junge Menschen die 30 überschreiten. Dann werden die unschuldigen, wunderbaren Willenskräfte der Jugend nicht mehr nur dafür eingesetzt, «die Welt aus den Angeln zu heben», sondern herauszufinden, was man bei anderen bewirken kann. Hier treten die Gegenkräfte auf den Plan. Mit 30 schält sich die Begabung zum «managen» heraus.

Die Willenskräfte, die bisher im persönlichen Leben wirkten, werden nun nach außen gerichtet. Der Wille, andere zu lenken, tritt zutage. Indem sich der Intellekt befreit – mit der Geburt der Verstandes- und Gemütsseele –, können wir nun im Voraus bedenken, was wir tun werden, während wir früher erst nach der Tat erkannten, welche Gedanken uns motiviert haben.

Der in den Jugendkräften sich auslebende persönliche Wille verwandelt sich nun und sucht seinen Ausdruck in der Herrschaft über andere: Mein Wille über den deinen.

Häusliche Krisen oder Trennungen sind typisch für die Dreißiger, in denen die Willenskämpfe ausbrechen. Man wird dadurch gezwungen, die Auseinandersetzung mit dem Gedankenleben des anderen zu lernen. Auch im Management treten Krisen auf. Die Jungen haben viel Energie, die Älteren sind müde und überlassen gern anderen das Feld, die mehr Kraft haben – nur um dann später die Scherben auflesen zu müssen.

Im Arbeitsleben erfordert die Fähigkeit, das Beste aus den Menschen herauszuholen, sie ausreden zu lassen, ihnen zuzuhören und mit allen zusammenzuarbeiten, große Reife. Wo sie fehlt, beginnt das Spiel um die Macht. In der Welt draußen wird das «Politik spielen» genannt, weil man damit Karrieren aufbaut, Positionen erreicht und Konkurrenten ausschaltet.

In bestimmten Kreisen hat der, der über die finanziellen Mittel verfügt – ein durch und durch ahrimanisches Symbol – auch die Autorität und die Macht. Und jene, die er um sich schart, die Ausgebeuteten und Charakterschwachen, werden benutzt, um seine Position zu stärken.

«Denn das Ahrimanische offenbart sich insbesondere dadurch, dass der Mensch nicht unter Menschen leben will wie Persönlichkeit unter Persönlichkeiten, sondern dass er Macht entwickeln will, dass er herrschen will durch Benützung der Schwächen anderer.»[68]

So zeigt sich also, bevor in der Lebensmitte die moralische Verantwortung erwacht, der Überschwang luziferischer Energien mit allen Möglichkeiten des Abirrens nach unten. Aber es ist auch eine Bewegung nach oben oder nach innen möglich. Und natürlich gibt es noch einen dritten, einen mittleren Weg.

Wenn die genialen Kräfte des luziferischen Willens mit der Zeit und durch eigenes Bemühen in künstlerische Fähigkeiten metamorphosiert werden, wenn sich diese Kräfte dann in bedeutender Architektur, Skulptur, Malerei, Musik und darstellenden Künsten manifestieren, ist der Mensch, bis zu einem gewissen Grad zumindest, vor den Attacken der ahrimanischen Seite geschützt. Die Prüfungen des Künstlers liegen anderswo!

Den mittleren Weg finden die, die durch ein gutes Geschick zu ihm hingeleitet werden. Hier werden die genialen Fähigkeiten des jugendlichen Geistwillens sublimiert, individualisiert und durch Ich-Aktivität auf den Denk-Weg zum Geistigen gehoben. Hier werden Luzifer und Ahriman im Gleichgewicht gehalten.

Der Mensch hat heute die Freiheit, unter diesen drei Möglichkeiten zu wählen.

Gefahren auf dem Weg

Spirituelle Strömungen haben schon immer unter der Problematik des Persönlichen gelitten. Im ersten Vortrag der *Allgemeinen Menschenkunde* für Lehrer weist Rudolf Steiner auf die Auswirkungen dieses «Persönlichkeitsgeistes»[69] hin. Seine Worte gelten ganz allgemein auch für alle Arbeitszentren, wo immer wieder zwischen den «abnormen Geistern der Persönlichkeit» Konflikte ausbrechen.

Wenn jemand Mitglied der Anthroposophischen Gesellschaft wird, hat er bestimmte Ziele: klar zu denken, verständlich zu sprechen und die Literatur anstelle eines persönlichen Lehrers zu Rate zu ziehen. Leider hält man sich nicht immer daran. Und dafür gibt es Gründe. Es stellen sich Hindernisse von links und von rechts in den Weg.

Viele von uns finden den Weg zur Anthroposophie als Reaktion auf unser tödliches Kulturleben, vor allem die Schulbildung. So bringen wir einen starken luziferischen Unabhängigkeitsdrang im guten Sinne mit, aber nur allzu oft auch die negative Neigung, das ahrimanische, das kognitive Element zu umgehen. So lässt uns der «wissenschaftliche» Aspekt der Anthroposophie kalt. Wir fühlen uns zum «Handlungsaspekt» hingezogen, zur praktischen Arbeit und zur Kunst. Denken, Schreiben und Studium der Schriften gehören nicht zum Stundenplan.

Auch die Tendenz zu einem falsch verstandenen Elitären ist eine häufig auftretende Schwäche in geistig orientierten Gemeinschaften. Dieses Gefühl, «auserwählt» zu sein, ohne persönliches Verdienst. Natürlich hat der Sektierer in der anthroposophischen Arbeit nichts zu suchen, dennoch mussten in den Anfangsjahren dauernd Warnungen gegeben werden, auch vor Cliquenbildung und persönlicher Anhängerschaft.

Das ist wahrscheinlich eine der subtilsten, nur scheinbar harmlosen luziferischen Versuchungen, die wir geerbt haben. Wie oft werden wir nicht von sogenannten «esoterischen Tatsachen» verführt, plappern die größten Wahrheiten aus, aus dem Zusammenhang gerissen, und genießen die Bewunderung, die wir bei ahnungslosen Zuhörern wecken. Wie oft sind unser Wahrheitsgefühl und das Gefühl für das Angemessene allzu schwach. Wir geben vor, etwas zu wissen, weil wir es irgendwo gehört oder gelesen haben, und meinen, das Recht zu haben, es auszusprechen, auch wenn wir uns nicht einmal genau erinnern!

Wer Anthroposophie ernsthaft studiert, erschrickt darüber, wie rasch er vergisst, was er gelesen hat, und wie schwer es ist, das im eigenen Leben zu verwirklichen, was er studiert hat. Doch der Luzifer in uns hat wenig Gefühl für die Wahrheit und noch weniger für Realität und gar kein wissenschafliches Gewissen. Das Syndrom des «geschwollenen Kopfes» ist eine reale Gefahr in jeder Bewegung, die sich mit dem Hypersensiblen, einschließlich in uns selbst, beschäftigt.

«Damit aber bin ich bei etwas angekommen, das im eminentesten Sinne notwendig ist für die Erlangung übersinnlicher Erkenntnisse, wie auch bei etwas, das, wenn es nicht mit Beobachtung all derjenigen Gesetzmäßigkeiten vollzogen wird, die ich angedeutet habe in meiner Schrift *Wie erlangt man Erkenntnisse der höheren Welten?* und in meiner *Geheimwissenschaft im Umriss*, sogar in einem gewissen Sinn zwar nicht eine Gefahr für den Organismus, wohl aber zunächst für die seelische, namentlich die moralische Verfassung des Menschen sein kann. Das Ich-Gefühl muss gesteigert werden, die Besonnenheit auf sich selbst muss kraftvoller werden. Damit wird bei Menschen, welche nicht zugleich die von mir oftmals geschilderten Vorkehrungen treffen, um ein solches verstärktes Ich-Gefühl ohne moralische, ohne psychische Einbuße zu ertragen, schon etwas von seelischem – nicht pathologischem – Größenwahn erzeugt.

Das ist überhaupt etwas, was man zunächst – gestatten Sie den Ausdruck – bei ‹Übern› zu übersinnlichen Erkenntnissen leicht bemerken kann, weil sie hinüberhuschen möchten über die nötigen Vorkehrungsmaßregeln, dass sie nicht bescheidener werden, sondern wirklich in eine Art Größenwahn verfallen. Man muss dies ungeschminkt aussprechen, damit niemand auf den Glauben kommt, derjenige, welcher innerhalb einer wirklichen anthroposophischen Erkenntnis steht, wolle verkennen, dass ein solcher Größenwahn vielfach wirklich unter denen wütet, die sich nun vielleicht aus diesen oder jenen Untergründen heraus zur Anthroposophie bekennen.»[70]

Unter Anthroposophen, wo das spirituelle Leben eine so stark luziferische Tendenz bekommt, ist das Wort «Intellekt» geradezu zu einem Schimpfwort verkommen. Jemanden «intellektuell» zu nennen ist beinahe eine Beleidigung; betont wird stattdessen oft das «Künstlerische», wo Luzifer Alleinherrscher ist. Und gerade hier wird die Ablehnung des Kognitiven so oft erlebt. Unterrichtende Künstler sind nicht gerade dafür bekannt, dass sie die wunderbaren Kunstvorträge Rudolf Steiners in einer verständlichen Weise ihren Schülern vermitteln – selbstverständlich gibt es Ausnahmen. Hier schleicht sich vielleicht Ahriman ein, um Rache zu nehmen. Er lässt die Köpfe der geistig inaktiven Luziferschüler vertrocknen. Wir sollten nämlich nicht vergessen: Anthroposophie war und ist eine *Wissenschaft* des Geistes, nicht eine *Kunst* des Geistes.

Als Gegensatz zum «Intellekt» spricht man nur allzu gern vom «Herzen». Weit verbreitet ist die Tendenz, die späteren Werke Rudolf Steiners ohne eine solide Grundlage durch die früheren zu lesen und zu zitieren. Der Fehlinterpretation der Weisheitsworte, die er auf dem Höhepunkt seines Lebens aussprach, sind Tür und Tor geöffnet, wenn ihr Hintergrund und ihre Geschichte nicht beachtet werden. Das «Herzensdenken» ist solch ein Fall. Dieser Begriff, der das Denken der Zukunft charakterisiert – «Die Herzen beginnen, Gedanken zu haben»[71] –, ist ein terminus technicus. Er setzt unser Verständnis dafür voraus, dass es hier um eine Metamorphose des Herzensdenkens der Vergangenheit geht. Die Ägypter dachten mit dem Herzen. Sie konnten Gedankenwesen hellsichtig wahrnehmen. Dieses Denken muss durch die Todeskräfte des Intellekts hindurchgehen und in der Zukunft als Kraft der exakten Imagination wiedergeboren werden. Es wird dann aus dem ätherischen Herzen strömen, frei von Sentimentalität, objektiv und überpersönlich. Alles Gerede vom «Herzensdenken» aus dem Mund von Menschen, die ihren Kopf überhaupt noch nicht klar gebrauchen können, ist nichts weiter als luziferisches Geschwafel.

Zu diesem Thema gehört auch die «Bildersprache», der Gebrauch von Geschichten und bildhaften Darstellungen zur Sinnvermittlung. Für Kinder ist das die richtige Methode, doch schon Oberschüler lehnen sie als zu kindisch ab. Für Erwachsene ist es Poesie, die man in kleinen Dosen zu besonderen Gelegenheiten genießt. Bildhaftes Denken als Gewohnheit ist eine Versuchung für den ungeübten Geist und oft typisch für jene, die sich mit Kunst oder Erziehung in der Unterstufe zu beschäftigen beginnen und daher die glanzlose Strenge der höheren Bildung vermeiden, in der Metaphern und bildhafte Darstellungen tabu sind.

Die Sprache ist vom Bildhaften zum Abstrakten, zum Begrifflich-Wissenschaftlichen herabgestiegen. Die anthroposophische Sprache hat diese klare, exakte Form, hinter der Imagination steht. Mit beidem weist sie auf eine Sprache der Zukunft hin. Dennoch fällt es den meisten von uns schwer, uns in die «trockene, mathematische Stilweise»[72] der Schriften Rudolf Steiners hineinzufinden, ein Problem, das durch die Übersetzung noch verschärft wird. Es ist nicht einfach, zu den verborgenen Imaginationen hindurchzudringen und sie begrifflich zu erfassen.

Doch solange wir in Bildern schwelgen und es an begrifflicher Klarheit fehlen lassen, können wir nicht zu einem breiteren Publikum sprechen oder von erwachsenen Köpfen ernstgenommen werden. Die luziferische Bilderwelt hat Schwingen, doch das Ahrimanisch-Begriffliche sollte dem Gesagten Gewicht verleihen.

Das andere Extrem ist das «Referieren» eines Textes, das einer übernimmt, damit den anderen Teilnehmern eines Treffens die Vorbereitung erspart bleibt. Diese Aufgabe übersteigt oft die Fähigkeiten des Betreffenden, sodass eine seelenlose, trockene Pedanterie die Folge ist. Wenn sich der Sprecher nicht mit den Gedanken in ihrem Umfeld und Zusammenhang immer und immer wieder auseinandergesetzt hat und zur imaginativen Substanz durchgedrungen ist, bleibt er notgedrungen an den Worten kleben. Wenn es an etwas luziferischem Enthusiasmus für die Klarheit der Gedanken fehlt, haben die ahrimanischen Geister leichtes Spiel. Missverständnisse treten auf, Streit über Übersetzungsfragen bricht aus, Widerspruchsgeist erhebt sich. Die Atmosphäre der Zusammenkünfte wird vergiftet.

Mit diesen unsichtbaren aber allgegenwärtigen Einflüssen umgehen zu lernen, macht einen wesentlichen Teil der Kunst und Wissenschaft der anthroposophischen Arbeit aus. Es hat einmal jemand vorgeschlagen, im Versammlungsraum die

III. AUSGLEICH DER POLARITÄTEN

Porträts von Luzifer und Ahriman aufzuhängen, damit man daran erinnert werde, wachsam und aufmerksam zu sein. Sie beherrschen viele raffinierte Tricks: Klang der Stimme, Gesten, Wichtigtuerei, die eine «heilige» Stimmung erzeugen soll; das Herstellen von Spannung durch künstliche Pausen, Soloarien der Redekunst oder das Syndrom, immer das letzte Wort an sich zu reißen, und die vertraulichen Mitteilungen, die zu Parteienbildung und Machtkämpfen führen.

All diese Kräfte sollten wir ebenso klar durchschauen wie das Gehabe von Affen im Zoo. Wenn wir sie einmal als das erkannt haben, was sie sind, verlieren sie ihre Macht und ihren Einfluss. So sagt es das geistige Gesetz.

Die Komplexität dieses Dramas lässt vermuten, in einer Institution, in der so viele äußere Faktoren wirksam sind, sei echte anthroposophische Arbeit unter den Mitarbeitern außerordentlich schwierig. Zusammenkünfte zur Klärung wirtschaftlicher und technischer Fragen laufen natürlicherweise nach konventionellen Geschäftsordnungen ab. Aber Begegnungen von wirklich spiritueller Bedeutung können nur zwischen Menschen stattfinden, die sich als Individualität äußern, unabhängig von Rangordnungen und fern von Strategien.

Selbstlosigkeit im sozialen Bereich und Wahrhaftigkeitsempfinden auf dem Erkenntnisgebiet, das sind die notwendigen Voraussetzungen, um in der anthroposophischen Zusammenarbeit das nötige Gleichgewicht zu schaffen.

Der Bewusstseinsseelen-Mensch

Der Mensch muss heute lernen, zwischen zu viel und zu wenig, zu früh und zu spät im Gleichgewicht zu leben. In seiner Christus-Statue hat Rudolf Steiner den Menschheitsrepräsentanten, den «idealen Menschen» im Gleichgewicht zwischen den oberen und den unteren Mächten dargestellt. Er bewegt sich, er schreitet vorwärts.

Tägliches Ziel des modernen Menschen ist es, weiterzuschreiten und zu streben, die Hindernisse zu erkennen, die Extreme auszugleichen. Wer stillsteht – eine dauernde Gefahr –, fällt zurück und wird zum Hindernis auf dem Weg der anderen. Die spirituelle Situation unserer Zeit zu erkennen heißt, das Wirken Luzifers und Ahrimans in uns, unter uns und rings um uns zu erkennen.

Um diese Kräfte auf unserem Weg nutzen zu können, fordert unsere Zeit von uns die Bereitschaft zu sterben, damit wir neu werden können, die Fähigkeit, in toten, abstrakten Gedanken zu leben und unsere Erfahrungen bis auf die Knochen zu reduzieren – Märchen und Mythen sind voll entsprechender Bilder. Nur durch begriffliches Denken kann Weisheit in uns wiedergeboren werden. «Osmose» ist heute nicht mehr möglich! Das gedruckte Wort in uns aufsaugen, ihm, wenn es vorgelesen wird, lauschen, darüber sprechen oder es «paraphrasieren» – darum geht es nicht. Ohne Seelenschweiß und Mühe wird unser kostbares Wissen nur allzu leicht verdreht und entstellt.

«Zu kämpfen ist um dasjenige, was Zukunftsweisheit ist; denn die ahrimanischen Mächte lassen sich diese Zukunftsweisheit nicht so ohne weiteres entringen. Man darf nicht glauben, dass man in wollüstigen Visionen Weisheit erhoffen kann. Wirkliche Weisheit muss, wie ich neulich auch im öffentlichen Vortrag sagte, ‹in Leiden erworben werden› ...

Viel gescheiter als alles philiströse Perhorreszieren der ahrimanischen Mächte wäre ein solches Bekämpfen des Ahriman, das allerdings nicht philiströs sein kann, und das in einem aufrichtigen, ehrlichen Studium geisteswissenschaftlicher Inhalte besteht.»[73]

III. AUSGLEICH DER POLARITÄTEN

Wir müssen uns darüber klarwerden: Unsere Gedanken sind heute nicht unser Eigentum, wenn wir uns nicht freiwillig auf den Weg begeben, sie uns wirklich zu eigen zu machen. In lang vergangenen Zeiten dachten die Engel im Menschen. Später wundersame Elementarwesen. Dann kam das Zeitalter der Philosophie und Wissenschaft, in dem die Gedanken zu toten Schattenbildern verblassten. Heute beginnt Ahriman im Menschen zu denken, und der Mensch wird alle innere Freiheit verlieren und besessen werden, wenn er die Zeichen nicht erkennt.

Schärfe des Intellekts ist eine Gabe Ahrimans, die Gabe Luzifers ist Begeisterung für die Anschauung der Ideale. Indem der moderne Mensch beide verbindet, hält er das Gleichgewicht.

[Es] ist besonders wichtig, dass sich für diese geisteswissenschaftlichen Erkenntnisse, für diese in übersinnlichen Welten gesuchte Erkenntnis Leute finden, die kraft des Intellekts die Sache verstehen. Das vernünftige, verständige Begreifen der Geisteswissenschaft, das ist heute ganz besonders notwendig, denn das ist dasjenige, wodurch die widerstrebendsten Kulturmächte gerade überwunden werden.

Der Intellekt der Menschen ist heute so groß, dass die ganze Geisteswissenschaft verstanden werden kann, wenn man nur will. Und gerade dieses Verständnis anzustreben, ist ein allgemein-menschliches, nicht ein egoistisches Interesse der Kultur. Denn dieses Verständnis kann angestrebt werden, wenn jene intellektuellen Kräfte, die heute verwendet werden auf naturwissenschaftlichen Gebieten an allerlei Kleinkram, wenn jene intellektuellen Kräfte, die heute volkswirtschaftlich recht fruchtlos verwendet werden, und endlich, wenn jene Kräfte, die in einer fruchtlosen, vielleicht sogar menschenmörderischen Technik verwendet werden, entsprechend angewendet würden, und die Menschen nicht verzogen würden von frühester Kindheit an. Dann würde *man sehen, wie leicht das spirituelle Geistesgut wirklich zum Verständnisse der Menschheit gebracht werden könnte. Das ist das Eine.*

Die andere goldene Regel ist diese, dass man heute noch etwas anderes braucht für das Fruchtbarmachen des spirituellen Geistesgutes für unsere Kultur. Das Erste ist etwas, was Ahriman abgerungen werden muss ... Aber noch etwas anderes ist notwendig. Noch einem andern Geiste ist manches abzuringen. Wir brauchen nicht nur Gescheitheit, mit der das spirituelle Geistesgut durchdrungen werden soll, wir brauchen vor allen Dingen sehr, sehr dringlich – ja, wie soll ich es ausdrücken –, wir brauchen bei den Menschenseelen, an die das spirituelle Geistesgut herankommt, Temperament, Enthusiasmus, Feuer, Wärme. Wir brauchen Menschen, welche mit der ganzen, vollen Seele dasjenige vertreten, was spirituelles Geistesgut ist. Gerade auf spirituellem Gebiete muss den luziferischen Kräften, die sonst so wirksam jetzt sind in der Welt, dieses abgerungen werden.

Es gibt einen schönen Anblick: es ist der Anblick desjenigen, der in ruhiger Klarheit, aber mit innerem Feuer und Enthusiasmus, weil es ihm eine Notwendigkeit ist, für das spirituelle Geistesgut sich erwärmen kann.[74]

4.
Das Leben des Kosmos im Spiegel der Lebensalter

1.
Die Kapitel in unserem Lebensbuch

Das Geheimnis der Lebensperioden

Wie wir sahen, entwickelt sich das menschliche Leben in Phasen von je sieben Jahren. Wir können über solche Zyklen sprechen. Sie können beobachtet und in ihren Erscheinungsformen in allen Einzelheiten beschrieben werden. Doch dann entstehen neue Fragen. Wodurch werden sie verursacht? Was und wer fügt dem Leben diesen Plan, diese Zeit-Struktur, diese bewegte Architektur ein? Die qualitativen Unterschiede der aufeinanderfolgenden Phasen, die in so vielen Biografien, unabhängig von Umgebung oder Vererbung, offenbar werden, sind ein Rätsel, das des Erforschens wert ist. Es scheint in jedem Menschenleben archetypische Sequenzen zu geben, eine Ähnlichkeit in der Gesamtkomposition, die jedoch individuell ausgedrückt, gelebt und geformt wird. Die menschliche Biografie ist bei jedem Individuum einzigartig und doch in gewissen Zügen allen gemeinsam.

Der Einblick des Eingeweihten in diese Lebenszyklen kann ein Licht auf die Mysterien werfen, die wir so unbewusst durchleben. Mit seiner Hilfe können wir uns das Zusammenwirken der planetarischen und hierarchischen Kräfte, die darin am Werk sind, vor Augen führen und die vollendete Handwerkskunst in der Gestaltung unseres Schicksals erkennen. Wir können lernen, das Erdenleben des Menschen als eine kleine Welt, eine Zusammenziehung, ein Spiegelbild der großen Welt, des Lebens des geistigen Kosmos zu betrachten.

Und nun zu den Mysterien!

Das Lebenstableau

Bei einer tieferen Beschäftigung mit dem Seelenleben machen wir die Entdeckung, dass nichts, was wir erlebt haben, vergessen wird. Die Vergangenheit geht nicht verloren! Wir bewahren eine lebendige Erinnerung an unser Leben als ganzes – ein weitreichender Gedanke, dem wir vielleicht ganz gerne ausweichen würden. Bei der Schwäche des üblichen Gedächtnisses ist das kaum zu begreifen. Keine menschliche Erfahrung geht verloren, alles wird aufbewahrt, auch die unterbewussten Prozesse. Die moralischen Konsequenzen dieser Tatsache sind überwältigend.

In jüngster Zeit ist dieses Wissen auf vielfältige Weise wieder zugänglich geworden. Es gab schon früher Berichte von Menschen, die Stürze und Schocks erlebt hatten oder beinahe ertrunken waren und die dabei ihr ganzes Leben vor sich hatten abrollen sehen. Man hielt solche Berichte für erfunden und maß ihnen keine besondere Bedeutung bei. Bei experimentellen Rückführungen in der Hypnose stellte sich schon glaubwürdiger die Existenz eines verborgenen Reservoirs an unauslöschlichen Erinnerungen heraus. Fälle von Amnesie, die mit dieser Technik untersucht wurden, brachten den Beweis für ein intaktes Gedächtnis.

Heute ändern sich die Dinge rasch. Erstaunliches wird im Gefolge neuer Wiederbelebungstechniken berichtet. Es gibt eine umfassende Literatur über Nah-Tod-Erlebnisse von Menschen, die scheinbar «tot» waren, zurückkamen und erzählten. In den Berichten jener, die den Fuß über die Schwelle

1. DIE KAPITEL IN UNSEREM LEBENSBUCH

gesetzt haben, ist dieser Augenblick des Schwellenübertritts etwas ganz Entscheidendes. Unter anderen Erfahrungen erstehen dann die im Lebensorganismus aufbewahrten Erinnerungen wieder vor den Betreffenden. Sie werden für die Seele, die dabei ist, sich zu exkarnieren, in leuchtenden, lebendigen Bildern bis in alle Einzelheiten sichtbar. Das ganze Leben breitet sich in einem großen Panorama aus.

In Raymond Moodys Buch *Leben nach dem Tod* finden sich verschiedene Berichte dieser Art. In den Worten derer, die die Schwelle überschritten haben und zurückgekehrt sind:

«Die vergangenen Ereignisse, die ich jetzt noch einmal vor mir sah, rollten in derselben Reihenfolge wie im Leben ab, und sie waren vollkommen lebensecht.»

«Mein ganzes Leben blitzte noch einmal vor meinen Augen auf.»

«Ich sah mein ganzes Leben auf einmal, alle Erlebnisse gleichzeitig.»

«Auf einmal [erschien] mein ganzes Leben als Bilderbogen vor mir. Ich sah mich in die Zeit zurückversetzt, als ich noch ein kleines Kind war, und von da ab bewegten sich die Bilder weiter durch mein ganzes Leben.»

«Ich habe es genossen, in meine Kindheit zurückzukehren, sie gewissermaßen beinahe noch einmal zu erleben. Ich wurde in die Vergangenheit zurückversetzt und überschaute sie in einer Weise, wie man es eben normalerweise nicht kann.»[75]

Schock, Hypnose und medizinische Wiederbelebung sind drei Arten von Lockerungen beziehungsweise von Schwellenerlebnissen. Eine vierte Art findet sich in den frühen Stadien jener Disziplin, die man Initiation nennt.

Initiation ist ein Übungsprozess, der zur Eroberung der Todesgrenze führt. Wir lernen allmählich, bewusst über die Schwelle zu gehen und wieder zurückzukehren. In einem

Vortrag in Paris sagt Rudolf Steiner: «Was man nach dem Tode erlebt auf natürliche Weise, erlebt man durch die Initiation in jedem Augenblick des Lebens.»[76] Und wenig später in Dornach heißt es, «dass durch diese imaginative Erkenntnis ein Lebenstableau für das gegenwärtige Erdenleben sich vor dem Menschen ausbreitet, dass der Mensch sein Leben in gewaltigen Bildern überschaut, dass er dabei gerade dasjenige überschaut, was die gewöhnliche Erinnerung nicht geben kann», und dass «wie gleichzeitig alle die Ereignisse und Kräfte, die er erlebt hat und die eingegriffen haben in sein Wachstum, in seine ganze physische, seelische und geistige Organisation, in einem mächtigen Panorama, in einem mächtigen Tableau, als wenn die Zeit zum Raume geworden wäre, vor der Menschenseele stehen».[77]

Lebensalter

Wie sich der Sternenhimmel dem gewöhnlichen Blick in deutlichen Konstellationen darbietet, so auch das Lebenstableau dem Blick des Eingeweihten. Er sieht es als einen Organismus mit verschiedenen Gliedern, von denen jedes einen Abschnitt seiner bisherigen Lebensgeschichte darstellt. Die Periodizität unseres Lebens wird so zu einem Bestandteil unseres bleibenden Gedächtnisses.

«Wenn man zurückblickt auf dieses Lebenstableau, so gliedert es sich in Abschnitte von sieben zu sieben Jahren, und zwar so, dass man einen ersten Abschnitt überblickt von der Geburt bis zum 7. Jahre ungefähr, einen zweiten Abschnitt vom 7. zum 14. Lebensjahr, einen weiteren vom 14. zum 21. Lebensjahr und dann einen einheitlichen Lebensabschnitt vom 21. bis 42. Lebensjahr; dann einen Lebensabschnitt vom 42. bis 49. Lebensjahre, einen Abschnitt vom 49. bis 56. und

1. DIE KAPITEL IN UNSEREM LEBENSBUCH

vom 56. bis zum 63. Jahre. Man erlebt hintereinander diese Lebensabschnitte ... Blickt man in seine Kindheit zurück mit Imagination, Inspiration und Intuition, so sagt man sich: Dieses Leben hat eins, zwei, drei bis sieben Kapitel.»[78]

In der Vergangenheit war Initiation von natürlichen beziehungsweise angeborenen Fähigkeiten abhängig. Sie war nur jenen möglich, «die eine relativ große Selbstständigkeit hatten für das Ich und für den astralischen Leib».[79] Heute kann «jeder» die Einweihung erfahren, vorausgesetzt, er arbeitet daran. Aber Vervollkommnung des Geistes, klares Wahrnehmen und Urteilsfähigkeit sind vom Alter abhängig. «Man ist heute nämlich in der Initiation in einem gewissen Sinne von seinem Lebensalter abhängig.»[80]

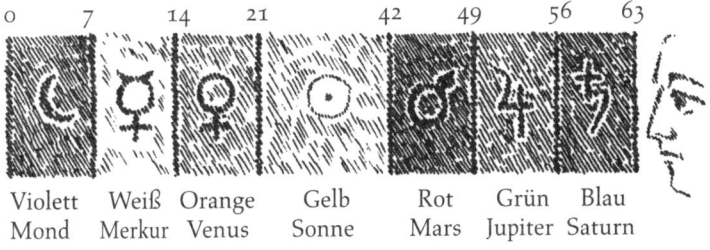

Ein letzter Gedanke dazu, wann Geistesforschung möglich ist und von welchen Mysterien man zu sprechen berechtigt ist. Es gibt eine ganze Reihe von Vorträgen, alle im Jahre 1924 gehalten, in denen Rudolf Steiner sein eigenes Alter im Zusammenhang mit der Lebensphase zwischen 56 und 63 erwähnt, so beispielsweise in Stuttgart. «Aber aus eigener Anschauung im Zusammenhang die Dinge sehen kann man erst, wenn man das 63. Jahr überschritten hat. Nun werden Sie begreifen, warum ich erst jetzt spreche über etwas, was mit dem Saturndasein zusammenhängt.»[81] Oder in Paris: «Ist man über 56 Jahre alt, so kann man auf die Jupitergeheimnisse zurückblicken. Und – ich darf über diese Sache sprechen – ist man über das 63. Jahr hinaus, so ist es einem erlaubt durch den Ratschluss der Götter, auch über die Saturngeheimnisse zu sprechen.»[82]

*Die Lebensperioden als Organe
geistiger Wahrnehmung*

Unser Leben, das wir als so selbstverständlich hinnehmen, ist das Schöpfungswerk geistiger Welten. Das Wissen um unser eigenes Geheimnis des Menschseins ist untrennbar verbunden mit dem Wissen um das Wirken jener Wesen, die unser Leben ermöglichen. Dass diese Gestalter dem Menschen unbekannt sind, ist natürlich erst in der jüngsten Geschichte so, im Zeitalter der Freiheit und der Verdunkelung geistigen Wissens um der Unabhängigkeit willen.

In der Vergangenheit war es anders, und es wird auch in Zukunft wieder anders sein. Auf dem Weg zum höheren Bewusstsein können diese schöpferischen Kräfte wahrgenommen werden. Nach den ersten Schritten, wenn wir alle durch die Sinne vermittelten Erfahrungen und die Erinnerung daran bewusst ausschalten können, erlangen wir die Kraft, in der Willensaktivität des reinen Denkens zu leben. Unter dieser Bedingung kann das Tableau des eigenen Lebens leuchtend aufsteigen. In dieser Welt der *Imagination* leben wir noch von der Substanz aus dem Erdenleben geholter Bilder. Visionen, die in ein irdisches Gewand gehüllt sind, sind bloße Bilder, keine Wirklichkeit. An diesem Punkt muss durch einen weiteren Willensakt auch die Bilderwelt selbst ausgelöscht werden. Die Imaginationen verblassen, und wir betreten einen Raum unvorstellbarer Stille. Das Tableau ist durchsichtig geworden, und die Kräfte, die in den Bildern verborgen lagen, enthüllen sich einer höheren Art von Hören und

1. DIE KAPITEL IN UNSEREM LEBENSBUCH

Sehen. Einsicht in das, was durch diese *Inspirationen* wahrgenommen wird, kann jedoch nur gewonnen werden, wenn Organe höherer Wahrnehmung vorhanden sind.

Darin liegt ein weiteres Geheimnis unserer Lebensperioden. Was wir aus ihnen gemacht haben, wird zu unseren Organen für die Inspiration. Der Zeitorganismus unseres Lebens verwandelt sich in Wahrnehmungskräfte. Die Zeit ist für uns, die wir im Raum leben, eine fremdartige Substanz. Doch auf dem Weg zur wirklichen Weisheit vom Menschen werden Zeitphasen zu Fenstern in die geistige Welt.

Vertiefen wir uns für einen Augenblick in die Darstellungen Rudolf Steiners in Dornach und Torquay, wo er davon spricht, was im Kosmos und im Menschen gesehen und gehört werden kann.

«In dem Augenblicke, wo der Mensch zur imaginativen, übersinnlichen Erkenntnis aufsteigt», schaut er zurück auf das Tableau seines Erdenlebens seit seiner Geburt. «Nun aber, wenn die inspirierte Erkenntnis eintritt, dann kann man hinschauen auf diese reale Erinnerung an das Erdenleben, die ein Erinnerungstableau ist, und man erblickt dann, weil man ja in der inspirierten Erkenntnis das Imaginative unterdrückt hat, weil sozusagen die Ereignisse des Erdenlebens, auch insofern sie durch den Ätherleib wahrnehmbar sind, nicht mehr da sind, man erblickt dann ein Scheinen eines Höheren.»[83]

«Man kann nun in, ich möchte sagen, zeitlich-räumlicher Perspektive das durchschauen ... Man wird inspiriert. Aber sehen Sie, man wird jetzt in der verschiedensten Weise inspiriert. Man merkt: Dasjenige, was man als Leben durchlebt hat zwischen der Geburt und dem 7. Jahre, das inspiriert einen anders, das zaubert einem etwas anderes vor die Seele als dasjenige, was man erlebt hat vom 7. bis zum 14. Jahre, und wiederum dasjenige, was man erlebt hat vom 14. bis zum 21. Jahre, und wiederum das Spätere. Jedes solches Lebensalter gibt eine andere Kraft. Man kann in anderes hineinschauen … Man bekommt deutliche Unterschiede in dem, was man schaut vom 42. bis zum 49. Jahr; in dem, was man schaut vom 49. bis 56. Jahr; und wiederum in dem, was man schaut vom 56. bis zum 63. Jahr. Da schaut man zurück auf deutliche Differenzierungen. Aber das ist man ja selbst; man ist das geistig in seinem Erdenleben …

Also nehmen Sie an, man habe sich die Fähigkeit errungen, bildhaft in die eigenen Erlebnisse hineinzuschauen, und dazu sich errungen die Inspiration des leeren Bewusstseins, sodass man wieder ausgelöscht hat das [bildhafte] Bewusstsein und die Kräfte, sodass man auf die Augen nicht mehr hinschaut, aber *durch* die Augen schaut. Nehmen Sie an, man ist so weit gekommen, das heißt, durch die Inspiration so weit gekommen, dass man nicht mehr seine Lebensepochen mit ihren Tatsachen sieht, sondern durch diese Lebensepochen sieht und hört; einmal durch die Lebensepoche zwischen dem 7. und 14. Jahr, einmal durch die Lebensepoche zwischen dem 49. und 56. Jahr, wie man einmal durch die Welt hört und einmal sieht. Da bedient man sich der Augen, da bedient man sich der Ohren … Da sind die Lebensalter differenzierte Auffassungsorgane geworden.»[84]

Die Planetensphären

Unsere heutige Gewohnheit, die Dinge mechanistisch zu betrachten, ist eine Form der Blindheit. Wir sind blind für die Reichweite der Wirkungen um uns. Sie dehnen sich weit über den Punkt im Raume aus, wo sie ihren Ursprung haben; wir leben in einem Netzwerk einander durchdringender Kräfte. Unsere mechanistische Denkweise muss durchbrochen

1. DIE KAPITEL IN UNSEREM LEBENSBUCH

werden, wenn wir die wirklichen Beziehungen des Menschen zur Welt und zum Kosmos verstehen wollen.

Die Alten waren sich der außerirdischen Sterneneinflüsse auf den Menschen wohl bewusst. Sie stellten sich die Erde als von einander durchdringenden Sphären umgeben vor und die Planeten als Leuchtfeuer, Grenzzeichen gleichsam an der Peripherie der sich drehenden Sphären. Die Einflüsse des Mondes, der Sonne und aller Planeten waren allgegenwärtig, sie wirkten auf den Menschen ein und ließen alles wachsen und leben.

Wenn wir Menschen einmal in der Lage sein werden, unsere Lebensperioden zu durchschauen, wenn sie gewissermaßen zu den Augen und Ohren unserer Seele geworden sind, werden wir auch diese Himmelssphären in vollem Bewusstsein durchdringen können.

«Die Kraft, hineinzuschauen in das, was da als Mondensphäre bleibt, wenn die Erde verblasst, diese Kraft erlangt man, wenn die inneren Erlebnisse des Menschen zwischen der Geburt und dem 7. Jahre inspiratorische Kraft werden. Und wenn nun die Erlebnisse der zweiten Lebensepoche, zwischen dem Zahnwechsel und der Geschlechtsreife, inspiratorische Kraft werden, dann erlebt man die Sphäre des Merkur ...

Und wenn man dann geschlechtsreif wird, das Lebensalter durchlebt vom 14. bis 21. Lebensjahre, dann lebt man sich hinein in die Venussphäre. Die Alten waren gar nicht so dumm; sie haben in ihrer traumhaften Erkenntnis über diese Dinge viel gewusst, und sie haben den Planeten, in den man sich hineinlebt, wenn man geschlechtsreif wird, mit einem Namen bezeichnet, der mit dem Liebesleben zusammenhängt, denn das beginnt in dieser Zeit.

Dann weiter, wenn man auf dasjenige bewusst zurückschaut, andeutend zurückschaut, was man zwischen dem 21. und 42. Lebensjahre erlebt, dann weiß man sich darinnen in der Sonnensphäre. Also die einzelnen Lebensalter geben einem, wenn man sie zu inneren Organen umwandelt, die Kraft, das Bewusstsein hinaus in den Kosmos zu erweitern, stückweise zu erweitern ...

Und wiederum, wenn man zurückschauen kann auf das Leben bis zum 49. Lebensjahre, offenbaren sich die Marsgeheimnisse. Kann man zurückschauen auf das Leben bis zum 56. Lebensjahre, offenbaren sich die Jupitergeheimnisse. Und die ganz tief verschleierten, aber ungeheuren Aufschluss gebenden Saturngeheimnisse, diese Geheimnisse, die, wie wir in den nächsten Vorträgen sehen werden, sozusagen das Tiefste des Kosmos verhüllen, die Saturngeheimnisse, sie offenbaren sich, wenn man zurückschaut auf dasjenige, was sich zuträgt vom 56. bis 63. Jahre.»[85]

Vom Gang des Menschen durch die Sphären

Man hat sich oft gefragt, wie die Geistesforschung es vermochte, dem Schicksal exkarnierter Seelen auf ihrer Reise durch die Sphären zu folgen, nachdem sie die Erde verlassen haben, und wie diese klaren Beschreibungen möglich waren, die man in der *Theosophie* findet, dieser modernen Version der *Göttlichen Komödie* Dantes.

Wir können jetzt erkennen, dass unsere einzelnen Lebensperioden die Fenster zum Kosmos sind und dass jedem von uns – bei entsprechendem Bemühen – die Möglichkeit gegeben ist, seine Lebenserfahrungen zu objektivieren und transparent zu machen und dann auch die Schicksale der hinübergegangenen Seelen zu beobachten, die er gekannt oder verehrt hat.

1. DIE KAPITEL IN UNSEREM LEBENSBUCH

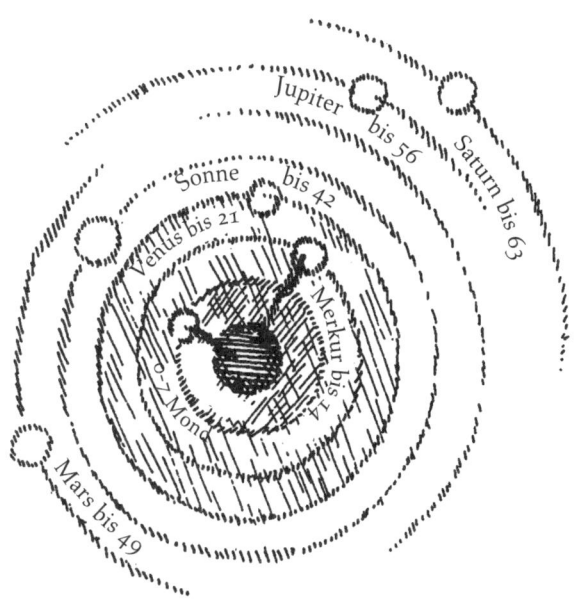

«Man blickt hin auf ein Tableau, das den menschlichen Erdenlauf enthält. In diesem Tableau ist gewissermaßen ein Teil, wenn man auf den hinblickt, so zeigt er sich nach der inspirierten Initiation so, dass das Erinnerungstableau zwischen der Geburt, also zwischen dem Nulljahre und dem siebenten Jahre, ausgelöscht ist, und an der Stelle, wo das Erinnerungstableau ausgelöscht ist, erscheinen dann alle die Taten, die dadurch entstehen, dass die Mondenwesen, von welchen ich Ihnen gesprochen habe, mit dem Menschen nach seinem Tode zu tun haben ... Diese Erfahrungen, die man machen kann dadurch, dass durchsichtig wird der Lebenslauf des Menschen von der Geburt bis zum 7. Jahre ... das kann von jedem Initiierten am leichtesten geschaut werden.»[86]

Aus der Erforschung der Geheimnisse der Mondensphäre ging der größte Teil jenes okkulten Wissens hervor, das in jüngster Vergangenheit im Umlauf war. Dass die geistige Forschung heute bis in die höchsten Sphären vordringen kann, scheint einzig auf dem anthroposophischen Weg möglich.

«Der Mensch steigt in die Merkurregion auf, nachdem er die Mondenregion durchgemacht hat. Aber will man eine Beziehung erkennen, herstellen zu Menschen, die in dieser Merkurregion sich befinden, dann muss man in dem Erinnerungstableau zum Auslöschen bringen den Zeitraum zwischen dem 7. Lebensjahre, dem Zahnwechsel, und der Geschlechtsreife.

Wenn man dann den nächsten menschlichen Zeitraum zum Auslöschen bringt ... dann sind es die Erlebnisse und Tatsachen, die der Mensch durchmacht in der Region des Venusdaseins nach dem Tode ...

Die Sonne ist ein so mächtiger Himmelskörper, enthält so viele geistige Kräfte und geistige Wesenhaftigkeiten, dass, um den Menschen alles überblicken zu lassen, was von der Sonnenwesenheit, von der geistigen Sonnenwesenheit ausgehend auf ihn Einfluss hat zwischen dem Tod und einer neuen Geburt, dieses die Auslöschung eines dreimal so großen Zeitraumes wie die anderen sind, umfassen muss: also des Zeitraumes vom 21. bis zum 42. Lebensjahre ...

Wenn wir also zurückblicken auf den Lebenszeitraum vom 42. bis 49. Lebensjahre, dann erblicken wir alles das, was durchgemacht werden kann vom Menschen nach dem Tode, von den Wesenheiten her, die den Mars bewohnen ...

Wenn der Mensch dann ... sein Leben durch seinen Lebensabschnitt vom 49. bis zum 56. Lebensjahre mit inspirierter Initiation durchschaut, so gelangt er zur Erkenntnis alles dessen, was von den Wesen der Jupiterregion in Menschen bewirkt werden kann, die das Leben durchmachen zwischen dem Tod und einer neuen Geburt ...

Und wenn man nun – ich darf ja von diesen Dingen auch

reden – den Lebenslauf überblicken kann vom 56. bis 63. Lebensjahre ... dann schaut man in diejenigen Wirkungen hinein, welche ausgehen auf den Menschen zwischen dem Tod und einer neuen Geburt vom Saturn, von den Saturnwesenheiten.»[87]

Wie die Sphären in die Phasen des menschlichen Erdenlebens hineinwirken

Wenn die Siebenjahresrhythmen des Lebens die Tore zur Schau der makrokosmischen Bereiche werden können, ahnen wir auch, dass umgekehrt durch diese Tore Planetenkräfte in den Menschen fließen, ja, dass die Lebenszyklen von den Planetensphären geschaffen und die Qualität jedes dieser Zyklen, die Kräfte und Fähigkeiten, die sich von innen heraus entfalten, Manifestationen kosmischer Einflüsse sind. Wir erfahren, dass die Aufeinanderfolge der kosmischen Planetensphären dem entspricht, was in den einzelnen Lebensperioden zum Ausdruck kommt, und dass das Erdenleben in Wirklichkeit eine Reise vom Mond zum Saturn ist – wie es im Mittelalter auf der Fahne des Templerordens dargestellt war.

IV. DAS LEBEN DES KOSMOS

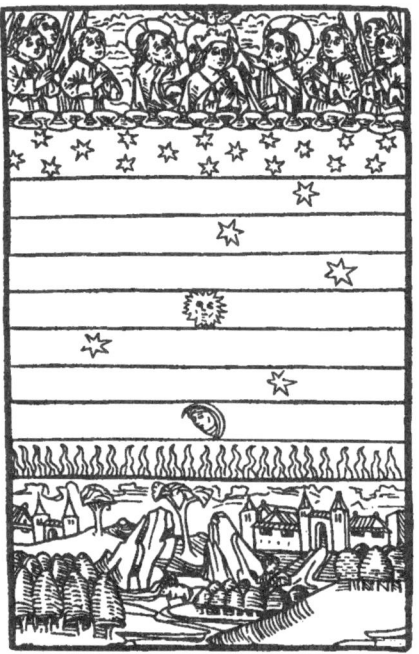

In Konrad von Megenbergs enzyklopädischem Buch der Natur *(1350) ist das Universum als hierarchische Ordnung der Elemente, der Planetensphären und des christlichen Himmels dargestellt.*

So wie die physischen Veränderungen in der Jugend deutlicher sichtbar sind als im Alter, kann man auch die subtileren qualitativen Veränderungen in der ersten Lebenshälfte leichter beobachten.

Die Mondenkräfte geleiten uns zur Geburt und tragen uns, bis wir die ersten selbstständigen Schritte aus der Familie heraus tun und zur Schule gehen können. Sie bewirken das Urbildhafte, das von einer Frau während der Schwangerschaft ausgeht, und das Leuchten, das ein kleines Kind in den Armen seiner Mutter einhüllt. Man denke an die magische

1. DIE KAPITEL IN UNSEREM LEBENSBUCH

Stimmung der Kindheit, die Welt der Fantasie und Verwandlung. Die Mondenkräfte ermöglichen es auch dem sich inkarnierenden Ich, in den ersten sieben Lebensjahren den von der Vererbung bestimmten physischen Körper zu seinem Instrument zu bilden.

Die Klassenlehrer in den Waldorfschulen sind sich meist bewusst, dass sie es vor allem mit Merkurkräften zu tun haben. Die «goldenen Jahre der Kindheit», wie man sie genannt hat, sind deutlich geprägt von Merkurqualitäten: robuste Gesundheit, grenzenlose Energie, Schwung und Lebenslust und Lerneifer.

Der Heranwachsende ist ganz den Venuskräften ausgesetzt: die adonis- beziehungsweise aphroditenhafte Schönheit, die eine Zeit lang durchschimmert, die erste Verliebtheit und das Angezogenwerden durch das andere Geschlecht und das überwältigende Hervorbrechen der Fortpflanzungskräfte.

Wenn die Sonnenkräfte bestimmend werden, beginnt etwas von innen heraus zu strahlen. Die Individualität leuchtet auf, die Unabhängigkeit wird geboren. Das «Mündigwerden» mit 21 trug früher dieser Veränderung Rechnung.

Von den frühen Zwanzigern an reifen Eigeninitiative und Verantwortungsgefühl, aber die Veränderungen werden immer weniger nach außen hin sichtbar. Die Seelenreife geht im Inneren vor sich.

Hinweise auf diese Geschehnisse, auf das Wirken der Sphärenkräfte von Zyklus zu Zyklus, finden sich in einzelnen Vorträgen Rudolf Steiners, die innerhalb einer kurzen Zeit an verschiedenen Orten gehalten wurden, wobei Einzelheiten jedoch nur über das erste Kapitel des «Lebensbuches» ausgeführt werden:

Über die Formkräfte des Mondes: «Im ersten Kapitel, umfassend unsere erste Kindheit, stehen die Mondengeheimnisse.»[88] «Der Mensch [ist] wirklich eine kleine Welt, ein

Mikrokosmos ... Er hängt zusammen mit demjenigen, was er im gewöhnlichen Bewusstsein der Erde niemals selber gewahr wird; aber er würde nicht das Leben innerlich gestalten, herrichten können, wenn nicht die Mondenkräfte von seiner Geburt bis zum 7. Jahre in ihm wirkten.»[89]

Über Merkur und die Gesundheit: «Im zweiten Lebenskapitel, das umfasst die Lebenszeit zwischen dem Zahnwechsel und der Geschlechtsreife, da stehen die Merkurgeheimnisse.»[90] – «Er würde nicht dasjenige in sich bewirken können, was er zwischen seinem 7. und 14. Jahre erlebt, wenn nicht die Merkurgeheimnisse in ihm leben würden.»[91] – «Das gesündeste Lebensalter sind die Jahre von 7 bis 14, da ist die Sterblichkeit gering. Da wirkt die Merkursphäre.»[92]

Über Venus, physische Liebe und Kunst: «In der Zeit, in welcher beim Menschen die physische Liebe auftritt, vom 14. bis zum 21. Lebensjahre, sind auch im Lebensbuche geistig eingeschrieben die Geheimnisse des Venusdaseins im Weltenall.»[93] Der Mensch «würde nicht dasjenige in sich bewirken können, was er vom 14. bis 21. Jahre bewirkt, wo also zum Beispiel die gewaltigen produktiven Kunstkräfte in denjenigen Menschen einziehen, bei dem sie karmisch veranlagt sind, er würde das nicht erleben können, wenn er nicht innerlich verbunden wäre mit der Venussphäre.»[94]

Über die Sonnenperiode: «Und ohne sein Verbundensein mit der Sonnensphäre würde er kein reifes Erfahrungsverständnis für die Welt entwickeln können zwischen dem 21. und 42. Lebensjahre, wo wir aus der Lehrzeit hinauskommen, wo wir in die Gesellenzeit kommen. In alten Zeiten hat man ja auch so etwas ausgeprägt. Man war ein Lehrling bis zum 21. Jahre, wurde dann ein Geselle, ein Meister erst später. Also alles das, was da innerlich vorgehen muss in dem Menschen zwischen dem 21. und 42. Lebensjahre, das hängt zusammen mit dem, was im Sonnendasein, in der Sonnensphäre lebt.»[95]

Über Mars: «Da aber beginnt schon diejenige Region, wo gesorgt wird von der geistigen Welt aus für eine bedeutsame Individualisierung des Menschenwesens auf Erden im Karma.»[96]

Über Jupiter: «Weisheit, wenn sie sich so, wie sie auf dem Jupiter lebt und webt, im karmischen Ausarbeiten zwischen dem Tod und einer neuen Geburt über irgendetwas ergießt, das der Mensch früher im Erdenleben durchgemacht hat, lässt aus alledem eben auch auf der Erde noch Weisheit erglänzen. Aber diese Weisheit hängt dann von dem ab, was man im Erdenleben durchgemacht hat.»[97]

Über Saturn: «So rührt alles dasjenige, was im verwelkenden Dasein zwischen dem 56. und dem 63. Lebensjahre im Menschen vorgeht, davon her, dass die Saturnsphäre da ist.»[98]

Hier sollte hinzugefügt werden, dass die frühen Lebensphasen die typischsten und allgemeinsten sind. Die Einflüsse der äußeren Planetenkräfte im späteren Leben sind viel individualisierender. Mars, Jupiter und Saturn herrschen besonders im Leben herausragender Individualitäten. Das hängt wahrscheinlich damit zusammen, dass die Natur als solche den modernen Menschen nur bis zum Alter von 27 Jahren bildet, während die späteren Jahre von seiner eigenen inneren Initiative abhängen. In dieser Initiative kann dann Kosmisches in Erscheinung treten.

So gesehen ist unser Lebenslauf nur teilweise unser eigenes Werk, er verdankt sich zu einem größeren Teil dem Wirken außerirdischer Kräfte, den im Zeitstrom wirkenden formenden Kräften der Planeten. Geburt, Kindheit, Jugend, Reifezeit und Alter – jede Phase ist vom Kosmos geprägt.

«Wir stecken darinnen mit der Erde in sich ineinanderschiebenden Sphären. Sieben Sphären sind ineinandergeschoben, und wir wachsen in das Ineinandergeschobene hinein im Laufe des Lebens, hängen so mit ihm zusammen.

IV. DAS LEBEN DES KOSMOS

Unser Leben von der Geburt bis zum Tode wird herausevolviert aus der ursprünglichen Anlage, indem gewissermaßen die Sternensphären uns ziehen von der Geburt bis zum Tode. Wenn wir beim Saturn angekommen sind, dann haben wir alles dasjenige, was die Planetensphäre beziehungsweise die Wesen der Planetensphäre in Gnaden an uns tun können, durchgemacht und bekommen dann, im okkulten Sinne gesprochen, das frei im Weltenall sich bewegende, geschenkte Leben, das zurückschaut auf das planetarische Leben vom Initiatenstandpunkte aus und das in gewisser Beziehung emanzipiert sein kann von dem, was in früheren Lebensaltern noch Notwendigkeiten sind.»[99]

2.

Die Hierarchien
und das Schicksal des Menschen

Rückblick

Manche merkwürdigen kosmischen und irdischen Erscheinungen werden leicht als selbstverständlich hingenommen, wenn sie nur oft genug auftreten. Die Mondscheibe beispielsweise, die gerade so groß erscheint, dass sie bei einer Sonnenfinsternis die Sonne bedeckt. Oder Eisstücke – also verfestigtes Wasser –, die, anstatt zu versinken, auf dem Wasser schwimmen, ein unter festen Körpern einzigartiges Phänomen. Doch noch merkwürdiger ist das Wunder des menschlichen Gedächtnisses mit seinen Erinnerungen, die unauslöschlich aufbewahrt werden, aufbewahrt in lebendigen Bildern, als Geräusche und Gefühle, irgendwo im Organismus, um dann als ein sich ausbreitendes Panorama, als Drama von Ereignissen, als bebilderte Aufzeichnung von den Siebenjahresperioden folgenden Szenen dem Menschen vor Augen zu stehen. Das größte Wunder ist sicherlich der Mensch!

Im ersten Teil dieses Kapitels sprachen wir davon, wie sich diese Lebensszenen dem Blick des Eingeweihten darbieten. Wir sahen, wie die Lebensperioden des Menschen, die im Lebenstableau wiedererlebt werden, durch *Inspiration* zu geistigen Wahrnehmungsorganen umgewandelt werden, wodurch sich die Tore zur Geistesforschung in den Planetensphären öffnen, und ebenso, wie aus diesen Bereichen die Kräfte herrühren, die im menschlichen Leben wirken und zu Charakterzügen und Fähigkeiten, ja zu Schicksalsumständen werden.

Die entscheidenden Fragen, die noch nicht berührt wurden, betreffen die dafür verantwortlichen Wesenheiten. Wie können die schöpferischen Hierarchien durch das Lebenstableau, wenn es transparent wird, in ihrem Einwirken in die verschiedenen Lebensperioden gesehen werden? Wie weben sie im Kosmos das Schicksalsmuster der künftigen Inkarnationen des Menschen? Wie werden diese makrokosmische Ordnung und Struktur der Sphären in die rhythmischen Muster menschlicher Begegnung herabgespiegelt, in die Ereignisse der mikrokosmischen Existenz des Menschen, sein individuelles Schicksal?

So wollen wir uns mit der Hilfe und unter der Führung der Initiationswissenschaft in Gedanken in den Bereich dieser Wesenheiten und durch die Tore der geistigen Wahrnehmung in die Sphären wagen.

Wiederentdeckung der Hierarchien

In mythischen Zeiten konnte der Mensch ganz selbstverständlich davon sprechen, dass höhere und niedrigere Wesen in der Natur wirken und den Lebenslauf des Menschen lenken. Dieses Sprechen war ganz «natürlich», da man sie sehen konnte und da der Mensch, wie heute noch die Kinder, von äußerer Führung abhängig war. Doch das hat sich längst geändert, und heute ist es ganz und gar «unnatürlich», selbst in ernsthaften religiösen Kreisen. Engelwesen sind noch als Gegenstände einer vergangenen Kunst oder als mythische biblische Gestalten bekannt, aber im Leben des modernen Menschen haben sie keinen Platz. Und wenn es gar um Erzengel geht, die am Schicksal einzelner Völker Anteil haben, oder um die Archai, die lenkend in große Zeitepochen hineinwirken, so lässt man

2. DIE HIERARCHIEN UND DAS SCHICKSAL

sie höchstens noch als dichterisch-poetische Bilder gelten – was sie in einem allerhöchsten Sinne auch sind –, doch sie als etwas «Reales» zu betrachten und diese Überzeugung nichtanthroposophischen Freunden vermitteln zu wollen, würde bedeuten, zu den Verrückten gezählt zu werden.

Wenn wir ehrlich sind, müssen wir uns eingestehen, dass wir fast alle selbst nach jahrelangem Studium der Anthroposophie eine eher abstrakte Beziehung zu den hierarchischen Wesen haben. Wir legen Lippenbekenntnisse für sie ab, nennen ihre Namen in Rezitationen, aber ihre Existenz erscheint den meisten von uns eher vage, obwohl sie mit der gleichen Konkretheit über dem Menschen tätig sind wie die Naturreiche unter ihm.

Wie ist es schon im alltäglichen Leben schwierig, jemanden zu verstehen, der klüger und erfahrener ist als wir; wie viel schwieriger ist es da, Wesen zu begreifen, die so hoch über uns stehen, dass wir keine Vergleichsmöglichkeiten haben. Wenn wir nicht die Gedankenkraft haben, Existenzen zu begreifen, die sich so vollständig von der unseren unterscheiden, wie schwierig ist es dann, unser Dasein zu erfassen, das doch erst durch diese weit über uns stehenden Wesen ermöglicht und erhalten wird.

«Wenn wir uns den Menschen vorstellen, so ist er nur in Bezug auf seine Sinne und auf seine Verstandeserkenntnis herausragend über die Hierarchien, die über ihm wohnen ... während er mit Bezug auf alles, was hinter seinem Verstande liegt, ausgefüllt ist mit der dritten Hierarchie. Mit Bezug auf alles, was hinter seinem Fühlen liegt, ist er ausgefüllt mit der zweiten Hierarchie, für alles das, was hinter seinem Wollen ist, mit der ersten Hierarchie. Wir sind also eigentlich in den Hierarchien drinnen und ragen nur mit unseren Sinnesorganen und mit unserem Verstande aus der Welt der Hierarchien heraus. Wir sind wirklich so als Menschen, wie wenn wir schwimmen würden und nur ein wenig oben mit dem Kopf herausragen würden. So ragen wir mit unseren Sinnen und mit unserem Verstande aus dem Meere der Hierarchienwirkungen heraus.»[100]

Wenn wir uns auf unser begrenzteres Thema beschränken, nämlich die Einflüsse der Planetensphären im Zusammenhang mit den Hierarchien, wie sie in den aufeinanderfolgenden Siebenjahresperioden des menschlichen Lebens wirken, finden wir in den Pariser Karma-Vorträgen folgenden Überblick über diese Eingangstore in die Himmel:

Indem man zurückblickt in jener Erfahrung, in jener initiierten Erfahrung ... in die erste Kinderzeit, sieht man zugleich dasjenige, was durch die Engelwelt am Menschen geschehen ist. Denken Sie einmal, meine lieben Freunde, wie wunderschön gewisse Anschauungen im naiven Gemüt des Menschen leben und sich eigentlich durch die höhere initiierte Weisheit behaupten! Wir reden davon wie das erste Kindesalter des Menschen durchwoben ist von der Wirksamkeit der Angeloi. Und wir sehen wirklich, wenn wir zurückblicken, um die Mondenregion zu studieren, unsere Kindheit und damit zugleich das Weben der Welt der Angeloi. Da, wo die stärkeren Kräfte einsetzen beim Menschen, wenn der Mensch in die Schulzeit kommt, sehen wir das Wesen der Archangeloi. Und diese Archangeloi werden für uns wichtig, wenn wir das Merkurdasein betrachten. Innerhalb des Merkurdaseins sind wir in der Welt der Archangeloi. Und wenn der Mensch die Geschlechtsreife erlangt hat, geht er durch das Zeitalter von ungefähr dem 14. bis 21. Lebensjahr. Im Rückblick sieht man durchscheinen durch den menschlichen Lebenslauf, durch das Tableau des Lebenslaufes die Venusgeheimnisse. Man lernt zugleich erkennen, welche Wesenheiten mit dem Venusdasein vorzugsweise verbunden sind, die Wesenheiten aus der Hierarchie der Archai, der Urkräfte. Und jetzt lernt man eine wichtige

2. DIE HIERARCHIEN UND DAS SCHICKSAL

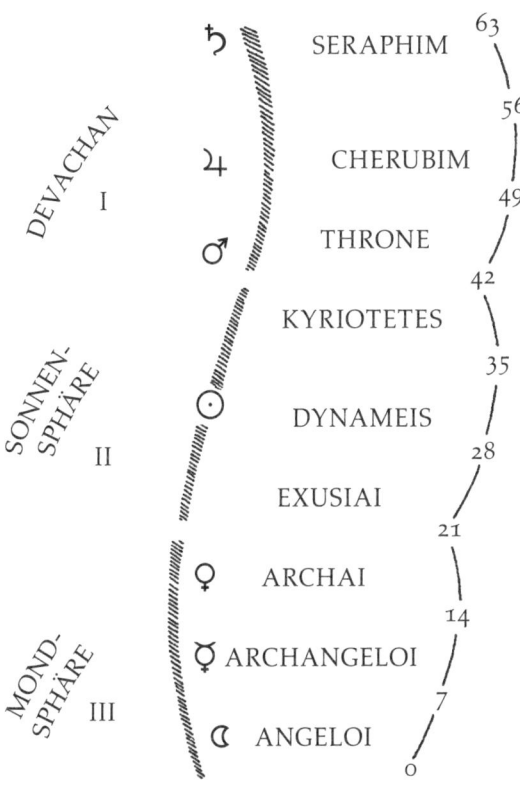

SPHÄREN – HIERARCHIEN – LEBENSPERIODEN

Wahrheit kennen, wiederum etwas, das, wenn man es wirklich kennenlernt, ungeheuer frappiert. Man schaut hin auf die Wesenheiten, die mit dem Venusdasein verbunden sind, die hereinscheinen in das Menschenleben nach der Geschlechtsreife. Und diese Wesenheiten sind dann diejenigen, die als Urkräfte mit der Entstehung der Welt selber verknüpft sind. Diese Wesenheiten, die als Urkräfte mit der Entstehung des Kosmos selber verknüpft sind, sind in ihrem

Abglanz wiederum tätig bei der Entstehung des physischen Menschen in der Generationenfolge. Der große Zusammenhang zwischen dem Kosmos und dem Menschenleben offenbart sich auf diese Weise.

Man blickt dann hinein auch in die Geheimnisse des Sonnenlebens ... Da drinnen sind die drei Arten von Wesenheiten: Exusiai, Dynamis und Kyriotetes, die sind im Sonnendasein ... unter denen lebt man den größten Teil der Zeit, die man zubringt zwischen dem Tode und einer neuen Geburt.[101]

Wo der Mensch eintritt, wenn er durch das Sonnendasein durchgegangen ist, zuerst in das Marsdasein, dann ins Jupiterdasein und später ins Saturndasein, da wirken für den Menschen offenbar die Wesenheiten der höheren Hierarchien, die Throne, die Cherubime, die Seraphime, und zwar so, dass mit der Marssphäre die Throne auftreten, mit der Jupitersphäre die Cherubime, mit der Saturnsphäre die Seraphime.[102]

Schicksalsgestaltung

Kein Wissen vom Menschen, kein wirkliches Verstehen des menschlichen Lebens ist möglich ohne das Wissen von vorgeburtlicher und nachtodlicher Existenz, ohne die Kenntnis vom Wechsel zwischen irdischen und himmlischen Reichen, von mikrokosmischer Zusammenziehung und makrokosmischer Ausdehnung. «Denn der Mensch lebt sein totales Leben im Erdendasein zwischen Geburt und Tod, im Himmelsdasein zwischen Tod und neuer Geburt.»[103]

Beide Daseinszustände hängen mit den Planetensphären zusammen. Die Seele und der Geist des Menschen durchdringen die kosmischen Sphären, und auf der Erde wirken die Sphären von innen heraus in den Siebenjahresrhythmen.

2. DIE HIERARCHIEN UND DAS SCHICKSAL

Das Schicksal bereitet sich in den Weiten des Kosmos vor und wird später auf der Erde gelebt. Eine Existenz bedingt die andere, ist mit ihr verwoben, wenn auch zeitlich getrennt. Das Erdenleben als Ganzes ist Vorbereitung und bestimmende Ursache für das Leben nach dem Tod. Das kosmische Leben wandelt Früchte und Fehler des Erdenlebens in neue Gelegenheiten, Fähigkeiten und Kräfte mit dem Ziel, im Menschen Unabhängigkeit und wechselseitigen Austausch, Freiheit und Liebe zu wecken.

Das kosmische Leben ist ein weites, wunderbares Feld, Thema vieler Vortragszyklen. Unser spezielles Interesse gilt hier der *Folge* von oberen und unteren Einflüssen, denn die Ordnung ist in beiden Bereichen gleich: Sie reicht vom Mond bis zum Saturn. Wir werden von der dritten Hierarchie durch Mond, Merkur und Venus geführt, von der zweiten Hierarchie durch die Sonnensphäre und von der ersten Hierarchie durch Mars, Jupiter und Saturn. Oben wie unten: die gleiche Folge von Planetensphären und führenden Wesenheiten.

Doch hier endet die Entsprechung, denn die Art der Existenz im Kosmos ist so vollkommen verschieden vom Erdenleben, dass wir neue Begriffe brauchen, um die Reihenfolge der Ereignisse zu verstehen und sie zumindest versuchsweise in Gedanken oder grafisch als ein Ganzes zu sehen. Bevor wir dies versuchen, wollen wir dazu einiges Material und Hinweise aus den Darstellungen Rudolf Steiners sammeln.

Die Wirksamkeit der Metamorphose: Wir wollen den verursachenden Grund hinter den Phänomenen der menschlichen Biografie erforschen. Es gibt drei Prinzipien, die heute nicht mehr mit der Menschenwürde in Einklang zu bringen sind: die bloße Wiederaufnahme eines Lebens im nächsten oder die ewige Wiederholung des Gleichen, die östliche Anschauung; das alttestamentarische Prinzip der Strafe und die bloße lineare Veränderung, die mechanistische Sichtweise. Für den heutigen Menschen ist ein neuer Begriff notwendig, der Begriff der Metamorphose als Weiterentwicklung des christlichen Ideals der Erlösung und Heilung. Deshalb sind Vorstellungen darüber, wie Lebenserfahrungen im Kosmos verwandelt und von einem Erdenleben in das nächste hinübergetragen werden, so wichtig. Wir lernen dadurch die Dinge in einem fortwährenden Prozess, in ständiger Bewegung zu sehen. Wir entdecken, wie von den Hierarchien moralische Ideen in dramatische Bilder umgewandelt werden und wie diese zu den subtilen Motivationskräften werden, die später als innerer Drang und Absicht in einer biografischen Entwicklung wirken. Idee – Bild – innerer Antrieb.

Raum und Zeit: Wenn wir – im Tod oder in der Initiation – die geistige Welt betreten, erfährt unsere Beziehung zu Raum und Zeit mannigfaltige Veränderungen. Nicht nur wird die Zeit zum Raum wie im Lebenstableau, in dem die Ereignisse eines ganzen Lebens «gleichzeitig» gesehen werden, sondern der Raum selbst verwandelt sich, das «Innere» wird zum «Außen».

Der *Raum,* wie wir ihn kennen, ist etwas, das uns umgibt. Wir sehen zum Himmel über uns auf. Wir stehen im Mittelpunkt. Man stelle sich eine *Umstülpung* des Raumes vor, sodass wir die Peripherie sind, die Welt und ihre Wesen umgeben und auf sie herabschauen. «Der sphärische Mensch» war ein Motiv der plastischen Ausgestaltung des ersten Goetheanum. Die innere Welt unseres Seelenlebens wird zu einer äußeren Welt unterhalb von uns, zu einer Bühne, auf der geistige Ereignisse zu unserer Belehrung von den Hierarchien dargestellt werden.

Die *Zeit* nimmt neue Eigenschaften an. Die Intensität von Erfahrung kann als *Zusammenziehung* der Zeit erlebt werden. Es heißt, dass heute die Ereignisse immer schneller

2. DIE HIERARCHIEN UND DAS SCHICKSAL

aufeinanderfolgen, dass die Geschichte sich beschleunigt. Das Leben im Kosmos muss in gewisser Weise eine *Ausdehnung* der Zeit sein: So dauert es Jahrhunderte, bis sich der Mensch einen geeigneten physischen Organismus für das nächste Leben vorbereitet hat. Die Zeit rollt normalerweise weiter, im Schlaf jedoch scheint sie rückläufig, ebenso nach dem Tod in der Mondensphäre, wo wir unser Leben für die Dauer von etwa einem Drittel unseres Erdenlebens rückwärts durchlaufen.

So haben wir es also mit Zusammenziehung und Ausdehnung, mit Vorwärts- und Rückwärtsfließen zu tun. Goethe gebrauchte diese Begriffe in seinen Studien zur «Metamorphose der Pflanzen», und wir ahnen, woher er sie bezog.

Rückblick und Beurteilung: Jede Nacht während des Schlafes findet ein Prozess statt, in dem wir das, was wir am Tag gedacht und getan haben, bewerten; wenn wir erwachen, wissen wir, wie es hätte sein sollen. In den ersten drei Tagen nach dem Tod überblicken wir unser Leben in einem großen Panorama und erleben es dann – rückwärts – ein zweites Mal in den Jahrzehnten in der Mondensphäre. Hier kommen wir in einen Prozess der Beurteilung, die sich in den Willen verwandelt, das Versäumte und Vertane gutzumachen. Dem liegt das alte Bild des reinigenden Feuers, des Fegefeuers, der Katharsis zugrunde. (Wie schmerzhaft ist es oft, die Konsequenzen unseres Handelns voll zu erkennen; daher rührt die allgemein verbreitete Tendenz, der Beurteilung vergangenen Tuns auszuweichen und sich stattdessen auf neue Pläne zu konzentrieren, weil dies nicht mit Schmerz verbunden ist.) Der Spiegel ist das spirituelle Symbol für diesen Vorgang: Wir sehen uns selbst, wir schauen auf unser Leben zurück, als sähen wir es in einem Spiegel, ohne noch etwas verändern zu können.

Rückblick, Bewertung und die Bildung neuer Intentionen sind Aspekte des großen kosmischen Verwandlungsprozesses.

Wir vollziehen ihn selbst, wir gestalten uns selber um, natürlich mithilfe, geführt zunächst von den Monden-Lehrern und dann von den drei großen Reichen der Hierarchien.

Verwandlung und Ausgleich: Wir verbringen eine relativ kurze Zeit mit der dritten Hierarchie in den Sphären von Mond, Merkur und Venus, wo wir noch einmal die moralische Entsprechung der Zeit durchleben, die wir auf der Erde im Schlaf verbracht haben. Dann durchleben wir Hunderte von Jahren mit der zweiten Hierarchie in der Sonnensphäre. In der ersten Hälfte dieser Zeit gestalten wir unseren physischen Leib für das nächste Leben aus, und in der zweiten bereiten wir unsere moralisch-ethische Substanz vor. Wir berühren hier das Mysterium der Verwandlung von Neigungen und Haltungen in neue Fähigkeiten und Kräfte, etwas, das wir im Kleinen im irdischen Erziehungsprozess erfahren.

«Wir sind auch zunächst im Leben zwischen Tod und einer neuen Geburt recht stark mit uns selbst beschäftigt, denn mit unserem Inneren hat die dritte, die unterste Hierarchie zu tun ... Dann aber kommt eine Zeit, in der wir fühlen, wie die Wesenheiten der dritten Hierarchie, Angeloi, Archangeloi und Archai, und die Wesenheiten der zweiten Hierarchie, Exusiai, Dynamis, Kyriotetes, mit uns zusammen an demjenigen arbeiten, was aus uns im nächsten Erdenleben werden soll. Und da eröffnet sich uns in diesem Leben zwischen dem Tod und einer neuen Geburt eine erschütternde, gewaltige Perspektive. Da schauen wir an das Treiben der dritten Hierarchie ... Bilder bekommen wir von demjenigen, was unter den Wesen dieser dritten Hierarchie vorhanden ist; aber diese Bilder erscheinen uns alle so, dass sie einen Bezug zu uns haben. Und uns geht auf, wenn wir anschauen dasjenige, was da als Bilder der Taten der dritten Hierarchie erscheint, dass es das Gegenbild ist von dem, was wir als Gesinnung, als innere Gemütsverfassung in dem letzten Erdenleben gehabt haben

2. DIE HIERARCHIEN UND DAS SCHICKSAL

... da sehen wir, wie es Bild wird in dem, was die Wesenheiten der dritten Hierarchie tun. Ausgebreitet in der weiten Welt ist dasjenige in der geistigen Sphäre, was wir an Gesinnungen gegenüber anderen Menschen, gegenüber anderem Irdischen entwickelt haben... Dann leben wir weiter und merken, wie die Wesen der zweiten Hierarchie, Exusiai, Dynamis, Kyriotetes, zusammenhängen mit demjenigen, was wir uns hier auf der Erde angeeignet haben durch Fleiß, Betriebsamkeit, durch Interesse, das wir gehabt haben für die Dinge und Vorgänge der Erde. Denn unseren Fleiß, unser Interesse im letzten Erdenleben bilden zunächst in mächtigen Bildern diese Wesenheiten: Exusiai, Dynamis, Kyriotetes, sie gestalten die Bilder von unseren Begabungen, von unseren Fähigkeiten in unserem nächsten Erdenleben.»[104]

Unsere Gedanken und Gefühle haben also mit der dritten Hierarchie zu tun, unsere Fähigkeiten mit der zweiten und unsere Taten und deren Folgen mit der ersten. «Dann blicken wir hinunter, die Taten der Geister erblickend. Seraphim, Cherubim, Throne, was tun sie? Sie zeigen uns im Bilde dasjenige, was wir mit den Menschen, mit denen wir im vorigen Erdenleben zusammengelebt haben, als eine Folge des neuen Zusammenseins werden erleben müssen zum Ausgleich dessen, was im vorigen Erdenleben zwischen uns erfolgt ist. Und wir begreifen an der Art, wie Seraphim, Cherubim, Throne miteinander zusammenwirken, dass das große Problem da gelöst wird. Wenn ich mit einem Menschen in einem Erdenleben zu tun habe, so bereite ich mir den ganzen Ausgleich selber vor; und nur dass er, der Ausgleich, eintrete, dass er Wirklichkeit werde, das arbeiten Seraphim, Cherubim, Throne dann aus. Und sie bringen es in Einklang damit, dass auch der andere, mit dem ich wieder etwas zu tun haben werde, in der gleichen Weise zu mir geführt wird wie ich zu ihm.»[105]

IV. DAS LEBEN DES KOSMOS

Wie das Lebensbuch vorbereitet wird

Das Gesetz des Wiedergutmachens: «Das Bild des Schmerzes, den er [der Mensch] dem anderen zugefügt hat, wird zur Kraft, die das Ich, wenn es nun wieder ins Leben eintritt, antreibt, diesen Schmerz wieder gutzumachen. So wirkt also das vorgängige Leben bestimmend auf das neue. Die Taten dieses neuen Lebens sind durch jene des vorigen in einer gewissen Weise verursacht. Diesen gesetzmäßigen Zusammenhang eines früheren Daseins mit einem späteren hat man als das *Gesetz des Schicksals* anzusehen; man ist gewohnt geworden, es mit dem aus der morgenländischen Weisheit entlehnten Ausdruck ‹Karma› zu bezeichnen.»[106]

In den Karma-Vorträgen finden wir bis in Einzelheiten geschildert, wie dieser gesetzmäßige Zusammenhang von einem Leben ins nächste oder sogar über mehrere Leben hin wirkt. Ein Beispiel dafür ist die sich über drei Inkarnationen hinziehende Sequenz «Liebe – Freude – offenes Herz» im Gegensatz zu «Antipathie oder Hass – Leid – Torheit».[107] Unser Ziel ist es hier, Erkenntnisse zu gewinnen über den *Prozess* und die *Stadien,* durch welche diese Kompensationen mithilfe der hierarchischen Wesen zustandekommen.

Der Kosmos als Schöpfer: Wenn wir einen «schöpferischen» Prozess verfolgen, können wir uns selbst vor Augen führen, wie eine Idee sich in physische Wirklichkeit verwandelt. Ein Beispiel ist das Wunder des menschlichen Organismus: «Jedes einzelne Organ [wird] herausgearbeitet ... aus den Weiten des Weltenalls. Wir tragen in uns einen Sternenhimmel ... wir hängen mit den Kräften des ganzen Kosmos zusammen.»[108]

Die folgende Beschreibung des Verdichtungsprozesses, durch den das menschliche Herz aus den höchsten Bereichen in die physische Aktualität hineingetragen wird, kann die

2. DIE HIERARCHIEN UND DAS SCHICKSAL

Vorbereitungsstadien des menschlichen Schicksal in einem neuen Leben veranschaulichen: «Die Kräfte, aus denen das Herz vorbereitet wird, sind in der Löwenrichtung zunächst rein moralisch-religiöse Kräfte; in unser Herz sind zunächst rein moralisch-religiöse Kräfte hineingeheimnist ... Und wenn der Mensch durch die Sonnenregion geht, werden diese moralisch-religiösen Kräfte von den Ätherkräften ergriffen. Und erst wenn der Mensch der Erde schon näherkommt, der Wärme, der Feuer-Region, da werden gewissermaßen der Vorbereitung die letzten Schritte hinzugefügt. Da beginnen die Kräfte tätig zu sein, die dann den physischen Keim gestalten für den Menschen, der als geistig-seelisches Wesen heruntersteigt.»[109]

Die Dynamik der Karma-Kräfte: Wir beginnen unser Leben also mit neuen Vorsätzen. Daran erahnen wir das große, ehrfurchtgebietende kosmische Drama, in dem die Hierarchien die Früchte der menschlichen Erfahrung in neue Fähigkeiten verwandeln und die Erfüllung vergangener Taten für das kommende Leben vorbilden. «Und wir lernen allmählich erkennen, dass in der Weltenentwickelung dasjenige, was unter Seraphim, Cherubim, Thronen geschieht, das himmlische Ausleben unseres Karma ist, bevor wir es irdisch ausleben können ... Das, was die Cherubim, Seraphim, Throne erleben in ihrem Götterdasein, das erfährt seinen richtigen Ausgleich, wenn wir es im nächsten Erdenleben von uns aus erfahren.

Unser Karma wird so durch Seraphim, Cherubim, Throne zuerst überirdisch vorgelebt. Ja, die Götter sind in ihrer Geistigkeit von allem Irdischen die Schöpfer. Da müssen sie zuerst alles selber durchleben. Sie erleben es in der Sphäre des Geistigen; dann wird es hier unten verwirklicht in der Sphäre des Sinnlich-Physischen. Auch dasjenige, was wir als unser Karma erleben, das erleben Seraphim, Cherubim, Throne in ihrem Götterdasein voraus, und damit ist die Summe der Kräfte geschaffen, die unser Karma formt.»[110]

Was der Seele eingeschrieben ist: Das nächste Stadium wird erreicht, wenn der Mensch bei seinem Abstieg zur Erde seinen neuen Astralleib bekommt. «Was in erhabener Weise in den Bildern der Taten der höheren Hierarchien erlebt wird, das ist ja dasjenige, was dann verzeichnet wird von den Mondenwesen und von den Mondenwesen dann eingetragen wird beim Herabsteigen in unseren astralischen Leib.»[111] «Schon beim Astralleib ist es anders, der ist voller Eintragungen, voller Bilder. Dieses gewöhnlich nur ‹unbewusst› Genannte, das wird ja etwas außerordentlich Reiches, wenn es in das Wissen wieder emporkommt.»[112]

Das Bild, das wir in uns tragen – flüchtige Erscheinung des Hüters: Kurz vor seiner Inkarnation erlebt der Mensch in der ätherischen Welt Folgendes: «Bevor die Angliederung des Ätherleibes sich vollzieht, ereignet sich nun etwas außerordentlich Bedeutsames für den wieder ins physische Dasein tretenden Menschen … Wie mit dem Eintritte des Todes eine Art Erinnerungsgemälde vor dem menschlichen Ich gestanden hat, so jetzt ein Vorblick auf das kommende Leben. Wieder sieht der Mensch ein solches Gemälde, das jetzt all die Hindernisse zeigt, welche der Mensch hinwegzuräumen hat, wenn seine Entwickelung weitergehen soll. Und das, was er so sieht, wird der Ausgangspunkt von Kräften, welche der Mensch ins neue Leben mitnehmen muss.»[113]

Und so beginnt ein neuer Erdenzyklus – mit all den Schätzen, die sich der Mensch in den langen Jahren erworben hat, da er in den höheren Sphären arbeitete, seine Handlungen bewertete und neu entwarf nach den moralischen Gesetzen, die ihm die Mysterienspieler unter den Sternen vor Au-

2. DIE HIERARCHIEN UND DAS SCHICKSAL

gen führten. Unsere Biografie, unser Leben gehören uns als wunderbare Gabe der lenkenden Himmelswesen, damit wir daraus machen, was wir vermögen.

Mensch und Kosmos: durch das Schicksal verwoben

Wir müssen unser Nachdenken über das Menschenwesen immer wieder erneuern. Die Anthroposophie stellt die Mittel dafür bereit, dass wir unseren Blick – immer wieder – über das alltägliche Leben hinauszuheben vermögen zu dem, was der Mensch wirklich ist und sein kann: ein Geschöpf des Kosmos, ein Ichwesen, dessen individuelles Schicksal gemeinsam mit den Hierarchien in einer vorgeburtlichen Existenz geschmiedet wurde.

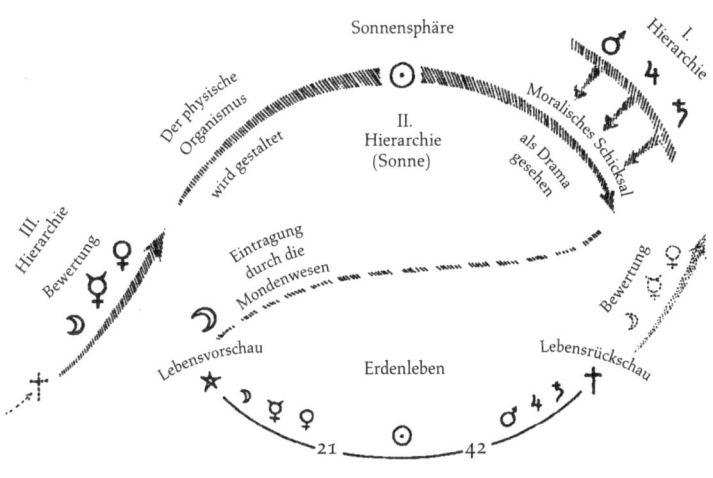

WIE OBEN SO UNTEN
wir bereiten uns vor, wir leben, wir bewerten

Wenn wir das Kind betrachten, können wir also sagen: «Denn dasjenige, was durch die Mutter des Menschen geboren wird, das ist ja nicht auf der Erde entstanden, nur sozusagen der Schauplatz ist auf der Erde entstanden. In demjenigen, was durch die physische Vererbung gegeben wird, verkörpert sich ein wunderbares Weltengebilde, das in übersinnlichen Welten im Sonnendasein geformt ist.»[114]

Die Sonne als Geburtsort: Die Beziehung zur Sternenwelt, die bei den Alten so unmittelbar war, für den modernen Menschen jedoch ganz abstrakt oder gar nicht vorhanden ist, kann zu etwas Wahrem, Stärkendem, Tröstendem werden, wenn wir lernen, in Gedanken mit den Kräften zu leben, die aus dem Kosmos in den Menschen hereinwirken. Der «Ort», wo die Verstorbenen weilen, von dem wir ausgingen und aus dem die kommenden Generationen geboren werden, bekommt für uns Realität. «Wenn wir uns durchdringen mit der Erkenntnis dessen, was die Sonne eigentlich ist, so fühlen wir: Da droben, wo der Sonnenball durch die Welt geht, da ist der Schauplatz, in dem die künftigen Generationen von Menschen in ihren geistigen Vorbildern zuerst gestaltet werden; da arbeiten die höheren Hierarchien im Zusammenhang mit den Menschenseelen, die im vorigen Erdenleben auf der Erde waren, zur Bildung der Menschen der Zukunft. Dieser Sonnenball ist eigentlich der geistige Embryo desjenigen, was wir als Erdenleben in der Zukunft erahnen.»[115]

Bewegt durch die Sterne in uns: Wir haben im Kosmos gelebt, sind durch die Planetensphären gereist, geführt von kosmischen Wesenheiten. Nun werden auf Erden die Früchte dieser Reise offenbar, wir werden von denselben Wesen durch unsere Lebenskreise geführt, doch nun, um unserer Freiheit willen, vom Unterbewussten aus. «Wenn man so zurückblickt auf dieses Lebenstableau: man schaut die

2. DIE HIERARCHIEN UND DAS SCHICKSAL

Mondensphäre, Merkursphäre; von der Geschlechtsreife bis zum 21., 22. Jahre die Venussphäre; vom 21. bis zum 42. Jahre die Sonnensphäre, dann die Marssphäre, Jupitersphäre, Saturnsphäre – ... da erblickt man, dass diese Sphären etwas zu tun haben mit dem Karma. Das gewöhnliche Bewusstsein weiß nicht, dass das im Menschen ist: Merkursphäre, Mondensphäre und so weiter. Doch wird von dem, was da im Menschen ist, das Karma bewirkt; da wird der Mensch hingetrieben zu der Art, wie sich das Karma auslebt ... So steht der Mensch – gerade durch sein Karma – seiner ganzen Wesenheit nach in dem Kosmos darinnen, lebt hier auf der Erde den Kosmos aus. Natürlich der eine so, der andere so.»[116]

Die Architekten und Gestalter des menschlichen Schicksals: Das Wissen darum, wie sich das Drama unseres Lebens unter dem Einfluss von Planetenkräften und der Lenkung durch hierarchische Wesen entfaltet, führt schließlich zu einer Haltung tiefen Einverstandenseins und Annehmens des Schicksals. Denn in jedem menschlichen Leben gibt es, trotz der ihm zugrundeliegenden Gesetzmäßigkeit und Ordnung, Zeiten, in denen an der Oberfläche Chaos und Leiden herrschen und Tragödien sich abspielen. Dass alles, was uns widerfährt, Sinn hat, dass Ordnung aus dem Chaos hervorgeht, ist eine Weisheit, die wir schließlich aus dem Leben schöpfen. «Und kann der Mensch wirklich dazu gelangen, es mit seinem Schicksal ernst zu nehmen, dann wird er gerade aus dem Erleben seines Schicksals die größten Antriebe erfahren können, die stärksten Impulse aufnehmen können, um mit der geistigen Welt zu leben. Und dann wird der Mensch zunächst eine Empfindung bekommen, aus dem Leben heraus eine Empfindung bekommen, wie Schicksalszusammenhänge sind.»[117]

Das erwachende Gefühl für das Weben des Schicksals wird die moralische Kraft des Lebens und das Vertrauen in die

Gestalter des menschlichen Schicksals, die Verantwortung ihnen gegenüber, stärken. «Alles das, was wir nun mit dem gewöhnlichen Bewusstsein tun, die Absichten, die wir mit dem gewöhnlichen Bewusstsein realisieren, sind von uns abhängig; aber unser Karma wird von den Hierarchien, die in uns sind, geformt und gebildet. Da haben Sie also die eigentlichen Gestalter einer ganz anderen Weltenordnung, einer Weltenordnung, die vom Moralisch-Seelischen ausgeht. Das ist die andere Seite des Menschen, die Hierarchienseite ... Dieses, was man menschliches Schicksal nennt, ist daher eine Götterangelegenheit und muss als Götterangelegenheit auch behandelt werden.»[118]

Wir möchten dieses Kapitel mit einem Zitat aus dem Breslauer Vortragszyklus abschließen, das in einem gewaltigen Überblick alles Gesagte – und mehr – zusammenfasst. (Wer das hier nur oberflächlich berührte Thema gründlicher studieren möchte, dem steht die Reihe der Karmavorträge zur Verfügung.)

Lernt man ein Menschenschicksal kennen, dann lernt man dabei Geheimnisse des ganzen Sternensystems kennen. Man schaut auf die Geheimnisse des Kosmos hin, indem man ein Menschenschicksal vor sich hat. Es kommen nun die heutigen Menschen, schreiben Biografien und haben keine Ahnung davon, was sie da eigentlich profanieren, wenn sie in ihrer Weise Biografien schreiben. In den Zeiten, in denen das Wissen heilig war, weil es galt als eine Ausstrahlung der Mysterien, schrieb man nicht in dem Sinne, wie man das heute tut, Biografien. Man schrieb die Biografien, indem man dahinter durchaus vermuten ließ, was aus den Geheimnissen der Sternenwelt wirkte. Wenn man ein menschliches Schicksal überblickt, dann sieht man darinnen das

2. DIE HIERARCHIEN UND DAS SCHICKSAL

Walten zunächst höherer Wesenheiten des Vor-Sonnendaseins, der Angeloi, Archangeloi, Archai; das Walten höherer Wesenheiten des Sonnendaseins, Exusiai, Dynamis, Kyriotetes; der Wesenheiten, die das ganze Karma ausarbeiten, das vorzugsweise das Marskarma ist, der Throne; das Walten derjenigen, die ausarbeiten das Jupiterkarma, der Cherubim; das Walten derjenigen Wesenheiten, die mit dem Menschen zusammen arbeiten an einem solchen Karma, das das Saturnkarma ist, der Seraphim. Wir schauen also dadurch, dass wir das Bild des Schicksals, ein Menschenkarma vor uns haben, in diesem Menschenkarma die waltenden Hierarchien. Dieses Menschenkarma ist ja zunächst ein Hintergrund, ein Vorhang, wie ein Schleier. Schauen wir hinter diesen Schleier, dann weben und arbeiten und wirken und tun daran Archai, Archangeloi, Angeloi; Kyriotetes, Dynamis, Exusiai; Seraphim, Cherubim, Throne. Jedes Menschenschicksal ist eigentlich in Wahrheit doch wie etwas, das auf einem Blatt Papier als Geschriebenes ist. Denken Sie sich, es könnte ja auch einen Menschen geben, der sich so etwas, was auf ein Blatt Papier gedruckt ist, anschaut und sagt: Da sind Zeichen darauf, K–E–I usw.; mehr versteht er nicht, er ist nicht imstande, diese Buchstaben zusammenzusetzen zu Worten. Was liegt da für ein Ungeheures darinnen, diese Buchstaben zusammenzusetzen zu Worten! ...

Ja, sehen Sie, so wie man gewöhnlich ein Menschenkarma, ein einzelnes menschliches Karma betrachtet, so sieht man nur Buchstaben. In dem Augenblicke, wo man anfängt zu lesen, sieht man darin Angeloi, Archangeloi, Archai und deren gegenseitige Taten. Und so ein einzelnes Menschenleben in seinem Schicksal wird um so viel reicher ... So ungeheuer viel reicher wird dasjenige, was vom rein irdischen Gesichtspunkte, vom kosmisch-analphabetischen Unwissen, zu dem Wissen übergeht, wenn man da durchschaut in demjenigen, was ein Schicksal darstellt, dass da die Buchstaben Zeichen sind für die Taten der Wesenheiten der höheren Hierarchien.

Karma als die Schicksalsgestaltung des menschlichen Lebens ist so ungeheuer, so erhaben, so majestätisch für den, der es durchschaut, dass er einfach dadurch, dass er versteht, wie sich Karma verhält zum Weltenall, zum geistigen Kosmos, hereinwächst in eine ganz andere Empfindungs- und Gefühlsweise, nicht bloß in ein theoretisches Wissen. Und alles, was man sich aneignet durch Anthroposophie, sollte eben nicht Aneignung von theoretischen Erkenntnissen bloß sein, sollte immer stufenweise wirken auf die Gestaltung unserer Denk- und Empfindungsweise, indem es uns immer tiefer mit unserem Herzen hineinführt von dem Regenwurmfühlen auf der Welt zum Fühlen innerhalb des Geisterlandes. Denn wir Menschen gehören nicht bloß der Erde an, wir gehören dem Geisterlande an. In demjenigen, was innerhalb unserer Haut auf der Erde abgeschlossen ist, da ist ja die Zusammenwirkung der ganzen Zeit zu schauen, die wir zubringen zwischen dem Tode und einer neuen Geburt. Innerhalb dessen, was menschliche Haut ist, sind alle Weltengeheimnisse in einer bestimmten Form immer enthalten. Menschliche Selbsterkenntnis ist keineswegs dieses triviale Wort, von dem man so oft redet, auch nicht etwas Sentimentales. Menschliche Selbsterkenntnis ist Welterkenntnis.[119]

3.
Vom Denken zum Wollen

Wir haben bisher den gestaltenden Einfluss der kosmischen Kräfte unter einem bestimmten Aspekt beschrieben, dem der aufeinanderfolgenden *Planetensphären* und ihrem Wirken in den Siebenjahresrhythmen. Nun wollen wir das Thema von einem ganz anderen Aspekt aus betrachten und darzustellen versuchen, wie die drei Hierarchien in den dreigliedrigen Organismus des Menschen – Kopf-, Herz- und Gliedmaßensystem – hineinarbeiten, und zwar in aufeinanderfolgenden Perioden von jeweils 21 Jahren.

Wir beziehen uns dabei hauptsächlich auf einen einzigen Vortrag aus der Karmareihe.[120] Die komplexe und faszinierende Abhandlung über ein Thema, das scheinbar nur dieses eine Mal berührt wird, wirft ein ungewöhnliches Licht auf die Midlife-Crisis und auf Fragen wie: Warum erlangen nicht alle Menschen wirkliche Reife? Warum ist das Leben von so vielen Turbulenzen begleitet? Wir finden darin auch den Schlüssel zum Problem der zweiten Lebenshälfte – wenn wir die Kraft aufbringen, ihn anzuwenden.

IV. Das Leben des Kosmos

Denken und Wollen – ein scheinbares Paradox

Dass Jugend und Willenskraft, Alter und Denken zusammengehören, scheint offensichtlich. Aber tun sie es wirklich? Eine ganze Weltansicht kommt mit dieser Frage auf den Prüfstand. Wissen wir eigentlich, was wir damit meinen?

Wir sagen, junge Menschen hätten einen starken Willen, seien aktiv, kraftvoll, unternehmend, bereit, Dinge in die Tat umzusetzen, leicht zum Handeln anzufeuern; älteren Menschen gingen diese Eigenschaften ab, sie reagierten langsamer, seien oft schwerfällig, zögerlich, vorsichtig, unsicher. Doch das heißt, den «Willen» als Manifestation des Körpers zu betrachten, als «organischen Willen», als instinktive Kraft. Man betrachte im Gegensatz dazu die eigenständige Kraft des menschlichen Ich, den Eigen-Willen, der unabhängig von körperlichen Prozessen sich betätigt. Erst dieser Wille entspringt aus innerer Initiative, unabhängig von äußerer Aktivität; es ist der Wille des reinen, leibfreien Geistes.

Hier berühren wir ein Mysterium. Der körperliche Wille manifestiert sich schon früh im Leben. Von den ersten Lebensmonaten befeuert er das Kind zu grenzenloser Aktivität. Der geistige Wille, der nur wirkt, wenn das Physische ganz zur Ruhe gekommen ist, und der sich als moralische Einsicht oder Überzeugung, als «geistige Aktivität» oder Freiheit offenbart, wird erst viel später geboren. Er ist nie angeboren, wie der physische Wille, sondern wird mit der Reife der Individualität in der zweiten Lebenshälfte errungen.

Und darin liegt auch das Mysterium: Während unserer späteren Jahre werden wir von den höchsten Hierarchien, der ersten oder Willens-Hierarchie, geführt, die unmittelbar in die spirituellen Prozesse unseres Stoffwechsel- und Gliedmaßen-Systems hineinwirken kann.

3. VOM DENKEN ZUM WOLLEN

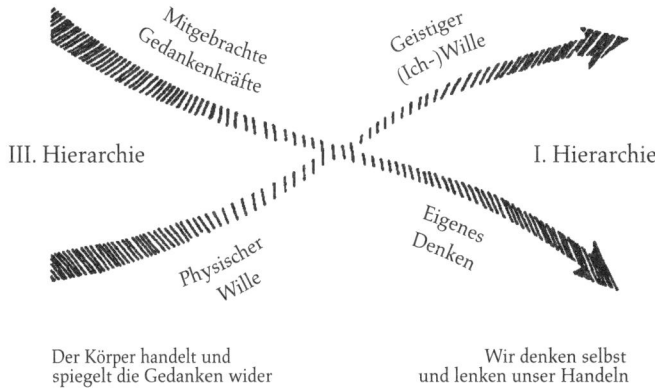

Der Körper handelt und spiegelt die Gedanken wider

Wir denken selbst und lenken unser Handeln

Auch für das Denken gilt das Gegenteil. Wenn auch ein älterer Mensch scheinbar mehr im Denken lebt als vielleicht in seiner Jugend, so fehlt ihm doch der bewegliche, brillante Verstand der Jugend, die innere Wendigkeit, die Fähigkeit, Wissen aufzusaugen wie ein Schwamm das Wasser. Man sagt ja, dass ein Vater, wenn er klug ist, nie mit einem Teenager streiten sollte und dass die beste Zeit für ein Studium vor 25 sei. Das Denken, das seinen Sitz im Nerven-Sinnes-System hat, entwickelt sich schon sehr früh im Leben. Dadurch wird eine so lange und strenge Schulung des Intellekts überhaupt erst möglich. Später beginnt diese göttliche Gabe des raschen Aufnehmens und Begreifens dahinzuschwinden. Auch hier ist wieder ein göttliches Geheimnis verborgen: Die geistigen Fähigkeiten der Jugend gehen auf eine Gabe der dritten Hierarchie, der Gedanken-Hierarchie zurück; sie werden dem Menschen nur im ersten Drittel seines Lebens verliehen.

So tritt eine Polarität im Wunder des menschlichen Lebens zutage: Am Anfang wirkt die dritte Hierarchie durch die Kopf-Kräfte, das Nerven-Sinnes-System, den Träger des Denkens. In den späteren Jahren wirkt die erste Hierarchie im Stoffwechselsystem, dem Träger des Willenslebens.

IV. DAS LEBEN DES KOSMOS

Die Entwicklung des leiblichen Organismus

Die drei Hierarchien durchdringen eine nach der anderen das System des dreigliedrigen Menschen. Ihre Einflüsse herrschen jeweils für einander überschneidende 21-Jahres-Perioden vor. Während der ersten 21 Jahre sind es vor allem die Wesen der dritten Hierarchie, die gemeinsam das sich entfaltende Seelenwesen des Menschen führen.

«In den drei ersten Lebensabschnitten haben wir das Hereinwirken von Angeloi, Archangeloi und Archai. Da wirkt beim Kinde und beim jungen Menschen in alledem, was vom Seelisch-Geistigen aus aufbauend wirkt auf seinen Organismus – und das ist ja sehr vieles, das ist ja fast alles –, dasjenige, was an Kräften hereinwirken kann aus der Welt der dritten Hierarchie ... Dasjenige, worauf sie am stärksten wirken, das ist wiederum unser Nerven-Sinnes-System. Und an alledem, was in einer so komplizierten, wunderbaren Weise sich bis zum 21. Lebensjahre hin an Ausgestaltung unseres Sinnes- und Verstandeslebens, unseres Kopflebens einstellt, an alledem sind die Wesenheiten der Angeloi, Archangeloi, Archai beteiligt.»[121]

Mit dem Beginn der Pubertät tritt ein dynamischer Wandel ein. Wesen der zweiten Hierarchie beginnen ihre Lebenskräfte in den Menschen zu ergießen. Dieser Einfluss ist während der drei Siebenjahresphasen von 14 bis 35 wirksam. Manche der seltsamen, unbegreiflichen Wirrsale der Adoleszenz mögen davon herrühren, dass sich die Einflüsse beider Reiche zwischen dem 14. und 21. Jahr überschneiden. Erst vom 21. Lebensjahr an wirkt die zweite Hierarchie allein.

«Da, mit der Geschlechtsreife, greift in den Menschen etwas von Weltenprozessen, von kosmischen Prozessen ein, die bis zu diesem Lebensalter der Geschlechtsreife nicht in dem Menschen sind.

Und Sie brauchen ja nur zu überlegen, dass, indem er

3. VOM DENKEN ZUM WOLLEN

fortpflanzungsfähig wird, der Mensch fähig wird, diejenigen Kräfte aus dem Weltenall aufzunehmen, die bei der Neubildung, bei der physischen Neubildung des Menschen eben mitwirken. Diese Kräfte aus dem Kosmos entbehrte der Mensch bis zur Geschlechtsreife. Es tritt also da in seinem physischen Organismus jene Veränderung ein, die sozusagen gewaltigere Kräfte in den physischen Organismus hineinsendet, als sie vorher drinnen waren. Das Kind hat diese gewaltigeren, stärkeren Kräfte noch nicht. Es hat noch die schwächeren Kräfte, die nur auf die Seele zunächst wirken im Erdenleben, nicht auf den Körper.»[122]

Das Rhythmische System, Atem und Kreislauf, lebt aus den Kräften der zweiten Hierarchie. Vom 21. bis zum 28. Lebensjahr sind diese Einflüsse allein wirksam. In diese Zeit fallen meist die friedlichen ersten Jahre des Familienlebens.

Wir kommen nun zum Übergang in der Mitte des Lebens, wo der Einfluss der höchsten kosmischen Kräfte sich geltend macht. Die Aufbaukräfte des menschlichen Organismus wirken noch bis weit in die Dreißiger hinein und beginnen dann zu versiegen. An ihre Stelle treten die in der zweiten Lebenshälfte vorherrschenden Abbaukräfte.

«Gegen diese überwiegende Abbautendenz können selbst diejenigen Kräfte nicht aufkommen, die aus dem Wesen der zweiten Hierarchie kommen. Da muss unsere Seele weiterhin aus dem Kosmos heraus so unterstützt werden, dass wir nicht mit 35 Jahren schon sterben im normalen Leben. Denn wenn nur bis zum 21. Jahre die Wesen der dritten Hierarchie, vom 14. bis 35. Jahre die Wesen der zweiten Hierarchie wirken würden, dann würden wir eigentlich zum Sterben reif sein in der Mitte unseres wirklichen Erdenlebens, wenn nicht, ich möchte sagen, aus Trägheit der physische Körper noch hielte. Das ist deshalb nicht der Fall, weil nun in der Tat, und zwar nicht erst vom 35. Jahre ab, sondern schon vom 28. Jahre ab, wiederum durch drei Epochen, bis zum 49. Lebensjahre, die Wesenheiten der ersten Hierarchie, Seraphim, Cherubim, Throne, auf den Menschen einwirken.»[123]

Diese Wesenheiten der ersten Hierarchie sind von nun an die Quelle innerer Kraft und Lebendigkeit, die wir für die zweite Lebenshälfte brauchen.

Ein weiterer Aspekt dieser Regeneration nach 40 liegt darin, dass wir die Früchte der früheren in die späteren Jahre herüberzutragen vermögen. Sie treten als Fähigkeiten in Erscheinung, stammen aber aus den Jugendphasen. Eine orphisch-musikalische Qualität kann unser in den Zwanzigern wurzelndes Gedankenleben durchdringen; eine bildhafte Fantasiekraft kann aus den Jahren davor herrühren und eine plastische Formkraft aus dem Sandkastenalter der Kindheit. Diese genialen Fähigkeiten der frühen Jahre können wir uns zu eigen machen – vorausgesetzt, dass wir die Willenskraft dazu aufbringen.

«Während beim Tiere eigentlich sofort das Aufhören der Vitalkräfte beginnt, wenn der Aufbau nicht mehr da ist, trägt ja der Mensch gerade wichtige Teile, wichtige Zeiten seiner Entwickelung in die Abbauperiode hinein, die eigentlich schon in den Dreißigerjahren beginnt. Und es wäre vieles in der Menschheitsentwickelung nicht da, wenn die Menschen sich ebenso wie die Tiere entwickeln würden: dass sie eigentlich nichts in die Greisenhaftigkeit hineintragen. Die Tiere tragen nichts hinein in die Greisenhaftigkeit. Die Menschen aber können in die Greisenhaftigkeit viel hineintragen, und wichtige Errungenschaften der menschlichen Kulturentwickelung sind eben doch dem zu verdanken, was von den Menschen in die Greisenhaftigkeit, in das Abbauleben hineingetragen werden kann.»[124]

3. VOM DENKEN ZUM WOLLEN

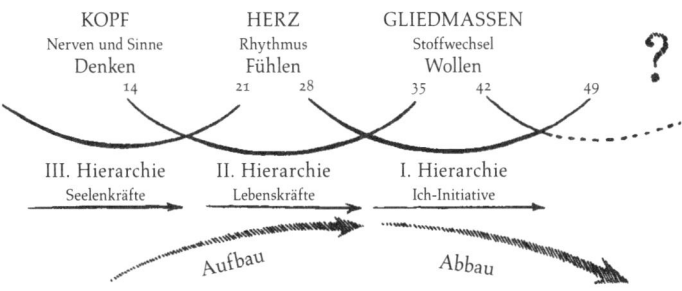

Schicksalsforderungen und ihre Erfüllung

Nach diesem kurzen Blick auf das, was unsichtbar in den einzelnen Lebensphasen wirksam ist, können wir nun genauer auf einzelne Lebensereignisse, das Wesen ihres Ursprungs und den Sinn ihrer Folgen eingehen.

Das menschliche Karma sollte niemals als etwas Negatives betrachtet werden, noch als etwas, das dem Menschen nach unbeugsamen Gesetzen zugemessen wird. Niemals darf es mit einem blind über uns hereinbrechenden Fatum gleichgesetzt werden. Man sollte es eher im Licht von Aufgaben und sich uns bietenden Möglichkeiten sehen. Ein Mensch, der unseren Weg kreuzt, oder eine Aufgabe, die wir erfüllen sollen – wir haben die Möglichkeit, ihnen gerecht zu werden oder alles zu verderben. Wie wir auf Chancen und Hindernisse reagieren, liegt in unserer individuellen Freiheit. Lösen wir die Aufgabe, ziehen wir uns zurück, oder wursteln wir uns irgendwie durch? Viel hängt von unserer moralischen Fantasie und unserem Einfallsreichtum ab, von unserer inneren Stärke und dem Mut, das Beste aus einer Situation zu machen. Und diese Eigenschaften beruhen wiederum zum größten Teil darauf, wie weit wir die Dynamik der einzelnen Lebensphasen begriffen haben und berücksichtigen.

Was wir beispielsweise aus der vorgeburtlichen Existenz mitbringen, ist unserer Seelennatur als Eigenschaft eingeprägt. Diese Prägung bestimmt, zusammen mit den äußeren Umständen, in die wir uns inkarnieren, weitgehend den Verlauf der kommenden Ereignisse. Zusätzlich müssen wir jedoch mit Einflüssen rechnen, die völlig unbewusst wirken und den Nerven und Sinnen – also jenem System, das im ersten Lebensdrittel bestimmend ist – die gegenwärtigen karmischen Forderungen für diese Inkarnation einprägen. Diese karmischen Forderungen, ein Grundmuster der auf den Menschen zukommenden Ereignisse, erwachsen aus dem Drama, das der Mensch im Kosmos erlebte, bevor er zur Erde niederstieg.

«Das verweben ... diese Wesen mit dem Menschen, sodass er eingeschrieben in sich enthält, was er zu tun hat, was er auszugleichen hat. Und man möchte sagen: In diesen ersten drei Lebensepochen, wo Angeloi, Archangeloi, Archai besonders auf den Menschen wirken, da werden die karmischen Forderungen in das menschliche Nerven-Sinnes-System, in das menschliche Kopfsystem eingeschrieben. Wenn wir durch unser 21. Lebensjahr geschritten sind – wie es sich bei Menschen, die früher sterben, verhält, will ich auch noch in den späteren Vorträgen auseinandersetzen –, dann hat sich in uns all das eingeprägt, was die karmischen Forderungen für das Leben sind ... Die tragen wir hauptsächlich in den okkulten, in den verborgenen Untergründen unseres Nerven-Sinnes-Systems, in dem, was geistig-seelisch unserem Nerven-Sinnes-System zugrunde liegt.»[125]

Eine Lebensperiode jedoch, die von 21 bis 28, wo die zweite oder Lebens-Hierarchie wirkt, ist neutral, gleichsam eine Periode der Gnade, heute oft eine Zeit der sorglosen Existenz, in der noch nicht die Schwere der Lebensverantwortung auf

3. VOM DENKEN ZUM WOLLEN

den Menschen lastet. Da vom 14. bis zum 35. Lebensjahr diese zweite Hierarchie bis «zum Menschen herunterreicht», «ist sozusagen kein rechter Abgrund zwischen den Menschen und der Hierarchie». Und diese Unterstützung dauert, bis der Mensch die Mitte des Lebens um 35 erreicht hat.

Doch schon bevor dieser Einschnitt erreicht wird, wirkt, beginnend mit etwa dem 28. Jahr, die erste Hierarchie ins Leben hinein. Dann tritt oft zum ersten Mal die Erfahrung des Abgrunds auf. Dramatische Ereignisse in den frühen Dreißigern, oft um das 33. Jahr, kündigen an, dass die Engel nicht mehr jeden Schritt begleiten. Es ist ein Ruf, innerlich zu erwachen.

Und so hält mit der Übernahme ernsterer Lebensverantwortung die erste oder Willens-Hierarchie ihren Einzug. Jetzt fordert das Schicksal seinen Tribut. Karmische Forderungen wollen erfüllt werden. Dies ist meist die Zeit familiärer Verpflichtungen und wachsender Arbeitslast, die fröhliche, abenteuerliche Zeit des «Nestbaus», der Liebesabenteuer und des Forscherdrangs ist endgültig vorbei.

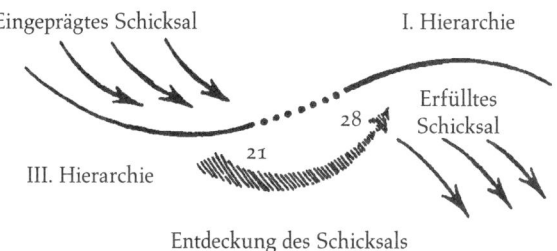

Entdeckung des Schicksals

«Wenn wir mehr gegen den weiteren Verlauf des Lebens hinblicken, wenn wir den Menschen anschauen von seinem 28. bis zu seinem 49. Lebensjahre, dann haben wir es weniger mit einem Einprägen von karmischen Forderungen zu tun, sondern mehr mit dem, was nun die Erfüllung des Karma ist, das Abladen des Karma. Namentlich in dieser Lebensperiode tritt dasjenige auf, was karmische Erfüllung ist, was wir abzuladen haben um dessentwillen, das sich eingeprägt hat in den ersten drei Lebensepochen.»[126]

Jetzt braucht der Mensch die innere Stärke, «denjenigen Kräften die Waagschale [zu halten], die hinunterziehen, hinweg von der ersten Hierarchie».[127] Die Gefahr, diese Stärke nicht zu finden, wird nach dem einschneidenden Umschwung um 35 immer größer.

«Aber wenn der Mensch die [ersten] Lebensepochen … durchgemacht hat, dann lebt er zuerst so, dass er Beziehungen hat zur dritten Hierarchie. Er knüpft dann Beziehungen an, innerlich, unbewusst, zur zweiten Hierarchie, dann zur ersten Hierarchie. Darnach kann man erst beurteilen, inwiefern der Mensch den karmischen Impulsen in sich die Möglichkeit gibt, sich auszugestalten. Denn das erst, dieses Wissen von den Beziehungen zu den höheren Hierarchien, gibt das konkrete Menschenleben.»[128]

Die Jahre der «karmischen Erfüllung» sind auch die Jahre des Übergangs in der Lebensmitte, jene Jahre, in denen von allen Seiten radikale Forderungen an uns herantreten.

3. VOM DENKEN ZUM WOLLEN

Die Herausforderung der Lebensmitte und ihre Gefahren

Und so liegt es nach dem 35. Lebensjahr am Einzelnen selbst, wieweit er in der Lage ist, die karmischen Aufgaben zu erfüllen, die in seinem Lebensmuster liegen, die er aus seiner vorgeburtlichen Existenz mitgebracht hat und die während der ersten 21 Jahre seinem Leben von der dritten Hierarchie eingeschrieben wurden. Die Jahre, in denen einem manches zufiel, sind vorbei; von nun an muss um alle Entscheidungen gerungen werden.

Die Veränderung rührt natürlich daher, dass die das Leben gestaltenden Wesen der dritten und der zweiten Hierarchie ihre Aufgabe erfüllt und ihre Unterstützung zurückgezogen haben. Das wird als Schwere empfunden, so als fehle der Schwung, mit dem bisher jeder Tag begann, und als müsse man nun als Erdenmensch ohne Flügel ganz allein auf den eigenen Beinen stehen.

Natürlich sterben wir nicht wirklich, wenn mit 35 diese Hilfe ausbleibt, doch es besteht die Gefahr, innerlich zu sterben. Das wird so mancher, der die Krisen der späten Dreißiger und frühen Vierziger überstanden hat, bestätigen. Die magnetisch, oft hypnotisch wirkende Anziehungskraft, die von den Äußerlichkeiten des Lebens ausgeht, diese gemischte Folge von *Arbeit und Krisen* lässt vom Menschen ab, sodass seine Seele wie umgestülpt, das Innen nach außen gekehrt wird.

Erinnert sei auch daran, dass dies die Jahre Ahrimans sind, der Luzifer, dem «Schutzheiligen» der Jugend, auf den Fersen folgt. Allerlei verlockende Zauber säumen gleich Fallen den Weg – vieles geht auf Kosten des inneren Lebens.

Es ist bezeichnend, dass der Mensch gerade in den Jahren, in denen die karmischen Forderungen erfüllt werden müssen, oft am wenigsten Energie, Inspiration und Enthusiasmus hat; die einstigen Ideale und Träume scheinen weit entfernt, eine einmal geliebte Arbeit wird zur Last – anthroposophische «Arbeitsfelder» nicht ausgeschlossen –, und angesichts der Anforderungen des Lebens versagt die innere Kraft.

Woher und wie neue Kraft schöpfen? Da die natürlichen Kräfte abgeebbt sind und das, was von der Jugend an gelerntem Wissen und intellektueller Vollendung herübergetragen wurde, seinen Glanz verloren hat, erleben wir uns auf voller Talfahrt. In dieser Zeit, wo jeder auf sich selbst gestellt ist, wird es entscheidend, ob wir lernen, «denjenigen Kräften die Waagschale zu halten, die hinunterziehen, weg von der ersten Hierarchie». Und während wir zwischen innerem und äußerem Leben das Gleichgewicht halten, sind wir aufgefordert, von uns nach der höchsten Quelle zu streben, um daraus neue Kräfte zu schöpfen, die uns weitertragen. Wer auf diese Weise in sich selbst einen ihm ureigenen Willen entdeckt, kann dem inneren Tod entgehen und sich den Weg zu den späteren schöpferischen Jahren bahnen.

Rudolf Steiner beschreibt diese Notwendigkeit in Beziehung zu den drei Hierarchien:

«Und da stellte sich mir dieses dar: Jene zahlreichen Menschen in der Gegenwart, die so gescheit sind, die vor allen Dingen durch die Schulbildung so gescheit gemacht werden können, die entwickeln in dieser ersten Lebensepoche die Möglichkeit, mit ihren Gescheitheitskräften bis in die dritte Hierarchie, Angeloi, Archangeloi, Archai hinaufzureichen. Das erlangen sie. Da sind sie vielversprechende Persönlichkeiten. Indem sie in die zweite Hierarchie eintreten, sind sie mehr dieser Hierarchie hingegeben. Die kommt ja zu den Menschen herunter; fortpflanzungsfähig werden fast alle. Diese kosmische Hierarchie kommt herunter. Da ist sozusagen kein rechter Abgrund zwischen den Menschen und der höheren Hierarchie. Kommt es aber mit dem 28. Jahre dahin, dass der Mensch nun zu der höheren Hierarchie, zu der ersten

3. VOM DENKEN ZUM WOLLEN

Hierarchie Beziehung finden muss, da muss es durch seinen ganzen Menschen bis ins Stoffwechsel-Gliedmaßen-System hinein geschehen. Da braucht er stärkere innere Haltekräfte im Geistigen.»[129]

Die Erwähnung der «vielversprechenden Persönlichkeiten» erinnert uns an die Tragödien unerfüllter Leben und am Wegrand Liegengebliebener.

«Es ist ja wirklich nicht von geringem Interesse, gerade in unserem Zeitalter den zweiten Teil des menschlichen Lebens mit dem ersten zu vergleichen. Nach dieser Richtung müssten eigentlich Menschen, die Sinn für Lebensbeobachtung haben, rechte Lebensbeobachtung anstellen.»[130]

In dem Vortrag, der dieses Thema behandelt, berichtet Rudolf Steiner aus eigener Erfahrung von zwei solcher Fälle, in denen die zweite Lebenshälfte das Versprechen der frühen Jahre in keiner Weise erfüllt; er fügt hinzu:

«Was ich jetzt als Beispiele angeführt habe, das sind Beispiele aus dem gewöhnlichen Leben, Beispiele, die verhundert-, vertausendfacht werden können, die überall sich finden ... Wenn ich, der ich mich immer interessiert habe für die geistigen Entwickelungsgänge der Menschen, auf eine Anzahl von Menschen blicke, die produktiv ins Leben hereingetreten sind ... von denen man noch gesagt hat, als sie 24, 25, 26, 27 Jahre alt gewesen sind: ein großartiges, gewaltiges Talent! – sie wurden älter, alles versiegte ... Sie waren nichts mehr auf dem Gebiete, auf dem sie einmal bedeutend waren.»[131]

Die Gefahr besteht darin, dass man oft gerade in den Jahren ab 30 die meiste Energie darauf verwendet, beruflich weiterzukommen und die eigene Lebenssituation zu verbessern. Dabei verliert man das Gleichgewicht. Die Energien und die altvertraute Willenskraft müssen nach innen gelenkt werden, damit man wirklich «etwas aus sich machen» kann. Nur mit innerer Entschlossenheit und Initiative und durch eine systematische, rhythmische Pflege des «inneren Lebens» können wir die Kraft entwickeln, schließlich in den späteren Jahren aus all diesen Kämpfen als schöpferische Individualität hervorzugehen.

Wir haben nun die Beziehung des Menschen zu den drei Hierarchien im Verlauf seines Lebens skizziert und dargestellt, wie in der ersten Lebenshälfte kosmische Gedanken- und Lebenskräfte dem Menschen unmittelbar von der dritten und der zweiten Hierarchie verliehen werden, während in der zweiten Lebenshälfte jeder Einzelne aus eigener Initiative die Verbindung zur ersten, der Willens-Hierarchie, aufnehmen muss.

Dieser Gedanke bekommt Leben durch die konkreten Bemühungen des Anthroposophen.

Das Leben des Anthroposophen: sein Weg vom Denken zum Wollen

Hier berühren wir das schwierigste Problem unserer Daseinsberechtigung als Anthroposophen. Wie überbrücken wir den Abgrund zwischen dem Denken beziehungsweise Sprechen *über* geistige Wirklichkeiten und dem wirklichen schöpferischen Leben und Handeln *aus* geistiger Erfahrung und mit unserem ganzen Wesen? Wir wissen, dass unser Erbe göttlich ist. Im Herabsteigen auf dem Weg des Denkens hat die Menschheit die Weisheit der Welt aufgesogen und in der Literatur vergangener Zeiten widergespiegelt; heute, da sie die Stufen zum Himmel wieder hinaufsteigen soll, kann sie dies nur auf dem Weg des Willens; das ist der Schulungsweg, der allein unserer Kultur angemessen ist. Die Anthroposophie ist heute dieser Pfad des Willens; es gibt keinen anderen.

3. VOM DENKEN ZUM WOLLEN

Alles andere in unserer Zeit, ob Wissenschaft, Philosophie, religiöser Kultus, ist, radikal ausgedrückt, nur ein Echo des inspirierten Denkens alter Zeiten.

Doch auf den ersten Blick, was haben wir als Anthroposophen? Eine Literatur, eine Philosophie, eine Fülle von Wissenschaften und Kunstformen, die alle das Denken herausfordern, das Argumentieren mit Worten, und ein Verständnis voraussetzen, das die Fähigkeiten des Einzelnen oft weit übersteigt. Wieder ein Weg des Denkens? Das müssen wir uns fragen.

An diesem Punkt kann der Zusammenstoß mit einem Paradox uns aufwecken. Hier können wir zu erkennen beginnen, dass unser eigener kurzer Lebensweg nur ein Bild im Kleinen des langen Entwicklungsweges ist, auf dem die Menschheit herabstieg und in der Zukunft wieder emporsteigen wird. Die frühen Jahre des menschlichen Lebens, begleitet von der Hilfe der Engel, das Wunder eines denkenden Bewusstseins zu entwickeln, sind nur eine Vorbereitung, eine Grundlage für die Kraft, in späteren Jahren den Willen zu vergeistigen. Erst wenn wir mit 35 das Reifealter erreicht haben, sind wir eigentlich «volljährig» und haben ein modernes Bewusstsein erlangt. Wir haben die Lebensphase der Willensseele erreicht.

Und wie der Mensch in den vergangenen Jahrhunderten darum kämpfte, eigenständig zu denken, geistig aktiv zu werden, so müssen auch wir, nachdem wir die «Reife» erlangt haben, einen ähnlichen Kampf durchfechten.

Das Denken als Gabe der Engel war nie dazu bestimmt, nur für praktische, materielle Dinge angewendet zu werden – ebenso wenig wie das Korn nur dazu bestimmt ist, Brot zu werden. Die Lebendigkeit beider ist da zum Wachstum und zur Verwandlung. Unsere Fähigkeit in der Jugend, den Intellekt meisterhaft zu handhaben, bereitet die Quelle vor, aus der später ein spiritualisierter Wille geschöpft werden kann.

Die meisten von uns sind zur Anthroposophie gelangt, weil sie in sich die Sehnsucht trugen, Antworten auf die Rätsel des Lebens zu finden. Unsere Fähigkeit, die umfangreiche Literatur zu erfassen, ist zunächst einmal die Errungenschaft der ersten Lebenshälfte. Es sind die Fähigkeiten, die durch Schulung vervollkommnet werden, die möglich gemacht werden durch das, was durch die dritte Hierarchie in unser Nerven-Sinnes-System gelegt wurde. Mit ihnen können wir lesen und studieren, die Gedanken anderer aufnehmen und uns in den anthroposophischen «Arbeitsfeldern» üben.

Wenn wir ein wenig akademische Disziplin in unseren Gedankenprozessen haben, ein verborgenes Talent an den Tag legen, kann sich früh eine gewisse geistige Brillanz zeigen. Doch die Gedanken, die wir so aufnehmen und wieder nach außen tragen, haben ihren Sitz im Nervensystem, das uns als Spiegel der Welt dient und die Gedanken anderer reflektiert.

Trotz kluger Redegewandtheit sind solche Gedanken noch nicht individualisiert. Sie tragen noch nicht das Kennzeichen der modernen Bewusstseinsseele, nämlich persönlich errungen und erkämpft zu sein. Die geistige Brillanz der Zwanziger und Dreißiger ist noch nichts wirklich Eigenes. Sie ähnelt eher der Brillanz eines Schauspielers, für den der Autor den Text geschrieben hat, oder der des Journalisten, der über die Äußerungen anderer berichtet. Es mangelt an Authentizität, an der Unmittelbarkeit des Selbsterlebten. Nur durch Lebenserfahrung lernen wir schließlich, hinter unseren Worten zu stehen, ihnen Gewicht zu verleihen.

In der Mitte des Lebens sollten uns diese Zusammenhänge allmählich klarwerden. Wir merken zwar, dass wir uns tief mit der Anthroposophie verbunden haben, doch dass nicht mehr ausreicht, was wir in sie eingebracht haben. Die Vitalität, die wir auf «Aktivitäten» verwandt haben, ist geschwunden. Wir sind nicht mehr erfüllt vom Enthusiasmus, «die Welt retten» zu wollen. Etwas hat sich verändert. Ich muss mich jetzt ernsthaft an die Arbeit machen und diese Gedanken zu fassen bekommen. Hier bin ich, ein tätig sein wollender Anthroposoph. Was nun? Ist eine Neugeburt möglich? Was ist der zweite Schritt? (Solche Fragen erheben sich auch für jene, die in späteren Jahren zur Anthroposophie kommen.)

Das also sind die ersten Anzeichen der inneren Wandlung. Die Raupe kann nicht immer weiterfressen, wenn sie zum Schmetterling werden will. Ebensowenig kann ich immer weiterlesen und über das Gelesene reden oder Dinge tun, die ich anderen abgeschaut habe.

Ein deutliches, oft zu beobachtendes Signal ist der schreckliche Augenblick, wenn einem nach Jahren der kursorischen Lektüre die Notwendigkeit dämmert: Ich kann doch nicht wie ein Novize mit diesen geistigen Dingen herumspielen. Ich muss jetzt selber schwimmen lernen. – Dann wird vielleicht ein verstaubtes Buch aus dem Regal gezogen, das man vor Jahren in irgendeiner Jugendgruppe überflogen hat, wo es einem so einfach vorkam, große Weisheiten aufzunehmen, und so viel Spaß machte, kluge Worte verkündet zu bekommen. «Schrecklich» ist das richtige Wort für diese Erfahrung, denn wenn die Seele ihren Luzifer hinter sich gelassen hat, wenn die Flammen der Jugend zu Asche heruntergebrannt sind und man frei ist, tut sich eine beängstigende Leere auf. «Ich finde euch im Glücke»,[132] sagt Benedictus zu Professor Capesius, der sich selbst durch sein Denken «in Finsternisse» geworfen fühlt; denn ein neues Sein kann nur aus solch innerer Hoffnungslosigkeit erwachsen. Nun erst kann das wahre «Studium» beginnen, der erste Schritt auf dem rosenkreuzerischen Pfad – die Arbeit also an den Schriften und Vorträgen Rudolf Steiners, die da auf dem Regal warten. Wir ahnen wenig von dem heiligen Zauber, der in ihnen liegt, von der Kraft, die sie haben, den Schüler zu verwandeln – wie jene Geschenke im Märchen, die aus einem armen Bauernjungen einen Prinzen machen. Wie mühselig kann einem die Lektüre erscheinen, verglichen mit dem goldenen Glanz von Festlichkeiten, Tagungen und Gesprächskreisen.

Diese Bücher wurden so geschrieben, die Vorträge so gehalten, dass sie den inneren Menschen zur Tätigkeit erwecken, sodass wir nicht länger unseren Schweiß in äußeren Aktivitäten vergießen – seien sie noch so kunstvoll und erhebend –, sondern den eigenen inneren «Seelenschweiß» erleben. Er ist nötig, wenn wir Gedanken für Gedanken aufnehmen, verstehen, verdauen, ins Leben umsetzen, wiedergeben wollen – nicht nur mit den Nerven, sondern mit dem ganzen Menschen, mit Kopf, Herz und Willen.

Dann erlangt man eine aktive Konzentration, jene Kraft, eine samtschwarze, nicht widerhallende Stille im Inneren zu schaffen; und ein meditativer Rückblick kann zur täglichen Lebenspraxis werden. Meditation – dieser häufig missbrauchte Begriff, der heute mit Atemtechnik, mit Silbenwiederholungen verwechselt wird, darf ebenso wenig mit gebetshafter Wiederholung von Mantren gleichgesetzt werden, noch sollte sie so sein, wie Rudolf Steiner es einmal beschrieb: «Die Meditationen der meisten Menschen bestehen darin, dass sie sich etwas theoretisch vorschwätzen.»[133] Wenn Konzentration und Meditation der Weg zum regelmäßigen Studium werden, dann gehen die Gedanken durch den Schmelztiegel des Menschen, werden neugeboren, neuformuliert aus dem Ich, nicht als aus dem Gedächtnis hervorgebrachte Spiegelbilder, sondern als Ausdruck des Geistwillens im Menschen.

Verwandlung ist das Geheimnis des Lebendigen. Die Anthroposophie wird zunächst in Gedankenform aufgenommen; wenn wir dann lernen, diese Gedanken in den uns umgebenden Phänomenen zu erkennen, fällt Licht auf dunkle Rätsel.

3. VOM DENKEN ZUM WOLLEN

Wir sehen sie da draußen in der Welt, nun nicht mehr als nur bruchstückhaft erinnerten Inhalt eines Buches, sondern als unsere ureigene Erfahrung. Was abstrakt war, ist nun ganz konkret geworden.

Vom Denken zum Wollen – das ist der Weg, den die Hierarchien den Menschen führen wollen; und es ist auch der Schulungsweg, den wir gehen, wenn wir Anthroposophie erfahren, neu erschaffen, nicht nur widerspiegeln. Wir reflektieren nicht mehr das Licht der Weisheit, wir beginnen, ganz allmählich selbst zu leuchten.

Aller guten Dinge sind auch hier drei: intensives Studium bildet die Grundlage; rhythmisch wiederholte Rückschau und Übung bringen Leben hinein. Doch was entzündet nun das Bewusstsein? Dieses Geheimnis liegt für die meisten im Dunkel. Wirkliche geistige Zusammenarbeit mit anderen, auf die sich jeder gründlich vorbereitet und an der jeder teilnimmt – das ist das soziale Geheimnis, wie man heute ein aktiver Schüler wird. Im Geben und Nehmen, im Miterleben der Kämpfe und Einsichten anderer, in der Selbsterkenntnis im Spiegel der uns umgebenden Menschen und ihrer Reaktionen erwachen wir allmählich zu einem höheren Wachsein. Und durch dieses Erwachen am anderen Menschen entdecken wir, dass der Wille auf wunderbare Weise gestärkt wird. Wir wenden mehr Mühe auf, wir arbeiten härter und schaffen mehr, als wir es allein können.

Ein tätiger Arbeitskreis ist heute beinahe eine Notwendigkeit. Allein kommen wir kaum weiter, allein können wir vielleicht nicht einmal überleben. Das wird auch stark empfunden, und so finden sich die Menschen zusammen. Doch gibt es für die Wirksamkeit von Arbeitskreisen einen Maßstab. Ihr Wert hängt sehr davon ab, ob die einzelnen Teilnehmer sich weiterentwickeln oder ob sie einfach bleiben, wie sie sind; ob jeder Einzelne Fortschritte auf dem anthroposophischen Weg macht und sein Wille so wächst, dass er aktiv und produktiv wird und oft schlummernde Fähigkeiten geweckt werden, oder ob Jahr für Jahr ein paar Leute am Rande bleiben, oft unglücklich über sich selbst, als passive Zuschauer, während immer dieselben den Mund aufmachen. Wird der gemeinsam gelesene Text für die Teilnehmer jedoch wirklich Seeleninhalt und weckt er mehr als Gefühle und Erinnerungskräfte, dann erfüllt der Kreis seine Aufgabe, er wird zu einer Quelle höherer Einsicht, Urteils- und Willenskraft.

Diese kurze Skizze der individuellen Entwicklung vom Denken zum Wollen – durch die im Mikrokosmos des Menschen tätigen Kräfte der drei Hierarchien – sollte deutlich zeigen, dass Anthroposophie *nur* hier auf der Erde errungen und individualisiert werden kann. Sie ist weder angeboren, noch ist irgendjemand in unserer Arbeit zum Herrscher geboren. Es wäre eine schlimme Illusion zu glauben, man könne ein Anthroposoph werden, der etwas taugt, ohne «Seelenschweiß» und Mühe aufgewendet zu haben, die noch viel größer sein müssen als auf irgendeinem anderen Gebiet. Man muss nur die Autobiografie Rudolf Steiners studieren. Wer immer noch glaubt, die «großen Geister» würden in Kürze erscheinen und eine wunderbare neue Welt spiritueller Wahrheit errichten, sollte wieder einmal den letzten Karma-Vortrag lesen und sich die Tragödien des großen Plato in seiner letzten Inkarnation vergegenwärtigen – das könnte ihn von allen Jahrtausendende-Träumen heilen. (Die Plato-Individualität inkarnierte sich im 19. Jahrhundert als Karl Julius Schröer [1825 – 1900]. Schröer war ein bedeutender Goetheforscher und Professor für Literaturgeschichte an der Technischen Hochschule Wien. Er hat seinen Studenten Rudolf Steiner in die Goetheforschung eingeführt. Die Tragödie Platos bestand laut Steiner selbst darin, dass Plato in seiner Schröer-Inkarnation die Bedeutung der Naturwissenschaft für die geistige Entwicklung des Menschen nicht annerkannt hat.) Die Gefahren, denen wir ausgesetzt sind,

3. VOM DENKEN ZUM WOLLEN

sie sind erschreckend konkret: dass wir vielversprechend beginnen und dann doch nichts zustande bringen; dass unseren jungen und alten Anthroposophen nicht genügend geholfen wird, den Willen aufzubringen, um den Weg zur inneren geistigen Wirklichkeit zu finden; dass wir scheitern in dem Bemühen, die rechte Verbindung zur Willens-Hierarchie zu finden.

Rudolf Steiner war sich der vor uns liegenden Gefahren und Hindernisse nur zu bewusst. Wiederholt warnte er davor, Anthroposophie als Theorie oder bloßen Seelentrost zu betrachten. Intellekt und Gefühl allein haben nicht die Kraft, die Aufgabe zu erfüllen. Die voll erwachte Geistseele muss sich heute nach oben öffnen und etwas von dem Feuer, dem Zauber, der Kraft der Seraphim, Cherubim und Throne herabholen. Andernfalls müssen und können wir in der michaelischen Aufgabe, den *Intellekt zu vergeistigen*, nur scheitern – und wir werden nicht die Kraft haben, unserem geistigen Erbe gerecht zu werden, sondern es allenfalls schaffen, den *Geist zu verintellektualisieren*.

5.
Unsere karmischen Weggefährten

Vom Netzwerk der Beziehungen

Wenn es das Kennzeichen des wahren anthroposophischen Geistes ist, sich tief mit dem Geheimnis des menschlichen Lebens verbunden zu fühlen, so stellen gewiss die Bande der Freundschaft und Familie, der Kreis der Gefährten oder Kollegen die wichtigsten Elemente dieses Geheimnisses dar, von dem wir so abstrakt als «Schicksal» sprechen.

Natürlich lebt und strebt jeder von uns als Individuum; dennoch hängt unsere Einzigartigkeit in hohem Maß von dem unsichtbaren Netz menschlicher Beziehung ab, zu dem wir gehören. Nie sind zwei solcher Netze gleich. Berührt man ein menschliches Leben, so entsteht von allen Seiten eine unvorhersagbare Resonanz.

Beim Kind ist dieses Netz schon längst potenziell vorhanden, aber die Bedeutung entscheidender Beziehungen, die wie zufällig zutage treten, enthüllt sich erst später. Ältere Menschen können aus dem Reichtum ihrer Erinnerungen auf dieses Netz zurückblicken: Da sind Orte und Umstände, die uns mit Menschen zusammenbrachten, vor allem aber die Menschen selbst, die uns ein Stück unseres Lebensweges begleiteten.

Manche dieser Gefährten begleiten uns durchs ganze Leben, andere nur ein Stück weit. Manche Bindungen sind dauerhaft, andere finden ein Ende. Wenn bestimmte Menschen in unser Leben treten, ist nichts mehr wie zuvor, alles verändert sich. Andere wieder bleiben an der Peripherie, helfen oder fügen uns Schmerz zu oder bleiben neutral.

Mit diesen Charakterspielern auf unserer Lebensbühne erleben wir Zeiten des Interesses und der Entfremdung, Bindungen und Enttäuschungen – eine unendliche Vielfalt von Einflüssen, die Eltern, Verwandte, Lehrer oder andere mehr oder weniger wohlmeinende Personen auf uns ausgeübt haben und an die wir uns oft gar nicht mehr erinnern können.

V. UNSERE KARMISCHEN WEGGEFÄHRTEN

In anthroposophischen Kreisen erlebt man es oft, dass die gleichen Menschen immer wieder an verschiedenen Orten und unter verschiedensten Umständen zusammentreffen, so als wollten jene, die dieses Netz weben, sichergehen, dass die gestellten Aufgaben auch erfüllt werden.

Zeitgenossenschaft

So unterschiedlich unsere menschlichen Beziehungen ihrem Wesen nach auch sein mögen – helfend, schmerzend oder gleichgültig, liebevoll, feindselig oder neutral –, eines haben wir gemeinsam: Wir sind alle Zeitgenossen, leben zugleich hier auf der Erde. Wir gehören zu einer bestimmten Zeitepoche.

Es ist eine Realität, dass eine gemeinsame Welle uns zur Inkarnation trägt, dass wir miteinander eine Gruppe bilden, die von unserem Zeitalter geprägt ist. «Wenn Sie in einem Erdenleben mit gewissen Menschen zusammen sind, so waren Sie auch in einem früheren Erdenleben – wenigstens im Allgemeinen, die Dinge können sich etwas verschieben – mit den Menschen zusammen, und ebenso wiederum in einem früheren Erdenleben ... Es ist tatsächlich so, dass das fortlaufende Leben der Menschen auf der Erde in Rhythmen sich vollzieht.»[134]

Natürlich gibt es Einzelgänger, die keine engen Beziehungen zu anderen Menschen haben, als seien sie zu früh oder zu spät geboren; doch sind dies Ausnahmen.

Das Bewusstsein für die Zeitgenossenschaft ist in der Jugend nicht so stark ausgeprägt wie im Alter. Doch wir können rückschauend erkennen, welch erstaunlich große Schar älterer Menschen um uns war und wie wenig wir ihre verwobenen Schicksale, ihre Tragödien, ihre Freuden oder ihre

Errungenschaften wahrnahmen. Als wir älter wurden, versanken sie in der Geschichte, und alles, was uns umgab, schien uns und unserer Zeit zu gehören. In den mittleren Jahren merken wir dann allmählich, dass eine neue Welle herangerollt ist, dass wir und sie nicht mehr zusammengehören. Viele von denen, die «unser» waren, sind gegangen. Unsere Lehrer, die Autoren, die wir liebten, die großen Schauspieler, Künstler oder Musiker. Und irgendwann, wenn die meisten unserer Zeitgenossen schon jenseits der Schwelle weilen, sind wir «Überlebende». Der Impuls, sich in Gedanken mit ihnen zu verbinden, wird stärker. Wir erinnern uns an damals, an vergangene Tage. Immer mehr werden wir zu Fremden, und was die Menschen der neuen Welle so feurig ergreifen, was ihre Vorlieben, Moden und Trends ausmacht, erscheint uns bedeutungslos. Das Gefühl der Zeitgenossenschaft weicht der Entfremdung.

Was wir anderen verdanken

Unsere Erinnerungen sind unser größter Schatz. Sie geben uns im Strom des Vergänglichen unser Selbstgefühl. Doch wenn wir vergangene Ereignisse betrachten, sehen wir nicht nur uns selbst, sondern auch andere. Natürlich erinnern wir uns an sie, aber wie viel ist durch unsere Egozentrik verdeckt. Wir erkennen kaum, wie viel von dem, was wir sind, wir anderen in der Vergangenheit verdanken.

Es gibt außer der üblichen subjektiven auch eine *objektive* Lebensrückschau. Wenn wir auf unser Leben zurückblicken und dabei weniger auf das achten, was unsere eigene Person interessiert, als auf die Menschen, die mit uns in Kontakt kamen – vielleicht uns sogar verletzend, was manchmal auch hilfreich ist –, dann kann uns etwas sehr klar werden, wie wenig Grund nämlich der Einzelne hat, sich selbst als Verdienst zuzuschreiben, was er geworden ist.

Wie viel in unserem Leben wurde erst durch andere möglich! Was wäre unser Leben ohne sie? Indem wir die Illusion des «Ich, Mir, Mein», die unseren Blick auf die Vergangenheit verschleiert und verfälscht, durchbrechen, machen wir eine seltsame Entdeckung. Und die Frage stellt sich uns: Wären wir in einer andern Umgebung, einer anderen Familie geboren, hätten wir andere Schulen besucht und andere Lebensumstände vorgefunden – wie viel von dem gegenwärtigen «Ich» gäbe es dann noch?

Beinahe alles, was ich heute bin, wurde durch andere Menschen in mich gelegt. Meine Sprache, meine Gewohnheiten, meine Charakterzüge, meine Ausbildung – all das, was ich gewöhnlich als «Ich» betrachte, verdanke ich Eltern, Erziehern, Lehrern, Menschen, die meinen Umkreis bildeten.

Was sind wir noch selbst, wenn wir in unserer Erziehung so stark von anderen Menschen geformt wurden? In gewissem Sinne etwas wie eine Qualle, ein formloses amorphes Gebilde, dem erst durch vorbestimmte Kräfte aus dieser und jener Richtung Festigkeit und Gestalt gegeben wurde.

Ein zweiter Gedanke tritt hinzu: Zu dieser Prägung unseres Charakters gehörte ja auch unsere Reaktion. Manches nahmen wir an, anderes wiesen wir zurück. Wir lernten dies und nahmen anderes nicht einmal zur Kenntnis. Manche Einflüsse drangen tief in uns ein, andere blieben oberflächlich. Wir wählten unter dem, was auf uns zukam, aus. Die wunderbaren Kräfte der Nachahmung und des Lernens, die später dahinschwanden, wurden von einer inneren Instanz gelenkt. Im Lauf der Jahre zeigte sich das Wirken eines inneren Schicksals. Ohne es zu wissen, entschieden wir uns, von denen geprägt zu werden, die wir liebten, mit denen wir uns verwandt fühlten. Das noch nicht geborene Ich formte bereits den Menschen, zu dem wir werden wollten.

Ein großer Teil des Egoismus könnte überwunden werden, wenn wir uns wirklich über die Einflüsse klarwerden könnten, die andere auf unser Leben hatten. Die uns allen vertraute schlechte Angewohnheit, immer nur um uns selber zu kreisen, könnte gemildert werden durch das Gefühl der Dankbarkeit, der Wertschätzung und Anerkennung für das, was andere in so großem Maß zu unserer Existenz beigetragen haben und immer noch beitragen.

Beziehungen in der Jugend und im Alter

Sollten wir nun nicht nach einem Gesamtmuster, einem Plan suchen, der uns verständlich macht, wie diese zwischenmenschlichen Beziehungen zusammenspielen? Sehr wenige von uns werden das ganze Leben hindurch von den gleichen Weggefährten begleitet. Zunächst sind es Eltern, Geschwister, Verwandte, Schulfreunde und Lehrer; doch dann wechseln für die meisten Menschen Schauplatz und Gesichter. Ehepartner, Kinder, Arbeitskollegen, Freunde und Bekannte bilden eine ganz andere Gruppe. Die Verwandten und die alten Freunde früherer Zeiten treten in den Hintergrund.

Auch wir selbst verändern uns, um wie viel mehr unsere Beziehungen. Am Anfang des Lebens wurde für uns gesorgt, die anderen taten, was für uns nötig war. Später müssen umgekehrt wir selbst für andere sorgen, müssen helfen und Opfer bringen.

Abstrakt gesprochen: Wir beginnen als Empfangende und werden später zu Gebenden. *Nehmen* und *Geben* sind die beiden Grundgesten der beiden Lebenshälften.

Ist da nicht die Frage berechtigt, warum dieser drastische Rollen- und Personenwechsel auf der Lebensbühne stattfindet, als werde im zweiten Akt ein ganz anderes Stück gespielt? Könnte es sein, dass in früheren Leben Bindungen entstanden sind, die nun auf geheimnisvolle Weise ihre Früchte tragen, und dass die veränderte Grundgeste ein wichtiger Bestandteil des Schicksals ist?

In einem Vortrag Rudolf Steiners aus dem Jahre 1912 finden wir einen Gedanken, der uns den Schlüssel dazu liefern kann und uns vielleicht dazu bringt, unsere Freunde voller Ehrfurcht zu betrachten und fragend zurückzuschauen auf jene, die unseren Weg kreuzten.

«Nun stellt sich für die okkulte Forschung eine merkwürdige Tatsache ein. Wenn man untersucht, wie man da in der mittleren Lebenszeit mit anderen Menschen zusammentrifft, Bekanntschaften sucht im Leben, sind es kurioserweise diejenigen Menschen, mit denen man in der vorhergehenden Inkarnation oder einer früheren am Anfang seines Lebens zusammen war, in der allerersten Kindheit.

Denn es hat sich herausgestellt, dass man in der Regel, nicht immer, in der Mitte seines Lebens durch irgendwelche äußeren Umstände des Karma diejenigen Menschen trifft, die früher einmal gerade die Eltern waren ... Wenn ein Mensch, sagen wir, um das dreißigste Jahr herum, in irgendein Verhältnis tritt zu einem anderen Menschen: es mag sein, dass er sich in ihn verliebt, Freundschaft schließt, in irgendeinen Kampf kommt oder irgendwie in etwas anderes, so wird uns vieles lichtvoll und erklärlich, wenn wir zunächst probeweise daran denken, dass wir mit diesem Menschen einmal im Verhältnis von Kind und Eltern waren.

Umgekehrt stellt sich eine höchst merkwürdige Tatsache heraus. Diejenigen Menschen, mit denen wir gerade in der allerersten Kindheit zusammentrafen, Eltern, Geschwister, Spielkameraden oder sonstige Umgebung der Kindheit, sind in der Regel solche Persönlichkeiten, mit denen wir in der vorhergehenden oder irgendeiner früheren Inkarnation die Beziehung so entwickelt haben, dass wir damals um das 30. Jahr diese oder jene Bekanntschaft geschlossen haben. Es stellt sich sehr häufig heraus, dass diese Menschen als unsere Eltern oder Geschwister auftreten in der gegenwärtigen Inkarnation.

Wenn uns so etwas auch kurios vorkommen mag, man versuche es nur einmal auf sein Leben anzuwenden. Man wird sehen, wie lichtvoller das Leben wird, wenn wir die Sache so betrachten. Wenn das einmal nicht stimmt, so macht eine fehlerhafte Probe nicht viel aus.»[135]

Brüche und Trennungen

Aus diesem Blickwinkel können wir vielleicht auch ein Phänomen der heutigen Zeit besser verstehen: jene kurzlebigen Beziehungen, die mit Liebesaffären, Seitensprüngen und dem Bedürfnis nach Unabhängigkeit zu tun haben.

Manche der Trennungen, die meist schmerzhaft, manchmal tragisch oder einfach dumm sind, schneiden tief ins Leben ein. Viele davon waren notwendig, wie wir später sehen werden. Manche Menschen können vergeben und vergessen, als sei ein wenig kosmischer Humor mit im Spiel gewesen.

Trennungen und abgebrochene Beziehungen sind oft unlösbare Rätsel, wenn wir nicht davon ausgehen, dass mehr am Werk ist, als das Auge sehen kann. Die Menschen haben etwas miteinander zu erledigen. Und vieles, was wir heute erleben, hat mit Unvollendetem aus der Vergangenheit zu tun. Die folgende Darstellung kommt dem Rätsel auf die Spur.

Wo man sich bemüht, mit geistiger Anschauung hinter so etwas zu kommen wie eine zerbrochene Jugendfreundschaft, da stellt sich das Folgende heraus.

Geht man in ein früheres Erdenleben zurück, so findet man in der Regel, dass die beiden Menschen, die Jugendfreundschaft in einem Leben hatten, welche dann zerbrochen ist, dass diese in einem früheren Erdenleben eine Freundschaft im späteren Leben hatten ...

Zunächst stellt sich dann, wenn man die Fälle genauer prüft, dieses ein, dass der Drang, den Menschen, mit dem man eine Freundschaft in älteren Jahren hatte, nun auch so kennenzulernen, wie er in der Jugend sein kann, einen im nächsten Leben dazu führt, ihn wirklich als Jugendfreund kennenzulernen. Man hat ihn als älterer Menschen in einem vorigen Erdenleben gekannt; das hat den Drang in die Seele gebracht, ihn nun auch in der Jugend kennenzulernen. Das kann man nicht mehr in diesem Leben, so macht man es im nächsten Leben.

Aber das hat einen großen Einfluss, wenn in einem von den beiden oder in den beiden dieser Drang entsteht, durch den Tod geht und dann zwischen dem Tod und einer neuen Geburt sich auslebt in der geistigen Welt. Denn dann ist in der geistigen Welt etwas da wie ein Hinstarren auf die Jugend. Man hat diese ganz besondere Sehnsucht, auf die Jugend hinzustarren, und man bildet nicht den Drang aus, den Menschen auch wiederum im Alter kennenzulernen. Und so zerbricht die Jugendfreundschaft, die vorbestimmt war aus dem Leben, das man durchlebt hat, bevor man auf die Erde herabgestiegen ist ...

In all den Fällen, die mir bewusst sind, ist es dann immer so gewesen, dass, wären diese Menschen in einem späteren Leben vereinigt geblieben, wäre die Jugendfreundschaft nicht zerbrochen, so würden sie einander überdrüssig geworden sein, weil sie die Freundschaft in einem früheren Leben, die eine Altersfreundschaft war, zu egoistisch ausgebildet haben. Der Egoismus von Freundschaften in einem Erdenleben rächt sich karmisch in dem Verlust dieser Freundschaften in anderen Erdenleben. So sind die Dinge kompliziert. Aber man bekommt immer einen Leitfaden, wenn man eben sieht: Es ist in vielen Fällen dies vorhanden, dass zwei Menschen

*in einem Erdenleben, sagen wir, bis zu ihrem 20. Lebensjahr
ihr Leben für sich und dann weiter in Freundschaft gehen.
In einem nächsten Erdenleben entspricht gewöhnlich diesem Bilde dann das andere, es entspricht diesem anderen die
Jugendfreundschaft, und dann geht das Leben auseinander.
Das ist sehr häufig der Fall.*[136]

Unsere Lehrer und wir

Lehrer haben großen Einfluss auf unser Leben, ob wir uns dessen bewusst sind oder nicht. Sie bestimmen in hohem Maße, in welchem kulturellen Milieu wir uns in späteren Jahren bewegen.

Doch es gibt solche und solche Lehrer. Viele – wir haben sie schon vergessen – schleppten uns nur durch die Schulroutine und ließen uns als Persönlichkeit unberührt. Doch es gab auch herausragende Gestalten. Sie hatten eine Wirkung auf uns, unter der wir uns wie eine Blume im Sonnenlicht öffneten, sie halfen uns, noch ungeborene Möglichkeiten zu entwickeln, regten uns an, ihnen nachzueifern und Fähigkeiten herauszuarbeiten, von denen wir gar nichts wussten. Was geschah da zwischen ihnen und uns?

Von manchen Menschen, die Rudolf Steiner als Erwachsene begegneten, heißt es, sie hätten ihr ganzes Leben der Arbeit, die zu tun war, und dem inneren Streben gewidmet. Auch weniger bedeutende Menschen können offensichtlich solche konkreten Wirkungen hervorrufen. Es ist das Geheimnis des «Dein Wille geschehe».

Das Finden eines Lehrers ist ein großes Kapitel für sich. Was wir hier kurz betrachten wollen, ist die geheime Kraft, die in jenen kostbaren Augenblicken am Werk ist, wo das Schicksal ein wenig den Schleier lüftet. Denn in solchen

Momenten geht es nicht nur um karmische Beziehungen aus der Vergangenheit, sondern auch um die gegenwärtige Metamorphose von Seelenkräften. Und auch um Wirkungen in künftige Erdenleben hinein.

Es versetzt einen immer wieder in Erstaunen zu sehen, dass die Grundlagen für die Denkkräfte des wahrhaft modernen Bewusstseinsseelenmenschen im musikalischen Gefühlsleben der orphischen Mysterien gelegt wurden. Dass ähnliche Metamorphosen zwischen Lehrer und Schüler wirksam sein können, sollte unsere Aufmerksamkeit wecken. Denn diese «magische» Beziehung, die Anziehungskraft der Gedanken und Ideen, die der große Lehrer bewirkt, muss ihre Wurzeln in einer starken Gefühlsbeziehung in einer früheren Inkarnation haben.

Die folgenden Ausführungen können uns einigen Stoff geben, über unsere eigene Vergangenheit, unsere Gegenwart und unsere Zukunft, die wir jetzt gestalten, nachzudenken.

Es ist ja nicht ausschließlich so, dass die Menschen auf solche, die ihre Lehrer waren, nur so zurückblicken müssen, dass sie sie eigentlich verachten, sondern es gibt ja auch durchaus die Möglichkeit und die Fälle, wo die Menschen mit einer gewissen inneren Befriedigung zurückblicken auf solche, die ihre Erzieher, ihre Vorbilder waren. Da kann sich dann dieses Zurückblicken im intimen inneren Erleben in einer gewissen Weise vertiefen. Man kann finden, wie man zum Beispiel zwischen dem 7. und 14. Jahre empfand: Das, was diese verehrte Lehrerautorität machte, das müsse man auch machen, man könne gar nicht anders, als das auch machen. Oder man fühlt, wenn diese verehrte Lehrerindividualität etwas lehrt, etwas sagt, als ob man das schon gehört hätte, als ob das nur Wiederholung wäre. Das gehört sogar zu den schönsten Errungenschaften des Lebens, wenn man auf so etwas hinsehen kann wie auf eine Wiederholung ...

Der Mensch hat in diesem Leben diesen Erzieher durch

das Schicksal erhalten. Es ist ja nun einmal ein Karma, einen Lehrer durch ein Schicksal zu erhalten. Das weist zurück auf früheres Erdenleben.

In der Regel – das zeigt nun die okkulte Beobachtung – ist es nicht so, dass in diesem früheren Erdenleben der Lehrer bereits Lehrer war des Betreffenden, sondern er stand zu ihm in einem ganz anderen Verhältnisse. Man nimmt die Gedanken auf, wenn man einem Lehrer oder einem Erzieher gegenübersteht – wenn auch im Bilde –, man nimmt in der richtigen Pädagogik gerade die Gedanken, die Vorstellungen auf. Wenn das der Fall ist, so führt das in der Regel zurück auf ein früheres Erdenverhältnis, wo man nicht Gedanken, sondern Gefühle aufgenommen hat von der betreffenden Persönlichkeit ... Wir können dasselbe auch für das jetzige und ein folgendes Erdenleben charakterisieren.

Nehmen wir einmal an, jemand hat in diesem Erdenleben Gelegenheit, viel innere herzliche Sympathie zu haben für diesen oder jenen Menschen, mit dem er heute nicht sonderlich in ein Lebensverhältnis kommt, dem er nur begegnet, aber der ihm ungeheuer sympathisch ist. Es kann dann so sein, dass diese Sympathien, die da entwickelt werden in dem jetzigen Erdenleben, dazu führen, dass der Betreffende, der diese Sympathien entwickelt, in einem folgenden Erdenleben den, für den er die Sympathien entwickelt, zum Lehrer hat, zum Erzieher hat.[137]

Eltern und Kinder

Die stärksten und dauerhaftesten Bindungen bestehen zu den nächsten Verwandten. Sie werden nur selten aufgelöst. Zwei aufeinanderfolgende Generationen: die ältere, die die jüngere in der Inkarnation willkommen heißt; und die jüngere, die für die ältere dann am Ende des Lebens sorgt und ihr beisteht. Diese Seelenbeziehung, die man unbestimmt als «Blutsbande» bezeichnet, ist ein unerklärliches Zusammengehörigkeits- und Verantwortungsgefühl, das auf der geheimnisvollen Kraft «Elternliebe» beruht. Wären die Menschen dem Geistigen gegenüber allgemein nicht so blind, würden die sich aufwerfenden Fragen unmittelbar zum Übersinnlichen führen.

Lassen wir zu diesem irdisch wie geistig so komplexen Thema zunächst Rudolf Steiner sprechen; er schildert, wie die Beziehung zwischen dem Kind und seinen Eltern schon vor der Inkarnation geknüpft wird:

«Das sich verkörpernde Individuum führt die sich Liebenden zusammen. Das Urbild, das sich verkörpern will, hat sich ja die Astralsubstanz angegliedert, und diese Astralsubstanz wirkt nun hinein in die Liebesleidenschaft, in das Liebesgefühl. Das, was unten auf der Erde hin und wieder wogt als astralische Leidenschaft, das spiegelt in sich wieder das Astralische des heruntersteigenden Wesens. Also der astralischen Substanz von oben kommt das astralische Gefühl der Liebenden entgegen; es wird beeinflusst von der Substanz dessen, was zur Verkörperung niedersteigt. Wenn wir diesen Gedanken ganz durchdenken, so müssen wir sagen: Der sich wiederverkörpernde Mensch ist durchaus beteiligt an der Wahl seiner Eltern. Je nachdem er ist, wird er hingetrieben zu dem betreffenden Elternpaar. Der Einwand ist billig, dass man behauptet: mit solcher Begründung der Auswahl der Eltern verliere man das Gefühl, in seinen Kindern wieder zu erstehen, und dass die Liebe, die sich darauf gründet, den Kindern das Ureigene verliehen zu haben, sich dadurch verringere.

Das ist eine grundlose Furcht; denn diese Mutter- und Vaterliebe wird in einem viel höheren und schöneren Sinne aufgefasst, wenn wir sehen, dass das Kind in einem gewissen

Sinne die Eltern vorher liebt, schon vor der Befruchtung, und dadurch zu ihnen hingetrieben wird. Die Elternliebe ist also die Antwort auf die Liebe des Kindes, sie ist die Gegenliebe. So haben wir eine Erklärung der Elternliebe als Wiedergabe dessen, was als kindliche Liebe vor der physischen Menschheitsentstehung gegeben ist.»[138]

An dieser Stelle sei noch die Antwort Rudolf Steiners auf eine Frage zitiert, die ihm von Ärzten gestellt wurde – aus dem Ersten Rundbrief vom 11. März 1924, GA 316 [Anhang] –, da die darin angedeutete Problematik heute von weitverbreitetem Interesse ist:

«Auf die Frage, ob man bei Schwangerschaftsunterbrechung, die man zur Rettung der Mutter vornimmt, in das Karma der Mutter und in das Karma des Kindes eingreift, ist zu sagen: dass beide Karmas zwar in kurzer Zeit in andere Bahnen gelenkt, aber bald wieder durch den Eigenverlauf in die entsprechende Richtung gebracht werden, sodass von dieser Seite von einem Eingreifen in das Karma kaum gesprochen werden kann. Dagegen findet ein starker Eingriff in das Karma des Operierenden statt. Und dieser hat sich zu fragen, ob er vollbewusst auf sich nehmen will, was ihn in karmische Verbindungen bringt, die ohne den Eingriff nicht dagewesen wären. Fragen dieser Art sind aber nicht generell zu beantworten, sondern hängen von der Besonderheit des Falles ab, gleich manchem, das ja auch im rein seelischen Kulturleben einen Eingriff in das Karma bedeutet und zu tiefen, tragischen Lebenskonflikten führen kann.»

Wenn wir von Liebe, Wahl, Aufsuchen bestimmter Lebensbedingungen, Affinitäten sprechen, sind klare Unterschiede hilfreich. Es gibt viele Arten von Liebe, die Menschen zusammenbringen: Verliebtheit, Kindesliebe, Elternliebe und die reife Liebe, die der Zeit standhält. Die Wahl kann sich auf die Entscheidung der Eltern füreinander, des Kindes für bestimmte Eltern und auf die Möglichkeit beziehen, dass beides sich durchdringt.

Beim Aufsuchen bestimmter Lebensbedingungen geht es um Möglichkeiten der Vererbung. Sie gehen natürlich über die rein «physischen» Züge der äußeren Erscheinung, der Begabungen und Geschicklichkeiten, sogar der organisch bedingten intellektuellen Fähigkeiten hinaus und schließen die Lebenskräfte ein, die sich in Charakter, Temperament und Anlage ausdrücken. Der Vererbung unterliegen auch seelische Eigenschaften wie Lerneifer, Interesse, Neigungen und all die Impulse, die aus der Empfindungsseele kommen.

Und natürlich beziehen sich die Lebensbedingungen auch auf die Umgebung: die kulturellen Möglichkeiten und die Erziehung; Überfluss oder Mangel; Angenommen- oder Abgelehntwerden; Freizügigkeit oder Strenge – die Aufzählung ließe sich noch lang fortsetzen.

So ist unser Schicksal ein Gewebe aus Entscheidungen unseres «Urbildes». Der Gedanke, dass eine bewusste Wahl oder Entscheidung im Spiel ist – zumindest, wo es um wichtige Fragen geht –, kann Leid, Krankheiten oder Schicksalsschlägen einen Sinn geben, sodass wir eher bereit sind, sie als Herausforderung zu betrachten und nicht mehr als Pech oder blinden Zufall.

Zusätzlich zu diesem Bereich von Vererbung und Umwelt gibt es die speziellen inneren Verbindungen zwischen Familienmitgliedern: Gewöhnlich besteht eine enge Bindung zwischen Mutter und Sohn, zwischen Vater und Tochter, die oft durch starke Ähnlichkeit, «selektierte» Züge, sichtbar wird.

Die Aussage, dass hinter jedem großen Mann eine bedeutende Mutter stehe – bedeutend natürlich hinsichtlich ihrer Charaktereigenschaften und ihres Seelenlebens –, wurde immer wieder bestätigt. Vielleicht wird man eines Tages auch entdecken, dass im Schatten großer Frauen bedeutende Väter stehen.

Wenn wir von vererbten Charakterzügen sprechen, laufen wir Gefahr, uns in Halbwahrheiten zu verirren. Wir müssen uns klarmachen, dass es nicht um einzelne Eigenschaften geht, sondern um die Gesamtheit der Kräfte, die die Persönlichkeit bilden. Bei jedem Menschen ist die «Mischung» von Verbindungen das Einzigartige, auch wenn darunter dominante Fähigkeiten sind. Sie bilden zusammen das individuelle Profil. Die gleichen Familiencharakteristika finden unter Geschwistern unterschiedliche und individuelle Ausdrucksformen.

Fragen der Vererbung, der Umgebung und Affinität werden in einem öffentlichen Vortrag Rudolf Steiners aus dem Jahre 1911 behandelt. Wir finden darin einige Antworten auf Fragen zum Rätsel der Eltern-Kind-Beziehung.

Die Antworten lassen sich etwa so zusammenfassen:
– Bestimmte Züge stammen aus der väterlichen, gewisse andere aus der mütterlichen Vererbungslinie.
– Von der Mutter stammen hauptsächlich die inneren Eigenschaften des Verstandeslebens, vor allem Beweglichkeit der Gedanken, die Fähigkeit, sich an die äußeren Erscheinungen zu erinnern (Gedächtnis), sie in festumrissene Bilder zu bringen und vermittels Ideen darzustellen.
– Aus der väterlichen Linie erben wir unsere Interessen, ebenso Temperament, Wünsche, Triebe, die physischen Begabungen und das, was in der äußeren Welt erreicht werden kann.
– Kopfpol (von der Mutter): geistige Fähigkeiten, einschließlich der Beweglichkeit der Gedanken, Imaginationskraft und künstlerische Begabungen.
– Handlungs-Willens-Pol (vom Vater): Interessen, Selbstdisziplinierung der Kräfte, Leidenschaften und Begierden, die Fähigkeit, im äußeren Leben Dinge zu Ende zu führen, Ehrgeiz, Karriere-Streben.

- Es gibt keine direkte Übertragung von Begabungen, sie werden verwandelt. Die *inneren* Fähigkeiten der Mutter werden beim Kind zu *äußeren*, die *äußeren* des Vaters werden zu *inneren*.
- Die Vererbung geht, in verwandelter Form, vor allem von der Mutter auf den Sohn und vom Vater auf die Tochter über. «Und wir können es als ein schönes Gesetz ... aussprechen, dass die Seele der Mutter in den Organanlagen, in den persönlichen Tüchtigkeiten und Fähigkeiten der Söhne fortzuleben die Neigung hat, dass aber die Organanlage der Väter, die ganze Konfiguration der Persönlichkeit des Vaters, hinaufsteigt und in der Seele der Töchter weiterlebt oder die Neigung dazu hat. Der Vater wird also bis in die Anlage seiner physischen Persönlichkeit hinein, ja bis zu dem, was seine physische Persönlichkeit im äußeren Leben erreicht, sich fortsetzen in der Seele der Töchter. Die Mutter wird in Bezug auf ihre Seele, die im engeren Kreise bleibt mit wenig Möglichkeiten, durch die Organe die Seelenfähigkeiten auszuleben, fort sich leben in den auf die äußere Welt wirksamen Organanlagen der Söhne.»[139]

Ein großer Teil dieses Themas kann hier nicht ausgeführt werden. Doch kann das Gesagte vielleicht als Anregung zu eigener Überlegung und weiterer Beschäftigung mit diesen Fragen dienen.

Aus dem wenigen schon geht jedoch hervor, dass das, was wir von unseren Eltern erben, die Werkzeuge unserer irdischen Existenz sind. Und wir beginnen vielleicht zu verstehen, dass die Unterteilung der Menschen in Männer und Frauen eine tiefere Bedeutung hat, als in unserer Kultur gemeinhin angenommen wird. Die Trennung in Geschlechter ist ein Teil der Weltordnung, wodurch wir die innere und äußere Struktur unserer Persönlichkeit erhalten, die wir brauchen, um in dem von uns gewählten Leben so viel wie möglich zu lernen.

Männer und Frauen sind in der Konstellation der Familie alles andere als «gleich», sie haben weder das Gleiche zu geben, noch können sie das Leben allein bestehen. Sie ergänzen und brauchen einander und haben voneinander zu lernen.

Letztlich kann unser Leben als Gelegenheit gesehen werden, im gemeinsamen Bemühen und im Austausch zu lernen. Was kann man Schöneres über die Liebe sagen!

Menschliche Beziehungen im Sterben und danach

Wir sprachen am Anfang dieses Kapitels über Trennungen und Auflösungen von Beziehungen zwischen Lebenden und dem damit verbundenen Schmerz. Doch es gibt auch die Trennung durch den Tod – eine der Lektionen im Leben, die wir alle lernen müssen. Der damit einhergehende Schmerz kann, je nach den Umständen, nicht mit anderen Lebenserfahrungen verglichen werden. Trotz des herrschenden Materialismus und der destruktiven Anschauung, mit dem Tod sei «alles zu Ende», ist der Glaube an ein Weiterleben nach dem Tod tief in der menschlichen Natur verankert. Nach einer Gallup-Umfrage von 1972 glauben 69 Prozent aller Amerikaner an ein Leben nach dem Tod, und eine Umfrage von 1988 ergab, dass 8 Millionen Amerikaner über Erlebnisse jenseits der Todesschwelle berichten konnten. Das ist jedoch ein eigenes Thema; uns interessieren hier die menschlichen Bindungen und ihre nachtodliche Wirklichkeit. Kontakte mit Verstorbenen sind überraschend weit verbreitet. Die Frage «Hatten Sie je das Gefühl, mit einem Verstorbenen in Berührung zu kommen?» wurde von 27 Prozent einer repräsentativen Gruppe von Menschen in den Vereinigten Staaten positiv beantwortet. «Witwen und Witwer, die einen ihnen sehr nahestehenden Partner verloren hatten, berichteten doppelt so häufig über Begegnungen mit ihren verstorbenen Partnern ... eine andere Studie in England kam zu den gleichen Ergebnissen ... 47 Prozent der Befragten hatten zu einem bestimmten Zeitpunkt Kontakt mit ihren verstorbenen Ehepartnern.»

Ein in den letzten Jahren populär gewordenes Thema sind die Nah-Tod-Erlebnisse, von denen Menschen berichten, die nach klinischen Befunden bereits tot waren. Wiederum beschränken wir uns hier auf die Visionen, die mit verstorbenen Verwandten zusammenhängen. Das Buch *At the Hour of Death (In der Todesstunde)*[140] liefert einen statistischen Bericht über das, «was sie sahen». Eine häufig gemachte Erfahrung: Ein naher verstorbener Verwandter erscheint, nur dem Sterbenden sichtbar, ein Phänomen, das von den Forschern die «take-away vision» genannt wird. Solche Erfahrungen verwandeln das ganze Empfinden. Sie bewirken beim Sterbenden Heiterkeit und Frieden, ja sogar Glückseligkeit und heben ihn dadurch über den Schmerz und die negativen Gefühle, die gewöhnlich mit der physischen Situation verbunden sind, hinaus. «Die Erscheinungen, die der Sterbende ‹sieht›, werden vor allem als Führer erlebt, der sie bei ihrem Übergang in eine andere Existenzform begleitet.»[141]

In dieser Untersuchung, die sich mit über tausend Fällen beschäftigt, stellen die Wissenschaftler fest: «Man hätte erwartet, dass die traditionellen Vermittler zwischen uns und der anderen Welt gesehen würden, Geistliche und Rabbiner, die immer zugegen sind, um die Sterbesakramente zu spenden und auf verschiedene Weise die geistigen Kräfte anzurufen. In keinem einzigen Fall jedoch erschien ein verstorbener Priester als Abgesandter aus dem Jenseits, um sein sterbendes Gemeindemitglied zu begleiten.» Stattdessen wurden «die nächsten Verwandten gesehen: die Mutter, der Ehepartner, Kinder, Geschwister, der Vater – und die Häufigkeit entsprach dieser Reihenfolge.»

Begegnung und Zusammensein mit geliebten
Menschen nach dem Tod

Je länger wir über diese Dinge nachsinnen, desto größer wird das Mysterium der menschlichen Beziehungen. Sie scheinen kein Ende zu nehmen. Und vielleicht sind sie der irdische Aspekt des letzten, höchsten Zieles: der Entwicklung zur Gemeinschaft der ganzen Menschheit.

Da wir hier Bereiche betreten, die jenseits der gewöhnlichen Todeserfahrung liegen, wollen wir diesen Teil unserer Studie mit einem Auszug aus einem Vortrag Rudolf Steiners beschließen. Er gibt darin ein wunderbares Bild dafür, wie sich die Freundschaftsbande, die der Mensch im Erdenleben knüpft, nach dem Tode fortsetzen, und welche Bedeutung Liebe und Brüderlichkeit für die Zukunft haben.

Die innige Vereinigung, die reine geistige Liebe, die hier als Errungenschaft des Lebens im Jenseits dargestellt ist, war bereits das Grundthema der *Philosophie der Freiheit* von 1894. Vielleicht ist die Verwirklichung des «ethischen Individualismus» unter den Menschen, die hier auf Erden als Anthroposophen leben, die Aufgabe, die das Gesetz der geistigen Welt erfüllt.

Fäden werden hier in der physischen Welt von Seele zu Seele gesponnen, wie sie sich aus den mannigfaltigen Lebensverhältnissen ergeben, Bande der Freundschaft, der Liebe und so weiter werden geknüpft. Und alles das, was so angeknüpft wird von Mensch zu Mensch, das hat nicht nur für die physische Welt Bedeutung und Wesenhaftigkeit, sondern ist auch wichtig für die geistige Welt. Und zwar kann man sagen, je geistiger hier die Beziehungen gewesen sind, desto bedeutungsvoller sind sie für die devachanische Welt. Stirbt der Mensch, so fällt auch von diesen Verhältnissen der Liebe und der Freundschaft alles das ab, was physisch ist an ihnen, und nur das Seelisch-Geistige bleibt. So zum Beispiel im Verhält-

nis zwischen Mutter und Kind. Zunächst spinnt sich zwischen diesen beiden aus der Naturgrundlage heraus ein Verhältnis an, dieses vergeistigt sich allmählich, ja, im Laufe der Zeiten ist diese ursprüngliche Naturgrundlage etwas, was eigentlich nur Gelegenheit gegeben hat, ein Band zwischen Seele und Seele zu spinnen. Stirbt der Mensch, so fällt diese Naturgrundlage ab, aber das, was sich als Band zwischen Seele und Seele geschlungen hat, das bleibt erhalten. Und wenn Sie sich vor die Seele rücken das ganze Menschengeschlecht der Erde, alle die bestehenden Bande der Freundschaft und der Liebe, so müssen Sie sich diese Zusammenhänge denken wie ein großes Netz, wie ein gewaltiges Gewebe, und dieses Gewebe ist auch wirklich vorhanden im Devachan [die höhere Geistwelt]. Und wenn der Hellseher vom Standpunkte des Devachan auf die Erde blickt, dann sieht er dieses Gewebe geistiger Zusammenhänge. Das Gewebe dieser geistigen Zusammenhänge findet der Mensch wieder, wenn er nach dem Tode das Devachan betritt. Er ist hineingestellt in all die geistigen Zusammenhänge, die er selbst gewoben hat. Daraus beantwortet sich auch die Frage: Sieht man im Devachan seine Lieben wieder? – Ja, wir sehen sie wieder, und zwar befreit von allen Hindernissen des Raumes und der Zeit, die sich wie ein Schleier hienieden über alle diese Seelenverhältnisse legen. Im Devachan stehen die Seelen einander selbst gegenüber. Das Verhältnis von Seele zu Seele ist viel innerlicher als in der physischen Welt und viel inniger. Niemals kann im Devachan ein Zweifel sein, ob der eine den andern wiedererkennt, wenn der eine früher, der andere viel später nach langer Zwischenzeit das Devachan betritt. Das Wiedererkennen seiner Lieben dort ist gar nicht besonders schwierig, denn dort trägt sozusagen jeder seine geistige innere Wesenheit auf seinem geistigen Antlitz geschrieben. Er spricht seinen Namen selbst aus, und zwar in einer viel passenderen Weise, als es hier möglich ist, als seinen eigenen Grundton – wie man im Okkultismus sagt –, der er *auch selber ist in der geistigen Welt. Ein solches ungestörtes Zusammensein der sich Liebenden ist erst möglich, wenn beide im Devachan sind. Doch herrscht für den Entkörperten in Bezug auf den, der noch auf der Erde sich befindet, nicht Bewusstlosigkeit; er kann dessen Tun sogar verfolgen. Irdisch-physische Farben und Formen sieht der im Devachan sich Befindende natürlich nicht, da er keine physischen Organe mehr hat im Devachan. Alles aber in der physischen Welt hat sein geistiges Gegenbild im Geistgebiet, und das nimmt der Vorangegangene wahr. Jede Handbewegung in der physischen Welt, denn ihr geht ein Wille voraus, bewusst oder unbewusst, jede Veränderung am physischen Menschen hat ein geistiges Gegenbild, das er im Devachan wahrnehmen kann. Das Sein im Geistgebiet ist nicht etwa eine Art von Traum oder Schlaf, sondern es ist durchaus ein bewusstes Leben. Denken Sie sich, dass der Mensch Anlagen und Impulse empfängt im Devachan, um mit den Lieben in einem näheren Verbande zu bleiben, um sie in einer späteren Verkörperung wieder auf Erden zu finden. Das ist vielfach der Sinn der Erdenverkörperung, immer intimere Bande zu schlingen. Das Zusammenleben im Devachan ist ein mindestens ebenso intimes wie jedes Leben hier. Das Mitfühlen im Devachan ist ein viel energischeres, intimeres als auf der Erde; den Schmerz erleben Sie dort mit als Ihren eigenen Schmerz. Auf Erden ist mehr oder weniger persönliches Glück möglich auf Kosten der andern, im Devachan ist das ausgeschlossen. Dort würde das Unglück, das einer etwa einem andern bereitet, um selbst glücklich zu sein, auf ihn zurückstrahlen, und man könnte wirklich nicht auf Kosten der andern glücklich sein. Das ist der Ausgleich, der vom Devachan ausgeht. Die Impulse, um die Brüderlichkeit auf der Erde zu verwirklichen, bringen Sie von dort mit. Das, was im Devachan selbstverständliches Gesetz ist, das soll auf der Erde als eine Aufgabe verwirklicht werden.*[142]

6.
Menschenbegegnungen im Lichte von Mond und Sonne

Im vorangegangenen Kapitel haben wir das Reich der menschlichen Beziehungen erkundet, durch die wir mit unseren karmischen Weggefährten verbunden sind – das unsichtbare allgegenwärtige Netz, das uns unser Leben lang mit unseren Verwandten und Freunden verknüpft.

In diesem Kapitel nun wollen wir von dem sprechen, was sich gleichsam hinter der Bühne abspielt, bevor sich die Wege der Menschen kreuzen; von jenen alten Bekannten aus vergangenen Leben und den «Fremden», die neu und oft entscheidend in unser Leben eintreten; von den wunderbaren geistigen Kräften, die in unseren Beziehungen walten, und auch von dem, was Menschen einmal für uns bedeuten könnten, wenn wir unser Ziel wirklich erreichen sollten: den uns Begegnenden mit dem Wissen des Eingeweihten gegenüberzutreten.

Das Zusammenspiel der Schicksale

Der Stoff des Lebens ist aus Menschen, Orten und Dingen gewoben. Doch welch Geheimnis liegt in den Geschehnissen, in den seltsamen Koinzidenzen und wunderbaren Fügungen; letztlich sind Dinge und Orte nur die Szenerie und die Requisiten, die wir Schauspieler brauchen, um uns zusammenzufinden und unser Stück zu spielen. Später, im Himmel, geht das Spiel weiter, doch dann ohne Bühne; Wesen gesellt sich zu Wesen, die Freundschaften tragen weiter, unsere Bindungen werden zu Wirklichkeiten und unsere Taten zu Früchten, die sich in kommenden Leben auswirken werden.

Schicksal wirkt durch Menschen: Ein Zwölftel unserer gesamten Existenz oder weniger verbringen wir hier auf der Erde zwischen Geburt und Tod, in der Begegnung und Interaktion mit anderen Menschen – eine erstaunlich kurze Spanne. Die übrigen elf Zwölftel verbringen wir zwischen Tod und neuer

VI. MENSCHENBEGEGNUNGEN

Geburt in kosmischen Bereichen; da beurteilen wir, was wir getan haben und wie wir es getan haben, und wandeln dann die irdischen Erfahrungen in potenzielle Fähigkeiten und moralische Verpflichtungen um. Voller Sehnsucht und Freude beginnen wir daraufhin einen neuen Erdenzyklus. Wie wichtig sind also jene relativ kurzen Jahre auf der Erde, wie entscheidend, wie bestimmend für das, was einmal sein soll, und zwar für uns ebenso wie für die anderen.

Die möglichen Beziehungen, die wir mitbringen und die unbewusst schon in unserer Natur, unserem Charakter und unseren Interessen verankert sind, wurden schon im Himmel angeknüpft. Wir suchen einander und finden einander, ohne zu wissen, wie. Und dann endet diese uns unbewusste Führung, wir erwachen und treten in eine neue Phase des Lichts.

Selbstgestalter unseres Schicksals: Ob es uns gefällt oder nicht, dieses Geführtsein macht uns zu marionettenhaften Geschöpfen. Wir handeln wie im Traum. Wir treffen Entscheidungen, ohne zu wissen, warum. Ihr Sinn geht uns oft erst später auf. Der Begriff des karmischen Wirkens, geheimnisvoller, aus der Vergangenheit wirkender Kräfte, hilft uns, Licht auf die Umstände und Umwege zu werfen, durch die wir einander finden. Sind wir uns aber einmal begegnet, dann liegt es an uns, wie wir miteinander umgehen, dann sind wir keine Träumenden mehr. Die Vergangenheit war bis zu unserer Begegnung wirksam, sie führte uns. Mit diesem Augenblick beginnt jedoch die Zukunft, die wir selbst schaffen und gestalten. Vergangenheit und Zukunft vermischen sich nun: Führung, Instinkt, Halbbewusstheit wirken aus der Vergangenheit nach; Freiheit, aus Einsicht geborenes Handeln, formt unsere zukünftigen Möglichkeiten.

Erkenntnis über diese Wunder der zwischenmenschlichen Beziehungen zu gewinnen war eine zentrale Aufgabe der Anthroposophie. Denn heute wollen wir die Dinge erkennend durchdringen. Die Vorsehung der Vergangenheit, die die sozialen Zusammenhänge stiftete, weicht heute der Selbstbestimmung und Verantwortung für das, was zwischen Menschen hier auf der Erdenbühne geschieht. Die Menschen sollen zu Schöpfern ihres eigenen Schicksals werden.

Vom Suchen und Sich-Finden

Im Auf und Ab unseres Menschenlebens knüpfen wir mit Hunderten von Menschen Bekanntschaft an: in der Schule, am Arbeitsplatz, in der Nachbarschaft oder in Gruppen, die sich aus gemeinsamen Interessen bilden. Manche davon werden bedeutsam, andere bleiben am Rande. Wir nehmen vielleicht gemeinsam an einem Ereignis teil und trennen uns dann wieder. Vielleicht erinnern wir uns an Namen und Gesichter, doch eine große Zahl früherer Bekanntschaften gerät vollständig in Vergessenheit. Mit einzelnen Menschen werden dauerhafte Freundschaften angeknüpft; wir bleiben verbunden, auch wenn die äußeren Umstände sich verändern.

Aber es gibt auch Begegnungen, die unser Leben verändern. Sie wecken entscheidende neue Interessen und bestimmen ganze Lebensperioden. Und dann gibt es ganz außerordentliche Begegnungen, wo zwei Individualitäten, die vielleicht an ganz verschiedenen Orten und unter völlig unterschiedlichen Umständen aufgewachsen sind, sich eines Tages begegnen, und das Unerklärliche geschieht: Sie verlieben sich ineinander. Die scheinbar zufällige Begegnung kann zum Beginn einer das Leben bestimmenden, dauerhaften Bindung werden.

Wenn wir Ehepaare fragen, wie sie sich kennengelernt haben, erfahren wir oft dramatische Geschichten, die jeden Roman übertreffen. Auch die in anthroposophischen Kreisen übliche Frage «Wie kamen Sie zur Anthroposophie?» zieht oft Berichte

VI. MENSCHENBEGEGNUNGEN

von zufälligen Begegnungen und kunstvollen Fügungen, durch die entscheidende Verbindungen geknüpft wurden, nach sich. Im Rückblick erscheinen solche Begegnungen schicksalhaft oder karmisch. «Wir treffen oftmals im späteren Leben einen Menschen, der für unser Leben außerordentlich wichtig ist. Wenn wir zurückdenken, wie wir bis dahin gelebt haben, wo wir diesen Menschen treffen, so erscheint uns das ganze Leben wie der Weg, um diesen Menschen zu treffen. Es ist, als wenn wir jeden Schritt dazu veranlagt hätten, dass wir gerade im rechten Zeitpunkt diesen Menschen finden oder überhaupt ihn finden in einem bestimmten Zeitpunkt.»[143] Wenn wir im eigenen Leben und in dem anderen solche «Zufälle» entdecken, entstehen Fragen, suchen wir nach Erklärungen. Wer hat das alles gefügt? Wie konnte es zustande kommen?

An jedem Wendepunkt unseres Weges muss uns eine Notwendigkeit geführt haben. «Man muss dann schon darauf aufmerksam werden, wie man gegenüber einem Menschen, dem man scheinbar ganz zufällig begegnet, sich sagen muss, wenn man auf die ganze Art, wie man sich dann zu ihm verhält, hinsieht: Man hat ihn gesucht, gesucht, seit man in diesem irdischen Dasein herinnen ist; man könnte auch schon sagen: vorher, aber darauf will ich jetzt nicht eingehen. Man braucht ja nur zu erwägen, wie man nicht auf diesen Menschen aufgestoßen wäre, wenn man da oder dort in seinem vergangenen Erdenleben nur ein wenig einen anderen Schritt nach links oder rechts gemacht hätte und nicht dahin gegangen wäre, wo man gegangen ist.»[144]

Wenn wir ehrfurchtsvoll zurückschauen, können wir zu der Erkenntnis erwachen, dass unserem Leben das Muster einer Schicksalsführung zugrunde liegt, dass das scheinbare Chaos aus einer Ordnung hervorgeht, dass dem Labyrinth der Umstände eine gewisse Richtung innewohnt und bestimmte Entscheidungen gerade so notwendig waren.

Das Tor des Mondes

Wir steigen aus dem Kosmos in die irdische Inkarnation herab durch das Tor des Mondes und bringen die verwandelten Früchte aus unseren vergangenen Leben mit. Und wir bringen die Aufgaben mit, die wir uns selbst gestellt haben, um sie zusammen mit anderen auszuführen, denen wir zu einem bestimmten Zeitpunkt und an einem bestimmten Ort auf unserer Lebensreise begegnen werden.

Es sind die Mondenlehrer, die früheren Gefährten des Menschen auf der Erde und jetzigen geistigen Bewohner der Mondensphäre, die während unseres Durchgangs durch ihre Sphäre vor unserer Inkarnation den Plan für unsere Erdenunternehmungen in uns gelegt haben. Sie haben unser zukünftiges Schicksal in den unbewussten Teil unseres Wesens hineingewoben, jene Kräfte, die uns dazu treiben, einander zu suchen und zu finden.

Sie sind die Bewahrer unserer Lebenserinnerungen; bildlich gesprochen, führen sie Buch über das, was wir in vergangenen Leben getan haben, und über die Folgen, die aus unserem Tun erwachsen.

Mit irdischen Worten gesagt: Es ist, als würden wir zu einem Geschichtsbuch über unsere früheren Leben geführt und fänden darin die Aufzeichnungen der Hierarchien über das, was auf der Erde geschehen soll. Und mithilfe dessen, was wir in unserem Lebensbuch, unserer kosmischen Biografie, lesen, lenken wir in den Jugendjahren unsere Schritte, bis wir jenen begegnet sind, von denen wir in den Mondbüchern gelesen haben, diesem Schwarm von Seelen, mit denen wir in früheren Erdenleben Erfahrungen teilten, und den Individualitäten, die von besonderer Wichtigkeit für uns sind. Durch das Tor des Mondes nimmt die Vergangenheit ihren Weg in unser Leben, und das Licht des Mondes leuchtet vor allem über der ersten Lebenshälfte. Später müssen wir zu anderen Kräften Zugang finden, zu Kräften, mit denen wir selbstständig in unser Schicksalsbuch schreiben.

Obwohl sich dieses Schicksalsweben aus der Vergangenheit ganz in den unbewussten, instinktiven Schichten unseres Wesens abspielt, kann es doch im Rückblick, vor allem in späteren Jahren, überblickt und erkannt werden und die Seele mit ehrfürchtigem Staunen erfüllen. Und wenn uns die Erinnerung dann vor Augen führt, wie sehr wir das, was wir sind, durch und zusammen mit anderen geworden sind, mag ein Gefühl tiefer Dankbarkeit in uns aufsteigen. Durch unsere Erfahrungen aneinander sind wir alle mehr Mensch, mehr wir selber geworden. Wir finden unser Selbst einer im andern.

«Geradeso wie man sich mit der Initiationswissenschaft beim Begegnen eines Menschen sagt, aus tiefstem, bewegtem Gefühl heraus sagt: Das, was du da hinter ihm schaust, was die Mondenwesen in seinen astralischen Leib eingezeichnet haben, das gehört dir ebenso an wie ihm, durch das bist du mit ihm zusammengewachsen – so sagt man sich, wenn man mit der Initiationswissenschaft einen Menschen in der Welt zum ersten Male trifft: Da stehen Angeloi, Archangeloi hinter ihm.»[145]

Das Tor der Sonne

Durch das Tor des Mondes treten wir in unser Erdenleben, wir verlassen es durch das Tor der Sonne. Durch diese bei--den Geistportale fließen die Kräfte aus Vergangenheit und Zukunft impulsierend in die Gegenwart unserer täglichen Existenz herein.

Wie die Mondenlehrer uns einst mit den Mitteln ausstatteten, unsere vorgezeichneten Erdenwege zu finden – indem sie als Führer in unserem unbewussten Seelenleben tätig waren

–, so stehen nun die Wesen der Sonnensphäre, die Angeloi, bereit, uns im bewussten Streben in die Zukunft zu geleiten. Verbindung zu den Sonnenwesen, den Angeloi, aufzunehmen ist die Essenz dessen, was mit Freiheit gemeint ist, dem *spirituellen* tätigen Willen im Menschen. «Angeloi» meint hier hierarchische Wesenheiten und «Sonnensphäre» das Licht, das von der Sonne ausstrahlt.

«Die Sonne ist der Wohnsitz der Angeloi, Engel, jener Wesenheiten, von denen je eine immer zusammenhängt mit einem Menschenindividuum. Und wir Menschen hängen schon einmal mit Bezug auf unser Ich mit diesen höheren Individuen zusammen, und wir hängen durch das Sonnendasein mit diesen höheren Individuen zusammen. Die Angeloi sind gewissermaßen die kosmischen Vorbilder des Menschen, denn der Mensch wird einmal die Rangstufe der Angeloi erreichen ...

So wird uns durch die Initiationswissenschaft klar, dass wir zu den Angeloi, Engeln, hinschauen müssen, wenn wir uns um unsere Zukunft kümmern ... Sie können aber nur dadurch in die Zukunft hineinwirken, dass gewissermaßen die Angeloi hinlenken ihre Seelenblicke auf dasjenige, was der Mensch in der Gegenwart tut, und es zur Wirkung bringen in der Zukunft. Es ist eine sehr gute Empfindung, wenn man mit diesem Berufe der Angeloi in der Welt rechnet. Wir vollbringen ja manches, was in der Zukunft Früchte tragen soll. Die Gegenwartsmenschheit ist in Bezug auf solche Dinge furchtbar gedankenlos geworden. Sie sollte solche Dinge ins Auge fassen, und wenn der Mensch irgendetwas tut, so soll er an seinen Angelos denken, etwa so: ‹Mein schützender Geist empfange dasjenige, was meine Tat ist, als eine Wurzel und bringe Früchte daraus hervor.› Je bildlicher ... ein Mensch also anknüpft eine solche Ansprache an seinen Angelos für Taten, die in der Zukunft Früchte tragen sollen, desto mehr wird von diesen Früchten in der Zukunft vorhanden sein können.»[146]

VI. MENSCHENBEGEGNUNGEN

Die geistigen Kräfte des Mondes und der Sonne

Im Bemühen, uns selbst in unserem innersten Wesen zu verstehen, erfahren wir unser Dasein in seiner Abhängigkeit von den Geheimnissen der uns umgebenden Welt. Erkenne die Welt, willst du dich selbst erkennen! Doch wie viele Rätsel stellt uns dieses alte Wahrheitswort! Nacht und Tag, wechselnde Stunden unbewussten und bewussten Lebens, sind vielleicht die Grundkräfte unseres Erdendaseins. Die Alten verehrten mit heiliger Scheu die Himmelskörper, die den Himmel bei Nacht beherrschen und ihn am Tag erleuchteten. Sie erkannten in ihnen auf eine Weise, die uns heute fern ist, die Quelle machtvoller Einflüsse und Wirkungen in das Menschenleben.

Die Gestirne des Tages und der Nacht wurden nur als Konzentrationspunkte von Lichtsphären gesehen, deren zahlreiche Wesenheiten in der lebendigen Natur und im Menschen tätig sind. Es ist uns heute schwer vorstellbar, aber Raum und Zeit hatten damals noch nicht die Objektivität, die sie für uns haben. Das Wirken geistiger Kräfte wurde unmittelbar wahrgenommen, eine Fähigkeit, die wir auf neue, andere Weise wieder erlangen müssen.

ALTES KARMA WIRKT	NEUES KARMA ENTSTEHT
(Instinkt) Traum	Wachen (Moralische Imagination)
Wir werden zusammengeführt	Wir begegnen einander — Wir schaffen Schicksal
(Notwendigkeit)	(Freiheit)
VERGANGENHEIT	**ZUKUNFT**
Vom Mondenwesen eingeschrieben	Inspiriert von unseren Angelos

DIE GEISTIGEN KRÄFTE DES MONDES UND DER SONNE

In kurzen Worten gesagt: Das Nachtbewusstsein – Schlaf- und Traumzustände der Seele – mit seiner uns unbewussten Führung bringt die Menschen zusammen, indem die notwendigen Umstände geschaffen werden; das wache Tagbewusstsein macht es möglich, dass die Menschen aktiv ihre Begegnungen und deren Folgen gestalten. Der silberne Mond, der Herrscher über die dunkle unbewusste Nacht in uns, bringt aus der Vergangenheit die Notwendigkeit mit; die Möglichkeiten für die Zukunft, unsere Freiheit, entstehen im goldenen Licht des Tages.

Die monderleuchtete Nacht empfängt uns mit ihren Träumen, die uns zeigen, wer wir waren und was tief in uns als Substanz der Vergangenheit webt und wirkt. Jeder neue Tag, erfüllt vom Licht der Sonne, ruft uns auf, zu erwachen und als Menschen auf zukünftige Ziele hinzuarbeiten.

So sind Sonne und Mond zwei große Tore, durch die die Menschheit mit der geistigen Welt verbunden ist: die Sonne als das Tor zu den Kräften des wachen Ich, des «Ich bin», des «Ich will»; und der Mond als das Tor, durch das traumhaftes Sehnen sowie mitgebrachte Neigungen und Fähigkeiten in unseren Astralleib strömen.

«Und wenn wir ... recht das Sonnensein erfühlen, nicht bloß errechnen, nicht bloß durch Instrumente anschauen, so fühlen wir es verwandt mit alldem, was in uns als Freiheit lebt, als das, was durch uns selber für die Zukunft geschehen kann ... So hängt in unserem gesamten Weltendasein unser Menschliches mit dem Sonnendasein zusammen, und wir können, die Sonne ansprechend, so fühlen: O du Weltensohn der Freiheit, dich fühle ich verwandt mit allem in mir, was meinem eigenen Wesen die Freiheit und die Entschlussfähigkeit für die Zukunft gibt.»[147]

«Da können wir dann zum Monde hinaufblicken und können sagen: Du Weltensohn der Notwendigkeit, ich fühle – indem ich alles dasjenige, worüber ich keinen Willen habe, in mir selber anschaue –, ich fühle mich dir, göttlicher Weltensohn, innig verbunden. Da wird unsere Erkenntnis des Mondes Gefühl. Denn alles das, was uns aus der inneren Notwendigkeit heraus empfindbar wird, wird uns mondenverwandt.»[148]

Für den Eingeweihten sind solche Eindrücke weit mehr als bloß poetische Empfindungen und Andeutungen; etwas, an das wir denken sollten, wenn wir staunend zum glänzenden Vollmond aufschauen. Denn das geistige Auge kann darin unser eigenes vergangenes Schicksal und unser früheres Erdenleben erblicken. Und wenn sich der Blick auf den dunklen, unsichtbaren Neumond richtet, wird sein Schatten «zum großen Mahner aus dem Schicksal heraus», der dem Menschen «zuruft, wie er sich gegenüber Dingen seiner Vergangenheit im vorigen Erdenleben zu verhalten hat, um sie wieder auszugleichen in der karmischen Entwickelung».[149]

Wenn wir von den Erfahrungen des Eingeweihten sprechen, so ist es interessant festzustellen, welche Stelle im Lebenswerk Rudolf Steiners die Themen Freiheit und Notwendigkeit haben. Im Jahre 1894, im Alter von 33 Jahren, also unter der Führung der geistigen Sonne, legte er mit seiner *Philosophie der Freiheit* die Grundlage seiner ganzen späteren Arbeit. 1924, also dreißig Jahre später, am Kulminationspunkt zahlreicher früherer Bemühungen, Interesse für das Wirken des Karma zu wecken, begann er mit der großen Reihe der Vorträge zu diesem Thema. In ihnen wird das Wissen davon, wie vergangene Leben in den Menschen hineinwirken, enthüllt; es werden gleichsam die Geheimnisse des Mondes ans Licht des Tages gehoben.

Und so konnte er sagen: «Niemand versteht den Mond, der nicht die Notwendigkeit im menschlichen Schicksal versteht; niemand versteht die Sonne, der nicht die Freiheit im menschlichen Wesen versteht. So hängen die Dinge zusammen von Notwendigkeit und Freiheit.»[150]

Traum und Erwachen

Menschen, die sich mit dem Thema «Karma» befassen, werden besonders sensibel für Affinitäten, Anziehungen und das Wechselspiel in den Beziehungen zu Bekannten und Freunden.

Doch alle haben das Weberspiel des Schicksals an sich erfahren. Ohne es hätte das Leben wohl wenig Sinn und gewiss wenig Würze und Abenteuerlichkeit.

Oft, allzu oft, wenn wir über menschliche Geschicke und Unbilden sprechen, wenden wir jedoch den Begriff «Schicksal» – oder sein östliches Äquivalent «Karma» – an, auch wenn er gar nicht angebracht ist. Wir unterscheiden nicht zwischen Vergangenheit, Gegenwart und Zukunft. Was uns zusammenführt, ist Karma, sind die Kräfte, die aus der Vergangenheit in unser Leben hineinwirken. Ist die Begegnung zustande gekommen, dann ist sie unsere Sache und hat nichts mehr mit dem alten Karma zu tun. Es gibt keine schicksalhaften Folgen solch einer Begegnung; was als nächstes geschieht, hängt von unserer eigenen Klugheit ab.

«Sieht man das Ganze ... im Lichte der Geisteswissenschaft, dann zeigt sich, dass all das, was sich zwischen zwei Menschen abspielt, ehe sie sich im Erdenleben kennenlernen, vom Mondenhaften bestimmt ist, dass alles, was sich zwischen ihnen abspielt, nachdem sie sich kennengelernt haben, vom Sonnenhaften bestimmt ist. Daher kann das, was sich abspielt zwischen zwei Menschen, bevor sie sich kennenlernen, nur im Lichte der ehernen Notwendigkeit gesehen werden; dasjenige, was sich abspielt, nachdem sie sich kennenlernten, im Licht der Freiheit, im Lichte des gegenseitigen freien Verhaltens. Es ist tatsächlich so, dass, wenn wir einen Menschen kennenlernen, unsere Seele im Unterbewusstsein sich umschaut nach hinten und nach vorne: nach hinten nach dem geistigen Monde, nach vorn nach der geistigen Sonne.

VI. MENSCHENBEGEGNUNGEN

Und damit hängt es zusammen, wie unser Karma, unser Schicksal eigentlich gewoben wird.»[151]

Natürlich ist das nicht so einfach, wie es scheint, vor allem in jüngeren Jahren, in denen der Nestbau-Instinkt der jungen Ehe oft noch jahrelang «traumhaft» andauert, die sich inkarnierenden Seelen der kommenden Kinder sich mit dem Traum zu verweben scheinen und Vergangenheit und Zukunft sich vermischen. Doch dann kommt der Tag; wir müssen erwachen, wenn die Aura des Traumes sich auflöst. Im Allgemeinen jedoch sollten wir gedanklich jene Kräfte, die uns zusammenbringen und die «altes Karma» genannt werden, klar trennen von dem, was wir gemeinsam tun, was wir einander zufügen und wodurch wir unsere Zukunft gestalten und «neues Karma» schaffen. Unsere Taten haben unvermeidlich Folgen und tragen Früchte, und sie sollten im Lichte der Sonne reifen!

Die größten Unklarheiten, die heute entstehen, gehören in die Kategorie «Partnerprobleme» – ein weit verbreitetes Übel, das es den Partnern unmöglich macht, den Sturz aus dem Stand der Gnade, das unvermeidliche Erwachen aus dem Verliebtheitstraum gemeinsam zu überstehen. Durch einige neue Bewegungen wird hier Hilfe geleistet. Ein Beispiel dafür ist das Buch *The Couple's Journey*,[152] in dem die Autorin die Beziehung zwischen Mann und Frau als «evolutionäre Kraft» sieht und detailliert die fünf Stadien der gemeinsamen Lebensreise eines Paares beschreibt: Verliebtheit, Machtkampf, Stabilität, Verpflichtetsein und gemeinsames Schöpferischwerden; es ist der Weg von den astralischen Mondenkräften zu den Ich-Kräften der Sonne – auch wenn die Autorin diese Begriffe nicht verwendet. Ihre Kurse und ähnliche Aktivitäten, die meist in Californien stattfinden, helfen Paaren, zu erwachen und Verantwortung für ihre Beziehung zueinander zu übernehmen.

Zwei Arten des Begegnens – Wille und Verstand

Das Wirken des Schicksals oder des Karma ist subtil und wandlungsfähig. Nehmen wir zum Beispiel die Wirkung, die ein Einzelner auf eine Gruppe von Menschen ausübt. Wie unterschiedlich sind die Reaktionen! Jeder reagiert auf seine Weise auf das, was der Redner sagt und wie er es sagt. Manche reagieren mit warmer Zustimmung, andere bleiben kühl oder lehnen seine Worte ab. Abgesehen von dem, was gesagt wird, ist die Person und meine Beziehung zu ihr von größter Bedeutung. In dem einen Zuhörer bringt sie eine Saite zum Erklingen, auf den anderen übt sie keine Wirkung aus. Solche Dinge kann man überall beobachten, wo Menschen sich zum Austausch von Worten und Gedanken zusammenfinden, und einer subtileren Wahrnehmung werden auch die unsichtbaren Fäden spürbar, die einige Gruppenmitglieder verbinden und andere ausschließen. Die Reaktionen sind gewöhnlich instinktiv. Ob eine Beziehung entsteht oder nicht, scheint durch die persönliche Beschaffenheit des Einzelnen bedingt und Ausdruck von etwas unbewusst Wirkendem, vielleicht etwas «Karmischem» zu sein.

Eine andere Erfahrung: Wir haben alle schon erlebt, wie angesichts der Verliebtheit zwischen zwei Menschen Außenstehende ihr ungläubiges Erstaunen mit Bemerkungen ausdrücken wie: Ich möchte bloß wissen, was er an ihr (sie an ihm) findet!

Wenn wir die uns umgebenden rätselhaften Phänomene genau beobachten und uns mit karmischen Gesetzmäßigkeiten beschäftigen, kann uns klarwerden, dass der Betrachter, sobald das «instinkthafte» Verhalten nicht im Vordergrund steht, die anderen Menschen nur unter ästhetischen Gesichtspunkten wahrnimmt und gedanklich beurteilt, sogar dann, wenn die betroffenen Menschen selbst eine innere, unsichtbare, tief im unbewussten Willen begründete Verwandtschaft miteinander spüren.

Die innere, instinktive Reaktion, ja Identifikation mit dem anderen, die vom Willenspol des Menschen herrührt und nicht von der bewussten Wahrnehmung und ästhetischer Beurteilung abhängt, ist ein Kennzeichen der karmischen Begegnung, der karmischen Beziehung.

Dieser Gegensatz zwischen den Äußerungen unbewusster Willenskräfte einerseits und intellektueller, auf Sinneswahrnehmung beruhender Einschätzung andererseits wurde in den Karmavorträgen immer wieder behandelt. In der Kindheit erleben wir die Heldenverehrung oder die Liebe zu einem bestimmten Lehrer, dem wir nacheifern, während uns ein anderer Furcht einjagt wie ein Ungeheuer aus dem Märchen. Darin offenbaren sich starke Sympathien, heftige Antipathien, beides «Mondaspekte». Lehrern, deren Namen wir rasch vergessen, sind wir in früheren Leben nie begegnet; Ähnliches gilt für Schulkameraden.

Ein anderes interessantes Symptom sind Träume. Man achte darauf, wenn man oft von jemandem träumt, vor allem auch in Tagträumen. Dies ist ein sicherer Hinweis darauf, dass man mit dem Betreffenden schon früher zu tun gehabt hat. Solche Art Träume sind ein deutliches «Mond-Symptom»; es bedeutet, dass man mit dem Betreffenden etwas zu bearbeiten hat. Im Gegensatz dazu stehen die Begegnungen mit Menschen, die wir, wie Steiner sagt, vielleicht «Prachtskerle»[153] nennen, die uns interessieren, die wir um bestimmter Fähigkeiten willen bewundern, die uns aber doch nicht tiefer berühren. Das sind «sonnenhafte» Begegnungen. Wenn wir genügend Fantasie und Initiative haben, können wir durch sie etwas Neues lernen, etwas, mit dem wir noch nie in Berührung kamen. Doch solche «unpersönlichen» Beziehungen müssen bewusst gepflegt werden, sonst bleiben sie am Wegrand liegen.

ZWEI ARTEN DES BEGEGNENS – WILLE UND VERSTAND

Interessanterweise bewegen beide Arten von Beziehungen, die monden- und die sonnenhafte, unser Gefühlsleben, aber auf verschiedenen Wegen. Die einen auf dem dunklen Weg des unbewussten Willens, der ins Herz aufsteigt und sich als starkes Gefühl, Anziehung oder Ablehnung manifestiert; die anderen über die Sinneswahrnehmungen und verstandesmäßige Urteile, die sich als ästhetische Sympathie oder Antipathie äußern. Sie unterscheiden sich zweifellos durch ihre Intensität und dadurch, dass das mondbestimmte Urteil von innen aufsteigt, während sich das sonnenbestimmte ganz von außen herleitet.

Es gibt noch viele andere Möglichkeiten, diese uns umgebenden Kräfte bildhaft werden zu lassen; man wird sie mit einiger Übung herausfinden. Vor allem dann, wenn wir mit anderen in Studiengruppen konzentriert zusammenarbeiten, sodass wir uns als Menschen näherkommen und «aneinander erwachen».

Hier folgt nun eine wunderbare Zusammenfassung dessen, was es bedeutet, jemandem zu begegnen, den man schon früher gekannt hat und mit dem man weiterwachsen kann:

«So weit kann dieses durch unmittelbare Erkenntnis von jedem erlebt werden. Und man kann erkennend auf das Schicksal hinblicken. Jenes eigentümliche, innere intime Herauftauchen des anderen Menschen in einem selbst weist auf vergangenes Karma hin. Wenn ich einen Menschen so empfinde, dass er eigentlich mich innerlich ergreift, nicht nur in den Sinnen und im Verstande, sondern innerlich erfasst, dass mein Wille daran engagiert ist, wie er mich erfasst, ist er karmisch aus der Vergangenheit mit mir verknüpft. Mit einem etwas feineren, intimeren Sinne kann der Mensch also fühlen, wie ein anderer mit ihm karmisch verknüpft ist.»[154]

VI. MENSCHENBEGEGNUNGEN

Beobachtung und Übung

Wenn wir erkennen, wie entscheidend es für die Aufgabe der Anthroposophie ist, dass in ihr zum ersten Mal in der Geschichte Ströme von Menschenseelen zusammenfließen, die bisher im Lauf der Jahrhunderte einander immer abwechselten, wird uns die Bedeutung der Karmastudien Rudolf Steiners klar und ebenso der Nachdruck, mit dem er auf die Notwendigkeit eines starken, kreativen, fruchtbaren Lebens in den Arbeitsgruppen einer spirituell orientierten Gesellschaft hinwies.

Die Menschen müssen heute beginnen, ihre kosmisch bestimmten Beziehungen untereinander wahrzunehmen. Wir leben in einem neuen Zeitalter; die alten, von Engelkräften gestifteten Sozialformen lösen sich auf. Die Menschen müssen heute sozial selbstverantwortlich sein. Sie müssen da anknüpfen, wo die Erzengel aufgehört haben. Sie müssen lernen, aus eigenen Kräften neue Menschengemeinschaften zu gründen.

Damit das geschehen kann, sind zwei Dinge notwendig: zunächst Einsicht in die Art, wie Schicksal wirkt, in seine Technik sozusagen, einschließlich der Fähigkeit, dieses Wirken in individuellen Fällen klar zu erkennen. Schicksal muss ein Gegenstand der Wissenschaft werden und darf nicht länger Glaubenssache bleiben. Sodann: Schicksalserkenntnis muss sich zu einer Kunst entwickeln. Die Menschen müssen lernen, Karma zu üben, zu «praktizieren», die Erkenntnis muss Wirklichkeit werden. Wir müssen lernen, mit Menschen zusammenzuarbeiten, ihre Möglichkeiten, ihre Lebensphasen, das, was sie instinktiv mitbringen, ihre tiefwurzelnden Sehnsüchte wahrzunehmen und geistig lebendig und aktiv damit umzugehen.

So mündet also all das, was wir an Wunderbarem wahrnehmen und für die Zukunft hoffen, in zwei einfache Fragen:

Wie erkennen wir, was wirklich zwischen den Menschen wirksam ist? Und wie schaffen wir harmonische, tatkräftige Gruppen von Menschen, die zusammen arbeiten?

Begegnungen an der Schwelle

Wie Dunkelheit und Kälte ein Bild des Zerstörerischen in menschlichen Beziehungen sind, so Licht und Wärme als Gegenpol das Ideal, nach dem wir streben.

Schwellenerlebnisse, wie sie von vielen Menschen, die dem Tode nahe waren, berichtet wurden, zeugen von übersinnlichen Begegnungen mit dem «Lichtwesen». Sie sind durchdrungen von dem Gefühl des Angenommenseins, von Liebe und neuen Einsichten, und sie haben eine moralische und erhebende Wirkung, die dem Leben eines Menschen eine ganz neue Richtung geben kann.

Von ähnlichen Erfahrungen, aber in irdischem Gewand, haben Menschen berichtet, die einem Eingeweihten begegnen durften: Es waren oft nur kurze Gespräche, aber ihr Eindruck wirkte ein Leben lang fort, und jedes Wort, jede Geste prägte sich ein; oder man erhielt einen Rat, der einem innere Gewissheit gab oder der einem half, seinen Kurs in den folgenden Jahren zu halten. Warum sind die vielen teils kurzen, teils ausführlichen Berichte von Menschen, die Rudolf Steiner begegneten, so bewegend und von bleibender Bedeutung? Welche Magie war da am Werk, dass so machtvolle Impulse davon ausgehen konnten? Immer wieder hören wir, dass die Menschen sich «frei» und verstanden fühlten, nie von seinem Wissen überwältigt waren, sich trotz des Abstandes auf gleicher Ebene fühlten. Was machte diese Begegnungen so anders als andere, so persönlich, so unauslöschlich?

In den wenigen Karmavorträgen, in denen das Wirken von

VI. MENSCHENBEGEGNUNGEN

Mond- und Sonnenkräften in menschlichen Begegnungen beschrieben wird, können wir bisweilen erahnen, wie der Eingeweihte Menschen begegnete – solchen, die in der Vergangenheit mit ihm verbunden waren, und «Fremden».

Geht es um alte Verbindungen, so erlebt sie der Initiierte anders, als man sie im Alltagsbewusstsein wahrnehmen würde. «Wenn also beim Menschen die Initiation eintritt, dann erlebt er nicht nur den anderen Menschen, mit dem er karmisch verknüpft war, in der Art, dass er sich sagt: Er wirkt auf meinen Willen, er wirkt in meinem Willen –, sondern er erlebt den anderen Menschen tatsächlich persönlich in sich. Und tritt einer, der initiiert ist, einem anderen Menschen, mit dem er karmisch verbunden ist, entgegen, dann ist dieser andere Mensch so in ihm mit einer selbstständigen Sprache, mit selbstständigen Äußerungen und Offenbarungen, dass er aus ihm spricht, wie sonst ein Mensch, der neben uns steht, zu uns spricht. Was also sonst nur gefühlt wird im Willen, die karmische Verbindung, die tritt für den Initiierten so auf, dass der andere Mensch aus ihm redet, wie sonst ein neben ihm stehender Mensch. Sodass also für den mit Initiationswissenschaft Ausgestatteten das karmische Gegenübertreten bedeutet: Der andere Mensch wirkt nicht nur auf seinen Willen, sondern er wirkt in ihm so stark, wie sonst ein neben ihm stehender Mensch wirkt.»[155]

Und wie begegnet der Initiierte dem Fremden, mit dem ihn kein altes Schicksal verknüpft? Die Antwort wird in der bewegenden Beschreibung eines Schwellenerlebnisses gegeben; sie kann uns zum Ideal in unserem Bemühen werden, unseren Mitmenschen bewusster, selbstloser, sonnenhafter zu begegnen:

«Der Initiierte hat sofort, wenn er einen Menschen trifft, mit dem er nicht karmisch verbunden ist, dem er sozusagen das erste Mal im Kosmos gegenübertritt, diesem Menschen gegenüber eine Aufgabe: Er hat gleich die Aufgabe, sich mit dem Schutzgeist aus der Sphäre der Angeloi zu verbinden, der diesem Menschen besonders schützend gegenübersteht. Er darf nicht nur den Menschen kennenlernen, er muss den Schutzgeist des Menschen kennenlernen. Der Engel dieses Menschen spricht auch wieder mit großer Deutlichkeit aus dem eigenen Inneren heraus, und wenn der Initiierte mit verschiedenen Menschen zusammentrifft, mit denen er nicht karmisch verbunden ist, dann hört er von innen heraus laut und deutlich sprechen. Er vernimmt die Worte des Angelos dieser Menschen in seinem Inneren.

Das gibt dem Initiierten in seinem Umgang mit den Menschen einen gewissen Charakter. Er nimmt selber etwas an, was der Angelos dem Menschen sagen will, den er kennenlernt: Er verwandelt sich in seinen Angelos. Dadurch wird dasjenige, was zu den Menschen gesprochen werden kann, aus einem anderen Grunde intimer, als es für das gewöhnliche Bewusstsein wird. Daher kommt es auch, dass der Initiierte für jeden Menschen, der ihm zum ersten Mal im Kosmos entgegentritt, im Grunde ein anderer ist, er ist jeweils etwas von dem Angelos dieser Menschen. Darauf beruht die Verwandlungsfähigkeit derjenigen Menschen, die mit der Kraft der Initiation den anderen Menschen gegenübertreten.»[156]

7.
Entscheidungsjahre – die Rhythmen von Sonne, Mond und Sternen

In den vorangegangenen Kapiteln haben wir die Siebenjahresrhythmen, die das menschliche Leben prägen, im Einzelnen dargestellt. Danach hat der Mensch die Verpflichtungen erfüllt, die in dem «Karma-Bündel» enthalten waren, das er bei seiner Geburt mitbrachte, und erreicht nun eine gewisse Befreiung.

Der Sonnenzyklus: unsere Lebensspanne

Der planetarische Zyklus, der mit 63 Jahren endet, kann leicht mit einem anderen verwechselt werden, der seinen Höhepunkt um 72 erreicht und, als Widerspiegelung eines Verhältnisses zwischen Sonne und Sternen, die normale Dauer des physischen Lebens ausdrückt. Unsere «normale» Lebensdauer wird vom Kosmos bestimmt und hängt nicht von menschlichen Bedingungen ab. Ein früheres Lebensende ist durch Karma – altes oder neues – bedingt; dass ältere Menschen auch noch nach Ablauf des Sonnenzyklus in Gesundheit leben und häufig sehr kreativ sein können, ist ein Akt der Gnade. Die Sonnenhierarchien brauchen offenbar hilfreiche Individualitäten auf der Erde. (Es gibt aber auch Fälle, wo man sich fragt, ob der «Abruf» verpasst wurde, was zu einer Art Schweben zwischen beiden Welten führt.)

Wir beschäftigen uns hier mit der normalen Länge des menschlichen Lebens. Nur selten machen wir uns Gedanken darüber, wie lang es doch ist, verglichen mit dem der großen und kleinen Geschöpfe, mit denen wir die Erde teilen. Der Mensch herrscht nicht nur als König unter ihnen, sondern lebt auch viel länger als sie und träumt noch davon, die siebzig weit zu überschreiten. Zum Vergleich sei hier die Lebensdauer einiger unserer vierbeinigen Freunde in Jahren angegeben:

VII. RHYTHMEN VON SONNE, MOND UND STERNEN

Hase 5, Esel 7, Fuchs 8, Ziege 9, Schaf 13, Schwein 14, Katze 15, Hund 16, Hirsch 17, Kuh 18, Gorilla 25, Pferd 27, Schimpanse 30, Eisbär 31, Elefant 47 (aus: *Farmer's Almanac*, 1981).

Welches kosmische Geheimnis bestimmt nun die Lebensdauer des Menschen? In einem Dornacher Vortrag aus dem Jahr 1924 versucht Rudolf Steiner zunächst, in seinen Zuhörern ein Verständnis für das Wunder zu erwecken, den Weg zur Anthroposophie gefunden zu haben, und eine Stimmung ehrfürchtiger Scheu zu erzeugen angesichts unserer Verwandtschaft mit den Sternen, der Heimat, die wir verlassen haben, um als Besucher auf die Erde zu kommen. Dann spricht er in bildhafter Mysteriensprache über den 72-Jahreszyklus unserer Erdenexistenz und die Beziehung jedes Einzelnen zu seinem Stern, dem Stern seines Genius, der ihm bei seinem Abstieg zur Erde die Richtung wies. «Der Mensch, indem er von geistig-kosmischen Weiten heruntersteigt zu einem irdischen Dasein, kommt immer von einem bestimmten Sterne her. Man kann diese Richtung verfolgen, und es ist nicht unsachlich, sondern im Gegenteil recht exakt, wenn wir davon sprechen, der Mensch habe einmal ‹seinen Stern›. Ein bestimmter Stern, ein Fixstern, ist die geistige Heimat des Menschen.»[157]

Während der Mensch hier auf der Erde weilt, wird dieser «Mentor-Stern» von der Sonne beruhigt, die nun über der «Erdling» wacht: «Ich gebe dir das, was dir dieser Mensch zu geben hat, von mir aus, während ich nun vorläufig, dich zudeckend, mit ihm dasjenige mache, was du sonst mit ihm machtest zwischen dem Tode und einer neuen Geburt.»[158] Einmal aber ist die dem Menschen zugemessene Zeit auf der Erde abgelaufen; der Stern fordert den Menschen wiederum zurück.

Konkret heißt das: Die Sonne bedeckt den Geburtsstern an jedem neuen Geburtstag. Das verschiebt sich indessen im

Lauf der Zeit. Da sich die Fixsterne ein wenig schneller bewegen als die Sonne, ergibt sich im Lauf von 72 Jahren ein Unterschied von einem Tag (oder einem Grad). Nun bleibt die Sonne hinter dem Geburtsstern zurück. «Wenn der Mensch aber 72 Jahre gelebt hat, dann ist ein voller Tag abgelaufen, und er kommt in seinem Lebensalter an einer Stelle an, wo die Sonne den Stern verlassen hat, in den sie gerade eingetreten ist, als er sein Leben angetreten hat ... der Mensch hat einen Weltentag verloren, denn es sind gerade 72 Jahre, dass die Sonne um einen Tag hinter dem Stern zurückbleibt.

Und während dieser Zeit, während sich die Sonne im Bereiche seines Sternes aufhalten kann, kann der Mensch auf der Erde leben. Dann, unter normalen Verhältnissen, wenn die Sonne nicht mehr seinen Stern beruhigt über sein irdisches Dasein ... fordert der Stern den Menschen wiederum zurück.»[159]

Rudolf Steiner hat sich wiederholt mit der Entsprechung von Rhythmen im Menschen und im Kosmos, im Mikrokosmos und Makrokosmos beschäftigt. Wir machen in der Minute 18 Atemzüge, 1.080 in der Stunde, 25.920 am Tag. Das platonische Jahr, die Verschiebung des Frühlingspunktes durch den ganzen Tierkreis, umfasst 25.920 Jahre. Dieses kosmische Jahr, geteilt durch 360, ergibt einen kosmischen Tag, das heißt 72 Jahre: die Lebensspanne des Menschen auf der Erde. 72 mal pro Minute schlägt auch normalerweise das Herz. Das soll uns nicht mit trockenen Zahlen überfrachten, sondern uns zeigen, wie die Rhythmen des Herzens, des Atmens und der Lebensdauer von den Harmonien des Kosmos durchdrungen sind. Wir werden von Kräften getragen, die aus den himmlischen Sphären in uns einströmen.

Der eigene Stern? Abgesehen von dem allgemeinen Interesse heute für Tierkreiszeichen und -bewegungen – wie selten schauen wir wirklich zu den Konstellationen am Himmel auf und fragen uns: Wo stand die Sonne, als ich geboren wurde? Welche Sterne verdeckt sie an meinem Geburtstag? Welcher von ihnen könnte mein Stern sein und mein Dasein geprägt haben? Es könnte die Fantasie anregen, nach dem eigenen Stern am Himmel zu suchen. Und es könnte einem Kind eine das ganze Leben über dauernde Ehrfurcht vor den himmlischen Erscheinungen einflößen.

Mond-Fenster in eine andere Welt

Außer der Sonne und ihren Tagen prägt sich noch ein anderer astronomischer Rhythmus dem menschlichen Leben auf. Es sind die großen Rhythmen des Mondes, die Wiederkehr der Mondknoten nach jeweils 18 Jahren, 7 Monaten und 9 Tagen. Diese Rhythmen werden bestimmt durch die Position des Mondknotens zum Zeitpunkt der Geburt, sie wiederholt sich nach rund 18/7, 37/2, 55/10 und 74/5 Jahren/Monaten.

Die Umlaufbahn des Mondes ist gegenüber dem scheinbaren Weg der Sonne im Verhältnis zu den Fixsternen geneigt. Nur an den Kreuzungspunkten, den Knoten, kann eine Sonnenfinsternis stattfinden. Ohne diese Neigung gäbe es regelmäßig jeden Monat bei Neumond eine Sonnenfinsternis.

Der kosmische Mondzyklus von etwa 18 Jahren – von Rudolf Steiner als das Atmen des Makrokosmos beschrieben – kann in uns, entsprechend unserem individuellen Rhythmus, die Gelegenheit zu großen Veränderungen und Aufwachererlebnissen herbeiführen – vorausgesetzt, dass wir darauf achten. «Es kann in der Gegenwart noch nicht der einzelne Mensch, weil er ja nicht in der Weise erzogen wird, wie es sein sollte, diese Zeitpunkte ordentlich abpassen. Würde er sie ordentlich abpassen, dann würde er wahrnehmen, dass in der Tat in diesen Zeitpunkten Wichtigstes mit der Seele vor sich geht. Die Nächte, die der Mensch zu diesen Zeitpunkten durchlebt, sie sind die wichtigsten Nächte des menschlichen Lebens. Da ist es, wo der Makrokosmos seine 18 Atemzüge vollendet, eine Minute vollendet, und da ist es, wo der Mensch gewissermaßen ein Fenster geöffnet hat gegenüber einer ganz anderen Welt … In solchen Etappen gehen die Dinge vor sich, die aus einer ganz anderen Welt hereinfließen in diese unsere Welt. Da öffnet sich unsere Welt einer anderen Welt … Soll man genauer bezeichnen, wie sich da unsere Welt einer anderen Welt öffnet, so muss man sagen: Da öffnet sich unsere Welt der astralischen Welt neu. Astralische Ströme fließen ein und aus.»[160]

Wie kann man das verstehen? Wir betreten diese Welt jede Nacht unbewusst, doch in diesen wichtigen Zeitpunkten sind unsere Nächte besonders reich, neue Impulse regen sich, wir werden geführt. Es sind dies wirklich «heilige Nächte» für uns. Wären wir uns dessen nur bewusst, wären wir nur weiter auf dem Weg, wie lebendig und wirklich könnten diese Erfahrungen – und seien sie auch nur durch Träume vermittelt – für uns werden. Es hängt von unserer Aufmerksamkeit ab, welche Wirkungen und Folgen diese Erlebnisse haben: In unserem eigenen Leben können wir sie als Hoffnungen, Bestrebungen, neue Ausrichtungen bemerken, im Leben unserer Mitmenschen oft als radikale Schicksalswenden.

Wenn Neues geboren werden soll, muss Altes vergehen. Von dieser Seite aus gesehen bringt der Tod – oder jeder andere Schwellenübergang – oft unermeßlichen Schmerz mit sich. Einer Veränderung geht gewöhnlich ein Verlust voraus, wir müssen Dinge loslassen, an denen wir hängen. In bestimmten Lebenssituationen kündigt sie sich zunächst in innerer Entfremdung an, um sich dann im äußeren Leben

VII. RHYTHMEN VON SONNE, MOND UND STERNEN

durch Umbrüche und Abschiede zu manifestieren. Je älter wir werden, desto unsicherer und dunkler kann uns die Zukunft erscheinen; starke, unmittelbare Führung erleben wir nur in der Jugend. Es kann sehr lohnend sein, die Einschnitte der Mondknoten in Biografien zu beobachten: Aus oft schmerzhaften Veränderungen entsteht neues Leben, eine neue Ausrichtung. In der Beobachtung des Lebens gewöhnlicher Sterblicher, also der meisten von uns, ergeben sich wohl mehr Fragen als eindeutige Antworten.

Betrachten wir die vier großen Einschnitte im menschlichen Leben, und behalten wir dabei im Auge, dass die Lebensbeobachtung in vielen Fällen diese Veränderungen bestätigen kann und wird.

Der erste Mondknoten mit 18 Jahren und 7 Monaten: Im dritten Lebensjahrsiebt, in dem sich das Seelenleben entfaltet, treten oft Erfahrungen des «Erwachens» auf, in denen sich der junge Mensch karmischer Impulse bewusst wird. Kindheit und Adoleszenz, die oft sorglos waren und in denen es vor allem um die unmittelbaren Bedürfnisse ging, gehören nun der Vergangenheit an. Das Abenteuer lockt, das Zuhause zu verlassen, unabhängig zu lernen. Lebensziele bilden sich, ein Beruf wird gewählt. Fragen über Sinn und Ernst des Lebens tauchen auf. In stark idealistischer Stimmung werden neue Interessen entdeckt. – All diese wunderbaren Gaben der Jugend können sich ausleben, wenn die Erziehung eine schützende Hülle geschaffen hat und wenigstens halbwegs menschlich war, sodass der freiwerdende Astralleib in seiner Entwicklung nicht gehemmt oder durch Verfrühungen verschiedenster Art chaotisiert wurde.

Der zweite Mondknoten mit 37 Jahren und 2 Monaten: Nun, im Anfangsstadium der Bewusstseinsseelen-Periode, werden die Erfahrungen, entsprechend der inneren Entwicklung, wesentlich differenzierter als bisher. Der Mensch beginnt etwas von der Bedeutung seiner gegenwärtigen Inkarnation zu erahnen. Doch sehr viel deutlicher ist, was sich nach außen hin zeigt. Bei vielen finden wichtige Dinge ein Ende. Das existentielle Dilemma mit seinen Zweifeln kann tiefgehen. Der feurige Idealismus, der seit dem Beginn der Zwanziger getragen hat, ist erloschen. Energie und Begeisterung sind verebbt. Die Lebenssituation wird zur Last, Lehrer sind des Unterrichtens müde, Künstlern fehlt es an Inspiration. Häufig wird in dieser Zeit der Wohnort, der Beruf, sogar der Lebensstil verändert.

Möglichkeiten der Erneuerung, frischer Impulse und Ausrichtungen, sie können der Biografie von Menschen entnommen werden, die diese Krisenzeit durchlebt haben.

Der dritte Mondknoten mit 55 Jahren und 10 Monaten: Es ist das Ende der achten Lebensperiode, in der die kreativen Lebenskräfte vorherrschten und sehr produktive Menschen sich oft übernommen haben und erschöpft sind. Diese Periode entspricht den Jahren von sieben bis vierzehn, in denen man am gesündesten ist; doch nun wird die Gesundheit allmählich zum Problem. In den Jahren, die dem Mondknoten unmittelbar vorausgehen, treten oft Krankheiten, schwere Operationen, Krankenhausaufenthalte oder eine erste lebensbedrohliche Erkrankung auf. Es ist, als hole einen das Karma ein. In dieser Zeit wird der Körper oft zum Hindernis für die Seele. Dann jedoch kann sich das Schicksal noch einmal wenden, als hätten wir aus diesen Prüfungen gelernt: Wir gewinnen neue Kräfte und Überzeugungen. In politischen Karrieren bahnen sich mit 56 oft neue Entwicklungen an. Die neunte Lebensperiode, in der wir selbstlos schöpferisch werden und uns mit höheren Zielen identifizieren können, wirft ihr Licht voraus.

Der vierte Mondknoten mit 74 Jahren und 5 Monaten: Dieser Einschnitt ist am schwierigsten zu beschreiben, da er in den «Jahren der Gnade», jenseits der karmischen Notwendigkeiten der früheren Jahre stattfindet. Die Zeit wird greifbarer. Die Erinnerung verdichtet sich. Die Geschichte nimmt drei Dimensionen an. Ein Gefühl dafür, dass geistige und irdische Welt ineinanderwirken, stellt sich ein, als sei das kosmische Gedächtnis fast greifbar nahe. Dazu gehört ein immer lebhafter werdendes Empfinden für die Anwesenheit der Toten, für die Gegenwart verstorbener Freunde. Doch es geschehen auch Veränderungen: Sehr schöpferische Menschen können sich neuen, langersehnten Aufgaben zuwenden. In diesen Jahren wurden von Menschen, die Zugang zu neuen Kräften fanden und die Essenz ihres Lebenswerks zur Gestaltung bringen konnten, bedeutende Kunstwerke geschaffen.

Der fünfte Mondknoten um das 93. Jahr: Wer erlebt ihn, um uns darüber zu berichten?

Die Eroberung des *Raumes,* auf die sich die Kräfte des Menschen jahrhundertelang konzentriert haben, erschöpft sich jetzt in grotesken Überspannungen. Die *Zeit* ist die neue große Grenze und Rhythmus das Zauberwort für ungelöste Rätsel. Zwei dieser Rätsel haben wir hier als Beispiel für ungezählte andere berührt, die im Kosmos und im Leben des Menschen wirken. Alles Leben ist Weisheit in rhythmischer Bewegung, Gabe geistiger Wesenheiten. Und die Eroberung des *Lebens* ist das Ziel, das jetzt vor uns liegt, der Weg zu Bereichen, die höher sind als das Irdische. Uns obliegt es, auf diesem Weg fortzuschreiten.

Einblick und Ausblick I
Zusatz zur 4. Auflage

In den 1970er Jahren, als der Inhalt dieses Buches Form annahm, lag die durchschnittliche Lebenserwartung des Menschen bei ca. 80 Jahren. Seitdem hat sich dieser Wert durch die rasanten Fortschritte in der Medizin, Biologie und Technologie wesentlich erhöht, die Lebenserwartung scheint nun bis 120 Jahre möglich zu sein. Diese Möglichkeit ruft ganz neue Fragen hervor, in unserem Zusammenhang besonders die Frage nach dem Sinn eines solch langen Lebens. Wie oben bereits gezeigt wurde, sind die Lebensjahre nach 72 eigentlich «Jahre der Gnade», die der geistigen Entwicklung des Menschen dienen sollen, der wahren Selbstentwicklung. Diese Jahre werden dem Menschen sozusagen geschenkt; sie erweitern die von der Sonne bestimmte natürliche Lebenslänge von 72 Jahren und stehen der geistigen Entwicklung zur Verfügung. Hier liegt die wirklich menschliche Freiheit und sie ist für die Menschheit heute und mehr noch in der Zukunft die große Herausforderung, um diese Jahre mit Sinn, Wert und Lebensqualität zu füllen.

Aktuelle Studien zeigen, dass des Menschen Alter heute rasant zunimmt.[161] Demografen stellen fest, dass sich die Zahl der Menschen in hohem Alter, die sogenannten «Hundertjährigen», z. B. in Deutschland von 2000 bis 2010 verdoppelt hat von ca. 6.000 auf 13.000, und ihre Prognosen für das Jahr 2030 zeigen, dass sowohl die Anzahl als auch der Prozentsatz der über 80-Jährigen in der Bevölkerung dramatisch ansteigen wird.

Während ich dies schreibe, liegen die folgenden Altersrekorde laut geprüfter Geburtsurkunden vor von: der Französin Jeanne Calment, 21.02.1875 – 04.08.1997 als dem ältesten Menschen der Welt mit 122 Jahren und 164 Tagen; dem Japaner Misao Okawa, geboren am 5. März 1898 als dem zur Zeit

VII. RHYTHMEN VON SONNE, MOND UND STERNEN

ältesten Menschen der Welt mit 115 Jahren und Gertrude Henze, geboren am 8. Dezember 1901 als dem zur Zeit ältesten Menschen Deutschlands mit 112 Jahren. Darüber hinaus gibt es aber auch Menschen, die weit über diesen Rekorden liegen, von denen aber keine bestätigten Geburtsurkunden vorliegen: ein Bolivianer soll 123 Jahre alt sein, ein Inder 141 und ein Äthiopier sogar 160 Jahre alt – alle sind sie noch am Leben!

Biologen gehen davon aus, dass die maximale Lebensspanne des Menschen bei etwa 120 Jahren liegt, basierend auf der Funktion der Telomere, dem Endsegment der Chromosomen, die physiologisch die Langlebigkeit bestimmen. Demografische Studien zeigen, dass sich im letzten Jahrhundert das Leben des Menschen im Durchschnitt um 30 Jahre verlängert hat und dass z. B. ein heute geborenes Mädchen eine durchschnittliche Lebenserwartung von 100 Jahren haben wird. Äußerlich gesehen, ist dies möglich geworden durch die kulturellen Errungenschaften vor allem in der Bildung, Medizin und Ernährung.

Im Rahmen unserer Betrachtung sind hier die aktuellen Ergebnisse der Alternsforschung zusammengefasst:
– Das menschliche Gehirn bleibt bis ins hohe Alter hinein veränderbar und selbst die geistige Leistungsfähigkeit lässt sich noch steigern
– Die Lernfähigkeit selbst nimmt gar nicht ab, nur die Lerngeschwindigkeit lässt etwas nach. Dass man «im Alter nicht mehr lernen kann» ist ein weitverbreiteter Irrtum
– die meisten Unterschiede zwischen den Menschen werden nicht durch das Alter definiert, sondern durch Persönlichkeitsmerkmale und geistige Reife
– Das aktive Leben sei meist zugleich das längere und das gesündere, wobei sich das Engagement eher auf das geistige und soziale Leben richtet
– Und vor allem: wir entscheiden, wie unser Alter aussieht.

Die Herausforderung für uns besteht darin, die so gewonnenen Jahre vor allem als Chance zu ergreifen, um ihr Potenzial zu erschließen. Dafür ist es wichtig, in allen Perioden (Jahrsiebten) des Erwachsenenlebens, Lernen, Arbeiten und Muse in flexible Balance und ins rechte Verhältnis zueinanderzubringen.

Auffallend ist nämlich, dass in den verschiedenen Listen von hundertjährigen Persönlichkeiten aus allen Kulturbereichen die überwiegende Mehrheit aus engagierten und kreativen Menschen besteht. Denn sie müssen ihr Leben mehr als andere planen und auch sich selbst kritisch betrachten, um sich und ihre Vorhaben erfolgreich weiterzuentwickeln und ihr Leben mit Sinn und Wert zu füllen.

Schopenhauers Gedanken über den Sinn des Alterns beleuchten in schöner Weise weitere Aspekte:
Gegen das Ende des Lebens nun gar geht es wie gegen das Ende eines Maskenballs, wann die Larven abgenommen werden. Man sieht es jetzt, wer diejenigen, mit denen man, während seines Lebenslaufs, in Berührung gekommen war, eigentlich gewesen sind. Denn die Charaktere haben sich an den Tag gelegt, die Taten haben ihre Früchte getragen, die Leistungen ihre gerechte Würdigung erhalten und alle Trugbilder sind zerfallen. Zu diesem allen nämlich war Zeit erfordert. – Das Seltsamste aber ist, dass man sogar sich selbst, sein eigenes Ziel und Zwecke, erst gegen das Ende des Lebens eigentlich erkennt und versteht, zumal in seinem Verhältnis zur Welt, zu den andern. Zwar oft, aber nicht immer, wird man dabei sich eine niedrigere Stelle anzuweisen haben, als man früher vermeint hatte; bisweilen auch eine höhere; welches dann daher kommt, dass man von der Niedrigkeit der Welt keine ausreichende Vorstellung gehabt hatte und demnach sein Ziel höher steckte, als sie. Man erfährt beiläufig, was an einem ist.[162]

Man bedenke in diesem Zusammenhang auch Sokrates'

VII. RHYTHMEN VON SONNE, MOND UND STERNEN

Worte in Platons *Apologie*: «Ich sage aber, dass es das größte Glück für den Menschen ist, sich Tag für Tag über die Tugend zu unterhalten, über die Ihr mich reden hört als einen Prüfer und Erforscher sowohl meiner selbst wie anderer, und *dass ein Leben ohne Prüfung und Selbsterforschung nicht lebenswert ist*».[163] (Hervorhebung F.L.)

Von einem solchen selbst erforschten Leben können wir aber viel mehr lernen, wenn wir es von vorneherein planen, weil wir dann das Geschehene mit dem Geplanten vergleichen und es so erst wirklich prüfen können.

Tatsächlich planen wir alle unser Leben bereits in dem Leben zwischen dem Tod und einer neuen Geburt, wie Rudolf Steiner dies im 4. Kapitel seiner *Theosophie* darstellt (GA 9, 2003, S. 141 ff.):

Im Reiche der Absichten und Ziele befindet sich also das Selbst, wenn es in der fünften Region des ‹Geisterlandes› lebt ... [Dort] entsteht in ihm der Drang, sich für das folgende physische Leben einen Impuls einzuprägen, welcher dieses Leben so verlaufen lässt, dass im Schicksal (Karma) desselben die entsprechende Wirkung des Mangels zutage tritt ... Er lebt in dem Walten der Absichten, welche für diese Verkörperungen bestehen und die er in sein eigenes Selbst eingliedert. Er blickt auf seine eigene Vergangenheit zurück und er fühlt, dass alles, was er in derselben erlebt hat, in die Absichten, die er in Zukunft zu verwirklichen hat, aufgenommen wird. Eine Art Gedächtnis für seine früheren Lebensläufe und der prophetische Vorblick für seine späteren blitzen auf. Man sieht: dasjenige, was in dieser Schrift das ‹Geistselbst› genannt worden ist, lebt in dieser Region, soweit es entwickelt ist, in seiner ihm angemessenen Wirklichkeit. Es bildet sich aus und bereitet sich vor, um in einer neuen Verkörperung sich ein Vollziehen der geistigen Absichten in der irdischen Wirklichkeit zu ermöglichen.

Wir planen im geistigen Bewusstsein zusammen mit den

Hierarchien im Rahmen aller Inkarnationen unsere nächste Inkarnation: wir planen zwar in großen Linien den Verlauf unseres Leben, *aber bestimmen ihn nicht*. So planen wir die Ziele, die notwendigen Hindernisse, mit denen wir ringen müssen, sodass dadurch die erstrebten Fähigkeiten entstehen können, und wir planen die *notwendigen* Begegnungen mit Menschen und Lebensumständen (Karma), wodurch wir unser Leben wieder in die kosmische Harmonie eingliedern können. Der Mensch, der in seiner Selbstentwicklung eine höhere Stufe erreicht hat, kann sein Schicksal selbstständiger bestimmen:

[Er] weiß, wie das Ewige an der Vergangenheit geschaffen hat, und er kann von dem Ewigen aus die Richtung für die Zukunft bestimmen. Der Blick über die Vergangenheit weitet sich zu einem vollkommenen. Ein Mensch, der diese Stufe erreicht hat, gibt sich selbst Ziele, die er in einer nächsten Verkörperung ausführen soll. Vom ‹Geisterland› aus beeinflusst er seine Zukunft, sodass sie im Sinne des Wahren und Geistigen verläuft. Der Mensch befindet sich während des Zwischenzustandes zwischen zwei Verkörperungen in Gegenwart aller derjenigen erhabenen Wesen, vor deren Blicken die göttliche Weisheit unverhüllt ausgebreitet liegt. Denn er hat die Stufe erklommen, auf der er sie verstehen kann. (ebd.)

Aber auch während des irdischen Lebens können wir ab einem gewissen Alter unser Leben selbst weiterplanen, sodass es am Ende der aktuellen Inkarnation unser in der Geistwelt geplantes Schicksal, so gut wie es uns gelang, erfüllt. Was wir nicht erfüllt haben, wird notwendigerweise für die nächste Inkarnation in die neue Planung übertragen.

Im jetzigen Leben, wenn wir unseren Intuitionen mit dem Herzen zuhören, bekommen wir eine Idee des Lebens, das wir wirklich leben wollen. Doch lassen wir diese Herzens-Stimme meistens nicht ganz in unser Bewusstsein aufsteigen.

Steve Jobs' (Begründer der Firma Apple Inc.) schöne Gedanken hierzu, die er 2005 den Studenten der Stanford Universität bei ihrer Abschlussfeier und somit zum Beginn ihres selbst-zu-bestimmenden Lebens schenkte, scheinen mir so sehr ins Schwarze zu treffen, dass ich sie in diesem Zusammenhang wiedergeben möchte:
Jetzt sind Sie das Neue. Doch eines Tages in nicht allzu ferner Zukunft werden Sie das Alte sein und aus dem Weg geräumt werden. Bitte entschuldigen Sie, dass ich so dramatisch werde, aber es ist so. Ihre Zeit ist begrenzt, verschwenden Sie sie nicht damit, das Leben eines anderen zu leben. Lassen Sie sich nicht von Dogmen gefangen nehmen – das würde bedeuten, mit dem zu leben, was andere Leute erdacht haben. Lassen Sie nicht zu, dass der Lärm, den die Meinungen anderer erzeugen, Ihre innere Stimme, die Stimme Ihres Herzens, Ihre Intuition überdröhnt ... Mir ins Gedächtnis zu rufen, dass ich bald sterbe, ist mein wichtigstes Hilfsmittel, um weitreichende Entscheidungen zu treffen. Fast alles – alle Erwartungen von außen, aller Stolz, alle Angst vor Peinlichkeit oder Versagen – das alles fällt im Angesicht des Todes einfach ab. Nur das, was wirklich zählt, bleibt. Sich daran zu erinnern, dass man eines Tages sterben wird, ist in meinen Augen der beste Weg, um nicht zu denken, man hätte etwas zu verlieren. Man ist bereits nackt. Es gibt keinen Grund, nicht dem Ruf des Herzens zu folgen. (Stern, 13.10.2011.) Mit diesen Worten beschreibt Steve Jobs die Intuitionsfähigkeit, des in der Geistwelt geplanten Schicksals.

Es geht in diesem ganzen Zusammenhang nicht nur um die Frage, wie man ein hohes Alter erreichen kann bei physischer Gesundheit, sondern vielmehr wie man es in geistiger Gesundheit erreicht.

Das Urbild der Langlebigkeit finden wir in dem Leben des biblischen Moses. Sein archetypisches Leben umspannte 120 Jahre; eine Lebensspanne, die allmählich für uns alle näher rückt.

Moses Biografie gliedert sich in drei Perioden von jeweils vierzig Jahren:
- die erste als ägyptischer Prinz
- die zweite als Diener Jethros, eines Stammesfürsten in der Wüste
- die dritte als Führer der Hebräer ins gelobte Land.

Die Symbolik dieser Perioden kann man biografisch folgendermaßen verstehen:
- in der ersten sammelt Mose Erfahrungen in der äußeren Welt und entwickelt Fähigkeiten als Führungspersönlichkeit
- in der zweiten macht er Erfahrungen in seiner Innenwelt und entwickelt die Fähigkeit, Gott unmittelbar zu dienen
- in der dritten führt er sein Volk auf die rein geistige Seite des Lebens.

Übertragen wir dies auf die Biografie eines hundertjährigen Menschen unseres Zeitalters, so kann man dies archetypisch folgendermaßen formulieren: von der Geburt bis 40 lernt man die Welt kennen und bildet sich in und für sie aus; von 40 bis 80 arbeitet man im Dienste der Gemeinschaft und bildet sich für das rein Geistige aus; von 80 bis zum Ende des Lebens bekommt man die Zeit geschenkt seine nachtodliche Zeit vorzubereiten – «Gib dem Cäsar, was des Cäsars ist und gib Gott, was Gottes ist» ist der biblische Ausdruck dafür. In diesem Sinne ist die dritte Periode eine Vorbereitungszeit für das nachtodliche Erleben des früher erwähnten «Lebenstableaus». In der ersten Zeit nach dem physischen Tod urteilt man selbstkritisch über das eigene Leben, was meistens schmerzhaft ist, weshalb dies in allen Religionen als Reinigungserlebnis, als «Läuterung der Seele», als «Fegefeuer», als «Kamaloka» usw. bezeichnet wird.

Für die Seelen, die ein sehr hohes Alter erreichen, verstärken sechs Mondknoten die Verbindung mit dem eigenen Lebensplan, der vor der Geburt erstellt wurde. Die ersten vier Mondknoten wurden auf den vorigen Seiten charakterisiert. Die Mondknoten im hohen Alter fallen in das 94. Lebensjahr (93 Jahre, 0 Monate) und in das 112. Lebensjahr (111 Jahre, 7 Monate). In solchem Alter besteht eher selten die Wahrscheinlichkeit, dass bedeutende äußere Weiterentwicklung stattfindet, eher geht es um die innere Weiterentwicklung. Ein wesentlicher Aspekt ist, dass man jetzt Einsicht in bis dahin verborgene Aspekte der eigenen Biografie gewinnen kann, dass man neue, kreative Kräfte in sich entfaltet und dass man sein Leben eher auf einer höheren, geistigen Ebene weiterführt. In jeder der 40-Jahr-Perioden erlebt der Mensch zwei Mondknoten, wobei der erste der Impulsierung dient und der zweite der Prüfung, Verstärkung und Feinsteuerung des Impulses. Die Mondknoten sind die großen Weichen in der Biografie.

Der wohl berühmteste Bergsteiger unserer Zeit, Reinhold Messner – der die Gipfel aller vierzehn Achttausender der Erde im Alleingang und ohne Zuhilfenahme von künstlichem Sauerstoff eroberte und der die Antarktis und die Wüste Gobi zu Fuß durchquerte – schrieb in einem kurzen autobiografischen Artikel für *National Geografic* (Oktober 2004) mit dem Titel «Weit hinaus – zum Blick nach innen»: *Von Reiseveranstaltern wird zwar die Vorstellung suggeriert, ‹die weißen Flecken auf der Landkarte› lägen immer noch draußen – im Polarmeer, auf dem Eis, oben am Gipfel – und nicht in uns drinnen. Ich weiß aber, dass sie nur in uns zu finden sind. Denn 100 Jahre Wildnis-Vernichtung und die dazugehörenden Weltreisenden – Abenteurer, Seeräuber, Aussteiger, Schelme, Narren, Gauner – haben mehr zerstört als ihr Leben. Meine Helden sind daher die Sucher, die der Menschennatur auf der Spur sind und sich zuletzt eingestehen, dass wir Menschen Mängelwesen sind, nicht gemacht für den Gipfel des Mount Everest, die Gobi, die Pole. Haben wir aber das Glück, von dort zurückzukommen, erscheint das Leben als unser wertvollstes Gut, das es wieder und wieder einzusetzen lohnt.*

Dass der Sinn und Wert des Lebens in dem Zurückkehren zum Geisterland bereichert mit den Früchten der irdischen Erfahrung besteht, scheint in Messners Worten gut ausgedrückt zu sein.

8.
Metamorphose der schöpferischen Kräfte – was uns gegeben ist und was wir uns selbst erringen

Zwei von vielen Möglichkeiten, uns diesem Thema zu nähern, sind für unsere Untersuchungen von besonderer Bedeutung: wie schöpferische Kräfte heute im Lebenszyklus des individuellen Menschen in Erscheinung treten und wie sie sich im historischen Zyklus der gesamten Menschheit zeigten. Beides ist auf geheimnisvolle Weise miteinander verbunden.

Sich innerlich zu festigen und als schöpferisches Selbst zu entdecken ist die Sehnsucht jedes reifenden Menschen, der aus den Träumen der ersten Phase seiner irdischen Existenz erwacht. Das waren aber auch die Ziele, zu denen sich die Menschheit im Lauf der Jahrtausende hinentwickelte. Auch die Menschheit ist reif geworden.

Wer mit einem gewissen Maß an Staunen über die Geheimnisse des menschlichen Lebens gesegnet ist, für den ist es offensichtlich, dass immer Kräfte aus unsichtbaren Quellen, unerklärliche Hilfen und Gaben mitgewirkt haben und immer noch mitwirken.

Unsere Aufgabe ist es, diese geschenkten Schätze, ihre Versprechungen und ihre Macht zu erkennen und den Zauberschlüssel zu finden, mit dem wir geistige Gaben in menschliche Fähigkeiten und dann auch in Errungenschaften, die anderen zugute kommen, umwandeln können.

Die folgenden beiden Kapitel beruhen auf Darstellungen Rudolf Steiners; sie weisen in die Richtung, in der Antworten gefunden werden können.

Über die Reife – Individuum und Menschheit

Eine der auffälligsten Polaritäten im menschlichen Leben betrifft die zwei deutlich voneinander verschiedenen Phasen, in die dieses Leben auseinanderfällt: eine erste Phase unter dem Einfluss der «Jugendkräfte» und eine zweite, das

VIII. METAMORPHOSE DER SCHÖPFERISCHEN KRÄFTE

Erwachsenenleben, in dem diese versiegt sind. Die «Jugendkräfte» – in diesem Zusammenhang ein spezifisch anthroposophischer Begriff – erstreckten sich in der Vergangenheit viel weiter in das spätere Leben hinein als heute, wo das Ende ihres Wirkens bei 27 Jahren liegt. Die Menschheit entwickelt sich gegenwärtig rückläufig, sie wird sozusagen «jünger», und das aus gutem Grund. Die Rückläufigkeit dieses Alters individueller Reife beträgt – in der Menschheitsentwicklung – alle dreihundert Jahre 1 Jahr oder 7 Jahre in einer historischen Periode von 2.160 Jahren. Am Ende unserer fünften Kulturepoche in 1.500 Jahren wird das kritische Alter um das 21. Jahr liegen, es wird also in der Empfindungsseelen-Periode keine Jugendkräfte mehr geben. Und um eine Ahnung davon zu vermitteln, was der Begriff «Jugendkräfte» einschließt: Am Ende der sechsten Epoche, in einigen tausend Jahren, wenn die Kräfte mit 14 Jahren enden, wird es eine Revolution in der Fortpflanzung geben: Es werden dann keine Kinder mehr durch geschlechtliche Zeugung geboren![164]

Historisch betrachtet waren die Menschen in den folgenden Lebensjahren noch «jung», das heißt von Jugendkräften inspiriert:

> von 56 bis 49 im alten Indien (ca. 7500 – ca. 5200 v. Chr.)
> von 49 bis 42 im alten Persien (ca. 5200 – ca. 3100 v. Chr.)
> von 42 bis 35 im alten Ägypten (ca. 3100 – ca. 750 v. Chr.)
> von 35 bis 28 in Griechenland/Rom (ca. 750 v. Chr. – 1413)
> von 28 bis 21 in unserer Epoche (ca. 1413 – ca. 3753)

Was sind diese Jugendkräfte? Sie bedeuten eine natürliche Entwicklung, in der Fähigkeiten instinktiv aus dem Organismus aufsteigen, wie man es beispielsweise im Auftreten neuer intellektueller Fähigkeiten in der Pubertät erleben kann. Dieses «natürliche», mühelose Hervortreten von etwas Neuem hört später auf. Wie Rudolf Steiner oft erwähnte, geschieht das heute mit 27 oder, da wir bereits fast sechshundert Jahre in der fünften Kulturepoche leben, schon annähernd mit 26 Jahren. Die weitere Entwicklung hört dann auf, wenn von diesem Alter an keine entschiedene Selbsterziehung erfolgt, das heißt, wenn die Bemühung, über die normale akademische Bildung hinaus zu lernen, nicht fortgesetzt wird – denn auch sie baut auf angeborenen Kräften auf, ein Universitätsabschluss ist keine Garantie für spätere menschliche Reife.

Rudolf Steiner sprach im Zusammenhang mit dem Schwinden der Jugendkräfte und der Notwendigkeit, sich aus *innerer* Initiative weiterzuentwickeln, wiederholt über das Dilemma unserer Zeit: Die Mehrzahl der Menschen, auch wichtige Persönlichkeiten des öffentlichen Lebens, entwickeln sich geistig nicht über das 27. Jahr hinaus; und diese abgebrochene Entwicklung führt dazu, dass ihre Ideen, Gefühle und Ideale im weiteren Verlauf ihres Lebens von der Empfindungsseelen-Phase geprägt bleiben. «Die Abstraktheit der Ideale, eine Jugendeigenschaft der Ideale, das abstrakte Herumreden in Freiheitsideen, indem man der eigenen geistigen Wollust dient und glaubt, eine Weltmission zu haben – so recht charakteristisch für Woodrow Wilson! Es erklärt sich aus diese Tatsache das Unpraktische der Ideen, das heißt, die Unmöglichkeit solche Ideen zu haben, die schöpferisch sind, sodass sie fortrinnen in der Wirklichkeit als schaffend und schöpferisch, sondern die einzige Möglichkeit, solche Ideen zu fassen, die den Leuten gefallen, die einleuchten der allgemeinen Menschheit, die eben Ideen unter 27 jahren haben will.»[165] (Obwohl diese Beschreibung speziell Woodrow Wilson galt, wird doch ihre allgemeine Gültigkeit deutlich.) Es sind sehr harte Worte; doch sie treffen leider häufig für die politischen Ideologien vieler unserer sogenannten «liberalen», vom Wunschdenken bestimmten Reformer zu.

Und so haben wir eine Gliederung des Lebens in zwei

Perioden: die natürliche «Jugend» oder das *frühe* Erwachsenenstadium bis 27 oder 30 und die Möglichkeit einer individuellen, selbsterarbeiteten Reife im *späteren* Erwachsenenalter.

Doch was macht dieses spätere Wachstum möglich? Welche Kräfte werden von innen her zugänglich, wenn die physischen Kräfte nichts mehr zum Erwachen beitragen? Wir stehen hier vor einem für jeden reifenden Menschen ungeheuer wichtigen Geheimnis. Er muss Zugang zu neuen Lebenskräften finden, die ihm helfen, die ständig drohende innere Stagnation zu überwinden. Es ist das Mysterium der inneren Sonne.

Das allmähliche Nachlassen der vom Körper verliehenen Kräfte, das der verblassenden Jugenderfahrung unmittelbar folgt, kann zu einem Erlebnis des «inneren Todes» führen. Das mag wie eine romantische Metapher klingen, aber es ist für viele Menschen nur zu real. Meist werden mitten in der Verstandesseelen-Periode, um die 33, Veränderungen spürbar. Diese «Todeserfahrung» ist so intensiv, dass sich der Mensch getrieben fühlt, nach inneren Erlösungskräften zu suchen. Glücklich, wer sie entdeckt, bevor es zu spät ist. Man braucht dazu Mut und die Erkenntnis, dass es nun ganz allein auf einen selbst ankommt.

Manche Menschen versinken dann in Erinnerungen an die Freuden der vergangenen Jugend und klammern sich verzweifelt an alte Träume, mit dem Gefühl, immer noch zu den karmischen Kreisen von gestern zu gehören. Andere sind viel zu beschäftigt, um die Vergangenheit zu verklären.

Da das Leben jedes Einzelnen die geschichtliche Entwicklung im Kleinen wiederholt, spielte sich dieses Geheimnis des seelischen Todes und der Gabe neuen inneren Lebens auch auf der Weltbühne ab: vor etwa zweitausend Jahren. Das Urbildhafte dieser Ereignisse zu erkennen kann Verständnis für den Kampf der modernen Seele wecken.

ÜBER REIFE – INDIVIDUUM UND MENSCHHEIT

Während der griechisch-römischen Epoche ging das Alter, in dem die geistigen Jugendkräfte versiegten, von 35 (747 v. Chr.) auf 28 (1413 n. Chr.) zurück. Als das Mysterium von Golgatha stattfand, war das erste Drittel dieser Epoche vergangen, und der Einschnitt lag im 33. Lebensjahr.

Es war den Menschen auf der Erde nicht mehr möglich, mit dem kosmischen Sonnenwesen in Berührung zu kommen. Selbst die Mysterienstätten waren hilflos: Die Leiber der Menschen hatten sich so sehr verhärtet, dass geistige Finsternis herrschte. Sogar über die Unsterblichkeit der menschlichen Seele bestand weit und breit Unsicherheit. In dieser Zeit, als durch die Verdunkelung des alten spirituellen Lebens die weitere Entwicklung der Menschheit bedroht war, inkarnierte sich bei der Jordantaufe das kosmische Sonnenwesen in einem menschlichen Leib. Durch seinen Tod und seine Auferstehung im 33. Lebensjahr «war die Kraft, die vom Mysterium von Golgatha ausging, ausgeflossen in die irdische Welt des Kosmos, während sie früher im außerirdischen Teil des Kosmos war ... Diese Kraft lebt in derselben Atmosphäre, in der unsere Seelen leben ... Sodass wir uns in der Seele aufraffen können, wenn wir die Beziehungen zum Christus herstellen, aufraffen, um über die absterbenden Kräfte in uns selber hinauszuwachsen.»[166]

Als Rudolf Steiner über die Beziehung sprach, die zwischen dem «Alter» der Menschheit in Bezug auf das Versiegen der Jugendkräfte zur Zeit des Mysteriums von Golgatha und dem Alter des Christus Jesus besteht, machte er ausnahmsweise einmal eine persönliche Bemerkung: «Ich darf sagen, dass ich selber wenig Momente von solcher Ergriffenheit gehabt habe während des geisteswissenschaftlichen Forschens, wie diesen, wo mir – lassen Sie mich das Wort gebrauchen – aus grauen Geistestiefen heraus dieser Zusammenhang zwischen dem 33. Jahre der Menschheit im vierten nachatlantischen Zeitraum und dem 33. Lebensjahre des Christus Jesus, in dem der Tod auf Golgatha eintritt, als Erlebnis heraufgestiegen ist.»[167]

Die Bedeutung dieser Tatsachen für jeden von uns, der das blühende Jugendalter hinter sich gelassen hat, kann sehr tiefgreifend sein. Sie kann den Entschluss wecken, sich ernsthaft auf den Weg der inneren Entwicklung zu machen und zu erkennen, was «geistige Arbeit» bedeutet. Freiheit für den menschlichen Geist erlangen heißt, die Todeskräfte des modernen Ich-Bewusstseins auszugleichen, indem man für sich selbst die lebendige Kraft der inneren Sonne entdeckt.

Mysterien der Kindheit und schöpferischer Geist

So viele Experimente man auch durchführen mag, um Tieren bestimmte Fähigkeiten anzutrainieren, die drei grundlegenden Fähigkeiten des Menschen – aufrechter Gang, intelligentes Sprechen und die Fähigkeit zu eigenständigem Denken – liegen für immer jenseits dessen, was ein Tier zu leisten vermag.

Doch diese spezifisch menschlichen Fähigkeiten sind nicht angeboren. Wir bringen sie nicht mit. Sie müssen *nach* der Geburt individuell errungen werden. Die angeborenen Instinkte und die Fähigkeiten der Tiere sind beinahe unmittelbar nach der Geburt voll entwickelt; nicht so diese menschlichen Eigenschaften.

Der Weg vom völlig hilflosen Kleinkind zum selbstbestimmten freien Individuum ist lang und mühsam. Damit er gegangen werden kann, geschieht eine wunderbare Verwandlung: Mächtige schöpferische Kräfte, die in den frühen Jahren den Organismus bilden, werden später frei und wirken im reifen Individuum von innen heraus schöpferisch.

Wir berühren hier das Geheimnis der ersten drei Lebensjahre, in denen die sich inkarnierende Seele – noch träumend und ihrer selbst unbewusst – die urmenschlichen Eigenschaften erwirbt: die Aufrichtung des Körpers und das aufrechte Gehen, die Entwicklung eines Kehlkopfs, der die Luft formen und Gesang und Sprache hervorbringen kann, und die Bildung eines Gehirns, das die Weltgedanken widerzuspiegeln vermag – alles Werkzeuge, mit denen der Mensch denken, kommunizieren und sich ausdrücken kann und die ihn potenziell zum Herrn über Raum, Zeit und Bewusstsein machen.

Wären wir moderne Menschen allgemein gegenüber den Wundern des Lebens nicht so abgestumpft, so würden diese Mysterien der frühen Kindheit Ehrfurcht und Staunen in uns wecken und den Willen, die sich entwickelnden Kräfte zu schützen und zu pflegen.

Die folgenden Zitate aus Werken und Vorträgen Rudolf Steiners sprechen beredter über diese Kindheitsgeheimnisse, als alle Umschreibungen es vermögen.

Was ist der Ursprung der formenden Kräfte in der Kindheit?
Diese höhere Weisheit ... wirkt aus der geistigen Welt heraus tief in die Körperlichkeit herein, sodass der Mensch durch sie sein Gehirn aus dem Geiste heraus formen kann ... Denn was an dem Kinde arbeitet, ist die Weisheit, die dann später nicht in das Bewusstsein eintritt und durch welche der Mensch etwas wie einen ‹Telefonanschluss› nach den geistigen Wesenheiten hat, in deren Welt er sich zwischen dem Tode und einer neuen Geburt befindet. Von dieser Welt strömt noch etwas ein in die kindliche Aura ... Die geistigen Kräfte aus dieser Welt strömen in das Kind noch ein. Sie hören auf einzuströmen in dem Zeitpunkte, bis zu dem die normale Rückerinnerung geht. Diese Kräfte sind es, die den Menschen fähig machen, sich in ein bestimmtes Verhältnis zur Schwerkraft zu bringen. Sie sind es auch, die seinen Kehlkopf formen, die sein Gehirn so bilden, dass es

ein lebendiges Werkzeug für Gedanken-, Empfindungs- und Willensausdruck wird.[168]

Doch nur eine Zeit lang. Und dann? *Es hat der Mensch in der physischen Welt eine solche Organisation, dass er die unmittelbaren Kräfte der geistigen Welt, welche in den ersten Kindheitsjahren an ihm wirksam sind, nur so lange an sich ertragen kann, als er gleichsam kindlich weich und bildsam ist. Er würde zerbrechen, wenn jene Kräfte, die der Orientierung im Raume, der Formung des Kehlkopfes und des Gehirns zugrunde liegen, auch im späteren Lebensalter noch in unmittelbarer Art wirksam blieben. Diese Kräfte sind so gewaltig, dass, wenn sie später noch wirken würden, unser Organismus hinsiechen müsste unter der Heiligkeit dieser Kräfte ... Es ist der Mensch in der gegenwärtigen mittleren Erdenorganisation somit so organisiert, dass er nur drei Jahre diese Kräfte aufnehmen kann.*[169]

Verlorene Weisheit – gewonnenes Bewusstsein: *Wann handelt er [der Mensch] am allerweisesten an sich selber? Das tut er ungefähr von der Geburt an bis zu dem Zeitpunkte, bis zu dem er sich noch zurückerinnern kann, wenn er im späteren Leben zurückblickt auf die verflossenen Jahre seines Erdendaseins ... Das ist auch der Zeitpunkt, in welchem der Mensch gelernt hat, sich als ein Ich zu fühlen ... Niemals kann der Mensch später, wenn er zu seinem Bewusstsein gekommen ist, so Großartiges und Gewaltiges an sich selber leisten, wie er in den allerersten Jahren seiner Kindheit aus unterbewussten Seelengründen heraus vollzieht ... Aus einer Weisheit heraus, die nicht in ihm ist, arbeitet der Mensch an sich. Diese Weisheit ist mächtiger, umfassender als alle spätere bewusste Weisheit. Diese höhere Weisheit verdunkelt sich für die menschliche Seele, welche dann dafür die Bewusstheit eintauscht.*[170]

Die drei Jahre der Inkarnation Christi und die drei Jahre der Kindheit: «*Der menschliche Organismus, welcher bei der Johannestaufe am Jordan stand, als das Ich des Jesus von Nazareth aus den drei Leibern fortging, barg nach der Taufe in voller bewusster Ausgestaltung jenes höhere Menschheitsselbst, das sonst, den Menschen unbewusst, mit Weltenweisheit am Kinde wirkt. Aber damit war die Notwendigkeit gegeben, dass dieses mit der höheren Geisteswelt zusammenhängende Selbst nur drei Jahre in dem entsprechenden Menschheitsorganismus leben konnte.*[171]

Es liegt an jedem Einzelnen selbst: *In den ersten drei Kindheitsjahren wirken diese Kräfte, ohne dass der Mensch etwas dazu tut. Im späteren Leben* können *sie wirken, wenn der Mensch durch innere Versenkung den Christus in sich sucht.*[172]

Der Weg, die Wahrheit und das Leben: *In den ersten Lebensjahren lernt der Mensch physisch gehen aus dem Geiste heraus; das heißt, der Mensch weist sich seinen Weg für das Erdenleben aus dem Geiste heraus. Er lernt sprechen, das heißt die* Wahrheit *prägen aus dem Geiste heraus – oder mit anderen Worten: Der Mensch entwickelt das Wesen der Wahrheit aus dem Laute heraus in den ersten drei Jahren seines Lebens. Und auch das Leben, das der Mensch auf der Erde als Ich-Wesen lebt, das bekommt sein Lebensorgan durch das, was sich in den ersten drei Jahren der Kindheit ausbildet ... Und als ein bedeutsames Wort muss es gelten, dass die Ich-Wesenheit des Christus so zum Ausdruck kommt:* ‹Ich bin der Weg, die Wahrheit und das Leben!› *Wie die höheren Geisteskräfte den Kindheitsorganismus – diesem unbewusst – so gestalten, dass er leiblich wird der Ausdruck für den Weg, die Wahrheit und das Leben, so wird der Menschengeist allmählich dadurch, dass er sich mit dem Christus durchdringt, bewusst der Träger des Weges, der Wahrheit*

VIII. METAMORPHOSE DER SCHÖPFERISCHEN KRÄFTE

und des Lebens. Er macht sich dadurch selbst im Laufe des Erdenwerdens zu jener Kraft, die im Kindheitsalter in ihm waltet, ohne dass er der bewusste Träger ist.[173]

Dieses Thema wird noch weiter beleuchtet in einem Vortrag über das Markusevangelium:

Gottessohn und Menschensohn: *Wie der Mensch heute vor uns steht, wie er sich entwickelt zwischen Geburt und Tod in der einen Inkarnation, zeigt er uns zwei sehr voneinander verschiedene Entwickelungsglieder ... Das eine kann man sehen in der Zeit der menschlichen Entwickelung, die zwischen der Geburt und dem Zeitpunkte liegt, bis zu dem sich der heutige moderne Mensch zurückerinnert in dem einzelnen individuellen Leben ... Dann beginnt die Zeit, durch welche sich der Faden der Ich-Erinnerung einfach glatt hindurchzieht ... Was davor liegt, nehmen wir in einer gewissen Weise unbewusst auf für das Ich-Bewusstsein. Das reiht sich nicht ein dem Faden dessen, was wirklich unserem vollen ich-bewussten Leben angehört. Es liegen also gewisse Jahre vor unserem ich-bewussten Leben, in denen die Umwelt in ganz anderer Weise auf uns wirkt als eben später. Der Unterschied ist ein ganz radikaler ...*

Beim heutigen normalen Menschen sind diese beiden Arten getrennt, müssen getrennt sein; denn sie würden sich sonst nicht vertragen können. Sie haben sich auch nicht im Christus Jesus vertragen. Denn nach jenen drei Jahren musste notwendigerweise der Tod eintreten, und zwar unter den Verhältnissen, wie sie sich in Palästina abgespielt haben. Nicht zufällig haben sie sich so dargestellt, sondern durch das Ineinanderleben dieser zwei Faktoren: des Gottessohnes, der der Mensch ist von dem Zeitpunkt der Geburt bis zur Entwickelung des Ich-Bewusstseins, und des Menschensohnes, der der Mensch ist nach dem Zeitpunkt der Erringung

MYSTERIEN DER KINDHEIT

des Ich-Bewusstseins. *Durch das Zusammenleben des Menschensohnes und des Gottessohnes wurden hervorgerufen die Ereignisse, die dann zu den Ereignissen von Palästina geführt haben.*[174]

So ergibt sich also eine vielfältige Reihe von Metamorphosen:
Zunächst werden uns die Formkräfte im menschlichen Organismus verliehen, die die Fähigkeiten, aufrecht zu stehen, zu sprechen und zu denken schaffen, die aber zu mächtig sind, als dass sie länger als drei kurze Jahre in der physischen Substanz wirken könnten.

Dann wird allmählich das Selbstgefühl geboren, das im Gedächtnis gründet und mit unserer Reife zum individuellen Bewusstsein der Identität heranwächst, mit der Zeit aber nachlässt und von innen heraus gestärkt werden muss, ein Vorgang, der mit der beginnenden Suche nach schöpferischen Kräften zusammenhängt.

Dann folgt später im Leben, wenn der junge Most sich setzt, vielleicht die Entdeckung oder doch zumindest die Erkenntnis, dass mit Gottes Hilfe die Möglichkeit besteht, aus der Quelle inspirierter Einsicht und Führung zu schöpfen, und dass, wenn wir durch Selbsterkenntnis – erlangt durch Studium und ein aktives rhythmisches Seelenleben – beginnen, an uns zu arbeiten, das Schöpferische uns zugänglich wird.

Dieselben Kräfte, die uns einst in der Kindheit formten und die zu mächtig sind, um lange Zeit im Physischen wirken zu können, ohne dieses Physische zu zersprengen, sind im Ätherischen immer gegenwärtig und all denen erreichbar, die den Weg zu diesem Reich des Lebendigen finden.

In der moralischen Fantasie und in der leib- und sinnenfreien Ich-Aktivität kann der Mensch die wunderbaren Kräfte der Kindheit wiederfinden. Dann kann er die geheimnisvollen Worte für sich wahrmachen: Werdet wieder wie die Kinder!

9.
Quellen der geistigen Erneuerung: Nacht, Mittwinter und Mitte des Lebens

Vergangenheit und Zukunft sind in unsere Erdenexistenz hineinverwoben. Was war und was sein wird, ist Teil unserer Gegenwart. Wir arbeiten mit den Nachwirkungen der Vergangenheit und bereiten durch unser Handeln die Zukunft vor – ob bewusst oder nicht. Das Leben reicht viel weiter, als es scheint.

Der Mensch ist ein Zeitwesen. Seine Entwicklung vollzieht sich nach einem seiner Natur eingeschriebenen urbildhaften Plan; er muss sie jedoch individuell vollenden. In unserer Zeit haben wir die Möglichkeit und die Aufgabe, die Bewusstseinsseele zu entwickeln – eine wache Beziehung zur physischen wie zur spirituellen Umwelt des Menschen.

Die höheren Wesensglieder des Menschen, die sich noch nicht herausgebildet haben, sind ein Versprechen für die Zukunft. Sie ruhen sozusagen noch als Möglichkeit in der Hut göttlicher Wesen über dem Menschen, die diese Ebenen schon erreicht haben: den Engeln (Geistselbst, der verwandelte Seelenleib), den Erzengeln (Lebensgeist, der verwandelte Lebensleib) und den Archai (Geistesmensch, der vergeistigte physische Leib). Doch die zukünftigen Möglichkeiten des Menschen bilden sich schon heute heraus, die Samen beginnen zu keimen.

Wenn der Mensch diese geistigen Wesensglieder einmal erlangt hat, wird er unter der Führung der Trinität, dem Geist-, Sohnes- und Vater-Prinzip, an der dritten Hierarchie bewusst teilhaben können. Das wird natürlich erst in fernen Zeiten möglich sein; aber es kündigt sich in den ehrfurchtgebietenden Fähigkeiten des Eingeweihten im heutigen Erdenleben an. Aber auch im Leben des gewöhnlichen Menschen lässt sich diese Zukunft, wenn auch nur unbewusst, schon erahnen. Ins Bewusstsein zu heben, was eines Tages möglich sein wird und was jetzt schon durch die ihn führenden Geistwesen für ihn vorbereitet wird, ist die Aufgabe des ernsthaft strebenden Menschen. Indem er sich darum bemüht, kann

IX. QUELLEN DER GEISTIGEN ERNEUERUNG

er die Quellen der geistigen Erneuerung, die ihm aus der Zukunft zuströmen, entdecken und Zugang zu ihnen finden.

Diese Quellen der geistigen Erneuerung hängen mit den zukünftigen Möglichkeiten des Menschen – seinen drei höheren Wesensgliedern – zusammen und können auf dreierlei Art erfahren werden: das Geistselbst während der Nacht im Schlaf, der Lebensgeist in den dunkelsten Tagen des Jahres und der Geistesmensch in der Mitte der menschlichen Erdenexistenz. Die wohltuenden Wirkungen, die zunächst nur undeutlich wahrgenommen werden, fließen aus den wunderbaren Begegnungen der Menschenseele mit den Wesenheiten des Kosmos hervor – ein Thema, das Rudolf Steiner in dem Zyklus *Kosmische und menschliche Metamorphose*[175] behandelt.

Nacht: unsere Begegnung mit dem Geist

Im Wachbewusstsein ist der moderne Mensch ganz und gar von der geistigen Welt abgeschnitten. Vom Morgen bis zum Abend wird er von einer Flut materieller Eindrücke überrollt – der Welt der Dinge –, die seine Gedanken und Gefühle besetzen und seinen Willen in Anspruch nehmen. Diese Bedingungen waren nötig, damit das Ich reifen konnte. Doch immer wieder steigen in Millionen Menschen aus unbewussten Tiefen die unbestimmte Sehnsucht nach einem «Sinn» des Lebens auf, nach einer Verbindung mit «Gott», religiöse und moralische Bedürfnisse, der Wille, anderen zu dienen. Woher kommen sie? Aus welcher Quelle werden sie gespeist?

Die Trennung von den geistigen Welten im Erdenleben dauert nur solange an, wie der Mensch wach ist. Im Schlaf kehrt sein Ich, frei von den leiblichen Hüllen, in seine wahre

Heimat zurück und kann dort Zugang zu Inspirationen, zu geistiger Stärkung finden. Aus dieser – wenn auch unbewussten – nächtlichen Erfahrung rühren die Gedanken an die unsichtbare Wirklichkeit, moralische Impulse und die Sehnsucht nach «religio» – Rückbindung an das Geistige – her, die während unseres tagwachen Lebens in uns auftauchen. «Nur weil wir im Unterbewussten das Gedächtnis an dasjenige bewahren, wenn wir auch nichts davon wissen im Oberbewusstsein, was wir während des Schlafes durchmachen, dadurch denken wir überhaupt nicht bloß materialistisch. Wenn der Mensch nicht bloß materialistisch denkt, wenn er überhaupt geistige Vorstellungen hat während des Tages, so rührt das davon her, dass sein Gedächtnis wirkt. Denn so, wie der Mensch jetzt als Erdenmensch ist, kommt er mit dem Geiste nur während des Schlafes zusammen.»[176]

Wie können wir uns dieses «Zusammenkommen mit dem Geiste während des Schlafes», an das wir uns dunkel erinnern, vorstellen? Rudolf Steiner spricht von einer jede Nacht stattfindenden Begegnung des Ich-Wesens mit seinem Ideal, seinem Genius, seinem Stern, seinem Engel, seinem zukünftigen Geistselbst oder, in biblischen Worten, dem Heiligen Geist in der Gestalt des Engels:

Und in der Tat, wir Menschen sind in einer gewissen Beziehung mehr, jetzt schon der Anlage nach mehr – und in der geistigen Welt bedeuten Anlagen etwas weit Höheres als in der physischen Welt – als bloß dieser viergliedrige Mensch: physischer Leib, Ätherleib, Astralleib und Ich. Wir tragen als Keim schon das Geistselbst in uns, auch den Lebensgeist, auch den Geistesmenschen. Entwickeln aus uns werden sie sich später, aber wir tragen sie als Keim in uns. Und nicht nur so abstrakt, dass wir sie als Keim in uns tragen, ist das zu sagen, sondern dieses In-uns-Tragen ist ganz konkret gemeint, denn wir haben mit diesen höheren Gliedern unserer Wesenheit Begegnungen, wirkliche Begegnungen. Und diese

IX. QUELLEN DER GEISTIGEN ERNEUERUNG

Begegnungen, die liegen in der folgenden Weise: Wir würden als Menschen immer mehr und mehr dahin kommen, eine gewisse für die gegenwärtige Entwickelung des Menschen schwer erträgliche Entfremdung von allem Geistigen zu fühlen, wenn wir nicht von Zeit zu Zeit begegnen könnten unserem Geistselbst. Unser Ich muss jenem Höheren, jenem Geistselbst begegnen, das wir erst entwickeln werden und das in einer gewissen Beziehung gleichartig ist mit Wesenheiten aus der Hierarchie der Angeloi. Sodass man in der populären Sprache auch sagen kann, wenn wir christlich sprechen: Wir müssen von Zeit zu Zeit begegnen einem Wesen aus der Hierarchie der Angeloi, das uns besonders nahesteht, weil dieses Wesen, indem es uns begegnet, an uns geistig dasjenige vornimmt, was uns in die Lage versetzt, einstmals ein Geistselbst aufzunehmen ...

Ob wir im christlichen Sinne dieses Wesen versetzen in die Hierarchie der Angeloi oder ob wir mehr im antiken Sinne sprechen von dem, was die älteren Völker gemeint haben, wenn sie von dem Genius, von dem führenden Genius des Menschen sprachen, das ist im Grunde genommen ganz gleich. Wir wissen, wir leben in einer Zeit, wo es nicht vielen, sondern nur wenigen Menschen gestattet ist – aber diese Zeit wird bald anders werden –, hineinzuschauen in die geistige Welt, die Dinge und Wesenheiten der geistigen Welt zu schauen ... Und in der Zeit, in der man gesprochen hat von dem Genius eines jeden Menschen, da hat man auch ein unmittelbar konkretes Anschauen von diesem Genius gehabt ... Dieser Genius ist nichts anderes als das werdende Geistselbst, getragen allerdings von einem Wesen aus der Hierarchie der Angeloi ...

Der Mensch muss wirklich von Zeit zu Zeit eine innigere Gemeinschaft mit seinem Geistselbst eingehen ... der Mensch muss mit seinem Geistselbst von Zeit zu Zeit zusammentreffen. Und wann geschieht dieses? ... Es geschieht einfach jedes Mal ungefähr beim normalen Schlafe in der Mitte zwischen Einschlafen und Aufwachen ... Der Mensch der modernen Kultur kann ... doch in der Mitte einer längeren Schlafenszeit das erleben, was man nennt ein innigeres Zusammensein mit dem Geistselbst, also mit den geistigen Qualitäten, aus denen das Geistselbst genommen sein wird, eine Begegnung mit dem Genius. Diese Begegnung mit dem Genius findet also beim Menschen, cum grano salis gesprochen, jede Nacht, das heißt jede Schlafenszeit, statt. Und dies ist wichtig für den Menschen. Denn was wir auch haben können an einem die Seele befriedigenden Gefühl über den Zusammenhang des Menschen mit der geistigen Welt, es beruht darauf, dass diese Begegnung während der Schlafenszeit mit dem Genius nachwirkt. Das Gefühl, das wir im wachen Zustand bekommen können von unserem Zusammenhang mit der geistigen Welt, ist eine Nachwirkung dieser Begegnung mit dem Genius. Das ist die erste Begegnung mit der höheren Welt, von der man als zunächst etwas Unbewusstem für die meisten Menschen heute sprechen kann, das aber immer bewusster und bewusster werden wird, je mehr die Menschen die Nachwirkung gewahr werden dadurch, dass sie ihr waches Bewusstseinsleben in den Empfindungen durch Aufnahme der Ideen und Vorstellungen der Geisteswissenschaft so verfeinern, dass die Seele eben nicht zu grob ist, um die Nachwirkung aufmerksam zu betrachten. Denn nur darauf kommt es an, dass die Seele fein genug ist, in ihrem inneren Leben intim genug ist, um diese Nachwirkungen zu betrachten. In irgendeiner Form kommt diese Begegnung mit dem Genius bei jedem Menschen oftmals zum Bewusstsein, nur ist die heutige materialistische Umgebung, das Erfülltsein mit den Begriffen, die aus der materialistischen Weltanschauung kommen, namentlich das von der materialistischen Gesinnung durchzogene Leben, nicht geeignet, die Seele aufmerksam sein zu lassen auf dasjenige, was durch diese Begegnung mit dem Genius hergestellt wird. Es wird einfach dadurch, dass die Menschen sich mit geistigeren Begriffen, als der Materialismus ihnen liefern kann, vertiefen, die Anschauung von dieser Begegnung mit dem Genius in jeder Nacht etwas mehr und mehr Selbstverständliches für den Menschen …

Es ist leider schwierig für viele Menschen heute in unserem modernen materialistischen Leben … sehr schwierig, dasjenige zu empfinden, was ich nennen möchte: die Heiligkeit des Schlafes. Wenn erlebt wird, dass geradezu die in der Menschheit geltende Intelligenz allen Respektes entbehrt für die Heiligkeit des Schlafes, so ist das eine weittragende Kulturerscheinung … Man denke nur, wie viele Menschen, die mit rein dem Materiellen Zugewendeten die Abendstunden verbringen, sich dann dem Schlafe übergeben, ohne die Empfindung zu entwickeln – sie wird ja nicht recht lebendig aus der materialistischen Gesinnung heraus –, ohne die Empfindung zu entwickeln: Der Schlaf vereinigt uns mit der geistigen Welt, der Schlaf schickt uns hinüber in die geistige Welt.[177]

Durch diese nächtliche Begegnung, die ganz auf die Zukunft, nicht auf die Gegenwart oder die Vergangenheit hin angelegt ist, werden wir zukunftsorientiert; wir erleben, wie wir fortwährend auf unser Schicksal und unsere Lebensaufgaben wieder eingestimmt werden. Unser Weg richtet sich wieder nach unserem Stern aus.

Eines der schönsten Geschenke, das Eltern und Lehrer den Kindern machen können, besteht darin, dass sie deren Aufmerksamkeit auf die Verbindung mit dem Schutzengel, der sie während des Schlafs in Empfang nimmt, um sie zu behüten und zu führen, fördern. Für Menschen, die sich auf den Weg begeben haben, sind die Erinnerungen an Schlaferlebnisse die Quelle moralischer Intuitionen. Freiheit, als Handeln aus dem Geist, ist die Gabe des höheren Selbst. Ein Gefühl für die Heiligkeit des Schlafes als des Ursprungs geistiger Führung und Erneuerung bewusst zu pflegen ist für jeden strebenden Menschen eine Notwendigkeit. Die Maxime, unsere «Entscheidungen zu überschlafen», hat ganz reale Bedeutung.

Mittwinter: die Welt des Sohnes

Der durch die Drehung der Erde hervorgerufene Rhythmus von Tag und Nacht schafft die Verbindung zur Führung durch unseren Engel, den Träger unseres wahren Selbst. Der Jahresrhythmus, durch den Umlauf der Erde um die Sonne bewirkt, reicht in die ätherischen Welten der Archangeloi, durch die die Lebenskräfte erneuert werden. Hier berühren wir das alte Mysterium der Jahresfeste.

Wir leben im zyklischen Wandel der Jahreszeiten. Die Natur trägt uns den Sommer über; der Herbst bringt ein inneres Erwachen der Seele mit sich, das im Winter noch intensiviert wird. Der äußere Tod der Natur macht die Geburt des inneren Lebens, der inneren schöpferischen Kräfte möglich: eine Weihnachtserfahrung. Dann, wenn im Frühling das Leben wieder zu knospen beginnt, sollte Ostern, das Fest der Auferstehung, im Erdenmenschen die spiritiuellen Kräfte verstärken. Das ist die Geschichte, die uns der Kosmos erzählt. Wie sollen wir sie deuten?

In anthroposophischen Kreisen herrscht das Bedürfnis, die Jahresfeste so zu feiern, dass man über Tradition und Folklore hinausgeht und ihr Wesen erkennend und erfahrend zu durchdringen sucht. Der *Seelenkalender* von Rudolf Steiner[178] kann helfen, die feinen Veränderungen in der Seele und ihre Beziehung zu den immer wechselnden Rhythmen von Erde und Kosmos zu erleben. Freilich, ein bloßes Lesen oder Sprechen der 52 Sprüche mit ihrem verborgenen

IX. QUELLEN DER GEISTIGEN ERNEUERUNG

Sinn – sie sind in einer fast hegelianischen Sprache, frei von anthroposophischer Terminologie abgefasst – reicht nicht aus, um ihre Geheimnisse zu ergründen. Ein Beispiel: die siebenmalige Erwähnung des Wortes «Ahnen» beziehungsweise «Ahnung» zwischen Mai und August und die siebenmalige Nennung des Wortes «Herz» zwischen Dezember und März. Damit solche Worte ihre Kraft entfalten können, muss man wissen und erkennen, dass während einer Hälfte des Jahres die Engel unser Streben mit *Weisheit* inspirieren, während durch die Intuitionen des ätherischen Herzens die Kräfte fließen, die *Liebe* wecken. Die Metamorphosen des seelischen Lebens im Jahreslauf zu beobachten ist eines; zu verstehen, wer und was spricht, ein anderes.

Ein solches Wissen kann allmählich dazu vordringen, die geistigen Wesen, die am ätherischen Weben von Erde und Kosmos beteiligt sind, konkret zu erleben, und schließlich zu der ehrfürchtigen Erkenntnis führen, «dass dem Jahreslaufe in seinen Geheimnissen das Christus-Wesen, das durch das Mysterium von Golgatha gegangen ist, angehört».[179]

Dies also ist die Geschichte der zweiten Begegnung der menschlichen Seele mit den kosmischen Wesen; sie ereignet sich im Jahreslauf, der sich in den christlichen Festen mit ihrer kosmischen, zwischen Himmel und Erde vermittelnden Bedeutung ausspricht:

Daher ist die eigentümliche Empfindung, die wir mit dem Weihnachtsmysterium und dem Weihnachtsfest verbinden, keineswegs etwas Willkürliches, sondern sie hängt zusammen mit der Festsetzung des Weihnachtsfestes. In jenen Wintertagen, an denen das Fest angesetzt ist, da ist der Mensch in der Tat, wie die ganze Erde, dem Geiste hingegeben. Da durchlebt der Mensch gewissermaßen ein Reich, wo der Geist ihm nahesteht. Und die Folge davon ist, dass um die Weihnachtszeit, so bis zu unserem heutigen Neujahr hin, der Mensch ebenso eine Begegnung seines Astralleibes mit dem Lebensgeist durchmacht, wie er für die erste Begegnung die Begegnung des Ich mit dem Geistselbst durchmacht. Und auf dieser Begegnung mit dem Lebensgeist beruht das Nahesein dem Christus Jesus. Denn durch den Lebensgeist offenbart sich der Christus Jesus. Er offenbart sich durch ein Wesen aus dem Reiche der Archangeloi ...

In tiefsinniger Weise – und man sollte das nicht durch eine abstrakte materialistische Kultur heute verwischen – ist die Weihnachtszeit gebunden an Vorgänge der Erde, weil der Mensch mit der Erde die Weihnachtsveränderung der Erde durchmacht ... Denn ebenso wahr, wie wir durch all dasjenige, was wir geschildert haben, mit den Erdenverhältnissen zusammenhängen, ebenso wahr hängen wir zusammen durch dasjenige, was ich jetzt zu schildern habe, mit den Himmelsverhältnissen, mit den großen, kosmisch-geistigen Verhältnissen. Denn die Osterzeit, das ist diejenige Zeit im konkreten Jahresablauf, in der alles dasjenige, was durch die Begegnung mit dem Christus in der Weihnachtszeit in uns veranlasst worden ist, wiederum sich mit unserem physischen Erdenmenschen so recht verbindet. Und das große Mysterium, das Karfreitagsmysterium, das dem Menschen das Mysterium von Golgatha zur Osterzeit vergegenwärtigt, hat neben allem anderen auch noch diese Bedeutung, dass der Christus, der gleichsam neben uns einherwandelt in der Zeit, die ich beschrieben habe, sich nun uns am meisten nähert, gewissermaßen, grob gesprochen, in uns selber verschwindet, uns durchdringt, sodass er bei uns bleiben kann für die Zeit nach dem Mysterium von Golgatha, in der Zeit, die jetzt kommt als Sommerzeit, in der sich in alten Mysterien zu Johanni die Menschen mit dem Makrokosmos haben verbinden wollen auf eine andere Weise, als das nach dem Mysterium von Golgatha sein muss ...

... die Begegnung mit der geistigen Welt, in der diejenigen geistigen Wesenheiten leben, die wir zu der Hierarchie der

IX. QUELLEN DER GEISTIGEN ERNEUERUNG

Archangeloi rechnen, jene Welt, in welcher der Mensch mit seinem innersten Wesen sein wird, wenn einmal während der Venuszeit entwickelt sein wird sein Lebensgeist; jene Welt, in welcher man sich als das dirigierende, herrschende Prinzip in alten Zeiten zu denken hatte den Christus, den Sohn. Sodass man eben auch nennen kann diese Begegnung, die der Mensch im Jahreslaufe hat mit der geistigen Welt auf irgendeinem Punkte der Erde in derjenigen Zeit, in der es für diesen Punkt der Erde eben die Weihnachts-Winterzeit ist, dass man diese Begegnung auch nennen kann die Begegnung mit dem Sohn. Sodass der Mensch im Laufe eines Jahres wirklich durchmacht einen Rhythmus, der nachgebildet ist dem Jahresrhythmus selber und in dem er eine Vereinigung hat mit der Welt des Sohnes.[180]

Lebensmitte: der Schöpfergott

Zwischen Jugend und Reifealter kommen wir an einen Scheideweg. Alle irdischen Umstände, denen wir unsere Existenz verdanken, treten allmählich in den Hintergrund, und es ist uns allein überlassen, wie wir unser Leben unseren Möglichkeiten entsprechend gestalten. In dieser Entscheidungszeit haben wir, spirituell betrachtet, eine Begegnung mit uns selbst als aus einem der Archai geborenen Geistesmenschen, überschattet von der Kraft des Schöpfergottes. Rudolf Steiner nennt es die Begegnung mit dem Vater-Prinzip.

Dieses Ereignis ist für uns und das, was in diesem wie im nächsten Leben vor uns liegt, von großer Bedeutung. «Wir werden eine gewisse Zeit unseres physischen Erdenlebens, mit Recht durch die Erziehung heute vielfach unbewusst, aber doch eben darauf vorbereitet und erleben dann – zumeist für die Menschen zwischen dem 28. und 42. Jahre unbewusst, aber in den intimen Tiefen der Seele vollwertig – die Begegnung mit diesem Vater-Prinzip. Dann kann die Nachwirkung in das spätere Leben hineinragen, wenn wir feine Empfindungen genug entwickeln, um auf das zu achten, was so in unser Leben aus uns selber kommend als Nachwirkung der Begegnung mit dem Vater-Prinzip hereinspielt.»[181]

Die Zeit dieser Begegnung kann sogar noch genauer angegeben werden: «In den ersten sieben Lebensjahren ungefähr bildet der Mensch seinen physischen Leib besonders aus, in den nächsten sieben Jahren den Ätherleib, in den nächsten sieben Jahren den Astralleib, in den nächsten sieben Jahren die Empfindungsseele, dann die Verstandes- oder Gemütsseele vom 28. bis zum 35. Jahre. In diese Zeit hinein fällt auch die Begegnung mit dem Vater-Prinzip. Sie ist über diese Jahre hin ausgedehnt – nicht als ob sie sich erstreckte über diese Jahre, sie trifft in diesen Jahren ein –, sodass man sagen kann: Der Mensch ist dafür vorbereitet, präpariert mit dem 28., 29., 30. Jahr. Da tritt die Begegnung auch für die meisten Menschen unten in den tiefen Untergründen der menschlichen Seele ein.»[182]

Die dritte Begegnung, die in einer Inkarnation nur einmal stattfindet, ist viel schwieriger zu beschreiben als die anderen (in der Nacht und in der Mitte des Winters), denn sie spielt sich tief im Verborgenen ab. Beobachten wir jedoch sorgfältig, dann spüren wir, wie subtile Veränderungen vor sich gehen, die für das weitere Leben wichtig werden. In Biografien sind das oft die Jahre, in denen – im Kontrast zum jugendlichen Idealismus – Zielgerichtetheit, Hingabe und eine wirkliche Lebensaufgabe in den Vordergrund treten. Der Schlüssel ist natürlich wirkliche innere Motivation, während bisher das Leben vor allem durch die Umstände, durch Familie, Erziehung, die Menschen, denen man begegnete, die unmittelbare Umgebung bestimmt war. Im Grunde kann man sagen: In dieser Zeit wird die Freiheit geboren, die Aktivität des aus dem Geiste sich speisenden Willens.

Die zweite Lebenshälfte entfaltet sich dann unter dem Einfluss dieser Begegnung: Der Mensch findet zu sich selbst und seiner eigenen Bestimmung und erringt sich unter den gegebenen Lebensumständen innere Zielgerichtetheit. In starken Individuen tritt das klar hervor. Menschen, die vom Schicksal mit einer bestimmten Mission betraut sind, erleben einen Zuwachs an Kraft. Auch wenn der Geistesmensch erst in einer sehr fernen Zukunft ganz ausgestaltet sein wird, bildet er doch schon jetzt als Wirkung der Archai das höhere Willenselement. Er offenbart sich in unserer Zeit, unter dem Einfluss dieser Begegnung, in der Entschlossenheit, eine Lebensaufgabe zu erfüllen.

Diese Periode wird nach dem Tod, während der Rückschau auf das Leben, so wahrgenommen: «Stark und kräftig, wie es eigentlich der Mensch soll, kann er diese Rückwanderung – die, wie wir wissen, einen dritten Teil der Zeit bedeutet, die wir zubringen zwischen der Geburt und dem Tode – erleben, wenn er immer wieder schaut: Da, an dieser Stelle bist du begegnet demjenigen Wesen, das der Mensch stammelnd, ahnend ausdrückt, wenn er von dem Vater der Weltenordnung spricht. Das ist eine wichtige Vorstellung, die neben der Vorstellung des Todes selber der Mensch, nachdem er durch die Todespforte geschritten ist, immer haben soll.»[183]

Bei einem verfrühten Tod durch Krankheit oder andere Ursachen – Millionen Menschen waren im Krieg gestorben, als diese Vorträge gehalten wurden – findet diese Begegnung in der Todesstunde statt. Durch einen Selbstmord wird sie verhindert.

Es gibt Menschen, welche, bevor sie des Lebens Mitte, wo normalerweise die Begegnung mit dem Vater-Prinzip geschieht, durchlaufen haben, sterben ... Wenn durch dieses frühe Sterben die Begegnung mit dem Vater-Prinzip in den tiefen unterbewussten Seelengründen noch nicht hat stattfinden können, dann findet sie in der Todesstunde statt ...

Denken Sie, wie unendlich das Leben vertieft wird, wenn man zu dem allgemeinen Wissen über das Karma solche Einzelheiten hinzufügen kann wie diese, dass bei einem verhältnismäßig frühen Lebensende der Mensch im Tode die Begegnung mit dem Vater-Prinzip hat. Denn dann zeigt sich, dass eben im Karma des Menschen es notwendig gewesen ist, den frühen Tod herbeizuführen, damit eine abnorme Begegnung mit dem Vater-Prinzip stattfindet. Denn was findet denn eigentlich statt, wenn eine solche anormale Begegnung mit dem Vater-Prinzip stattfindet? Der Mensch wird ja dann von außen zerstört; sein physisches Wesen wird von außen untergraben. Auch bei einer Krankheit ist das in Wahrheit der Fall. Dann ist der Schauplatz, auf dem sich die Begegnung mit dem Vater-Prinzip abspielt, hier noch die physische Welt. Dadurch, dass diese äußere physische Erdenwelt den Menschen zerstört hat, dadurch offenbart sich an der Zerstörungsstätte selbst, im Rückblick natürlich später immer wieder sichtbar, die Begegnung mit dem Vater-Prinzip. Dadurch aber auch gewinnt der Mensch die Möglichkeit, durch sein ganzes Leben, das er durchschreitet, nachdem er durch die Pforte des Todes gegangen ist, festzuhalten den Gedanken an die Stätte hin, das heißt an die Erde, von Himmelshöhen herunter, wo die Begegnung mit dem Vater-Prinzip stattgefunden hat. Das aber bringt den Menschen dazu, von der geistigen Welt viel hereinzuwirken in die physische Erdenwelt.

... Diejenigen Menschen, die frühzeitig heute durch die Pforte des Todes gehen, sollen ganz besondere Helfer werden für die künftige Entwickelung der Menschheit, die starke Kräfte braucht, um sich aus dem Materialismus herauszuwinden. Aber das alles muss uns zum Bewusstsein gebracht werden; das alles soll ja nicht im Unbewussten oder Unter-

bewussten vor sich gehen. Und es ist deshalb schon notwendig, dass hier auf der Erde die Seelen sich dafür empfänglich machen – ich habe es schon einmal angedeutet –, sonst gehen die Kräfte, die entwickelt werden aus der geistigen Welt, nach anderen Seiten hin. Damit der Erde fruchtbar werden können diese Kräfte, die prädestiniert sind, die da sein können, dazu ist notwendig, dass auf der Erde Seelen sind, welche sich mit Erkenntnis der geistigen Welt durchdringen. Und immer mehr und mehr müssen Seelen sein, die sich mit der Erkenntnis der geistigen Welt durchdringen. Versuchen wir deshalb fruchtbar zu machen dasjenige, was ja schon einmal durch Worte gesagt werden muss, nämlich den Inhalt der Geisteswissenschaft.[184]

In der Folge dieser Begegnung kann der Mensch Erfahrungen des gegenwärtigen Lebens seinem Wesen so tief einprägen, dass sie noch in die *nächste* Inkarnation hineinwirken.

Dieses Begegnen mit dem Vater-Prinzip, das hat eine sehr große Bedeutung aus dem Grunde, weil – und Sie wissen, denn ich habe es erklärt, dass es auch für denjenigen eintreten muss, der vor dem 30. Jahre stirbt; nur wenn man die Dreißigerjahre erlebt, tritt es im Laufe des Lebens ein, sonst tritt es mit einem frühzeitigen Tode eben vorher ein –, weil durch dieses Zusammentreffen der Mensch in die Lage kommt, sich die Erlebnisse des gegenwärtigen Lebens so tief einzuprägen, dass sie in die nächste Inkarnation hinüberwirken können. Also das, was Begegnung mit dem Vater-Prinzip ist, das hat es zu tun gerade wiederum mit dem Erdenleben der nächsten Inkarnation, während unser Begegnen mit dem Geist-Prinzip für die ganze Zukunft, über das ganze zukünftige Leben ausstrahlt, auch über dasjenige Leben, das sich zwischen Tod und neuer Geburt abspielt.[185]

Alle drei Begegnungen haben mit der Zukunft, mit künftigen Inkarnationen zu tun, die Begegnung mit dem

LEBENSMITTE: DER SCHÖPFERGOTT

Geistselbst unter der Aura des Vater-Prinzips bildet jedoch die Basis für die realen *irdischen* Gegebenheiten der nächsten Inkarnation.

Wichtig ist im gleichen Vortrag auch der pädagogische Bezug: Die Erziehung sollte dahin wirken, «dem Menschen recht tief möglich zu machen diese Begegnung mit dem Vater-Prinzip. Es kann dadurch geschehen, wenn der Mensch während seiner Erziehungszeit angetrieben wird, so recht das Gefühl zu entwickeln von der Herrlichkeit der Welt, der Größe der Welt, der Erhabenheit der Weltvorgänge. Wir entziehen dem heranwachsenden Menschen viel, wenn wir ihn zu wenig merken lassen, sodass es auf ihn übergeht, dass wir für all das, was sich offenbart an Schönheit und Größe in der Welt, die hingebungsvollste Ehrfurcht und Ehrerbietung haben. Und indem wir so recht den Gefühlszusammenhang des menschlichen Herzens mit der Schönheit, mit der Größe der Welt den heranwachsenden Menschen fühlen lassen, bereiten wir ihn vor für eine rechte Begegnung mit dem Vater-Prinzip. Denn diese Begegnung mit dem Vater-Prinzip bedeutet viel für das Leben, das zwischen dem Tode und einer neuen Geburt verläuft.»[186]

Aus all dem ersehen wir, dass es außer den zahlreichen Rhythmen, die auf unser Leben einwirken, *einen* großen Rhythmus gibt: Es ist der *eine* Atemzug, der unser ganzes Leben umfasst. Im Einatmen wird uns unsere Existenz als für uns geschaffen zunächst geschenkt; im Ausatmen folgt die Möglichkeit, Ziele zu verwirklichen und selbst zu schaffen, damit wir lernen, Mitschöpfer mit den Göttern zu werden. Und wir sehen, dass die Früchte unserer Bemühungen sogar die physischen Aspekte unseres zukünftigen Lebens mitbestimmen können.

Solche Überlegungen können ein Licht werfen auf Beispiele tiefer Hingabe und unbeirrbarer Ausdauer über Jahre hin, sogar auf den Willen, die Gesundheit wiederzuerlangen oder zu erhalten. In den wichtigen Dingen des Lebens kommt es ganz auf uns selbst als Individualitäten an.

Und wir können daran erinnert werden, dass die alten kosmischen Mysterien, die die großen Kulturen der Vergangenheit und ihre Traditionen schufen und formten, heute verklingen; die neuen Mysterien werden geboren: die Mysterien des Geistesmenschen.

Fassen wir noch einmal kurz zusammen: Die Archai, die Archangeloi und die Angeloi – die ihre Menschheitsstufe einst auf dem alten Saturn, der Sonne und dem Mond unter der Herrschaft des Logos, das heißt seiner drei Aspekte als Vater, Sohn und Heiliger Geist, durchmachten – sind heute die Träger und Führer der drei höheren Aspekte des Menschen: des Geistesmenschen, des Lebensgeistes und des Geistselbstes. Während der kurzen Zeit, da der Mensch auf der Erde inkarniert ist, wird sein Leben durch die Tages- und Jahresrhythmen sowie den großen Lebensrhythmus unter der Hut dieser dritten Hierarchie erhalten; sie bereiten auf diese Weise die Zeit vor, in der die Menschheit als eigene Hierarchie Teil der himmlischen Heerscharen werden kann.

Das Gefühl für die Heiligkeit des Schlafes, die Erfahrung des geistigen Lebens in den Jahreszeiten und die Achtung vor den wunderbaren Kräften der Natur – das sind die Schlüssel zum Himmelreich.

10.
Der «Lebens-Plan»

1.
Die Biografie in bildhafter Form

Die praktische Zusammenfassung dieses Buches ist die beiliegende Farbtafel. Sie stellt grafisch den urbildhaften Ablauf des menschlichen Lebens dar. Es ist der «Lebens-Plan», der für alle Menschen gleichermaßen gilt. Wird die individuelle Lebensreise eingetragen, wird er zum Bild der individuellen Biografie. *Jedes Menschenschicksal ist eigentlich in Wahrheit doch wie etwas, das auf einem Blatt Papier als Geschriebenes ist. Denken Sie sich, es könnte ja auch einen Menschen geben, der sich so etwas, was auf ein Blatt Papier gedruckt ist, anschaut und sagt: Da sind Zeichen darauf, K–E–I usw.; mehr versteht er nicht, er ist nicht imstande, diese Buchstaben zusammenzusetzen zu Worten. Was liegt da für ein Ungeheures darinnen, diese Buchstaben zusammenzusetzen zu Worten!*[187]

Dieses Kapitel soll eine Anleitung zur Benutzung des Lebens-Plans geben und helfen, die eigene Biografie allmählich «lesen» zu lernen. Viele Jahre nach der ersten Vorstellung des Lebens-Planes geschrieben, bildet es einen erweiterten Kommentar dazu. Der Lebens-Plan ist eine bildhafte Darstellung des lebendigen Archetypus, der die Biografie jedes einzelnen Menschen gestaltet. Er basiert auf Rudolf Steiners Buch *Die Erziehung des Kindes*[188] und dem Vortrag vom 16. August 1924 in Torquay, England.[189]

Der Plan ist einfach zu benutzen. Er umfasst im Überblick den ganzen Lebenslauf vom Standpunkt der Geisteswissenschaft aus. Die bildhafte Form des Plans regt das nicht-abstrakte, imaginative Denken an und kann so dazu beitragen, wichtige biografische Details zu erkennen, die beim abstrakten Analysieren gewöhnlich übersehen werden. An die Wand gehängt, kann er, täglich kurz betrachtet, das Bewusstsein für das *Ziel*, den *Ursprung* und das *Jetzt* der Lebensreise auffrischen. Bei tiefer gehender Beschäftigung damit werden subtile Beziehungen zwischen einzelnen Lebensereignissen offenbar, die sonst verborgen bleiben. Die Arbeit mit dem Lebens-Plan stellt eine hilfreiche Übung zur Entwicklung des anschauenden Denkens dar, das das gewöhnliche zeitgebundene Denken überschreitet.

Der «Lebens-Plan»: am Tag

Struktur: Im 1. Kapitel wurde die Biografie in Gestalt einer Kurve dargestellt: die Inkarnations-Jahre als ein Absteigen, die Jahre der Exkarnation als ein Aufsteigen. Diese Kurve umfasst im Lebens-Plan die 63 Jahre, in denen der Einfluss der sieben Planetensphären und die Gesetze des Karma gelten. Dieses charakteristische Bild wird manchmal als «kosmische Badewanne» bezeichnet – eine Metapher dafür, dass der Mensch in die Wasser des Lebens hineingetaucht und wieder aus ihnen herausgehoben wird. Die «Gnadenjahre» nach 63 werden in der Mitte zwischen der absteigenden und der aufsteigenden Hälfte dargestellt. Durch diese Platzierung können Aufgaben und Herausforderungen der letzten Lebensperiode klarer gesehen werden.

Die «Breite» des Lebensweges ist in vier Spalten unterteilt, von denen jede einer Ebene der vierfachen Organisation des Menschen entspricht: der physischen, der ätherischen, der seelen-astralischen und der des Ich. Man kann nun die Bio-

1. DIE BIOGRAFIE IN BILDHAFTER FORM

grafie aus diesen vier Perspektiven so aufzeichnen, dass die vier Aspekte jeweils vertikal überschaut und zugleich horizontal mit den anderen im gleichen Lebensjahr in Beziehung gesetzt werden können. Die Spalten sind in 7-Jahres-Perioden gruppiert und diese wiederum zu 21-Jahres-Perioden zusammengefasst, wobei erstere noch einmal in $2\,^1/_3$-Jahresperioden unterteilt sind. Die Planetensphären, die jede 7-Jahres-Periode beeinflussen, werden durch die größeren Symbole angezeigt, wobei sich der Einfluss der Sonne über drei solcher Perioden erstreckt. Die kleineren Planetensymbole setzen die entsprechenden Perioden zu den Zyklen der Erdevolution und den kulturgeschichtlichen Epochen, wie sie die Geisteswissenschaft beschreibt, in Beziehung. Die Einschnitte, die sich durch die Mondknoten alle 18/7 Jahre ergeben, sind durch das Symbol ☊ gekennzeichnet.

Die Farben: Die Reihen der Jahre sind so getönt, wie die Regenbogenfarben aufeinander folgen. Die Farben weisen auf die qualitative Steigerung der aufeinanderfolgenden Jahre hin und entsprechen qualitativ ähnlichen Jahren in den verschiedenen Zyklen. Diese Farben liegen auf einem pfirsichblütfarbenen Hintergrund, als Bild für das Ätherisch-Kosmische, in das unser irdischer Lebensweg eingebettet ist.

Worte und Symbole: Die verschiedenen Perspektiven und Bedeutungsebenen, die man aus dem Plan ablesen kann, werden durch die jeweils eingefügten Worte und Symbole charakterisiert. Es gibt neun Geburten der menschlichen Wesensglieder: die ersten sechs, bis zum 35. Jahr, sind natürliche Geburten und als solche bezeichnet; ab dem 42. Jahr werden alle weiteren Wesensglieder nur durch Selbstentwicklung ausgebildet; deren Geburten sind als solche bezeichnet; sie finden unter der Führung der ersten Hierarchie statt (Engel, Erzengel, Archai).

X. DER «LEBENS-PLAN»

Der Mensch erlebt in seiner Kindheit die «Zeit der Nachahmung», indem er in seinem Handeln seine Umwelt widerspiegelt. Später folgt die «Zeit der Identifikation», in der er ganz von selbst eine Begrenzung durch Autorität fordert, innerhalb derer er die Grundlage für seine eigene Identität findet. Dann folgt das «Alter der Unabhängigkeit», in dem übernommene Begriffe und Ideen sein inneres Leben strukturieren und er selbstständig zu denken beginnt. Dann, im «Abenteueralter», entdeckt und erobert er die Welt durch äußere und innere Erfahrungen. Im sich anschließenden «Alter der Verarbeitung von Erfahrung» erlebt er am tiefsten Punkt seiner Inkarnation die wirkliche «Midlife-Crisis» in der er völlig «umgekrempelt» wird, sodass sein wahres Wesen zutage treten kann – «Ich denke mich»: der Mensch findet sich selbst in der Welt. In der folgenden «dunklen Zeit der Einsamkeit» erforscht er die Dimensionen seines eigenen neugeborenen Selbst und sucht nach Möglichkeiten, zu handeln und seinen Teil Verantwortung in der Welt zu übernehmen: «Ich will handeln!» Und so beginnt mit 42 das «Alter der Arbeit für die Allgemeinheit».

Die drei großen Ideale, die die Grundlage der menschlichen Erziehung bilden oder bilden sollen – Wahrheit, Schönheit und Güte –, lenken die Entwicklung im physischen wie im seelischen Bereich. Während der Entwicklung des physischen Leibes, des Ätherleibes und des Empfindungsleibes wirken sie von außen herein, und wir sind die Empfangenden. In den Jahren des geistigen Erwachens inspirieren sie den Menschen dazu, zu geben und die Werte zum Wohle anderer zu verwirklichen. Verehrung, Freude und moralische Gesinnung sind die stärkenden Kräfte. Aus ihnen heraus spricht die Seele – in den Worten, die in Anführungszeichen gesetzt sind.

Mitten zwischen den beiden Polen des Empfangens und dem Verwirklichen der Ideale liegen die Jahre des «Stirb und

Werde der Seele». Es sind die «Krisenjahre», in denen aus innerer Notwendigkeit in den Tiefen der Seele die *imitatio* des «Urbildes des Menschen», seines Todes und seiner Auferstehung erlebt wird, ein Geschehen, von dem das Bewusstsein nur einen schwachen Abglanz wahrnimmt. Die Möglichkeit zum Aufstieg entsteht nur durch dieses «Ich-Erlebnis». Und nur durch dieses Erlebnis kann die Biografie ihre menschlichen Dimensionen ausschreiten.

Die «Säulenworte» sprechen vom Eintritt des Menschen in das *natürliche* Dasein: Das Es, An Es, In Es, wie es als von außen kommend empfunden wird; von der Ich-Werdung in der «Feuerprobe» der Sonnenjahre – Ich – und von seinem Werdegang zum individuellen Geistwesen: Vom Ich, Aus Mir, Ich ins Es, was von innen heraus erlebt wird. (Siehe dazu den ersten Abschnitt im Anhang.)

Diese drei Phasen durchlebt der Mensch unter der Führung der Trinität – *Ex Deo nascimur, In Christo morimur, Per spiritum sanctum reviviscimus* («Aus Gott sind wir geboren, in Christus sterben wir, durch den Heiligen Geist werden wir auferstehen» ist eine zentrale Rosenkreuzer-Meditation).

Schließlich setzen die Symbole der Planetensphären und die der planetarischen Evolution die Biografie des Menschen mit der Biografie der Erde in Beziehung – wir sehen hier die mikrokosmischen und die makrokosmischen Dimensionen des menschlichen Lebens symbolisiert. Die größeren Symbole bedeuten die Planetensphären in dem Sinne, wie sie in diesem Buch besprochen sind; die kleineren Symbole stellen die Stadien der planetarischen Entwicklung der Erde dar, wie sie in Rudolf Steiners *Geheimwissenschaft* beschrieben sind. Ihre Platzierung innerhalb der größeren Symbole verbindet die Stadien der Biografie des Menschen (linke Spalte) mit der Evolution der Erde (rechte Spalte):

X. DER «LEBENS-PLAN»

Mond	☽	alter Saturn	♄
Merkur	☿	alte Sonne	☉
Venus	♀	alter Mond	☽
SONNE	☉	ERDE	⊕
Mars	♂	zukünftiger Jupiter	♃
Jupiter	♃	zukünftige Venus	♀
Saturn	♄	zukünftiger Vulkan	⚴

Grundmuster – Thema und Variationen: Die Begriffe, Koordinaten und Warnzeichen auf dem Lebens-Plan helfen, ein Bewusstsein für die Raum-Zeit-Verhältnisse im Umfeld der Biografie zu entwickeln, als hätte man eine «Lebens-Landkarte» vor sich: Wo war ich mit 20? Wem bin ich zwischen 30 und 40 begegnet? Was geschah, als ich etwa 40 war? Warum hatte ich den Unfall mit 21 Jahren? Wir können uns diese Fragen rückwirkend stellen und uns vieler Einflüsse bewusst werden, die, uns unbewusst, aus der Vergangenheit wirken; wir können jene Tendenzen erkennen, die uns eher einschränkten als weiterbrachten; oder wir können uns klarwerden, dass Jahre, die wir als verloren betrachteten, Pläne, die sich nie verwirklichten, dauerhafte Veränderungen in unserer Seele auslösten. Um etwas über die vor uns liegenden Jahre zu erfahren, können wir jene befragen, die den Weg vor uns gegangen sind und etwas über die Qualität dieser Zeit dem entnehmen, was wir an ihnen beobachten. Wir können auch die Biografien von Freunden oder Verwandten in den Plan eintragen oder die Lebensläufe historischer Persönlichkeiten festhalten, wenn wir sie eher im Hinblick auf ihr Lebensalter als auf geschichtliche Daten lesen. Solche Lebensläufe sind wegen ihrer Intensität und Konzentriertheit besonders aufschlussreich. Sie sind dem Urbild näher, sodass das archetypische Lebensmuster in klareren Umrissen erscheint. Die Biografie Rudolf Steiners ist in diesem Sinne sehr lehrreich.

1. DIE BIOGRAFIE IN BILDHAFTER FORM

Studiert man seine Biografie mithilfe des Lebens-Planes, so stützt man sich gewöhnlich auf das Tagesbewusstsein. Die Arbeit mit dem Plan hilft, dieses Bewusstsein zu stärken, und fördert die Fähigkeit zu inneren Bildern, die der *Imaginationskraft* des Initiierten, welche allein über die Schwelle des Todes hinausreicht, zugrunde liegt. In diesem Bereich jenseits der Schwelle ist die eigene Biografie im großen Panorama des «Lebenstableaus» ausgebreitet. Vier Wege, die Schwelle zu überschreiten und das Lebenstableau zu überschauen, wurden in Kapitel 4 beschrieben. Eine fünfte Möglichkeit ergibt sich ganz natürlich während des gewöhnlichen Nachtschlafes.

Das Lebenstableau: in der Nacht

Im vorangegangenen Kapitel wurde die nächtliche Begegnung mit dem Genius, dem Geistselbst, erwähnt. Zu dieser regelmäßig stattfindenden Begegnung gelangt das Ich-Wesen durch etwas, das oft als «Tunnel» beschrieben wird. Und es sieht in bildhafter Form sein bisheriges Leben als Lebenstableau um sich ausgebreitet.[190] (Erinnert sei hier noch einmal an die Berichte von Menschen, die klinisch tot waren und wieder ins Leben zurückgeholt wurden; es finden sich da sowohl das Tunnel-Erlebnis als auch die Lebensüberschau. So in *Leben nach dem Tod*[191] und *Das Licht von drüben*[192] von Raymond Moody und in dem autobiografischen Bericht *Rückkehr von morgen*[193] von George Ritchie.)

Auf die Wände dieses Tunnels «malen» wir jede Nacht auf unserem Weg zur nächtlichen Begegnung das, was den jeweiligen Tag umfasst, und vollenden so Schritt für Schritt das große «Lebenstableau»; die letzten Striche setzen wir bei unserem allerletzten Durchgang in der Stunde des Todes.

X. DER «LEBENS-PLAN»

Bildlich gesprochen: Auf diesem das Leben umspannenden Wandgemälde können wir unter dem leitenden Auge unseres «Genius» die Gesamtkomposition überblicken und unsere täglichen Ziele, die wir während unseres Verstricktseins in die Einzelheiten des Alltags aus den Augen verloren haben, wieder erkennen. Dann skizzieren wir den nächsten Tag und suchen nach den Farben und Formen, die teilweise auszugleichen vermögen, was wir nicht mehr ändern können, weil es in unserem Schicksalsgemälde schon fest eingeschrieben ist. Wir beginnen jeden neuen Tag voller Eifer, das zu verwirklichen, das wir gerade beim Hinabsteigen auf die Wände unseres Tunnels skizziert haben; wir erwachen mit einer neuen Vision im Herzen. So sind also unsere täglichen karmischen Aufgaben von uns *gewollt*.

Aus dieser nächtlichen Begegnung mit unserem höheren Selbst beziehen wir Inspiration, Trost und Ermutigung für unsere Lebensaufgaben. Das Gefühl, dass der Schlaf etwas Heiliges ist, zeugt davon, sofern man für solche Empfindungen sensibel ist. Bestimmte mittelalterliche Darstellungen, vor allem die «Madonna mit dem Kind», sind Bilder dieser nächtlichen Begegnung. Ikonen wurden früher in Rußland und Osteuropa über das Bett gehängt, um den Schlaf zu segnen. Das Seelenkind wird jede Nacht getröstet und schöpft neue Kraft an der Brust seiner Geistselbst-Madonna.

Der Inhalt des Lebens wird, wenn er nachts mit dem geistigen Auge angeschaut wird, wie ein Gemälde erlebt; man sieht das Ganze auf einmal, das Zeitelement mit seinem Nacheinander fällt weg. Im Gegensatz dazu erleben wir ihn am Tage üblicherweise als etwas, das sich wie die Musik in der Zeit entfaltet. Man hört nur das Gegenwärtige, die Vergangenheit ist Erinnerung, die Zukunft Erwartung. Ins Bewusstsein zu heben, was man bei Nacht erlebt hat, setzt die neue Fähigkeit, Zeitprozesse bildhaft anzuschauen, voraus.

Von Arturo Toscanini heißt es, er habe auf die Frage,

1. DIE BIOGRAFIE IN BILDHAFTER FORM

wie er eine Beethoven-Symphonie aus dem Gedächtnis dirigieren könne, geantwortet, er höre ihren ganzen Ablauf zugleich – verdichtete Zeit, die sichtbar wird. Sein «Genius» nahm die Symphonie *imaginativ* auf. Die Lebensentwicklung anhand des Lebens-Plans zu überschauen, ist eine Einübung in *Imagination*.

Wenn der Lebens-Plan als aufs Papier gebrachte Projektion des nachts wahrgenommenen lebendigen Bildes betrachtet wird und wenn man ihn regelmäßig benutzt, entsteht eine Vertrautheit mit dem Tunnel-Erlebnis und den an den Wänden sichtbaren Bildern. Und je vertrauter man so mit dem eigenen Lebenstableau bzw. der «Akasha-Chronik» wird, die man jede Nacht erlebt, desto mehr Selbsterkenntnis kann man gewinnen.

Die Erarbeitung des eigenen Lebens-Plans erfordert Aktivität auf zwei Ebenen: zunächst eine eher äußerliche, das Eintragen der individuellen biografischen Daten und die Beschäftigung mit deren dynamischen Beziehungen und Mustern, wie sie sich von verschiedenen Perspektiven aus zeigen. Wie man dabei vorgeht, wird im nächsten Abschnitt beschrieben. Dann kann, auf der Basis der genannten Vorarbeiten, die kontemplative, meditative Arbeit mit der Biografie beginnen. Dabei ist die Vertrautheit mit der entsprechenden geisteswissenschaftlichen Literatur, zu der dieses Buch neue Zugänge eröffnen möchte, eine große Hilfe.

X. DER «LEBENS-PLAN»

2.
Aufzeichnen des Lebenslaufes

Man beginnt damit, die biografischen Daten in den Lebens-Plan einzutragen, am besten immer mit Bleistift, weil man sich oft erst später darüber klar wird, welche Ereignisse wirklich bedeutsam waren; sie können dann die früheren Einträge ersetzen, so wird der Lebens-Plan zu einem Lebensbegleiter. Man kann am Anfang die Einträge auch auf eigenen Blättern machen, auf denen man mehr Platz als im Lebens-Plan hat, und daraus später die Geschehnisse auswählen, die sich als relevant erweisen. Die Bedeutung mancher Geschehnisse ist sofort klar: Unfälle, Krankheiten oder Begegnungen, die, wie in Kapitel 6 beschrieben, deutlich karmische Züge tragen oder die unmittelbaren Einfluss auf uns hatten. Andere Ereignisse erweisen sich erst viel später als entscheidend, wenn uns nämlich die Erkenntnis dämmert: Ah, nun sehe ich, was das bedeutet hat! oder: Damals begann alles!

Für die ersten Lebensjahre ist es hilfreich, wenn die Eltern die linke Seite des Lebens-Plans ausfüllen, damit ihre Kinder ihn später benutzen können. Der Plan kann dann ein wertvolles Geschenk sein, indem er den Jugendlichen begleitet, wenn er beginnt, «die Welt zu erobern». Er kann ihm helfen, sein Schiff durch die Lebensstürme zu steuern und ihm Hoffnung und Ermutigung geben, weil er ihm eine Ahnung von den Ufern vermittelt, die er ansteuert. In den späten Jahren, wenn man auf den Beginn seines Lebens zurückblickt, ist es hilfreich, genaue Aufzeichnungen aus jenen Lebens-

2. AUFZEICHNEN DES LEBENSLAUFES

perioden zu haben, an die man sich sonst nur noch ungenau erinnern kann.

Oben im Titelabschnitt des Lebens-Plans notiert man Namen, Ort und Zeit der Geburt und deren besondere Umstände z. B. einfache Geburt, Kaiserschnitt, Sturzgeburt. Die Art und Weise *wie* man ins Leben getreten ist, kann schon früh Hinweise auf die Signatur eines Lebens geben, muss es aber nicht.

Das große U-förmige Feld des Lebens-Plans ist in fünf Spalten gegliedert:
– Spalte für die Kalenderjahre
– Spalte für die vier biografischen Aspekte: Ich-Muster, seelische, Lebens- und physische Aspekte. Die einzelnen Jahre sind durch weiße Querlinien getrennt, die Jahrsiebte durch schwarze und die 21-Jahr-Perioden durch eine dickere schwarze Querlinie. Jedes Jahrsiebt ist nach den Regenbogenfarben kodiert
– Spalte mit Zahlen für das Lebensalter bis 105, jedes Jahrsiebt ist am Rand durch blaue Bögen in drei Gruppen von $2^{1}/_{3}$ Jahren gegliedert
– Spalte für Planeten-Symbole, charakterisierende Begriffe und Leitsätze
– Spalte in der Mitte der U-Form für die Lebensjahre von 64 bis 105, ebenfalls geordnet nach den vier biografischen Aspekten. Aus der Gesetzmäßigkeit der Jahrsiebte ergibt sich eine zukünftige Lebenserwartung von 126 Jahren (siehe Zusatz in diesem Kapitel); hier ist nur bis 105 notiert.

Das Geburtsdatum ist markiert durch einen Stern, und die gleichen Sterne markieren den Geburtstag am Anfang der Kalender- und der Alters-Spalte, um damit das Alter und die Kalenderjahre zu synchronisieren. Jede farbige Zeile steht für ein Lebensjahr, sie beginnt mit dem eigenen Geburtstag und endet einen Tag vor dem nächsten Geburtstag z. B. 17. April 1975 bis 16. April 1976.

X. DER «LEBENS-PLAN»

Üblicherweise wird das Alter eines Kindes vor der Vollendung des 1. Jahres in Monaten gerechnet z. B. «das Kind ist sieben Monate alt», erst danach wird das Alter in Jahren bezeichnet z. B. «das Kind ist 3 Jahre alt», was bedeutet, dass das Kind sein 3. Lebensjahr bereits vollendet hat und sich in seinem 4. Lebensjahr befindet. Auch ein Erwachsener, der sein 37. Jahr vollendet hat, sagt pauschal «Ich bin 37 Jahre» ohne eine weitere Nennung von Monaten. Seit der Vollendung seines 37. Geburtstages befindet sich dieser Mensch allerdings schon in seinem 38. Lebensjahr, und die logische Ausdrucksweise dafür ist «Ich bin in meinem 38. Jahr». Um bei einer biografischen Betrachtung in unserem Sinne die tieferen und zumeist verborgenen Aspekte einer Biografie aufdecken zu können, ist es nötig, dass man sein Lebensalter in dieser Weise denkt und formuliert. Ignoriert man dies, so können die wahren Zusammenhänge zwischen den verschieden Ereignissen und deren Ursachen oder tieferer Bedeutung nicht erkannt werden – und das einzigartige Muster, die «Signatur» des eigenen Schicksals, offenbart sich nicht.

Dementsprechend muss die Kalenderjahr-Spalte folgendermaßen ausgefüllt werden: zunächst zeichnet man eine kurze waagerechte Linie entsprechend hoch über dem Anfang der Kalenderjahr-Spalte, die den 1. Januar des eigenen Geburtsjahres markieren soll. In dem hier beispielhaft abgebildeten Abschnitt des Lebens-Plans ist das Geburtsdatum 17. April 1975, sodass der 1. Januar 1975 etwa ein Drittel über der Geburtstag-Linie liegt. Die erste weiße Linie zwischen dem 1. und dem 2. Lebensjahr, wie auch alle anderen Linien, die die Lebensjahre voneinander trennen, markieren die Geburtstage. So stehen die Kalender- und die Lebensjahre im richtigen Verhältnis zueinander.

2. AUFZEICHNEN DES LEBENSLAUFES

Kalenderjahr		Schicksal Krankheiten --- Ich- Muster	Interessen Ausbildung --- Seelische Aspekte	Menschen Familie --- Lebens- Aspekte	Orte, berufliche Tätigkeiten --- Physische Aspekte	Alter
17.04	'75					
17.04	1976					1
17.04	1977					2
17.04	1978					3
17.04	1979					4
						5

In die farbigen Spalten der biografischen Aspekte trägt man *nur* die wirklich wichtigen Tatsachen, Orte, Namen und andere relevante Informationen ein, denn nur so ist eine Gesamtschau möglich. Auch sollten alle Einträge immer nur mit Bleistift gemacht werden, sodas man sie, wenn man neue Erkenntnisse gewonnen hat, jederzeit ändern kann.

Der tiefere Sinn und Gewinn seinen Lebenslauf in dieser Form zu erarbeiten ist vielfältig:
– man gewinnt tiefere Einsichten in die eigene Biografie
– man erkennt das eigene Schicksal und die darin waltende Weisheit
– man versteht den Sinn der Ereignisse in seinem Leben
– man schließt Frieden mit dem eigenen Schicksal
– man erkennt die geistige Führung in seinem Leben
– man lernt aus dem Erkannten sein Leben voraus zu planen und es damit zu verbessern
– man erreicht schließlich innere Ruhe und Zufriedenheit.

X. DER «LEBENS-PLAN»

Aspekte und Faktoren

Alle biografischen Elemente fallen in eine der folgenden, alles umfassenden Kategorien, wobei jeder Aspekt sich auf eines der Wesensglieder des viergliedrigen Menschen bezieht, wie ihn die Geisteswissenschaft beschreibt. Es sind folgende Aspekte:

– *physisch-leibliche Aspekte:* der natürliche, irdische Wohnort des Menschen, einschließlich des Leibes, den er bewohnt;
– *ätherische Aspekte:* die Lebens- und soziale Umgebung, die Gesundheit, die Gewohnheiten, das Temperament und so weiter;
– *seelisch-astralische Aspekte:* das Empfindungs- und Gefühlsleben, die Sympathien und Antipathien, die seelische Umgebung und die Bewusstseinsinhalte;
– *geistige und Ich-Aspekte:* die Ereignisse oder Erfahrungen, die das individuelle Schicksal formen; sie können in vielfältiger Gestalt erscheinen: als Menschen, Unfälle, Krisen, Reisen, sogenannte Zufälle und so weiter.

Jeder dieser Aspekte fügt dem biografischen Bild sein eigenes erkennbares Muster hinzu und wird getrennt in den vier nebeneinanderliegenden Spalten festgehalten und erinnert:

In der ersten Spalte notiert man die physischen Aspekte der Biografie: die geografische Umgebung oder die Aktivitäten, die körperliche Anwesenheit erfordern z. B. die Orte, an denen man lebte (Haus, Stadt und so weiter) oder reiste; die Schulen, die man besuchte; die Arbeiten, denen man nachging, insofern sie zum Lebensunterhalt beitrugen – all dies sind unsere «Fußspuren» auf der Oberfläche der Erde. Hier können auch Einzelheiten der physischen

2. AUFZEICHNEN DES LEBENSLAUFES

Gestalt festgehalten werden: Gewicht, Größe, Aussehen und so weiter.

In der zweiten Spalte werden die Lebensaspekte der Biografie notiert: die Menschen, mit denen man zusammengelebt hat (Familie, Mitbewohner) oder mit denen man eng verbunden war (Lehrer, Freunde, Kameraden und so weiter) – all jene, in deren Gesellschaft sich das eigene Leben abspielte. Ferner die lebenslangen «Begleiter»: unsere Gewohnheiten, wie frühes oder spätes Aufstehen, Rauchen (Beginn und Ende) und so weiter. Auch Gesundheit und Krankheit, soweit sie das Wohlgefühl betreffen. Ernste Erkrankungen und Lebenskrisen, die die Existenz tief berührten, sollten, wenn man ihre Bedeutung einmal erkannt hat, in die vierte, die Schicksals-Spalte eingetragen werden. – Von diesen eher äußerlichen Aspekten geht man dann zu denen des Innenlebens über.

In der dritten Spalte notiert man die seelischen Aspekte: alles, was einen angezogen oder abgestoßen hat, persönliche Sympathien und Antipathien im Bereich des Fühlens und der Ideen, Lebensinhalte, dauerhafte Seelenstimmungen und so weiter. Dazu gehören auch Erziehung, Studium und Ausbildung, Interessen, politische Ansichten und Mitgliedschaften, die wichtigen Bücher, die man gelesen hat, die Lebensvorbilder, denen man gefolgt ist, und die Ideale, die den Lebensweg erhellt haben. Aus all dem wird das Muster des «Bewusstseinsstroms», die «Seelenatmosphäre» deutlich werden.

In der vierten Spalte trägt man jene Ereignisse ein, die das Wirken des Karma offenbaren und die das höhere Selbst einem «zufügt», für die man also selbst verantwortlich ist. Zunächst muss man lernen, sie zu erkennen: Es braucht Zeit, bis die verborgene Bedeutung sich enthüllt, und es bedarf des Mutes, die Botschaft anzunehmen.

Es gibt Krankheiten, die radikale, dauerhafte Veränderungen des Alltagslebens mit sich bringen, indem sie einen für längere Zeit an den gewohnten Tätigkeiten hindern und einem Zeit geben, das vergangene Leben zu erinnern und zu überdenken und sich neuen, wichtigeren Aufgaben zuzuwenden. Oft gehen aus solchen Krankheiten große soziale Initiativen hervor; sie können sich also als durchaus segensreich entpuppen.

Sogenannte Unfälle sind oft unübersehbare Schicksalsfügungen. Ein bemerkenswertes Beispiel dafür ist das Leben Jacques Lusseyrans, der, im Alter von acht Jahren durch einen Unfall erblindet, in seiner Jugend zu einem der Führer in der französischen Untergrundbewegung der Résistance wurde – wie er selbst in seiner Autobiografie *Das wiedergefundene Licht* beschreibt, im vollen Bewusstsein für den Sinn und mit Dankbarkeit angesichts des ihm vom Schicksal gesandten «Unfalls».

Was jedoch häufig nicht erkannt wird, ist die Tatsache, dass Unfälle, denen man glücklich entkommen ist, ebenso bedeutsam sind. Bei einem Autounfall um ein Haar sein Leben zu verlieren ist aus der Perspektive des Schicksals auch ein «Unfall»: Er bewirkt eine Schicksalswende, auch wenn man das erst viel später erkennt. Wenn man auf die darauf folgenden Geschehnisse achtet, wird deutlich, dass es nicht nur «Glück» war, sondern ein Schicksalswirken, das das Leben qualitativ veränderte; man wurde seinem Schicksal neu geboren.

Und dann sind da die Menschen, die in unser Leben treten und seinen Verlauf stark beeinflussen. Manche von ihnen sind Vorbilder, denen wir nacheifern, andere legen uns Steine in den Weg. Letztere stärken dadurch unsere Willenskraft, indem sie den notwendigen Widerstand schaffen. Ein Beispiel dafür kann der Lehrer in der Schule sein: als großer Pädagoge, wenn er als Idealgestalt dem Schüler das Muster für dessen eigene Weltanschauung und Weltbegegnung bereitstellt; als Pedant und Pauker, wenn er durch seine Unfähigkeit zum Hindernis wird, das nun aus eigener Kraft überwunden werden muss.

Und dann gibt es jene Begegnungen, bei denen ein scheinbar beiläufiges Gespräch, eine aufgeschnappte Bemerkung das Leben dauerhaft bereichern oder dramatisch verändern.

Auch die Ehe erweist sich oft als mehr als nur eine Beziehung auf der Lebensebene. Man hat im Lebensgefährten vielleicht den Arbeitskollegen gefunden, oder beide erfüllen gemeinsam eine karmische Aufgabe, deren Bedeutung über die Grenzen des individuellen Schicksals hinausreicht – wie das bei den berühmten Paaren der Geschichte der Fall ist.

In der vierten Spalte kann man auch die mitgebrachten karmischen Begabungen verzeichnen: Neigungen, Talente, Fähigkeiten, Geniales.

Die Faktoren, die die Biografie bestimmen, müssen auch in Beziehung auf den viergliedrigen Menschen gesehen werden. Das klassische Paar Vererbung / Umwelteinflüsse kann so erweitert werden zu: Anlagen und Vererbung als physische Grundlage; äußere Einflüsse und Erziehung für die Lebensumwelt; Umstände und Chancen, die auf das Seelenstreben einwirken; Motivationen und Aufgaben, die das Ich anfeuern.

X. DER «LEBENS-PLAN»

Physisch	Lebensebene	Seele	Ich
ASPEKTE			
Orte	Familie	Sympathie/Antipathie	Krisen
Berufliche Tätigkeit	Freunde	Erziehung	Krankheiten
Äußere Erscheinung	Gesundheit	Ausbildung	Unfälle
	Gewohnheiten	Interessen Ideale	Persönlichkeiten Talente Fähigkeiten
FAKTOREN			
Vererbung Anlagen	Umwelteinflüsse Erziehung	Umstände Chancen	Motivationen Aufgaben

Ein Zeitorganismus

Im ersten Kapitel wurde die Entfaltung des menschlichen Lebens aus verschiedenen Blickwinkeln betrachtet: die drei Reifungsphasen des Leibes, der Seele und des Geistes; die Folge der Geburten in Siebenjahresperioden, die Einflüsse der jeweils vorangegangenen und folgenden auf die gegenwärtige Periode; die beiden Lebenshälften. Die sich entwickelnde Pflanze und der Schmetterling wurden uns als Bilder der Verwandlungsprozesse des menschlichen Lebens vor Augen geführt. Die Grundmuster von Polarität, Steigerung und Verwandlung werden darin sichtbar. Der Lebens-Plan folgt, als Zeitorganismus, diesen Grundmustern.

Polarität: Die beiden Hälften des Lebens, die leibbildenden und die geistbildenden Jahre, die Jahre des Empfangens und die des Gebens, die Jahre der Vorbereitung und die schöpferischen Jahre – sie bilden die große Polarität von Inkarnation und Exkarnation, die eingefasst sind von den beiden Toren der Geburt und des Todes. Diese Polarität, die im 32. Jahr für kurze Zeit ausgeglichen ist, umfasst nur die Jahre, die karmischer Notwendigkeit unterliegen. In der Biografie entspricht sie dem polaren Gegenüberstehen der inneren und der äußeren Planeten. Die Jahre nach 63, die einer anderen Art von Schicksal unterliegen, sind auf eine Weise, die später noch näher beschrieben wird, Teil dieser Polarität.

Steigerung: Innerhalb jeder Periode von 7, 21 und 63 Jahren ist eine fortgesetzte Steigerung am Werk. Sie führt von mehr physischen zu immer geistigeren Qualitäten, von äußeren Aspekten zu inneren.

Der Siebenjahreszyklus ist das Grundelement der biografischen Zeitstruktur; er wurde zuerst im fünften Jahrhundert v. Chr. von Hippokrates beschrieben. In diesem Zyklus ist beispielhaft zu erkennen, wie sich ein Impuls von seiner Geburt bis zu seiner Vollendung steigert. So kulminiert, durch das Erscheinen der zweiten Zähne, die physische Entwicklung in den ersten sieben Jahren des Kindes in der Erschaffung eigener Körpersubstanz, wodurch die Grundlage für das Innenleben des Kindes gegeben ist. Damit wird eine höhere, innerlichere Geburt möglich. Von da an lernt das Kind nicht mehr dadurch, dass es seine äußere Umgebung nachahmt, sondern durch seine eigenen inneren Erfahrungen; es baut sich seine eigene innere Seelenwelt auf. Auf dem Lebens-Plan wird dieser elementare Siebenjahreszyklus durch die Folge der Regenbogenfarben betont: vom erdgebundenen Rot zum transparenten, geistkündenden Violett – vom «Infra» zum «Ultra», wie die Sprache der Physik diese Steigerung ausdrücken würde.

In der Folge der Siebenjahresperioden kann die Steigerung in drei Formen wahrgenommen werden. Eine davon ist die *siebengliedrige* Entwicklung: physischer, ätherischer, astralischer Leib, dann die Seelenorganisation, in der das Ich lebt, dann Geistselbst, Lebensgeist und Geistesmensch. Diese Entwicklung wird im Lebens-Plan durch die Planetensymbole und die «Säulenworte» unterstrichen. Werden jedoch die drei Seelenaspekte – Empfindungsseele, Verstandes- und Gemütsseele und Bewusstseinsseele – eigens in Betracht gezogen, so haben wir eine *neungliedrige* Entwicklung.

Eine *dreigliedrige* Entwicklung ist, bei Abschnitten von je 21 Jahren, bis zum 63. Lebensjahr zu erkennen: vom Leib über die Seele zum Geist, was man im Lebens-Plan detailliert dargestellt findet. Die weitere Entwicklung ab 64 bis zum 126. folgt ebenso der Dreigliedrigkeit von Leib, Seele und Geist. Es ist aber noch nicht möglich sie detailliert darzustellen, weil es zur Zeit noch an der nötigen Menge von konkreten, erforschten Lebensbeispielen über Hundertjähriger mangelt. In dieser Entwicklung unterstehen die ersten 63 Jahre der Notwendigkeit des Karmas, während die folgenden «Jahre der Gnade» sind bzw. karmafreie Jahre. (Siehe Weiteres im Zusatz zu diesem Kapitel.)

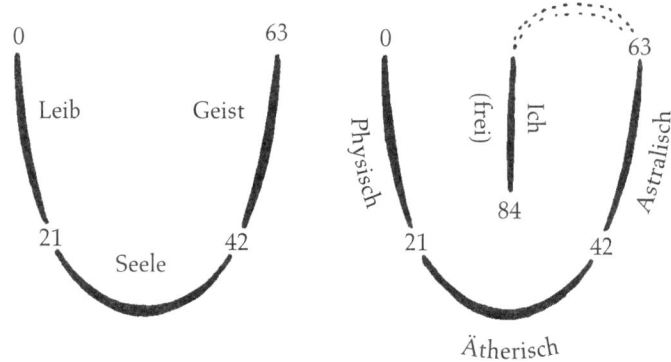

2. AUFZEICHNEN DES LEBENSLAUFES

Der scheinbare Widerspruch zur vorangegangenen dreigliedrigen Gruppierung löst sich auf, wenn wir physischen Leib, Äther- und Astralleib als körperliche Grundlage betrachten, die mit 21 entwickelt ist. Die Seelenentwicklungsjahre von 21 bis 42 sind die Periode, in der die dramatischsten, am weitesten reichenden Prozesse im Gange sind. Es sind Jahre der Verwandlung; das Leben erreicht seine höchste Dynamik. Diese Seelen-Periode von 21 bis 42 entspricht im großen 21-Jahres-Rhythmus (von der Geburt bis zum 84. Jahr) der Phase des Ätherleibes (von 7 bis 14) im kleineren Abschnitt (von der Geburt bis zum 21. Jahr), der die Entwicklung der drei Leiber umfasst. Die Geistentwicklung geschieht in den Jahren zwischen 42 und 63, in denen das Erwachen des Geistselbstes, des Lebensgeistes und des Geistesmenschen möglich ist. Sie entsprechen im kleineren Abschnitt den Jahren der Adoleszenz von 14 bis 21; in dieser Zeit wird im Astralleib durch das Erwachen des inneren Lebens, des unabhängigen Denkens und des moralischen Sinnes die Grundlage für die spätere geistige Entwicklung geschaffen.

Im viergliedrigen Menschen bilden innerhalb der vier Gruppen von je 21 Jahren bis hin zum 84. Jahr die drei ersten Epochen – 0 bis 21, 21 bis 42 und 42 bis 63 – gleichsam die «leiblichen» Grundlagen, aus denen der Mensch karmisch freigegeben und der Möglichkeit nach ein «Kind Gottes» wird, geradeso wie mit dem 21. Jahr das Ich im Gewand der neugeborenen Seelenorganisation ans Licht tritt. Die «Jahre der Gnade» von 63 bis zum Lebensende würden dann den «Ich»-Jahren im viergliedrigen Menschen entsprechen. Diese Themen werden unten noch weiter entwickelt werden.

Aus dem bisher Gesagten wird deutlich, dass dieselbe Lebensperiode in ihrer Beziehung zu den anderen Perioden auf verschiedene Weise betrachtet werden kann. Man kann die Lebensepochen in einer Art musikalischem Verhältnis zueinander sehen: Derselbe Ton hat in verschiedenen Musikstücken eine andere Qualität oder Aufgabe, je nachdem, in welcher Tonart sie komponiert sind. Ebenso kann eine Lebensperiode auf mehr als eine Weise bedeutsam sein, je nachdem, von welcher Zeitsequenz aus man sie betrachtet und deutet. Diesen Aspekt sollte man im Auge behalten, wenn man den Lebens-Plan interpretiert, weil er der Biografie einen symphonischen Charakter verleiht. Die Schicksalsthemen folgen einander, durchdringen einander, sind zu Harmonien und Dissonanzen verwoben, die in den vier *Aspekten* des Lebens-Plans erklingen.

Metamorphose: Während der drei Seelen-Perioden (von 21 bis 42) erreicht der Mensch den tiefsten Inkarnationspunkt. Im Schmelztiegel der Seele löst sich das Alte im verwandelnden Feuer der Sonne und der verdichtenden Kraft der Erde auf und wird zu Neuem umgeschmiedet. Die übernommenen Werte, die einen geformt und einem geholfen haben, festen Boden zu gewinnen, müssen neu zu schöpferischen, Auftrieb verleihenden Überzeugungen werden. Der Leib brennt allmählich nieder und gibt den Geist frei. Was empfindungsmäßig aufgenommen wurde, muss durch die «Feuertaufe» des Denkens gehen und als ein neues, Geistsubstanz tragendes Bewusstsein hervortreten, damit der höhere Mensch geboren werden kann.

Zwischen 28 und 30 kann der Mensch in den Tiefen seines Wesens entscheiden, ob er Verantwortung für seine eigene Entwicklung zu tragen bereit ist: Das ist die Krise um 30. Dann, oft um das 33. Jahr, zeigen ihm möglicherweise dramatische Ereignisse, dass ihn am Tiefpunkt des Hinabsteigens, wo die stärkste Verbindung zur Erde besteht, der Engel verlassen hat. Die kritische Temperatur der inneren Wandlung ist erreicht: der «innere Tod» mit 33 Jahren! Dann entsteht der Impuls wieder aufzusteigen. Die Christus-Tat im Mysterium von Golgatha stellte das Urbild des Menschen wieder

2. AUFZEICHNEN DES LEBENSLAUFES

her. Dadurch wurde für die Menschheit der Weg frei, ins Paradies zurückzukehren. Die Abstiegskräfte des «Baumes der Erkenntnis und des Todes» wichen durch die Tat Christi den Aufstiegskräften des «Baumes des Lebens und der Liebe». Durch die innere Todeserfahrung wird es möglich, dass neue Lebens- und Leichtekräfte einer inneren Sonne den Menschen aus dem «Schmelztiegel» herausheben. «Und das 35. Lebensjahr ist eine wichtige Grenze. Da überschreitet man gleichsam eine Brücke. Da zieht sich die Welt, aus der man herausgegangen ist, zurück, und man gebiert mehr aus dem Inneren heraus eine neue geistige Welt.»[194] Der Mensch ist nun wie umgestülpt, das Innere nach außen gewendet.

Die Metamorphose – durch die Kräfte des Christus-Wesens am Wendepunkt des Lebens in den Tiefen des «Schmelztiegels» – ist der Mittelpunkt aller Verwandlungen. Danach können die höheren Prinzipien des Menschen, Geistselbst, Lebensgeist und Geistesmensch, aus ihrem Schlaf erweckt werden – wie das Dornröschen im Märchen –, und der Mensch kann sich aus eigener Initiative den Hierarchien nähern. Es beginnt das «Hochzeitsfest».

Rhythmen und Muster

Im Lebens-Plan sind folgende Rhythmen verzeichnet: der Siebenjahresrhythmus in seiner dreigliedrigen (21 Jahre), neungliedrigen (63 Jahre) und zwölfgliedrigen (84 Jahre) Form, der 21-Jahres-Rhythmus, der $2^{1}/_{3}$-Jahres-Rhythmus und der Rhythmus der Mondknoten, der 18/7 Jahre umfasst (genau 18 Jahre, 7 Monate und 9 Tage). Wir wollen nun zwei bisher noch nicht beschriebene Aspekte untersuchen: den der qualitativ ähnlichen Jahre in den verschiedenen Siebenjahresperioden und den des $2^{1}/_{3}$-Jahres-Rhythmus.

X. DER «LEBENS-PLAN»

Jahre mit der gleichen Stellung innerhalb eines Jahrsiebts haben ähnliche Charakteristika. Um die offensichtlicheren zu nennen: Das erste Jahr in jeder Siebenjahresperiode ist das Jahr der Geburt eines Leibes (1., 8. und 15. Jahr), einer Seele (22., 29. und 36. Jahr) oder ein Jahr des Erwachens eines der höheren Wesensglieder des Menschen (43., 50. und 57. Jahr). Das mittlere ist das Jahr der Kulmination. In der dritten Lebensperiode (von 14 bis 21 Jahren) beispielsweise ist der Jugendliche gewöhnlich reif, ein hohes Maß an sozialer Verantwortung zu übernehmen, wenn er das 18. Lebensjahr vollendet hat – er erreicht Unabhängigkeit und individuelles Urteilsvermögen; im 32. Jahr klopft die Lebenskrise an die Seelentür; mit 60 hat man – potenziell – die geistige Reife erlangt und kann in gesunder, wirklich praktischer Weise öffentliche Verantwortung übernehmen, Verantwortung für das eigene Volk. (Wir wissen aus der Geschichte, dass ein Römer, der in den römischen Senat gewählt werden wollte, das 60. Jahr erreicht haben musste, und es könnte nachdenklich stimmen, dass man heute das Schicksal ganzer Nationen geistig unreifen Menschen anvertraut.) Das 7. und letzte Jahr ist ein Schwellenjahr zur folgenden Phase – was deutlich aus dem Erscheinen der zweiten Zähne um 7 oder der Geschlechtsreife um 14 zu ersehen ist. Genauer gesagt: Innerhalb jeder Siebenjahresperiode folgen die einzelnen Jahre, im kleineren Maßstab, einer Sequenz von Qualitäten und Einflüssen, die denen entsprechen, welche in der von den Planetensphären bestimmten siebenfältigen Entwicklung vorliegen. In den oben erwähnten Jahren sind die jeweiligen Einflüsse von Mond, Sonne und Saturn deutlich zu erkennen. Für den aufmerksamen Beobachter ist ein Mondjahr qualitativ anders als ein Sonnen- oder ein Merkurjahr; das Gleiche gilt für die anderen Jahre.

Hier hat die farbige Kennzeichnung der Jahresebenen eine weitere Funktion: Sie erinnert an die unterschiedlichen Jahres-Qualitäten. Die Entwicklung einer Sensibilität für solche qualitativen Unterschiede vertieft einerseits die Einsicht in die qualitativen Aspekte und ermöglicht es andererseits, imaginativer zu denken. So nähert man sich einer *Imagination* des Lebenstableaus: Ich bin in meinem blauen Jahr – im 26., 47. und so weiter. Er ist in seinem roten Jahr – im 8., 43. und so weiter. Diese Dinge «sieht» man dann mehr, als dass man sie denkt.

Der andere Aspekt ist der $2^{1}/_{3}$-Jahres-Rhythmus, dieser gliedert jedes Jahrsiebt in drei Abschnitte. Innerhalb jeder Siebenjahresperiode besteht eine Polarität zwischen dem ersten und dem letzten, jeweils $2^{1}/_{3}$ Jahre umfassenden Drittel. In Kapitel 1, Teil 2 wurde davon gesprochen, wie Vergangenheit und Zukunft als Nachklang oder Vorahnung in die Gegenwart hereinwirken, wodurch jede Zeiteinheit, in diesem Fall die Siebenjahresperiode, in Drittel eingeteilt werden kann. Dieses Prinzip wurde dort für das zweite Lebensjahrsiebt beschrieben. Auf dem Lebens-Plan wird es farblich durch die Polarität zwischen den wärmeren Tönen vom roten Ende des Spektrums und den kühleren Farben am blauen Ende gekennzeichnet, wobei in die Mitte der starke leuchtende Kontrast zwischen Blau und Gelb und deren Auflösung in Grün fällt. Dabei zeigt sich farblich eine nicht zufällige Beziehung zu den Planetenqualitäten: die inneren Planeten haben warme Farben, die äußeren kalte. Eine Dreigliedrigkeit findet sich: in jeder Siebenjahresperiode, in den 21-Jahr-Perioden und in den 63-Jahr-Perioden.

Zugleich kann man auf dem grafischen Plan bemerken, dass alle Mondknoten nah an die $^{1}/_{3}$-Punkte der entsprechenden Siebenjahresperioden fallen. Obwohl dieses Zusammentreffen nicht ganz exakt ist, weist es auf eine Beziehung zwischen beiden Rhythmen hin. Eine $2^{1}/_{3}$-Jahres-Periode umfasst etwa 28 Monate. Was im physisch-ätherischen Organismus, im Wäßrigen und in den mit der Fortpflanzung

X. DER «LEBENS-PLAN»

zusammenhängenden Prozessen als Mondrhythmus von 28 Tagen wirkt, scheint auch hier tätig zu sein, allerdings innerlich und im umfassenderen Rhythmus von Monaten anstelle von Tagen; damit tritt innerhalb der siebenjährigen Evolutionsphase ein Mondrhythmus zutage. Er schafft einen Einschnitt, durch den neue Impulse eindringen können. In den Kapiteln 3 und 9 wurde dargestellt, wie der Augenblick, da das Kind zum ersten Mal von sich selbst als «Ich» spricht, in das dritte Lebensjahr fällt. Da dringt der luziferische Strom in den Menschen ein; er bringt die ersten Anfänge des individuellen Selbst-Bewusstseins mit sich und lässt den Schutz

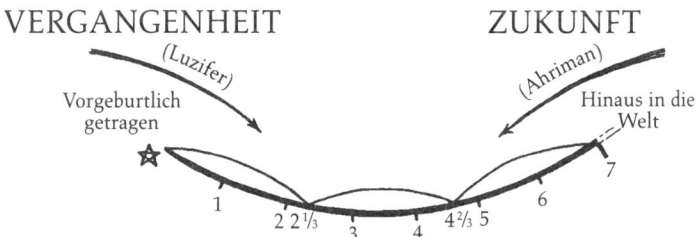

«jenes höheren Menschheitsselbstes» enden, «das sonst, dem Menschen unbewusst, mit Weltenweisheit am Kinde wirkt ... Diese höhere Weisheit verdunkelt sich für die menschliche Seele, welche dann dafür die Bewusstheit eintauscht.»[195]

Der nächste Einschnitt, etwa 2 $^1/_3$ Jahre später, im 5. Lebensjahr, bringt den Impuls mit sich, Fragen zu stellen, es ist die Zeit des endlos sich wiederholenden «Warum», in der das Kind versucht, sein Bewusstsein ins Leben und in die Welt auszudehnen, und zu verstehen gibt, dass es sich anschickt, die ersten Schritte aus dem behütenden Familienkreis zu tun. Dieser Rhythmus von 2 $^1/_3$ Jahren wurde von Rudolf Steiner dem Lehrplan der Waldorfschule zugrunde gelegt. – Der nächste derartige Einschnitt findet mit 9 $^1/_3$ Jahren statt, wenn der ahrimanische Strom in den Menschen einfließt; er schließt endgültig die Phase ab, in der die Nachahmung

2. AUFZEICHNEN DES LEBENSLAUFES

herrschte und die ganze Welt noch beseelt war, und kündigt die intellektuellen Kräfte an, durch welche die Trennung zwischen Ich und Welt einsetzt. Dann folgt der Einschnitt mit 11 $^2/_3$ Jahren, wo sich zum ersten Mal ein selbstständiges, objektives Interesse an der Welt bekundet. – Weitere Einschnitte dieser Art finden sich in den anderen Perioden; für die Jahre zwischen 28 und 35 wurde schon beschrieben, dass um das 31. und das 33. Jahr häufig Krisen eintreten. 2 $^1/_3$ Jahre bilden so den kleinsten biografischen Rhythmus.

Die Grundmuster im Lebens-Plan, die etwas wie ein verborgenes Skelett des Urbildes darstellen, fallen, entsprechend dem Wesen des Zeitorganismus, unter drei Kategorien: Polarität, Steigerung und Metamorphose. Viele Aspekte dieser Grundmuster wurden im Vorangegangenen bereits beschrieben und illustriert. Im Folgenden sollen sie zusammengefasst und ihrer inneren Komposition gemäß geordnet werden, wobei auf einige hinzukommende Aspekte hingewiesen werden wird.

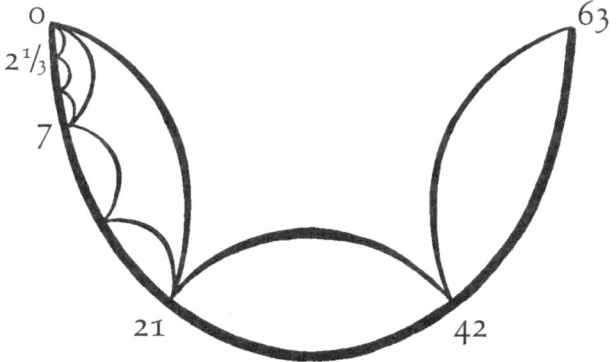

Hier eine Zusammenfassung der harmonischen Rhythmen von 2 $^1/_3$ Jahren, 7 und 21 Jahren, wie sie aus dem Lebens-Plan abzulesen sind.

POLARITÄT: Am deutlichsten treten die beiden Lebenshälften zutage. Links finden wir alles, was wir empfangen, rechts alles, was wir erreichen. Links das Versprechen der Jugend, das vom Alter – rechts – erfüllt wird. Was als Gabe empfangen wurde, muss ergriffen und zurückgegeben werden. Dazwischen ist die Symmetrieebene: die Scheidelinie, die Brücke zwischen Mond und Sonne, die der Mensch mit 35 überschreitet, nachdem er die Krise mit 33 überstanden hat. Das ist der Grundstein der Biografie.

Mit vielen verschiedenen Begriffen, unter mannigfaltigen Blickwinkeln und von jeweils anderen Ebenen aus kann man beschreiben, wie sich diese Grundpolarität in der Biografie des Menschen offenbart; die drei großen Ideale, die im Lebens-Plan genannt sind, liefern uns das Vorbild.

– *Das Gute:* in der Kindheit empfangen/im Alter für die anderen getan.
– *Die Schönheit:* reine Lebensfreude/gestaltetes Leben.
– *Die Wahrheit:* übernommene Ideen/verwirklichte Ideale.

Im Menschen: jugendlicher Wille / Altersweisheit; Luzifer in der Jugend / Ahriman im Alter. Mensch und Welt: Das Selbst, in der Welt entdeckt / die Welt, im Selbst entdeckt; die Welt bildet das Selbst / das Selbst verwandelt die Welt ... In der Gesellschaft: von der Gemeinschaft getragen / neue Gemeinschaft bildend; liberal/konservativ; erhaltene Erziehung / soziale Tätigkeit.

In die erste Lebenshälfte wirken schon zukünftige Ziele hinein; in der zweiten werden die Folgen vergangener Taten erkennbar. Wenn man mit Polaritäten arbeitet, darf man nicht vergessen, dass zu jeder Polarität ein drittes, unabhängiges Element gehört. Es stellt die Symmetrieebene her, den Wandlungspunkt oder die harmonisierende Funktion der Mitte, auch wenn eher die Tendenz besteht, die Polaritäten zu denken und dieses dritte Element zu übersehen. Die Diagramme fassen diese Aspekte zusammen.

2. AUFZEICHNEN DES LEBENSLAUFES

Wenn man sich darin übt, zeitlich getrennte Ereignisse wie aus dem Umkreis her zusammenzuschauen und ein anschauendes Denken zu entwickeln, beginnen Lebens-Plan und Lebenstableau in eines zu verschmelzen.

SPIEGELUNG: In Bezug auf die beiden Lebenshälften können auch noch andere Aspekte in Betracht gezogen werden; einer davon hat tiefgreifenden Einfluss auf das soziale Leben. Die erste Periode, von der Geburt bis zum 7. Lebensjahr, spiegelt sich in der neunten Periode von 56 bis 63 Jahren; die zweite Periode vom 7. bis zum 14. Jahr in der achten Periode von 49 bis 56; und die dritte Periode von 14 bis 21 in der siebenten Periode, die das 42. bis 49. Jahr umfasst. Zwischen diesen Altersgruppen besteht eine enge Verwandtschaft. Sie hat mit der Fähigkeit der älteren Generation zu tun, Lebenserfahrungen und inneres Erleben der jüngeren

X. DER «LEBENS-PLAN»

Generation wirklich zu verstehen, und mit dem Bedürfnis der letzteren, Ahnungen von dem zu bekommen, was in der späteren Lebensperiode erreicht werden sollte. Mit entsprechendem Alter wird der reifere Mensch fähig, sich bewusst in die Seele des Kindes oder des Jugendlichen einzufühlen und die inneren Lebenserfahrungen des jungen Menschen zu spiegeln. Vorher kann man diese Dinge nur theoretisch erfassen und aus der äußeren Beobachtung des kindlichen Verhaltens ableiten.

Wer also ältere Jugendliche wirksam unterrichten will, sollte mindestens die Geistselbst-Periode erreicht haben, also 42 Jahre oder älter sein. Entsprechend brauchen Grundschulkinder das Verständnis und die Seelennahrung aus den vom Lebensgeist inspirierten Kräften der Menschen in den Fünfzigern. Und Kindergartenkinder blühen am harmonischsten unter der liebevollen Fürsorge von Menschen auf, die sich schon in den vom Geistesmenschen inspirierten Sechzigern befinden, also ihre Großeltern sein könnten.[196]

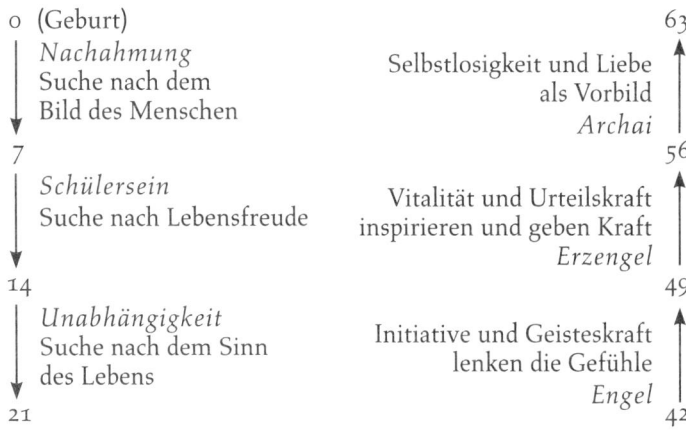

2. AUFZEICHNEN DES LEBENSLAUFES

Schematisch könnten diese Beziehungen so dargestellt werden: «Erziehung» im hier gemeinten Sinn ist nicht die Vermittlung von «Informationen» oder «Fähigkeiten» – was man leider heutzutage oft unter Erziehung versteht –, sondern im eigentlichen Sinn des Wortes das Herausziehen, Herausführen, Hervorholen der schlafenden Geistnatur des Kindes, um es zum Leben zu erwecken. (Er-ziehung, aus lat. *educare*, von *educere* heraus-führen, von *ex* aus und *ducere* führen.) Die seit vielen Jahren herrschende Unkenntnis dieser Wirklichkeit hat verheerende Folgen sowohl für das individuelle Leben wie für die Gesellschaft; man kann sie im Bereich der Schulerziehung weltweit immer deutlicher erkennen.

Für das Familienleben und seine späteren Auswirkungen auf das soziale Leben heißt dies, dass Kinder Großeltern im Familienverband brauchen, nicht um von ihnen verwöhnt zu werden, sondern weil sie es sind, die gemäß dem Urbildhaften des Lebens ein gesundes Gleichgewicht herstellen können. Ein altes östliches Sprichwort warnt vor den möglichen Schäden, wenn es in Menschengemeinschaften keine Alten gibt, und schlägt scherzhaft vor, das Dorf solle sich welche kaufen. Die Folgen, die ein solches Nichtwissen um diese grundlegenden Tatsachen der menschlichen Entwicklung für die Struktur der Gesellschaft hat, sind klar: Die Grundlage der Sozialstruktur, die im ersten Drittel des Lebens gelegt wird, wird unterminiert und der natürliche Prozess gestört. Die ältere Generation, die in kinderlose Altersheime verbannt wird, kann nicht *geben*, die junge Generation kann nicht *empfangen*, und die mittlere Generation, die nicht zur rechten Zeit bekommen hat, was sie brauchte, lebt in Angst vor dem Alter.

Von einem nochmals anderen Blickwinkel aus betrachtet, folgt die Entwicklung von Leib, Seele und Geist dem gleichen Flussbett des Lebens, doch in verschiedenen Richtungen. Der

X. DER «LEBENS-PLAN»

Körper entwickelt sich, vom irdischen Standpunkt aus gesehen, von der Geburt zum Tod: Wie eine Pflanze wächst er und erreicht seine Blüte in den mittleren Jahren; danach geht die Entwicklung abwärts. Der Geist, vom Geistigen aus betrachtet, entwickelt sich vom Tode zur Geburt hin: Der Augenblick der physischen Geburt wird in der geistigen Welt als Abschied, als Überschreiten der Schwelle, als «Tod» erlebt; dann, in der Krise der mittleren Jahre, erreicht der Mensch den tiefsten Punkt seiner Inkarnation; und danach geht es aufwärts bis zu dem wunderbaren Augenblick, in dem der Mensch durch den physischen Tod in die geistige Welt hineingeboren wird.

Die Seele nimmt an beiden Bewegungen in zweifach gegensätzlicher Weise teil. Für Leib und Geist stehen die Tore der Geburt und des Todes an den Grenzen des Lebens, am Anfang und am Ende. Für die Seele stehen sie im Zentrum, in den mittleren Jahren, in denen das Äußere nach innen gekehrt wird. Die Seele erwacht nicht zu ihrem potenziellen Selbst, bevor sie nicht «stirbt», und sie wird nicht zum individuellen Selbst, bevor sie nicht durch die Lebenskrise um 33, wo die beiden Tore für das Leben der Seele eins werden, «geboren» wird.

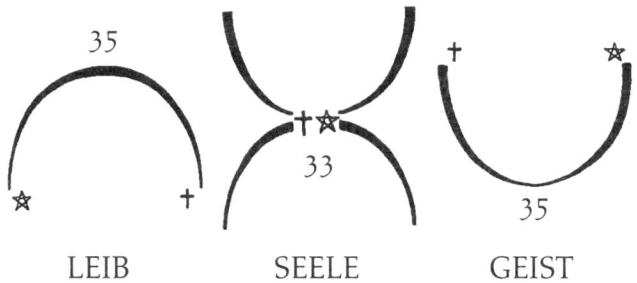

2. AUFZEICHNEN DES LEBENSLAUFES

Die Bedeutung dieses Seelen-Aspektes für das wirkliche Verständnis des Erdenlebens und seine Erfüllung schwingt in den Worten Goethes mit:

> Und solang du das nicht hast,
> Dieses: Stirb und Werde!
> Bist du nur ein trüber Gast
> Auf der dunklen Erde.[197]

STEIGERUNG: Die beständige Steigerung oder Intensivierung im Lauf des menschlichen Lebens, in der Entwicklung der verschiedenen Aspekte von Leib, Seele und Geist zwischen der Geburt und dem 63. Jahr, in dem der Mensch mit der Periode des «Geistesmenschen» die karmabestimmten Jahre abschließt, wurde in diesem Buch von verschiedenen Blickwinkeln aus in allen Einzelheiten beschrieben. Wir wollen hier nur noch einen Aspekt der «freien Jahre» (nach 63) hinzufügen, in denen der Mensch zu einem «Kind der Götter» werden kann. In dieser Lebensperiode verbinden sich die Prinzipien von Steigerung, Polarität und Spiegelung in einer Weise, wie sie in den anderen Lebensperioden nicht zu finden ist und auch im strengsten Sinne nicht zur bisher beschriebenen archetypischen Entwicklung gehört.

Wenn der Mensch mit 63 die karmischen Forderungen erfüllt hat, die vor seiner Geburt in seinen Lebens-Plan eingeschrieben wurden, kann er schließlich im wahrsten menschlichen Sinn «geboren» werden; befreit von den Forderungen seines persönlichen Karma, kann er sich als «freier Geist» Aufgaben widmen, die das Leben der ganzen Menschheit betreffen, und, im Einklang mit den in der Gegenwart wirksamen geistigen Kräften, mit dem «Zeitgeist» zusammenarbeiten. Nach diesem Ideal zu streben, dazu ist der Mensch in dieser wahrhaft schöpferischen Lebensperiode aufgerufen; Kreativität ist dann keine «Pflicht» oder auferlegte Arbeit mehr, sondern frei gewählt; sie hat moralische Substanz.

In diesem Sinne kann man sagen, dass das Leben mit 60 beginnt; so wurde es auch in einem Artikel in *Minutes, Magazine of Nationwide Insurance* ausgesprochen, der sich an die ältere Generation richtete mit «Worten des Trostes von Forschern, die die Lebensgeschichte von etwa 400 zu ihrer Zeit berühmten Persönlichkeiten – hervorragenden Staatsmännern, Malern, Feldherren, Dichtern oder Schriftstellern – untersucht haben. Die größten Leistungen fielen bei 35 Prozent in die Jahre zwischen 60 und 70, bei 23 Prozent in die Jahre zwischen 70 und 80 und bei 8 Prozent in die Zeit nach dem 80. Lebensjahr. Mit anderen Worten: 66 Prozent der größten Taten der Menschheit wurden von Menschen über 60 vollbracht.» Die neue geistige Vitalität und Jugendfrische zeigt, dass dem, was in seiner Zeit wirklich modern ist, nichts mehr von der Vergangenheit, von vergangenem Karma anhaftet und dass es, selbstverständlich, nur durch ein langes Leben voller harter Arbeit errungen werden kann. Diese Menschen verdanken ihre Freiheit und ihr Schöpfertum den Kräften des Alters; sie sind die Jungen im Geiste.

Die Entstehungsgeschichte von Goethes *Faust* zeigt Folgendes: Nach der ersten keimhaften Beschäftigung mit dem Thema um das 21. Jahr folgten das erste Fragment, der «Urfaust», geschrieben im 24. Jahr, und *Faust: Ein Fragment*, geschrieben und veröffentlicht in seinem 41. Jahr (1790), während der *Erste Teil des Faust* in seinem 59. Jahr (1808) vollendet und veröffentlicht wurde. Danach beginnt Goethe den *Zweiten Teil des Faust*, den er erst im 82. Lebensjahr abschließt (1831) und der ein Jahr später, nach seinem Tod, veröffentlicht wird.

Nach dem 63. Jahr beginnt eine qualitativ neue Lebensentwicklung. Bis dahin war der Mensch in die «kosmische Bade-

2. AUFZEICHNEN DES LEBENSLAUFES

wanne» eingetaucht. Nun beginnen die karmafreien Jahre, die in der Mitte des Lebens-Plans als die letzten drei 21-Jahr-Perioden (64 bis 126) platziert sind. Die große Lebensbewegung der U-Form, die mit dem Augenblick der Geburt begann, verwandelt sich mit dem 64. Jahr in eine *nach innen führende Spiralform*. So wie die physische Geburt in die erste Sonnenperiode (21 bis 42) – durch *inneren Seelentod und Wiedergeburt* mit 33 («Stirb und Werde») – führt, so führt die geistige Geburt ab 63 die Seele auf eine höhere Ebene in die Sonnenperiode (85 bis 126). Am Ende seiner Lebensreise kehrt der Mensch durch das Tor des physischen Todes in seine wahre Heimat zurück – aus der Sonne hervorgegangen, durch die Sonne verwandelt, zu der Sonne zurückgekehrt. Damit ist *eine* irdische Biografie zum Abschluss gekommen. Nun beginnt sein geistiges Leben zwischen den Inkarnationen, sein «Leben nach dem Leben» – seine rein geistige Biografie, die *Pneumato*-grafie.

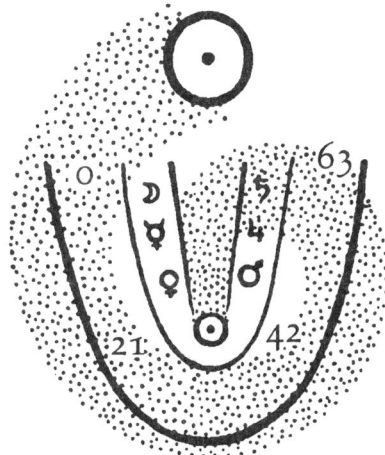

Die vierte 21-Jahres-Periode (von 63 bis 84) steht mit der Ich-Ebene in der viergliedrigen Entwicklung der physischen, ätherischen, astralischen und Ich-Organisation in Verbindung. Der Mensch tritt dann in eine Periode der Unabhängigkeit von karmischen Notwendigkeiten ein, ebenso wie der Jugendliche, der seine Unabhängigkeit mit 21 Jahren erreicht, in die Sonnenperiode der Lebensmitte (21 bis 42) eintritt.

Die Jahre von 63 bis 84 spiegeln sich in den mittleren Jahren von 21 bis 42. Die erste Periode von 63 bis 70, die jene von 21 bis 28 spiegelt, ist eine Periode der Entdeckung der Welt des Ruhestands, der Suche nach persönlichem Abenteuer auf einer neuen Ebene.

Die nächste Periode, von 70 bis 77, spiegelt diejenige von 28 bis 35 wider. Nach dem 30. Lebensjahr ist jede Weiterentwicklung nur noch als Möglichkeit vorhanden. Dann setzt die Krise ein, und durch das Tor des «Stirb und Werde» kann nach 35 der aufsteigende Weg beginnen. Der erste $2\,^1/_3$-Jahres-Abschnitt (im 31. Lebensjahr) ist so der Grenze der normalen physischen Lebensdauer verwandt, jener 72 Jahre, nach denen die Sonne den Stern der Geburt verlässt. Sie fällt in das erste Drittel der Periode von 70 bis 77.

Wenn der Mensch das zweite Drittel durchlebt hat und in die Mitte der Siebziger kommt, kann er eine Wiederbelebung der schöpferischen Kräfte, einen zweiten Aufwind, erleben, der ihn bis in die späten Siebziger und in die Achtzigerjahre hineinträgt. Dann setzt eine Erneuerung des inneren Lebens ein, und seiner Umgebung enthüllt sich ein wahrerer Aspekt seines Selbstes. Seine heilende, wohltuende Gegenwart und das warme, sanfte Glühen oder der feurige Enthusiasmus für Neuanfänge verraten die Nähe zur Sonne und werden für alle in seiner Umgebung zu einer Quelle der Anregung und Inspiration. Früher wurde diese Nähe zur Sonne während der «Midlife-Crisis» empfunden, jetzt wird sie wie von einer höheren Warte aus erlebt als die letzte Erfüllung des Versprechens der Krise mit 33 Jahren.

Die abgebildete Spirale der 21-Jahres-Perioden zeigt den

2. AUFZEICHNEN DES LEBENSLAUFES

stufenweisen Weg der Seele aus ihrer geistigen Heimat, dem Sonnenbereich, auf die Erde. Ab der physischen Empfängnis *ver-wickelt* sich die Seele in die irdischen Verhältnisse, um ganz Erdenmensch zu werden – von der Geburt bis 42 ist die Zeit der natürlichen Selbstentwicklung. In der Mitte der zweiten 21-Jahres-Periode geht die Seele durch die «Midlife-Crisis» im 32. Lebensjahr, wo sie durch «Stirb und Werde» die ersten wirklich selbstständigen Kräfte gewinnen kann. Ab 42 muss sich die Seele bis zum Ende ihres Lebens aus eigenen Kräften selbst weiter *ent-wickeln* – die Zeit der bewussten Selbstentwicklung. Die karmafreien 21-Jahres-Perioden ab 63 stehen verstärkt der Kreativität und Selbsterkenntnis zur Verfügung – es ist die Zeit, um aus der Lebenserfahrung die Früchte zu gewinnen. Mit diesem Lebensextrakt kehrt die Seele am Lebensende in ihre geistige Heimat zurück.

Eine weitere Beziehung besteht zwischen den folgenden drei 21-Jahres-Perioden: in die Periode der karmafreien Jahre (63–84), in der ganz neu die Kräfte der transzendentalen Planeten Uranus, Neptun und Pluto wirksam werden, spiegeln sich Aspekte der beiden Perioden der karmabeherrschten Jahre (0–21 und 42–63).[198] Nach dem 63. Lebensjahr, wenn der Mensch «in gewisser Beziehung emanzipiert sein kann von dem, was in früheren Lebensaltern noch Notwendigkeiten sind»,[199] tritt der Mensch in seine – der Möglichkeit nach – freieste Lebensperiode; äußerlich betrachtet erreicht er den Ruhestand. Dann schreitet er entweder auf dem neuen Abschnitt seines Lebensweges fort, die Umstände und neuen Möglichkeiten ganz ausschöpfend, oder er schreckt vor den Herausforderungen zurück und begibt sich auf einen regressiven Weg; ein Stillestehen ist nicht möglich. Wenn es tatsächlich gelingt, sich innerlich zu erneuern, sozusagen nach «einer 63 Jahre währenden Schwangerschaft» neu geboren zu werden, dann fließen in die Jahre 63–84 zusätz-

X. DER «LEBENS-PLAN»

lich zu den Kräften der transzendentalen Planeten auf einer höheren Ebene auch die positiven Eigenschaften der Jahre 0 bis 21 und 42 bis 63 ein. Der Mensch kann die unterstützenden Kräfte der Planetensphären nutzen, die er schon einmal durchlaufen hat, wobei diesmal jeweils zwei Planeten in einem Jahrsiebt gleichzeitig auf ihn einwirken: Mond und Saturn, Merkur und Jupiter, Venus und Mars. Die Plazierung der Jahre 64 bis 84 in der Mitte des Lebens-Plans verbildlicht diese Beziehung.

Die Zeit der karmafreien Jahre erlebt die Seele wie eine zweite Kindheit und Jugend: sie bildet einen «Leib» neuer Lebensgewohnheiten und wird mit einer neuen Welt von Aktivitäten vertraut, oft auch mit einem neuen Lebensmilieu. Neue Lebenskräfte werden aktiviert, und mit der tiefgreifenden Erfahrung der Freude über das Alter entsteht häufig auch ein neues Interesse am Lernen; viele Menschen gehen noch einmal zur «Schule», nehmen an Fortbildungskursen und so weiter teil oder wenden sich neuer schöpferischer Tätigkeit zu. Schließlich kann der «achtzigjährige Jugendliche» in seiner durchwärmten Weisheit und in neu erwachter Rebellion gegen die Verkrustungen sozialer und kultureller Formen die Menschen seiner Umgebung mit neuen Ideen aufrütteln, die er aus den ihm nun nahen Engelreichen geholt hat.

In solchen Fällen wird erlebbar, wie aus den Planetensphären starke, fördernde Kräfte hereinströmen: Vom Mond flutet ein neuer Lebensstil heran, während Saturn die Achtung vor dem Leben und die moralische Statur festigt; die vom Merkur kommenden Heilkräfte schenken neue Vitalität und Langlebigkeit, während Jupiter erneuerte Kreativität und «Königswürde» verleiht; Venus schenkt geläuterte Schönheit, den inneren Glanz des Alters, während Mars den Achtzigjährigen mit ungewöhnlicher Ausdauer und Kühnheit ausrüstet. – Selbstverständlich ist all dies für die meis-

2. AUFZEICHNEN DES LEBENSLAUFES

ten heutigen Menschen nur eine Möglichkeit, das Ideal der «freien Jahre». Es kann sich nur bei den eher seltenen Individualitäten verwirklichen, die in hohem Maße mit dem Urbild der Biografie eins geworden sind. Die zunehmende Lebenserwartung bei guter Gesundheit macht es möglich, dass mehr und mehr Menschen diese urbildhafte Lebensperiode in ihre Biografie integrieren werden. Das Individuum, das bis ins hohe Alter sein Schöpfertum erhält, steigert und verwandelt: heute noch eine Ausnahme, in der Zukunft wohl die Norm.

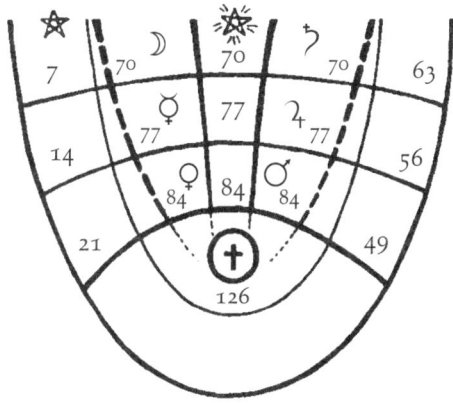

Setzt sich der Mensch mit diesen Jahren jedoch nur in eine äußerliche Beziehung, dann wird der «glückliche Senior» im «Unruhestand» geboren, der sich nun mit den Spielen einer zweiten Kindheit vom Golf bis zum Lotto vergnügt. Er ist in einer Neuinszenierung der Vorbereitungsjahre gefangen, die einmal die Grundlage für das Ich schufen, nun aber nur noch zum Egoismus führen. In diesem Fall wird der Mensch von den negativen Einflüssen der über die ersten 21 Jahre herrschenden Planeten heruntergezogen: von der mondhaften Oberflächlichkeit, der merkurhaften Gier und dauernden Beschäftigung mit der eigenen Gesundheit und von der von

Venus inspirierten Besessenheit von der äußeren Erscheinung, die oft groteske Auswüchse zeigt.

Wenn solch ein Mensch vor dem «Gespenst des Alters» – das in Wirklichkeit nichts anderes ist als die Angst vor der Freiheit, die die «freien Jahre» verleihen – zurückschreckt und die trügerische Sicherheit des Bekannten und Gewohnten vorzieht, schreitet er zurück und durchläuft noch einmal die auf der rechten Seite des «Lebens-Plans» aufgeführten Stadien. Er verliert den Kontakt mit der Zukunft und möglicherweise sogar mit der Gegenwart. Hier treten die negativen Aspekte der äußeren Planeten zutage: die saturnhafte Sturheit und Negativität, die überhebliche Verhärtung in jupiterhaften fixen Ideen oder permanenter Krittelei, die marsbetonte Streitsucht des hohen Alters.

Beide Wege des Alters, der progressive und der regressive, führen letztlich in den Sonnenbereich. Der eine Mensch betritt ihn und wird, bildhaft gesprochen, von den reinigenden und lebenspendenden Kräften der Sonne erwärmt und erleuchtet; der andere wird von der Glut der Sonne verbrannt und von ihrem Licht geblendet.

Am Ende der freien Jahre kehrt also der Mensch in seine geistige Heimat zurück, zur Sonne; diese ist «eine geistige Sonne, von der die physische Sonne nur der Spiegel ist».[200] In diesem geistigen Sonnenbereich leben wir in der Zeit zwischen dem Tode und einer neuen Geburt, und wir bereiten in diesem nachtodlichen Sonnendasein unsere zukünftigen Inkarnationen vor. Denn *diese* «Sonne steht in Zusammenhang mit unserem Ich, und durch die Wesenheiten [die in der Sonne ihren Wohnsitz haben], die uns ein Vorbild sind für unsere kosmische Zukunft, steht die Sonne in Beziehung zu dem, was unser zukünftiges Schicksal ist.»[201] Diese Sonnenwesen sind die Engel, die Angeloi; sie «sind kosmische Vorbilder der Menschen, denn der Mensch wird einmal die Rangstufe der Angeloi erreichen».[202] Um diesen Angeloi-Zustand zu erreichen, muss der Mensch insbesondere während dieser «freien Jahre» des Lebens, wenn er von seinen vergangenen karmischen Schulden frei geworden ist, seine geistige Tätigkeit steigern. Während dieser freien Jahre kann er unter dem Licht und in der Wärme der geistigen Sonne seinen eigenen zukünftigen Verkörperungen, und zugleich der allgemeinen Zukunft der Menschheit, seine intensivierte geistige Arbeit widmen. Das eigentliche Thema der karmafreien Jahre könnte darum lauten: Freiheit und Zukunft – die geistige Sonne; denn in «all dem, was als Freiheit in uns lebt, sodass wir eingreifen ... da wirkt Sonnendasein».[203] Und «mit dem Sonnendasein [hängt] unsere Zukunft zusammen».[204]

Während der karmischen Jahre bis 63 war die Wirksamkeit der Sonne im Lebenslauf eine andere, nämlich so, dass ihre äußerliche Natur stärker in den Vordergrund trat. Die äußere, physische Sonne verdeckte das Geistige, sodass der Mensch allein und selbstständig eigene geistige Kräfte entwickeln konnte; denn während dieser Zeit konnte er einerseits das Angelos-Vorbild nicht wahrnehmen, und andererseits gab ihm die karmische Belastung den notwendigen Widerstand, um seine geistigen «Muskeln» zu stärken. «Was ist es denn eigentlich, was uns abtrennt von diesem [Sonnen-] Gebiet, in dem wir leben zwischen dem Tod und einer neuen Geburt? Ja, man kann nichts anderes sagen als: Die Sonne ist das ... Diese physische Sonne verhindert uns, das Geistige zu sehen.»[205] Die Sonne als Planet – also in ihrem äußerlichen Aspekt – wirkt am stärksten während der zweiten 21-Jahres-Periode (21 bis 42). Da taucht der Mensch, zunächst während des «Abenteueralters» (21 bis 28) in die Sinnenwelt unter und verbindet sich mit dieser so tief, dass er in den «Krisenjahren» (28 bis 35) versinkt. Er muss durch einen inneren Tod hindurchgehen – Stirb und Werde! – bis er mit 35 aus dieser Periode wieder hervorkommt, um allein über die «Sonnenbrücke» zu schreiten und gerade in den dafür geeigneten «dunklen Jahren der

X. DER «LEBENS-PLAN»

Einsamkeit» (35 bis 42) seine eigentliche Sonnen-Natur in seinem Innern zu entdecken. Damit ist ein besonderer Aspekt der Wirkung der Sonnenkräfte ins Auge gefasst: ab 35 befreit sich der Mensch von den Mondenkräften, dem Quell der Geburtskräfte, und begibt sich anfänglich in die Freiheitskräfte der Sonne (vgl. Kap. I, 3. Abschnitt «Zeit der Reife – die Brücke im 35. Jahr»). Die Sonne wirkt in der ersten Sonnenperiode (21 bis 42) zunächst als Planet im Zusammenwirken mit den anderen Planeten und in der zweiten Sonnenperiode (84 bis 126) als der geistige «Quell alles Moralischen», als Quell der Freiheit.[206] Die Wirkung der planetarischen bzw. der geistigen Sonne offenbart sich in der Ausstrahlung der Seele. Während der Zwanziger- und Dreißigerjahre sieht der Mensch so aus, als ob er das Sonnenlicht und die Sonnenkräfte zurückstrahle, während er im Alter so aussieht, als ob er geistiges Sonnenlicht, geistige Sonnenkräfte aus dem eigenen Inneren ausstrahle – er ist selbstleuchtend geworden.

METAMORPHOSE: Wir sahen, dass Ziele und Erreichnisse nach dem Prinzip der Polarität aufeinander bezogen sind: die Zukunft muss vorausgeplant werden, vergangene Taten enthüllen ihre wahren Folgen oft erst viel später. Der Weg zwischen Vergangenheit und Zukunft führt nach dem Gesetz der Steigerung in kleineren oder größeren Stufen nach oben. Der Übergang von einer Stufe zur nächsten geschieht durch Metamorphose. Die Pflanze und der Schmetterling sind, wie im 1. Kapitel dargestellt, Beispiele dafür. Auch die Verwandlungsfolge im Lebens-Plan folgt dem Prinzip der Metamorphose, in «U-Form» dargestellt. Rudolf Steiner weist darauf hin, dass die «Bildhaftigkeit»[207] geometrischer Formen die adäquate Ausdrucksweise für die Tätigkeit der Zweiten Hierarchie ist. Sie bewegt das Leben der Welt durch dynamische Formen und Beziehungen mathematisch-geometrischer Na-

2. AUFZEICHNEN DES LEBENSLAUFES

tur. Diese kann man nicht intellektuell-verstandesmäßig begreifen, sondern nur bildhaft im Sinne des Herz-Denkens. In allen Mysterienschulen wurden geometrische Figuren zum Ausdruck für die Tätigkeit der Zweiten Hierarchie verwendet. Auch in den von ihm entworfenen Planetensiegeln verwendet Steiner diese Art von Bildhaftigkeit, ebenso in den vier Siegeln zu seinen Mysteriendramen.

Bisher haben wir das Urbild des Lebenslaufes in der U-Form der «Badewanne» dargestellt. Dies kann aber auch in einer Dreiecks-Form abgebildet werden, wodurch andere dynamische Bezüge sichtbar werden. Bei dieser Form stellen die Seiten des Dreiecks die Leib-, Seelen- und Geist-Glieder und deren entsprechende 21-Jahres-Perioden dar. Die Steigerung von Glied zu Glied durch diese Perioden ist durch Pfeile gekennzeichnet. Die drei Geist-Glieder entstehen durch Metamorphose aus Teilen der drei Leib-Glieder. Die horizontalen und diagonalen Linien im Bild zeigen die Vielfalt der Wechselwirkungen zwischen Leib, Seele und Geist.

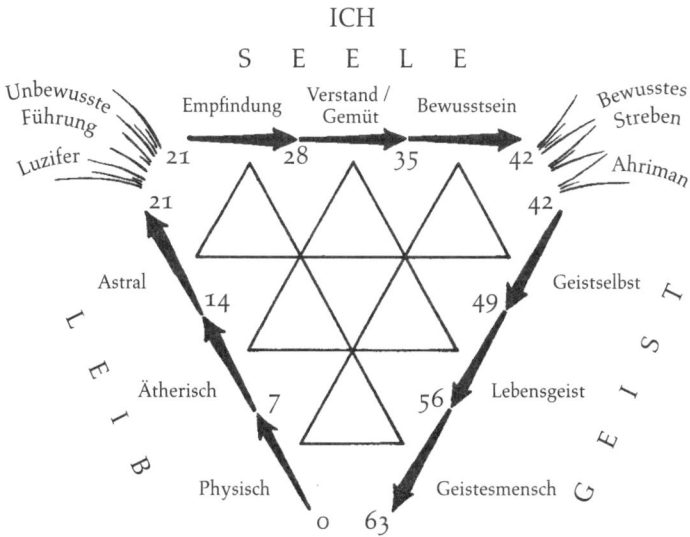

365

X. DER «LEBENS-PLAN»

Das erste Jahrsiebt, in dem der physische Leib aufgebaut wurde, steht nicht nur, wie im Lebens-Plan gezeigt, zu den Jahren zwischen 56 bis 63 in Wechselwirkung (horizontale Linie), sondern auch zu den Jahren zwischen 35 bis 42 und 42 bis 49 (diagonale Linien). Das kann verständlich werden, wenn man sich z. B. vergegenwärtigt, dass man nach 35 immer stärker in die Materialität fällt: der physische Leib verliert an Vitalität und beginnt zu verknöchern, die äußere Lebensroutine wird immer starrer. Dieses für die Seele schmerzliche «Absterben» ist aber nötig, weil erst dadurch die eigenständige Entwicklung des Geistigen möglich wird: das Selbstbewusstsein wächst (35–42), und nährt die Entstehung des Geistselbst (42–49).

Das dritte Jahrsiebt steht ebenso nicht nur mit den Jahren 42 bis 49 in Wechselwirkung, sondern auch mit den Jahren 21 bis 28 und 56 bis 63 (diagonale Linien). Die Eigenschaften des Geistesmenschen (56 bis 63), wo Güte und moralische Stärke dem inneren Wesen entströmen, gründen sich auf das innere Leben und die Unabhängigkeit, die sich die Seele in der Adoleszenz (14–21) erworben und dann im 4. Jahrsiebt (21–28) durch die «Entdeckung der Welt» weiterentwickelt hat.

Das Thema der mittleren Jahrsiebte (7–14, 28–35, 49–56) ist die Lebenskraft. Von 7 bis 14 legen die Lebenskräfte die erste Grundlage für den Glauben an Sinn und Schönheit der Welt, dessen es bedarf, um die schützende Hülle der Familie verlassen zu können und befähigen den Leib zur Fortpflanzung; von 28 bis 35, in einem unvergleichlich schöpferischen Ausbruch, verwandelt die innere Macht des «Ich denke» den absteigenden Lauf des Lebens in einen aufsteigenden; von 49 bis 56 sind die schöpferischen Kräfte in der Seele gereift und können erfolgreich ins soziale Leben fließen.

2. AUFZEICHNEN DES LEBENSLAUFES

Ein weiterer Aspekt, durch den dieselben drei Gruppen von je drei Jahrsiebten in Beziehung stehen zum Leben auf der Erde und in der geistigen Welt im Lichte der Ideale Wahrheit, Schönheit und Güte, wird von Rudolf Steiner in einem in Dornach gehaltenen Vortrag entwickelt: das Kind, das die Erde betritt, muss die Realität einer Welt kennenlernen, die sich radikal von der unterscheidet, die es gerade verlassen hat.

Wir sprechen von Wahrheit, wissen aber nur wenig, dass das Gefühl für Wahrheit zusammenhängt mit dem allgemeinen Gefühl, das wir von unserem physischen Leibe haben. Wenn der Mensch einer einfachen Tatsache gegenübersteht, so kann er ja gegenüber dieser Tatsache entweder streng darauf halten, sich eine Vorstellung zu bilden von dieser Tatsache, die exakt dieser Tatsache entspricht, die also wahr ist, oder er kann auch, sei es aus Ungenauigkeit, aus innerer Lässigkeit heraus, sei es aus einem direkten Widerstreben gegen die Wahrheit, also aus Lügenhaftigkeit, er kann eine Vorstellung bilden, die nicht mit dieser Tatsache zusammenhängt, die nicht sich deckt mit dieser Tatsache. Wenn der Mensch über eine Tatsache die Wahrheit bedenkt, dann steht er in Übereinstimmung mit dem Gefühl, das er von seinem physischen Leibe und sogar von dem Zusammenhange seines physischen Leibes mit dem vorirdischen Dasein hat. Wir brauchen nämlich nur aus Lässigkeit oder aus Lügenhaftigkeit uns eine Vorstellung zu bilden, die nicht mit den Tatsachen übereinstimmt, dann ist es gerade so, als wenn wir gewissermaßen ein Loch hineinbräche in dasjenige, was uns mit unserem vorirdischen Dasein in Zusammenhang hält. Wir zerreißen etwas in dem Zusammenhang mit dem vorirdischen Dasein, wenn wir uns einer Unwahrheit hingeben ...

Der Mensch sieht ja heute in dem, was ihm in Bezug auf seine physische Gesundheit passiert, zumeist eben nur etwas

Physisches. Aber es wirkt durchaus in den physischen Leib, namentlich in die Konstitution des Nervensystems hinein, wenn der Mensch in dieser Weise durch Hingabe an die Unwahrheit die Fäden mit dem vorirdischen Dasein zerreißt. Es ist so, dass der Mensch durch das Gefühl, das er von seinem physischen Leibe hat, eigentlich in der Welt sein geistiges Seinsgefühl hat. Dieses geistige Seinsgefühl innerlich zu haben, hängt davon ab, dass unsere Fäden, die vom physischen Leibe nach dem vorirdischen Dasein gehen, nicht zerrissen sind ... Nichts befestigt so sehr das ursprüngliche, echte Seinsgefühl des Menschen als der Sinn für Wahrheit und Wahrhaftigkeit. Sich verpflichtet fühlen, die Dinge, die man sagt, erst zu prüfen, sich verpflichtet fühlen, für die Dinge, die man sagt, erst die Grenzen zu suchen, innerhalb welcher man sie sagen kann, das trägt bei zur wirklichen inneren Konsolidierung des menschenwürdigen Seinsgefühls. Und dieses Seinsgefühl hängt eben zusammen damit, dass wir im physischen Leibe die Geistigkeit fühlen – sodass wir eine enge Verwandtschaft unseres physischen Leibes mit dem, was das Ideal der Wahrheit ist, anerkennen müssen.[208]

Die Jahre des Geistselbst wurzeln in diesen Beziehungen.

In der Adoleszenz erwacht, mit der Entwicklung abstrakten Denkens und unabhängigen Urteilens, auch das Gefühl für Moral und moralische Verantwortung. Dies ist der erste Impuls, aufgrund dessen man nach dem Überschreiten der Brücke mit 35 wieder den Weg zum Geist finden kann.

Doch wie gelangt der Mensch zur Ausbildung einer realen Kraft, die ihn hineinführt unmittelbar in jene Welt, aus der er einfach durch seine Menschenwesenheit herausgekommen ist, indem er vom vorirdischen Dasein hereingestiegen ist in das irdische Dasein?

Er kommt zu dieser Kraft, wenn er sich erfüllt mit Güte, mit jener Güte, die auf den andern Menschen zunächst eingeht, mit jener Güte, die nicht dabei stehenbleibt, bloß von sich zu wissen, bloß für sich Interesse zu haben, bloß dasjenige zu fühlen, was innerhalb der eigenen Wesenheit ist, mit jener Güte, die das eigene Seelische hinübertragen kann in die Eigentümlichkeit des andern, in das Wesen des andern, in das Erleben des andern. Diese Güte bedeutet eine Summe von Kräften im menschlichen Seelischen. Und diese Kräfte sind von der Art, dass sie wirklich den Menschen durchdringen mit etwas, mit dem er im Vollmenschlichen eben nur durchdrungen war im vorirdischen Dasein. Knüpft der Mensch durch die Schönheit im Bilde an die Geistigkeit an, aus der er herausgegangen ist durch sein irdisches Dasein, so fügt sich der Mensch mit seinem irdischen Dasein zu seinem vorirdischen Dasein hinzu, indem er ein guter Mensch ist. Und ein guter Mensch ist eben derjenige, der hinübertragen kann das eigene Seelische in das Seelische des andern. Und von diesem Hinübertragen des eigenen Seelischen in das Seelische des andern hängt im Grunde genommen alle Moralität, alle wahre Moralität ab. Die Moralität ist dasjenige, ohne das eine wirkliche gesellschaftliche Konfiguration der irdischen Menschheit nicht aufrechterhalten werden kann.

Aber wenn auf der einen Seite diese Moralität sich auslebt zu den bedeutsamsten Willensimpulsen, die dann in den hohen moralischen Handlungen zur Realität kommen, so beginnt dennoch dieses Moralische im Menschen als ein das Seelische durchziehender und ergreifender Impuls damit, dass der Mensch berührt werden kann, wenn er die Sorgenfalte auf dem Gesicht des andern mitempfindet, und wenn wenigstens sein astralischer Leib beim Anblicke der Sorgenfalte des andern selbst diese Sorgenfalte bekommt. Denn geradeso wie sich das Gefühl des Wahren und Wahrhaftigen in dem richtigen Drinnenstecken im physischen Leibe manifestiert, wie sich das Erglühen und Erleben für das Schöne im ätherischen Leibe offenbart, so lebt das Gute durchaus im astralischen Leib des Menschen. Und der astralische Leib kann nicht gesund sein, kann nicht richtig in der Welt drinnenstehen, wenn der Mensch nicht in der Lage ist, ihn mit demjenigen zu durchdringen, was von der Güte herrührt.[209]

Die mittleren Jahrsiebte (7–14 und 49–56) sind im Erleben der Schönheit und Lebensfreude verankert; da sendet der Lebensgeist die Kräfte des Enthusiasmus (*en-theos* – in Gott sein) in den Ätherleib.

Nun aber wird wiederum das Gefühl innerhalb dieses ätherischen Leibes befestigt durch das Erlebnis der Schönheit.

Wenn Wahrheit und Wahrhaftigkeit ein wirkliches Erlebnis wird, stecken wir in gewissem Sinne richtig in unserem physischen Leibe darinnen. Wenn wir ein richtiges Gefühl für Schönheit entwickeln, stecken wir in der richtigen Weise in unserem ätherischen oder Bildekräfteleib darinnen. Schönheit hängt ebenso zusammen mit unserem ätherischen Leibe wie Wahrheit mit unserem physischen Leibe.

Sie können sich das, was ich da sage, ja am allerbesten klarmachen dadurch, dass sie daran denken, welche Bedeutung in einem wirklich Schönen gegeben ist, das durch die Kunst hervorgebracht wird ... Wenn wir aber, sei es bildhauerisch, sei es malerisch, sei es dramatisch, also durch Kunst einen Menschen darstellen, dann streben wir ja danach, etwas sich selbst Genugsames zu schaffen, etwas, was in sich abgeschlossen ist, was gewissermaßen eine ganze Welt schon in sich trägt – wie der Mensch in seinem ätherischen Leibe eigentlich die ganze Welt in sich trägt, denn er zieht die ätherischen Kräfte aus der ganzen Welt zusammen, um sich seinen ätherischen Leib innerhalb des irdischen Daseins zu gestalten.

Ältere Zeiten der Menschheit haben viel Sinn gehabt für die Schönheit, allerdings, wie sie sich die Schönheit vorgestellt haben; jedoch sie haben mehr Sinn gehabt für die Schönheit als die heutige Menschheit. Nun ist es aber so, dass eigentlich der Mensch nicht im wahren Sinne des Wortes Mensch sein kann, wenn er nicht einen Sinn für die Schönheit hat. Denn einen Sinn für die Schönheit haben, heißt anerkennen den ätherischen Leib. Keinen Sinn für Schönheit haben, heißt missachten, nicht anerkennen den ätherischen Leib. ... Durch ein echtes, wahres Gefühl gegenüber der Schönheit knüpft der Mensch gewissermaßen hier im irdischen Dasein wiederum an das vorirdische Dasein an ... Der das Schöne missachtende Banause will sich auf Erden eine Stätte gründen, in der ihn die Sonne des Geistes nicht bescheint, wo er gewissermaßen im geistlosen Schatten herumspazieren kann.[210]

So werden in den Jahren von 7 bis 14 die Kräfte des Enthusiasmus für das Leben auf der Erde gewonnen. Sie machen dann in der Mitte des Lebens das Finden dessen möglich, was die schönste auf Erden erreichbare Schöpfung ist: das *Selbst*. Es trägt die Schönheit der Erdenexistenz in die kosmischen Sphären zurück. Und als Inspirator des schöpferischen Jahrsiebtes der Geist-Jahre (49–56) erkennt man den Lebensgeist selbst: den «schönen Hirten» (Johannes 10,11; griechisch *kalos* bedeutet sowohl physisch als auch moralisch schön).

Ziele und Ergebnisse

Im Augenblick der physischen Geburt ist der Mensch schon in seinem physischen Leib wahrnehmbar. Diese physische Gestalt wird im physischen Raum mit den physischen Augen wahrgenommen und kann in ihrem Wachstum und Wandel durch die Jahre verfolgt werden. Obwohl dieser Prozess in der Zeit abläuft, existiert die Gestalt nur im Raum. Mit der Geburt beginnt auch der irdische Lebenslauf. Auch er entfaltet sich und wächst zu einer Gestalt, die ebenso fest umrissen ist wie die des Leibes; es ist jedoch eine Gestalt, die sich in der Zeit entfaltet, eine *Zeitgestalt*. Wie kann man sie erkennen? Wie können wir das gewöhnliche abstrakt-intellektuelle Denken in ein anschauendes Denken umwandeln, das in der Lage ist, diese Zeit-Gestalt wahrzunehmen? Wenn die Biografie als Zeit-Gestalt und nicht als eine abstrakte Summe von Lebensereignissen geschaut wird, dann ist das so Wahrgenommene eine *Imagination,* das «Lebenstableau». Im «Lebens-Plan» erscheint diese Zeitgestalt nur als Projektion, zweidimensional auf Papier übertragen. In dieser Form lässt sich das Urbild der Biografie ablesen, das für jeden Menschen gleich ist – ebenso wie es nur ein Urbild für den menschlichen Leib gibt, das für alle gleich ist und sich nur in zahllosen Variationen offenbart.

Es gibt keine zwei identischen Biografien, wie es auch keine zwei identischen menschlichen Körpergestalten gibt – nicht einmal bei eineiigen Zwillingen. Jede individuelle Biografie entspricht in ihrer Gestalt dem Urbild: Es ist eine *menschliche* Biografie. Das schränkt keineswegs die Möglichkeit unzähliger Variationen innerhalb dieser Urgestalt ein. Das Urbild der menschlichen Physis und das des menschlichen Lebens sind die Grenzlinien in Raum und Zeit, innerhalb derer sich der Mensch frei entfalten kann. Sie garantieren Individuation und Freiheit des Menschen. Erinnern wir uns an das ganz zu Anfang dieses Buches gebrauchte Bild für den Lebenslauf: Das Flussbett, das den einen, für alle gültigen Lauf des Lebensflusses bestimmt, darf nicht verwechselt werden mit den *vielen* Möglichkeiten, auf diesem Lebensfluss zu navigieren.

Der im Zusammenhang mit dem «Lebens-Plan» verwendete Begriff der *Imagination* könnte auch missverstanden werden. Es muss betont werden, dass der «Lebens-Plan» *an sich keine* Imagination ist, sondern nur ein Plan, ein Werkzeug,

2. AUFZEICHNEN DES LEBENSLAUFES

eine Hilfe beim Studium der Biografie. Durch dieses Studium kann man sich darauf vorbereiten, die Imagination, das wirkliche «Lebenstableau» wahrzunehmen, das dem gewöhnlichen Bewusstsein normalerweise nicht zugänglich ist.

Doch auch wenn die Beschäftigung mit der Biografie anhand des Lebens-Plans noch nicht zur wahren Imagination des Lebenstableaus führt, zeitigt sie Ergebnisse. Einerseits trägt dieser Plan dazu bei, die verschiedenen Aspekte und Stadien der individuellen Biografie vertieft zu verstehen und – mit den rationalen wissenschaftlichen Möglichkeiten des gewöhnlichen Bewusstseins – die Geschichte der ganzen Menschheit in einem neuen Licht zu sehen. Andererseits ist er eine gute Hilfe bei der Entwicklung des anschauenden Denkens, des «Herzdenkens», durch das man das eigene subjektive Dasein und Wesen für sich selbst objektiviert.

«Um zum Denken des Herzens zu kommen, müssen wir die Kraft haben, aus uns herauszugehen, wirklich uns selber ganz fremd zu werden und von außen auf uns zurückblicken zu können. Wer im normalen Bewusstsein ist, der steht an einem bestimmten Platz und weiß, was er damit sagt, wenn er sagt: Das bin ich! – Wenn er sagt: Das bin ich – dann meint er die Summe dessen, was er glaubt, was er vertritt. Wer aber in die höheren Welten hinaufsteigt, muss seine gewöhnliche Persönlichkeit an ihrem Platze stehenlassen können, er muss aus sich selber herausgehen können, auf sich zurückschauen und mit demselben Gefühl zu sich selber sagen können: Das bist du! – Das frühere Ich muss ganz im richtigen Sinne ein Du werden. So wie man zu einem anderen ‹du› sagt, so muss man zu sich selber ‹du› sagen können. Das darf keine Theorie sein, sondern muss ein Erlebnis werden. Dass dies durch Schulung zu erreichen ist, haben wir schon gesehen. Es gehört gar nicht so viel dazu, man muss verhältnismäßig einfache Dinge tun; dann erwirbt man sich das Recht, mit dem Herzen denken zu dürfen.

X. DER «LEBENS-PLAN»

Die wahren Darstellungen von den höheren Welten gehen aus solchem Herzdenken hervor. Auch wenn es äußerlich oft so aussieht, als ob sie logische Erörterungen wären, nichts ist in den Darstellungen, die wirklich aus den höheren Welten heruntergetragen werden, darin, was nicht mit dem Herzen gedacht wäre. Was da geschildert wird vom Gesichtspunkt der Geisteswissenschaft, ist ein mit dem Herzen Erlebtes. Derjenige, der schildern muss, was er mit dem Herzen erlebt, der muss es allerdings umgießen in solche Gedankenformen, dass es für die anderen Menschen verständlich ist.»[211]

Zusammenfassend kann man sagen, dass das allgemeine Ziel der Arbeit mit dem Lebens-Plan in folgenden drei Schritten erreicht werden kann:
– Beobachten des eigenen Lebens und des der anderen als Organismus, Muster, Gestalt.
– Bewusstes inneres Gewahrwerden und Erleben der eigenen Lebensgestalt.
– Erkennen dessen, was man selbst beiträgt, was man sich selbst verdankt und was anderen; was darin von der irdischen Seite wirksam ist und was von der kosmischen; dessen, wozu man sagen kann «Ich verstehe», und dessen, zu dem man sagen kann «Ich sehe es kommen»; und schließlich erkennen: «Ich bin es selbst, der mir mein Schicksal geschickt hat».

Dieser letzte Schritt ist bereits Teil einer meditativen Arbeit mit dem Lebens-Plan.

2. AUFZEICHNEN DES LEBENSLAUFES

«Mit dem Herzen denken»
Zusatz zur 4. Auflage

Das «Denken mit dem Herzen» (Herz-Denken) wurde bisher wiederholt erwähnt. Eine im Rahmen dieses Buches knappe Erläuterung wird im Folgenden gegeben.

Seinem Wesen nach ist das Denken, das dem Menschen eigen ist – sowohl als Denkprozess als auch Denkfähigkeit –, von zweierlei Art, die hier bildhaft als «Kopf-Denken» und «Herz-Denken» bezeichnet wird.

Mit Kopf-Denken ist die allgemein übliche, logische Denkart gemeint, mit der wir die materielle Welt aufgrund der Sinneswahrnehmungen verstehen, indem wir aus ihnen Begriffe ableiten. Anhand dieser Begriffe können wir auch *mittelbar*, abstrakt über immaterielle Dinge und übersinnliche, höhere Aspekte der Welt denken. Mit Herz-Denken ist die – heute noch nicht allgemein übliche – höhere, *über*logische Denkart gemeint, mit der wir die immateriellen Dinge und die übersinnlichen, höheren Welten *unmittelbar* wahrnehmen und darüber denken können. Das Herz-Denken ist in seinen Anfängen schon heute eine Wirklichkeit; zusammen mit dem Kopf-Denken wird es das normale menschliche Denken werden, auch wenn es noch nicht das «übliche» ist.

Bereits in der Bibel werden diese zwei Denkarten allegorisch erwähnt, dargestellt als der «Baum der Erkenntnis des Guten und Bösen» und als der «Baum des Lebens» (1. Mose, 2, 9). Heute könnten wir diese als Baum des Intellekts und als Baum der Intuition bezeichnen. Auch die alten Griechen kannten zwei Denkarten, in zwei Göttern personifiziert: Athene, die aus dem Kopf ihres Vaters (Zeus) Geborene, als die Göttin des logischen Denkens, und Apollo, als der Gott der Sonne und Kunst, der des Menschen Herz zu schöpferischem Denken inspiriert.

In der geistigen Tradition aller Kulturen bezeichnete man

X. DER «LEBENS-PLAN»

den Bewusstseinszustand des höheren Denkens als z. B. «Nirvana» oder «erwachtes Kundalini» in der östlichen Tradition und als «göttliche Inspiration», «Erleuchtung» oder «Sphären-Harmonie» in der westlichen. Auch berichten einige Menschen von ähnlichen Zuständen, die eine Nah-Todes-Erfahrung erlebt haben. Diese Zustände löschen aber für ihre Dauer das alltägliche Bewusstsein. Damit unterscheiden sie sich vom hier gemeinten Herz-Denken insoweit, dass es sich bei ihnen um kein bewusstes Denken im alltäglichen Bewusstsein handelt.

Uns allen ist geläufig, dass unter besonderen Umständen uns «das Herz aufgeht» oder als «schwerer Klumpen in der Brust liegt», und dass wir zu bestimmten Situationen ein «Bauchgefühl» entwickeln – nur trauen wir uns sehr oft nicht, d. h. unser logisches Denken, diese Eingebungen voll bewusst werden zu lassen und sie ernst zu nehmen. Gerade diese «Intuitionen» ins volle Bewusstsein zu heben, sie zu durchdenken und ihren wertvollen Inhalt für unser Leben nutzen zu können ist eigentlich das, was Herz-Denken ist.

Die anthroposophische Geisteswissenschaft zeigt, wie nachfolgend anhand einiger Zitate aus Steiners Werken belegt wird, dass das Ich der eigentliche Denker ist, dessen Denktätigkeit sich in den zwei genannten Denkarten manifestiert mittels bestimmter Wesensglieder:

– Das Kopf-Denken ist die Ich-Tätigkeit mittels des physischen Leibes (Nervensystem) und des Astralleibes (Vorstellungen und Gedanken) aufgrund der Wahrnehmung der materiellen Welt durch die Sinnesorgane. Darum denken wir nicht, wenn wir schlafen, wenn wir die materielle Welt also nicht wahrnehmen. Dies wurde durch die Schlafforschung wissenschaftlich belegt.

– Das Herz-Denken ist die Ich-Tätigkeit mittels des Ätherleibes und der Ich-Organisation.

2. AUFZEICHNEN DES LEBENSLAUFES

Der Ätherleib, der das Leben des Menschen erhält, wird sich so entwickeln, dass sein Zentralorgan, das Herzchakra, und damit auch das physische Herz, neue Funktionen weit über seine bisherigen hinaus übernehmen wird:
In der Zukunft wird der Mensch in einem viel intimeren Zusammenhange mit der Weltgesetzlichkeit stehen als gegenwärtig ... Der Kopf mit dem Gehirn ist nur ein Übergangsorgan der Erkenntnis. Das Organ, welches die eigentlich tiefen und zugleich machtvollen Blicke in die Welt tun wird hat seine Anlage in dem gegenwärtigen Herzen. Aber wohlgemerkt: die Anlage zu diesem Organ ist im heutigen Herzen. Um Erkenntnisorgan zu werden, muss sich das Herz noch in der mannigfaltigsten Weise umbilden. Aber dieses Herz ist der Quell und Born zur Menschheitsstufe der Zukunft. Die Erkenntnis wird dann, wenn das Herz ihr Organ sein wird, warm und innig sein, wie heute nur die Gefühle der Liebe und des Mitleids sind. Aber diese Gefühle werden aus der Dumpfheit und Dunkelheit, in der sie heute nur tasten, *sich zu der Helligkeit und Klarheit hindurchringen, welche heute erst die feinsten, logischen Begriffe des Kopfes haben.*[212]
Die Ich-Organisation, bestehend aus den drei Seelengliedern und den Seelen*kräften* (Denken, Wollen, Fühlen), wird sich aus ihrem bisherigen Zustand so weiterentwickeln, dass Denken und Wollen ihre Haupteigenschaften tauschen werden:
Den Augenblick der Erweckung kann man bezeichnen dadurch, dass das Wesen *ein aktives, d. h. produktives Denken und einen passiven, d. h. empfangenden Willen erhält.*[213]
In diesem Satz aus einem undatierten Notizblatt hat Rudolf Steiner in konzentriertester Form das ausgedrückt, was insbesondere im «Zweiten Anhang» seiner *Philosophie der Freiheit* (GA 4) und im Kapitel «Ausblicke» in *Vom Menschenrätsel* (GA 20) wie auch in vielen Vorträgen ausführlich erläutert hat. Dementsprechend wird sich auch das Fühlen,

X. DER «LEBENS-PLAN»

das durch die Wechselwirkung von Denken und Wollen entsteht und diese beiden in Balance hält, in ein solch höheres Fühlen entwickeln, das mit dem heutigen Fühlen überhaupt nicht mehr vergleichbar ist.

Welche Auswirkungen diese Entwicklung für die Biografie des Menschen und der Menschheit haben wird, zeigen die hier abschliessenden Worte:

Nur indem man zum Geiste emporsteigt, findet man das wahre innere Wesen des Menschen. Wahre Menschenliebe wurzelt im Geistigen. Solche Gefühle der Liebe finden sich sicher ein, wo die Menschen durch die Geisteswissenschaft zum Geistigen aufsteigen, denn die Geisteswissenschaft belebt, erwärmt und erleuchtet die Menschen ... da wird sie stets solche Impulse geben, die eine wahre Logik des Herzens vorbereiten. Die Logik des Denkens ist vereinbar mit dem stärksten Egoismus. Die Logik des Herzens ist imstande, allmählich allen Egoismus zu überwinden und alle Menschen zu Teilnehmern einer Menschengemeinschaft zu machen.[214]

3.
Selbsterkenntnis und Biografie

Sokrates bemerkt im *Phaidon*, dass die Ausübung der Philosophie im Grunde eine Vorbereitung auf den Tod ist. Das «Erkenne dich selbst» bedeutet in Wirklichkeit: Erkenne, dass dein *wahres* Wesen der geistigen Welt angehört. Damit berühren wir zwei Aspekte der Selbsterkenntnis, die für unsere Arbeit mit dem Lebens-Plan wichtig sind: die Kontinuität des Bewusstseins und die des höchsten Lebenszieles.

Kontinuität des Bewusstseins

In den ersten drei Tagen nach dem Tod überschaut der Mensch im Lebenstableau sein Erdenleben. Meist geschieht das ohne Vorbereitung. Doch kann er sich schon hier auf der Erde auf diese eindrucksvolle Erfahrung am Beginn des nachtodlichen Lebens vorbereiten. Diese in einem gewissen Sinn letzte, höchste Erdenerfahrung, am Rande des Todes, verbindet das Jenseits und das Diesseits der Schwelle. Denn zwei dem gewöhnlichen Bewusstsein nicht zugängliche Aspekte dieses Überblicks, die zeitlose Vergegenwärtigung des Lebenslaufes und die Kompositionsstruktur des Tableaus, können durch die Arbeit mit dem Lebens-Plan vorbereitet werden. Dieses Vorbereitetsein wird einen einerseits mit der nächtlichen «Tunnel-Erfahrung», der Vervollständigung der Bilder vertraut machen sowie das Nachtbewusstsein ins Tagesbewusstsein ausdehnen – ein Vorgang, der zum Bewusstwerden der Allgegenwart des Geistes führt. Andererseits kann sich durch regelmäßiges Vergegenwärtigen der Gesamtkomposition des Lebens im Tagesbewusstsein eben dieses so gestärkte wache Tagesbewusstsein allmählich auch auf die Nacht erstrecken; der Geist wird sich seiner selbst bewusst: «Geist-Selbstbewusstsein».

Kontinuität des Lebenszieles

Im vorigen Kapitel wurde die Begegnung mit dem Vater-Prinzip geschildert, unter deren Einfluss sich die zweite Lebenshälfte entfaltet und der Mensch den Weg zum Geiste wieder findet. Diese in den tiefsten Schichten der Seele erfolgende Begegnung öffnet die Seele für ihre wahren Lebensaufgaben. Diese Aufgaben sind geistbestimmt; sie stehen im Einklang mit den Errungenschaften des vorhergehenden Lebens und den Zielen des folgenden.

«Dieses Begegnen mit dem Vater-Prinzip, das in den angedeuteten Jahren normalerweise eintritt ... ist eine wichtige Vorstellung, die neben der Vorstellung des Todes ... der Mensch, nachdem er durch die Todespforte geschritten ist, immer haben soll.»[215] Wenn also der Mensch die Bedeutung dieser Begegnung mit dem Vater-Prinzip auch erst nach dem Tod, während des Lebensrückblicks, ganz erkennt, wenn er dann «immer wieder schaut: Da, an dieser Stelle bist du begegnet demjenigen Wesen, das der Mensch stammelnd, ahnend ausdrückt, wenn er vom Vater der Weltenordnung spricht»,[216] so ist doch wichtig zu sehen, dass er sich auf diesen Moment der Erkenntnis eben auch schon während des Lebens vorbereiten kann.

3. SELBSTERKENNTNIS UND BIOGRAFIE

Durch meditative Arbeit mit dem Lebens-Plan könnten wir einen Hinweis darauf erhalten, wann und wo diese Begegnung stattfand und uns unsere Lebensaufgabe vor Augen führte. Denn gerade in diesem Augenblick begegnen wir unserem wahren Selbst: in Gestalt unseres *telos*, unseres höchsten Ideals, unserer Gestalt als Geistesmensch. Dieser ist noch nicht Teil unseres Selbst, sondern wird von einem Erzengel getragen, durch den sich die Vater-Substanz enthüllt. Doch von Inkarnation zu Inkarnation sollen wir diesem letzten, höchsten Ziel näherkommen – das ist die wahre Aufgabe jedes menschlichen Lebens. Es ist der rote Faden, der alle Inkarnationen durchzieht.

So wie die eigene Biografie auf dem Lebens-Plan Gestalt annimmt und die vom Geistesmenschen inspirierten Jahre und die darauf folgenden «Jahre der Gnade», jene potenziell freien Jahre, erreicht, so schreitet der Mensch von Inkarnation zu Inkarnation fort, um zum Geistesmenschen zu werden, und dann noch weiter bis zu der Zeit, wo die Zyklen des Erdenlebens schließlich abgeschlossen sind und der Mensch in die Reihen der kosmischen Hierarchien aufsteigt. Indem wir im Lebens-Plan unsere irdische Biografie schauen, ahnen wir zugleich unsere kosmische Biografie.

Freiheit und Liebe

Zwischen dem Rhythmus von Tag und Nacht und dem der wiederholten Erdenleben steht der Rhythmus der Jahre. In diesem Jahresrhythmus geschieht zur Weihnachtszeit die Begegnung mit dem Christus Jesus, wenn er sich «durch den Lebensgeist offenbart ... durch ein Wesen aus dem Reiche der Archangeloi».[217] Aus dieser Begegnung quillt die alljährliche Erneuerung der elementaren Lebenskräfte der menschlichen Geistnatur hervor. Im geistigen Ein- und Ausatmen des Jahres führen sie die Seele dazu, dass sie während Herbst und Winter, da die Natur stirbt, zu ihren inneren schöpferischen Kräften erwacht und während Frühling und Sommer, da das Leben in der Natur neu geboren wird, eine Intensivierung der aus dem Kosmos einströmenden Kräfte erfährt. Jedes Jahr begegnet der Mensch dem Sohn, sodass er «im Laufe eines Jahres wirklich durchmacht einen Rhythmus, der nachgebildet ist dem Jahresrhythmus selber und in dem er eine Vereinigung hat mit der Welt des Sohnes».[218] Die Lebenskräfte, die der Mensch so durch das Atmen des Lebensgeistes empfängt, sind die Kräfte, die Liebe wecken und den Menschen auf seinem Weg des Strebens mit Weisheit inspirieren, mit jener Weisheit, die, indem sie mehr ist als eine bloße Anhäufung von Wissen, den Menschen zur spirituellen Freiheit führt; und jene Liebe, die, mehr als bloße Sentimentalität, den Menschen so erfüllt, dass er sich selbstlos der Welt schenken kann.

Das gewöhnliche Bewusstsein empfindet diese natürliche, vor allem in der weihnachtlichen Begegnung mit dem Sohn sich vollziehende Erneuerung der Kräfte nur ganz undeutlich. Eine dramatische geistige Erfahrung, die tief in das Leben der Betroffenen und ihre Motivationen eingreift, erinnert an diese Begegnung; sie bringt zum Bewusstsein, was sonst unbewusst vorüberzieht. Gemeint sind jene Nah-Tod-Erlebnisse, in denen der Sterbende sich dem «Lichtwesen» gegenübersieht, das von vielen als Engel, Christus oder Sohn Gottes empfunden wird.

Raymond Moody schreibt in *Leben nach dem Tod:* «Fast jeder Betroffene hat hervorgehoben, wie wichtig es für ihn in diesem Leben geworden sei, die Liebe zum anderen Menschen immer mehr vertiefen zu wollen, eine unvergleichlich intensive Art von Liebe.» Und: «Des Weiteren haben viele andere betont, wie wichtig es für sie geworden sei, sich mehr

Wissen anzueignen.»[219] In *Das Licht von drüben* schreibt er: «Nach der Rückkehr sagen fast alle von ihnen, Liebe sei das Wichtigste im Leben. Viele sagen, sie sei der Grund, weshalb wir auf der Welt sind.» Und: «Alle Todesnähe-Erlebnisse haben eines gemeinsam: Sie verwandeln den Menschen, der sie durchlebt.» Und: «Dieses kurze, aber nachhaltige Erlebnis des totalen Lernens während ihres Aufenthalts in Todesnähe führt viele Zurückgekehrten zu einer Neuorientierung. Sie haben nach der Rückkehr in ihren irdischen Körper einen starken Wissensdurst ... Von denen, die ich kennengelernt habe, strebt jedoch keiner nach Wissen allein um des Wissens willen. Vielmehr glauben alle, dass Wissen nur dann wertvoll ist, wenn es zur Ganzheit der Person beiträgt ... wenn es die Ganzheit im Leben fördert.» Oder, in den Worten eines Menschen, der diese Erfahrung gemacht hatte: «Wenn man so ein Todesnähe-Erlebnis hat, merkt man, dass alles mit allem zusammenhängt.»[220] – Das hier beschriebene Wissen ist von Moral durchdrungen, und Liebe ist der eigentliche Sinn des Lebens. Dadurch, dass der Mensch von den Kräften des Lebensgeistes durchdrungen wird, erwacht also in ihm nicht nur das Bewusstsein für das führende Prinzip des menschlichen Lebens, sondern dieses Leben selbst wird von neuen, aus dem tiefsten Inneren aufsteigenden Motivationen unwiderruflich verwandelt – so wie bei jenen, deren Begegnung mit dem Sohn auf solch ungewöhnliche Weise wiederholt und vertieft wurde.

Diese Kräfte stehen also hinter den beiden Lebenshälften. Indem sie in das Denken und Wollen hineinarbeiten, führen sie, gegen Ende der ersten Lebenshälfte, den Menschen zur Möglichkeit der *Freiheit*. Was durch Erfahrung empfangen wurde, wird durch wollendes Denken verarbeitet und führt zur Entdeckung des Selbst, des Ich, das allein freiheitsfähig ist. Das macht es in der zweiten Lebenshälfte möglich, dass aus der Freiheit des eigenen Selbst, nicht aus äußerlich auferlegten oder übernommenen Normen, jene Liebe entspringen kann, durch die der Mensch sein eigenes Wesen anderen, das heißt, der Welt schenkt.

In einem Vortrag spricht Rudolf Steiner über die Verbindung von Freiheit und Liebe: «Innerhalb dieses Denk-Erlebens ist eines ganz uns eigen: Die Art und Weise, wie wir die Gedanken verknüpfen und voneinander lösen, die Art und Weise, wie wir innerlich die Gedanken verarbeiten, wie wir urteilen, wie wir Schlüsse ziehen, wie wir uns überhaupt im Gedankenleben orientieren, das ist unser, ist uns eigen. Der Wille in unserem Gedankenleben ist unser eigener ... Wir werden immer innerlicher und innerlicher, indem wir unsere Eigenkraft als Wille in das Denken hineinschicken, das Denken gewissermaßen ganz vom Willen durchstrahlen lassen. Wir bringen den Willen in das Denken hinein und gelangen dadurch zur Freiheit.»[221] Nur wenn wir aus dieser Freiheit heraus «Ich denke» sagen können, wird unser Handeln, unser Geben frei von allen Spuren des Zwanges sein. «Wir gelangen dazu, indem wir immer mehr und mehr unser Handeln ausbilden, in dieses Handeln die Gedanken hineinzutragen. Wir durchstrahlen unser Handeln, das ja aus unserem Willen hervorgeht, mit unseren Gedanken. Auf der einen Seite, nach innen, leben wir ein Gedankenleben; das durchstrahlen wir mit dem Willen und finden so die Freiheit. Auf der anderen Seite, nach außen, fließen unsere Handlungen von uns aus dem Willen heraus; wir durchsetzen sie mit unseren Gedanken.»[222]

Wir können nur das in Freiheit geben, was wir denken können, was wir wieder-erkannt haben. «Aber wodurch werden denn unsere Handlungen immer ausgebildeter? Wodurch, wenn wir den allerdings anzufechtenden Ausdruck gebrauchen wollen, kommen wir denn zu einem immer vollkommeneren Handeln? – Wir kommen zu einem immer vollkommeneren Handeln eigentlich dadurch, dass wir diejenige Kraft in uns ausbilden, die man nicht anders nennen kann

3. SELBSTERKENNTNIS UND BIOGRAFIE

als Hingabe an die Außenwelt. Je mehr unsere Hingabe an die Außenwelt wächst, desto mehr regt uns diese Außenwelt an zum Handeln. Dadurch aber gerade, dass wir den Weg finden, um hingegeben zu sein an die Außenwelt, gelangen wir dazu, dasjenige, was in unserem Handeln liegt, mit Gedanken zu durchdringen. Was ist Hingabe an die Außenwelt? Hingabe an die Außenwelt, die uns durchdringt, die unser Handeln mit den Gedanken durchdringt, ist nichts anderes als *Liebe*.

Genauso wie wir zur Freiheit kommen durch die Durchstrahlung des Gedankenlebens mit dem Willen, so kommen wir zur Liebe durch die Durchsetzung des Willenslebens mit Gedanken. Wir entwickeln in unserem Handeln Liebe dadurch, dass wir die Gedanken hineinstrahlen lassen in das Willensgemäße; wir entwickeln in unserem Denken Freiheit dadurch, dass wir das Willensgemäße hineinstrahlen lassen in die Gedanken.

Und da wir als Mensch eine Ganzheit, eine Totalität sind, so wird, wenn wir dazu kommen, in dem Gedankenleben die Freiheit und in dem Willensleben die Liebe zu finden, in unserem Handeln die Freiheit, in unserem Denken die Liebe mitwirken. Sie durchstrahlen einander, und wir vollziehen ein Handeln, ein gedankenvolles Handeln in Liebe, ein willensdurchsetztes Denken, aus dem wiederum das Handlungsgemäße in Freiheit entspringt. Sie sehen, wie im Menschen die zwei größten Ideale zusammenwachsen, Freiheit und Liebe. Und Freiheit und Liebe sind auch dasjenige, was eben der Mensch, indem er dasteht in der Welt, in sich so verwirklichen kann, dass gewissermaßen das eine mit dem anderen sich gerade durch den Menschen für die Welt verbindet.»[223]

Wenn diese zwei großen Ideale der beiden Lebenshälften zur Einheit zusammenwachsen, wird der große lebensspendende Atem des Menschenlebens zur Erfahrung. Mit dem gewöhnlichen Bewusstsein wird dies im Fühlen, im Herzbereich zwischen Denken und Wollen, erlebt. «Zwischen beiden drinnen liegt der Ausgleich, liegt dasjenige, was den Willen, der gewissermaßen nach dem Haupte strahlt, die Gedanken, die sozusagen mit dem Herzen, in unserem Handeln in Liebe erfühlt werden, was diese beiden miteinander verbindet: das gefühlsmäßige Leben, das sowohl nach dem Willensmäßigen hinzielen kann wie nach dem Gedanken hinzielen kann … Und was die Verbindungsbrücke zwischen beiden bildet, das nannte man von alten Zeiten her die We*isheit*.»[224]

Aus dem Herzen dessen, der zugleich Gottessohn und Menschensohn war, in dem zuerst Freiheit und Liebe geboren wurden und der die Brücke baute, auf der der Mensch zu Gott hinaufsteigen kann, erklang das Urbild des menschlichen Lebens:

> Dann werdet ihr die Wahrheit erkennen
> und die Wahrheit wird euch freimachen.
> (Joh. 8,32)

> Liebet einander, wie ich euch geliebt habe.
> Eine größere Liebe kann niemand haben als
> die, sein Leben hinzugeben für seine Freunde.
> (Joh. 15,13)

Jedes Jahr zur Weihnachtszeit, in den Heiligen Nächten, begegnet jeder Mensch dem Geist der Menschheit, wird in der Tiefe jedes Herzens das Ich-Kind MENSCH wiedergeboren – *Ecce Homo* [siehe, der Mensch]. Davon zeugen die Worte dessen, der sich selbst als eine «Frühgeburt» bezeichnete und dessen Herzensdenken die Weihnachts- und die Ostererfahrung in einem aussprechen konnte:

> Nicht mehr ich lebe,
> sondern Christus lebt in mir.   (Galater 2,20)

☆

3. SELBSTERKENNTNIS UND BIOGRAFIE

Platon, in dem noch die Weltsicht der alten Mysterien nachklingt, spricht in seinem *Timaios* vom Schöpfergott, der sich selbst als Weltseele auf das Kreuz des Weltenleibes aufspannte. Vom Standpunkt der modernen Mysterien aus beschreibt Friedrich Rittelmeyer die Veränderung, die seit der Zeitenwende eingetreten ist: «Der Vater lebt am Kreuz in dieser unserer Erdenwelt. Er hat den unausdenkbaren Entschluss gefasst, sein Leben auszubreiten über ein zerstückeltes Dasein. Auf dieser Opfertatsache beruht all unser Leben. Christus aber hat das Kreuz aufgerichtet auf der Erde als *die* göttliche Offenbarung für alle Menschen. Er hat es wirklich *auf*gerichtet. Er hat ihm die Richtung auf die Höhe gegeben. Bei Platon erscheint das Weltkreuz liegend. In Christus steht es. Darin ist bildhaft ausgesprochen, dass das materielle Dasein nun wieder seinen Weg nach oben findet. Das Weltenkreuz steht seit Christus aufgerichtet auf der Erde!»[225] Vor dieser Zeit stand der Mensch zwar mit seinem physischen Leib aufrecht; seine Seele aber lag noch auf dem Weltengrund. Er spiegelte das über ihm leuchtende Göttliche wider. In seinem Innenleben befand er sich noch in einem embryonalen Zustand – bis das Seelenkreuz von Christus aufgerichtet wurde. Da erst wurde die wahre Biografie möglich. Die Individualität war ganz geboren. Das zeigt sich ganz deutlich, wenn man verfolgt, wie sich das innere seelische Leben von Platon zu Augustin veränderte: Es ist der Übergang von der horizontalen, Gott reflektierenden Geste zur vertikalen, Gott tragenden Aufrechte des Ich. Indem das Ich-Urbild des Menschen das Kreuz aufrichtete, befreite es das Ich des Menschen aus seiner erdgebundenen Entwicklung und gab ihm wieder die Richtung nach oben zum Geist. Seine Arme am Kreuz ausbreitend, umfing der Christus in Liebe Welt und Menschheit. Freiheit und Liebe bilden das Kreuz des Lebenslaufes, wie es im «Lebens-Plan» sichtbar wird:

X. DER «LEBENS-PLAN»

Links/rechts: Nehmen und Geben – ein Weg zur Liebe, von der Jugend zum Alter.

Unten/Oben: Durch das innere Sterben und Werden in den Tiefen ist der Mensch in den Höhen frei.

Mitte: Die Säule der Sonnenjahre, die auf den Jahren der Krise gegründet steht, wird in den karmafreien Jahren gekrönt.

Durch den guten Luzifer mit dem Feuer der Begeisterung für Ideale und durch den guten Ahriman mit der Klarheit des Verstandes, der das Ziel zu erkennen vermag, begabt, steigt der Mensch auf dem Weg des Lebens hinauf.

Mitten hineingestellt zwischen luziferische und ahrimanische Angriffe und Versuchungen, zwischen die emporreißenden, verbrennenden Kräfte der «roten Schlange» und die zusammenziehenden, frostigen Kräfte der «blauen Schlange», wird das Wesen des Menschen gehärtet.

Aus geistigen Welten wird der Mensch in die irdische Substanz hineingeboren: *Ex Deo nascimur*. Auf der Erde erleidet er die Individuation: *In Christo morimur*. Indem er zum höheren Selbst in sich erwacht, befreit er sich hinein in die geistige Welt: *Per Spiritum Sanctum reviviscimus*. Das ferne Ziel, das einmal an der Zeitenwende wahrgenommen wurde, ist der innere Funke: *Ecce Homo*.

Als Träger seines individuellen Ich muss jeder sein Kreuz *aufrichten*: den menschlichen Leib, der in Kreuzform gebildet ist; das menschliche Leben, das sich im Zeichen des Kreuzes gestaltet (siehe folgende Zeichnung).

3. SELBSTERKENNTNIS UND BIOGRAFIE

Kreativität

Der Mensch ist seinem eigentlichen Wesen nach ein Gott *in potentia*. Ein geschaffener Schöpfer, ein zukünftiger Mitschaffender der Götter. «Lasst uns Menschen machen als unser Abbild, uns ähnlich ... Seht, der Mensch ist geworden wie wir.» (Genesis 1,26; 3,22) Das sind die Worte, die bei der Geburt des Menschen gesprochen wurden. Das ferne, letzte Ziel ist es, diesen Urgeburtssegen zu verwirklichen, sodass der Mensch dereinst in den Rang der himmlischen Hierarchien aufsteigt.

Man wird hier an Goethes Wort erinnert: «Was fruchtbar ist, allein ist wahr.» (*Vermächtnis*, 1829) Was sind die Früchte, die entscheidenden Schöpfungen *jedes* einzelnen Menschen? Die Kunstwerke, die er unweigerlich, aber oft unbewusst, schafft? Wo sind sie zu finden? Für wen sind sie bestimmt?

Im Augenblick seines Todes hat jeder Mensch das Buch seines Lebens abgeschlossen. Er hat dann das letzte Wort in die Herzen seiner Mitmenschen geschrieben. Jeder, denen er auf seinem Weg begegnete, deren Leben er berührte oder von denen er berührt wurde, trägt in seinem Herzen ein Kapitel, einen ganzen Abschnitt oder auch nur eine Fußnote. Ein uralter Beerdigungsbrauch zeugt davon: Wenn sich die Zurückgebliebenen zu Ehren des verstorbenen Freundes versammeln, versuchen alle, ihre Erinnerungen an sein Leben, wie sie aus dem eigenen Herzen aufsteigen, auszusprechen. Das Lebensbuch, dessen Seiten nun aufgeblättert werden, wird gleichsam veröffentlicht. Während seine Dichtung rezitiert wird, lauscht der «Autor» von der anderen Seite als unsichtbarer Zuhörer dem Drama, das seine Freunde auf der Bühne ihrer Gemeinschaft aufführen. Damit hat er ihnen, seinen Weggefährten, sein Leben anvertraut. *Der Dichter.*

In der Stunde des Todes legt der Mensch, nach Jahren anstrengender Arbeit, sein Werkzeug nieder. Er hat «Es» aus der Substanz der Erde gebildet. Zuerst baute er aus dem Erbmaterial das Gerüst seines Lebens auf; dann bildete er die Formen um, fügte hinzu, nahm weg oder gestaltete sie vollständig um, bis er wusste, dass er sie sich ganz zu eigen gemacht hatte. In der Mitte des Lebens ist die «Skulptur» vollendet, ist voller Leben und Kraft. Doch die sinnliche Fülle der kräftigen Form scheint ihn niederzuziehen. Da nimmt er den Meißel und beginnt die Formen zu verfeinern; er reinigt sie, schlägt weg, was das Wesentliche verdeckt, bis die

3. SELBSTERKENNTNIS UND BIOGRAFIE

Formen der inneren Geistgestalt erscheinen. So schlug auch Michelangelo bei seinem letzten Werk, der Pietà, an der er bis zum Tag seines Todes arbeitete, immer mehr die lebensvollen Formen weg, um die geisterfüllten Formen, die innere Skulptur, die sich in der äußeren verbarg, zu enthüllen. Dieser ergreifend schönen Statue, die er bei seinem Tod in ihrer letzten, gereinigten Fassung zurückließ, ist das ewige Wesen eingeprägt. Dieses Meisterwerk war sein Vermächtnis an die Erde. Jedesmal, wenn der Mensch aus seinem Leben erneut ein solches Meisterwerk schafft, trägt er dazu bei, dass die alte Erde in die zukünftige neue Erde verwandelt wird. *Der Bildhauer.*

Das große Fresko des Lebens, die gegenwärtige Biografie, gemalt auf die Wände des Tunnels, ist mit dem Tod vollendet. Wenn der Mensch zum letzten Mal die Schwelle überschreitet, nimmt er es von den Wänden und gibt das nun vollendete Bild seinen Mondenlehrern zurück, die vor seiner Geburt mit ihm zusammen die Komposition in Umrissen vorgezeichnet hatten. Jetzt zeigt es, in allen Farben leuchtend, reich an Schattierungen und Nuancen und voller lebendiger Details, wie gut oder weniger gut er die ursprüngliche Skizze ausgeführt hat; allemal ist es jedoch eine einzigartige ausdrucksvolle Schöpfung, ein lebendiges Original. Noch drei Tage lang ist der Mensch in das Anschauen seines Meisterwerks versunken. Und wenn es dann von den Engeln in den großen Karmahallen ausgestellt ist, macht er sich auf den Weg und beginnt, nachdem er aus seinen Erfahrungen den Extrakt herausdestilliert hat, den Malgrund für seine nächste Inkarnation vorzubereiten. *Der Maler.*

Durch alles, was der Mensch handelnd und denkend vollbringt, fügt er der Sonate seines Lebens, die er komponiert oder vielmehr *ist*, einen neuen Ton, einen harmonischen oder dissonanten Akkord hinzu. In der Weltenharmonie ist der Mensch zugleich Musiker und die Musik selbst. Als kosmische musikalische Substanz kehrt er nach jeder irdischen Aufführung in seine geistige Heimat zurück. Auf der Erde begleitete die Musik, dieses Geschenk der Götter, segnend seinen Abstieg in die Welt der Materie, um ihn für den Verlust seiner göttlichen Heimat zu entschädigen. Seine vollendete Aufführung, sein Hymnus an die Welt, wird nun mit der großen kosmischen Symphonie in Einklang gebracht. Der gewaltige Gesang, in dem die letzte Symphonie Beethovens, die Neunte, gipfelt, ist ein Hymnus an die Freude, mit der, vereint mit der menschlichen Stimme, die Hierarchien den Rückkehrenden wieder in die Harmonie der himmlischen Sphären aufnehmen. *Der Musiker.*

4.
Einblick und Ausblick II
Zusatz zur 4. Auflage

*Von der Geburt, Entwicklung und Reife
der höheren Wesensglieder*

Im 7. Kapitel haben wir die uns bevorstehende höhere Lebenserwartung betrachtet; nun betrachten wir genauer, was dies für die menschliche Biografie konkret bedeutet.

Die ersten sechs Wesensglieder des Menschen – die drei leiblichen (physischer Leib, Äther- und Empfindungsleib) und die drei seelischen (Empfindungs-, Verstandes- oder Gemüts- und Bewusstseinsseele) – entwickeln sich ohne unser Zutun, naturgemäß. Einmal geboren, wachsen und entwickeln sie sich zunächst durch Erziehung und Ausbildung und weiter durch die Eingliederung als Erwachsener in das gesellschaftliche Leben unter dessen Herausforderungen und Belohnungen. Im Lebens-Plan werden diese sechs natürlichen Geburten nur als «Geburten» bezeichnet.

Anders ist dies für die Entstehung der letzten drei, der höheren Wesensglieder: Geistselbst, Lebensgeist und Geistesmensch. Diese entstehen nicht mehr naturgemäß, sondern nur durch unser Zutun: der Mensch muss diese in sich selbst erzeugen, zur Geburt und Blüte bringen, was nur durch geistige Arbeit an sich selbst möglich ist. Diese so bedingten Geburten sind als «Geburt nur durch Selbst-Entwicklung» bezeichnet. Werden diese nicht zur Geburt gebracht, bleibt der Mensch allerdings nicht auf der von ihm

X. DER «LEBENS-PLAN»

bereits erreichten Entwicklungsstufe, sondern er entwickelt sich zurück. Dies führt zu der uns allen vertrauten Tragik vieler älterer und alter Menschen.

Der Mensch wird am Anfang seines Lebens von anderen Menschen für das Leben vorbereitet, indem ihm die dafür nötigen Kenntnisse, Fähigkeiten und gesellschaftlichen Normen und Werte durch Erziehung usw. eingeprägt werden. Er wird bis in seine 40er Jahre in diese «Programmierung» sozusagen *verwickelt*, sodass er im Schutz dieser *Verwicklung*, wie der Schmetterling in seinem Kokon, wachsen und reifen kann.

Möchte er aber weiter wachsen, wirklich reif werden, dann muss er seine höheren Wesensglieder selbst erzeugen und zur Geburt bringen. Dies kann nur gelingen, wenn er sich zunächst aus der von der Gesellschaft erschaffenen *Verwicklung* selbst *ent-wickelt*. Anders ausgedrückt, er muss zunächst alles, was in ihn «hineinprogrammiert» wurde, infrage stellen, überprüfen und davon nur dasjenige auswählen, was er sich zu eigen machen möchte und sich vom Rest verabschieden. Um auf seinem ureigensten Weg fortschreiten zu können, muss der Mensch sich fortan «selbst programmieren». Dies ist sowohl inhaltlich als auch wörtlich der eigentliche Sinn des Wortes «Selbst-Ent-wicklung».

Im Sinne des oben Gesagten vollzieht sich jede Geburt eines Wesensgliedes tatsächlich über ein ganzes Jahrsiebt. Aus anthroposophisch-geisteswissenschaftlicher Sicht ist z. B. die Geburt des physischen Leibes erst mit dem Zahnwechsel, also nach Abschluss des ersten Lebens-Jahrsiebts vollendet; die «Geburt» des Ätherleibes ist mit der Entwicklung der Fortpflanzungskraft mit ca. 14, die des Empfindungsleibes mit der gesellschaftlichen Reife um ca. 21 vollendet. Die naturgegebenen «Geburten» der drei leiblichen und der drei seelischen Wesensglieder erfolgen bis zu einem Lebensalter von 42 Jahren. Die drei geistigen Wesensglieder sollten

4. EINBLICK UND AUSBLICK II

bei erfolgreicher Selbst-Entwicklung bis zum Alter von 63 Jahren mindestens veranlagt und anfänglich entwickelt sein, denn sie sind die Grundsubstanz für alle weitere Entwicklung nach 63. Die Jahre nach 63 sind «Jahre der Gnade», sind Lehrjahre, in denen der Mensch seine wirkliche Reife erreichen kann, wenn er sich darauf konzentriert, die Erkenntnis des eigenen Selbst und die seiner wahren Heimat, der geistigen Welt, zu erlangen. In solchen Fällen sind diese Jahre nicht nur geschenkte, sondern zugleich «selbst errungene» Jahre.

Das Seltsamste aber ist, dass man sogar sich selbst, sein eigenes Ziel und Zwecke, erst gegen das Ende des Lebens eigentlich erkennt und versteht.[226]

Nach dem Verstehen dieser [übersinnlichen] Welten werden aber von unseren Zeiten an immer mehr und mehr Menschen verlangen, denn eine wahre Lebensbeobachtung zeigt, dass von der Gegenwart an die Menschenseelen in einen solchen Zustand eintreten, dass sie ohne das Begreifen der übersinnlichen Welten mit dem Leben in das notwendige Verhältnis nicht *kommen können.*[227]

So betrachtet ergeben sich für die kommenden Generationen der «Hundertjährigen» zwei Lebenszyklen von jeweils 63 Jahren: der vom Karma bestimmte Zyklus bis zum 63. Lebensjahr und der karmafreie Zyklus nach dem 63., wodurch andere Bezüge entstehen werden, als die im aktuellen Lebens-Plan gezeigten (s. die zweite Zeichnung unten). Ich habe für diese Buchausgabe den Lebens-Plan so erweitert, dass er schon die höhere Lebenserwartung skizzenhaft miteinbezieht. Einen vollständig angepassten Lebens-Plan zu entwerfen kann aber erst die Aufgabe zukünftiger Generationen sein, wenn auf der Grundlage des urbildhaften Modells, das ich im nächsten Abschnitt skizziere, genügend Erfahrungen über das hohe Alter vorliegen und ausgewertet worden sind.

X. DER «LEBENS-PLAN»

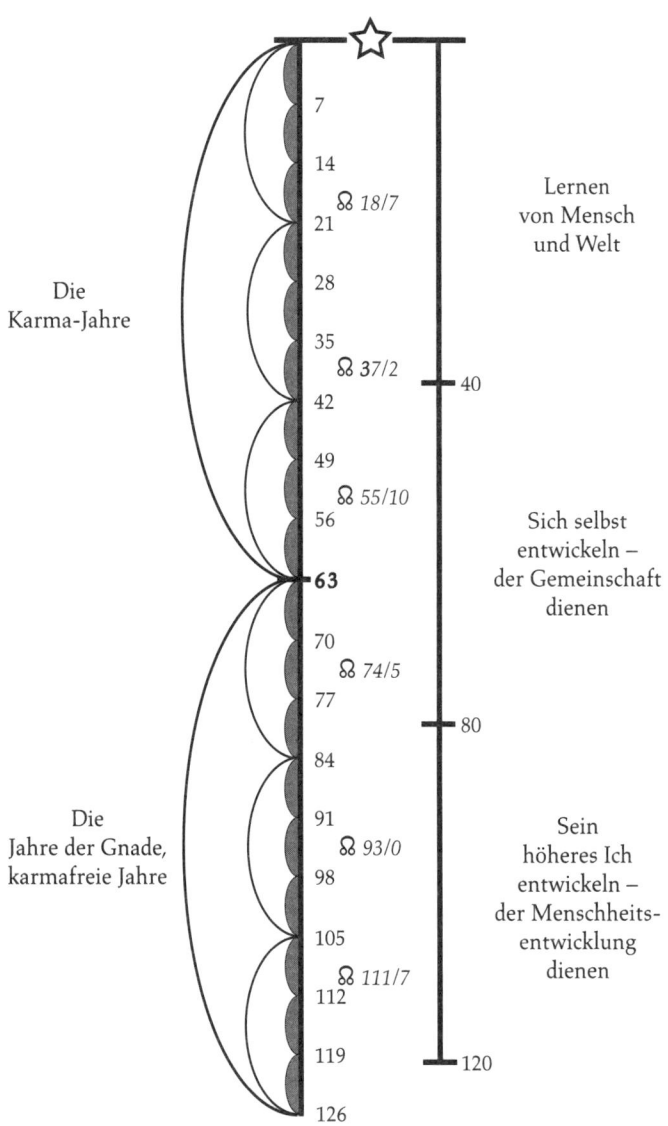

4. EINBLICK UND AUSBLICK II

Zum besseren Verständnis habe ich zwei Lebens-Plan-Modelle entworfen: erstens ein rhythmisch-fortlaufendes Jahrsiebt-Modell mit 126 Jahren (achtzehn 7-Jahres-Perioden, sechs 21-Jahres-Perioden und zwei 63-Jahres-Perioden), dem ich das urbildhafte Leben des Moses von 120 Jahren (drei 40-Jahres-Perioden) gegenüberstelle; und zweitens ein symmetrisches Jahrsiebt-Modell, das die Spiegelung der zwei Hälften der Biografie des Hundertjährigen zeigt.

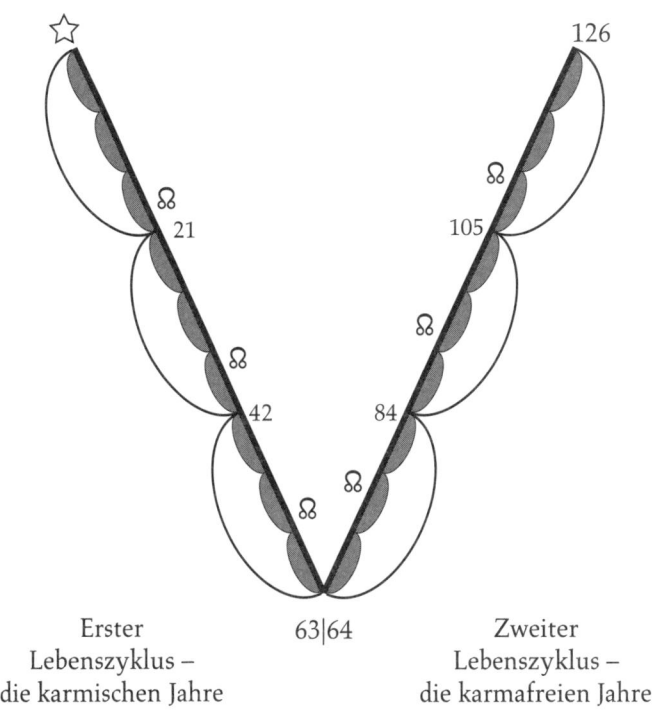

Erster
Lebenszyklus –
die karmischen Jahre

63|64

Zweiter
Lebenszyklus –
die karmafreien Jahre

X. DER «LEBENS-PLAN»

Von Engeln und Teufeln – vom Fördern und Fordern

> So viel, wie ich mich kenne,
> scheint mir sicher, dass,
> wenn man mir meine Teufel austriebe,
> auch meinen Engeln ein kleiner
> (sagen wir) Schrecken geschähe,
> und gerade darauf darf ich es
> auf keinen Preis ankommen lassen.
> – Rainer Maria Rilke
> 24. Januar 1912

Im vorigen Abschnitt wurde der Aspekt der vielfältigen Rhythmen im Lebens-Plan dargestellt. Nun wenden wir uns dem ethischen Aspekt zu, bezogen auf die geistigen Kräfte und Wesenheiten, unter deren Wirkung die Biografie steht. Diese Wesenheiten wirken unmittelbar im Denken des Menschen und *nur dadurch* auch in seinen Wesensgliedern, «denn der Mensch ist ein Gedankenwesen».[228]

An der Entwicklung des Menschen wirken die geistigen Hierarchien, wie dies besonders im 3. und 4. Kapitel ausgeführt wurde. Die Wesenheiten der dritten Hierarchie erlebt der Mensch als ihm am nächsten stehend. Diese wirken in zweierlei Art: schützend und unterstützend wie auch gegnerisch und herausfordernd. Wir erleben diese Wirkungen sowohl als gut und engelhaft wie auch als böse und teufelhaft, aber so, als ob sie von zwei verschiedenen Wesenheiten kämen. Die eine Art der Wirkungen erleben wir als engelhaft, als stünden die Wesenheiten hinter uns: die *Angeloi* (sing. Angelos), *Archangeloi* (sing. Archangelos) und *Archai* (sing. Arché). An diese müssen wir uns mit der Bitte um Hilfe, Schutz und Unterstützung *bewusst wenden*, weil sie uns *nur dann* helfen können. Ihnen gegenüber stehen die anderen, die den Menschen sozusagen frontal angreifen, die

4. EINBLICK UND AUSBLICK II

uns Hindernisse in den Weg stellen, uns verführen und herausfordern, *ohne* dass wir sie darum bitten.

Diese scheinbar bösen Wesenheiten sind aber für unsere Entwicklung unentbehrlich und ebenso gute Helfer wie die anderen. Denn Wachstum kann nur gegen Widerstand erfolgen – ohne Widerstand gibt es keine Muskeln, weder physische noch geistige. «Hindernisse [sind] nur geschaffen, um sie zu überwinden (Friedrich Nietzsche, 1875)». Die Herausforderer sind die folgenden:

Asura (pl. Asuras) – er wurde traditionell auch als *Mammon, Beelzebub, der [apokalyptische] Drache und das Tier, Mephistopheles* oder der *Fürst der Vernichtung* benannt. Er ist der *Fürst aller Dämonen*.

Ahriman (pl. nur als ahrimanische Wesenheiten) – er wurde traditionell auch als *Satan, Teufel, der Gegner, der Zerstörer* oder der *Fürst der Finsternis* benannt.

Luzifer (pl. nur als luziferische Wesenheiten) – er wurde traditionell auch als *Verführer, Schlange, Drache, Ankläger* oder *Fürst der Eifersucht* benannt.

Diese Wesenheiten, die den Widerstand, die Hürden in der Entwicklung des Menschen aufbauen, sind weder gut noch böse, nur wir Menschen bezeichnen sie subjektiv als böse nach Maßgabe unserer Verführbarkeit und Bequemlichkeit. Wir können sie aber als Herausforderer und «Sparringspartner» in unserer Entwicklungsarena verstehen und im Grunde müssen wir ihnen für diese unentbehrliche Hilfe zutiefst dankbar sein, genauso wie wir es den anderen Wesenheiten gegenüber, unseren Förderern und «Trainern», für ihre Hilfe und Führung ganz selbstverständlich sind.

Im Volksmund drücken sich diese Wahrheiten so aus: «Ohne Sünde, kein Heiliger» bezieht sich auf Luzifer, «Ohne Fehler, kein Weiser» bezieht sich auf Ahriman und «Ohne Wagnis, kein Gewinn[er]» bezieht sich auf Asura. Auch im Vaterunser sind diese drei Wesenheiten in den drei letzten

X. DER «LEBENS-PLAN»

Bitten versteckt zu finden: Luzifer in der Bitte um die Vergebung der Schulden, Ahriman in der Bitte uns nicht in Versuchung zu führen und Asura in der Bitte uns vom Bösen zu erlösen.

Die Förderer und Forderer begleiten uns unser Leben lang, sie stehen uns immer zur Seite bzw. sie greifen uns an, weil wir uns ohne sie gar nicht entwickeln könnten. Als Mitglieder der dritten Hierarchie stehen sie dem Menschen am nächsten, angeordnet auf drei Stufen, hier absteigend genannt:
– Die Archai und die Asuras sind die ältesten und stärksten, sie entstanden auf dem «alten Saturn». Steiner bezeichnet sie als die *Urkräfte*, die *Urbeginne*
– Die Archangeloi und die ahrimanischen Wesenheiten sind die mittleren, sie entstanden auf der «alten Sonne»
– Die Angeloi und die luziferischen Wesenheiten sind die jüngsten, sie entstanden auf dem «alten Mond».

Einige wichtige Aspekte unseres Ringens mit Luzifer und Ahriman für unser Denken, Wollen und Fühlen wurden im 3. Kapitel beschrieben. Das Wirken der Asuras wurde erst gegen Ende des 19. Jahrhunderts offenbar, weshalb zur Zeit nur wenig Geschriebenes über sie existiert. Die folgende kurze Ausführung soll uns ein klareres Bild über die Wirksamkeit dieser Wesenheiten und ihrer Verhältnisse zueinander geben.

Angeloi und Luzifer

Die Angeloi helfen dem Menschen, sich von seinem natürlichen Zustand in den geistigen zu erheben. Sie lassen die Innerlichkeit, die Seele, in ihm entstehen und sie schenken ihm das denkende Bewusstsein, das Selbstbewusstsein, mit dem er als «Ich» sowohl nach außen wie auch nach innen schauen kann. Sie lehren den Menschen das *Schöne*.

Luzifer setzt sich dagegen. Er verschleiert uns die volle Wahrheit so, dass wir die Welt nur durch Sinnesorgane wahrnehmen können, sie erscheint uns rein materiell. (Diese Verschleierung wird im alten Testament symbolisch so dargestellt: die prähistorische Zeit als Paradiesgarten, die Schlange als Verführer und das Denken als der Baum der Erkenntnis des Guten und Bösen. [1. Mose, 2, 9] Unter der Bezeichnung «Schlange» sind auch Ahriman und Asura zu verstehen, aber ihr spezifisches Wirken wird erst später offenbar.) Als Ergebnis der luziferischen Verführung bekommen wir die Möglichkeit, uns von der Umwelt zu unterscheiden und dadurch ein Ich-Gefühl (Egoität) zu entwickeln; durch die Fähigkeit das Gute und Böse unterscheiden zu können, entstand der starke Egoismus, der die heutige Menschheit in den Abgrund zu stürzen droht. Luzifer verführt uns mit der «schönen Vergangenheit», sodass wir bewusst um unsere Zukunft ringen müssen.

ARCHANGELOI UND AHRIMAN
Die Archangeloi strahlen den Logos in das denkende Bewusstsein ein und erheben es so zu einem logischen Denken. Sie lehren den Menschen das *Wahre*.
Ahriman setzt sich dagegen. Er verkettet das logische Denken mit den Sinnesorganen, sodass es zum Kopf-Denken wird, und fördert die Entwicklung so weit, dass wir über die materielle Welt ganz präzise in der Tiefe und im Umfang denken können. Dies vereinfacht zwar unser alltägliches Leben sehr, aber es verschleiert die volle Wahrheit und versenkt uns auch so stark in den Materialismus, dass wir in Gefahr geraten, die geistige Welt völlig zu vergessen. Durch unsere unreflektierte Anwendung des technischen Fortschritts drohen uns unvorstellbare Katastrophen. Ahriman zerstört alles Vergangene und katapultiert uns regelrecht in die Zukunft, sodass wir um unsere wahren Wurzeln und Traditionen ringen müssen.

X. DER «LEBENS-PLAN»

ARCHAI UND ASURA

Die Archai durchdringen das logische Denken mit dem Logos, sodass es zum rein geistigen Denken, zum Herz-Denken, wird, wodurch das Bewusstsein geistiger wird. Sie lehren den Menschen ein ethischer Mensch zu werden, sie lehren ihn das *Gute*.

Asura ist der Herausforderer,[229] der in unser Menschenwesen am tiefsten eingreift, sowohl in die Grundlagen des physischen Leibes als auch direkt in das Ich selbst. Bis zum Ende des 19. Jahrhunderts wirkte er noch unter der Obhut Ahrimans und Luzifers und offenbarte sich noch nicht in seiner eigenen Gestalt. (Prophetisch wurde aber dies bereits von Johannes im 12. Kapitel der *Apokalypse* als der Drache, der das neu geborene Kind – das Ich – fressen soll, dargestellt; auch das von ihm im 13. Kapitel dargestellte noch mächtigere «Tier» verweist auf die Erscheinung des Asura.) Erst als der Arché Michael 1879 zum Zeitgeist wurde, trat Asura in eigener Gestalt als gegnerische Kraft auf. Asura fordert unser Ich seitdem immer kräftiger heraus, sodass wir ein immer kräftigeres Ich entwickeln können und müssen. Asura kettet uns an den Augenblick und vernichtet so jegliche Übersicht und Perspektive; er treibt uns in die Hoffnungslosigkeit und zielt das Höchste – das Ich – zu vernichten, sodass wir um unser Wesen, um unseren göttlichen Namen, um unser wahres Sein intensivst ringen müssen. (Im Vaterunser richtet sich die letzte Bitte «und erlöse uns von dem Bösen» gegen diesen Angriff, nämlich unseren heiligen Namen «Ich» zu vernichten.) Dies ist unsere eigentliche Herausforderung in den «Jahren der Gnade». Bestehen wir diese, können wir am Ende unserer Inkarnationsreihe unseren vorgesehenen Rang in den geistigen Hierarchien einnehmen. Michael möchte uns dafür mit dem rein geistigen Denken, dem Herz-Denken, bewaffnen, sodass wir die volle Verantwortung für unser

4. EINBLICK UND AUSBLICK II

Denken, für unser Sein, tragen und damit dieses Ziel erreichen können.

Seit 1879 leiten diese beiden hohen geistigen Wesenheiten gemeinsam unsere Entwicklung, die anderen genannten Wesenheiten stehen unter deren Leitung zur Unterstützung des «geistigen Teams».

X. DER «LEBENS-PLAN»

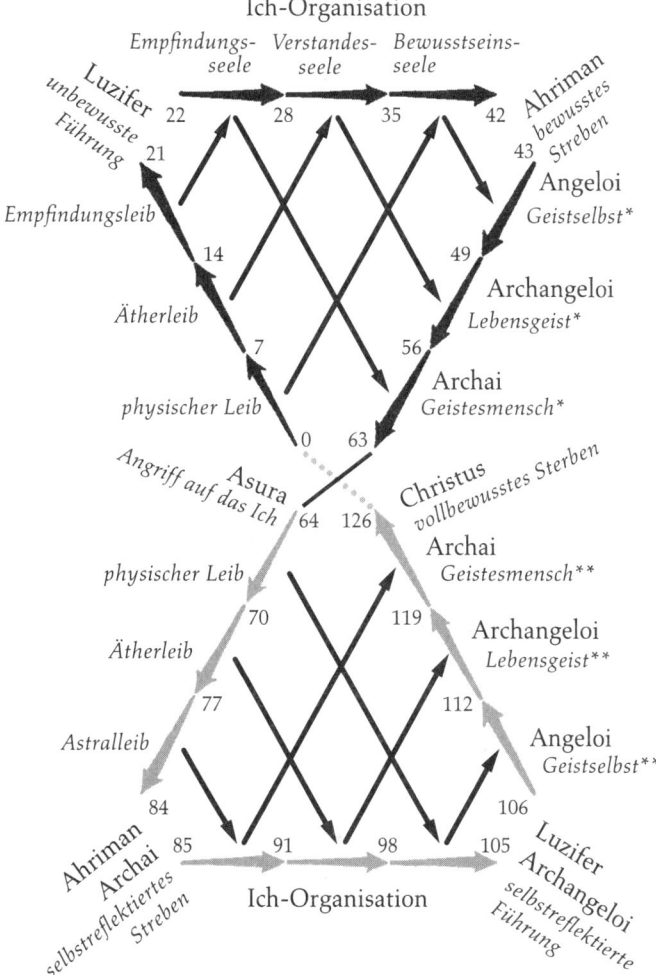

* Geburt des Wesensgliedes
** Verwandlungsfortschritt des Wesensgliedes in jeder Inkarnation

4. EINBLICK UND AUSBLICK II

Die Entwicklung der einzelnen Wesensglieder erfolgt in zwei Lebensphasen, Lebenszyklen, dem ersten bis zum 63. Lebensjahr und dem zweiten nach dem 63. (S. die vorangehende Zeichnung) Im ersten Zyklus entstehen die Wesensglieder nacheinander aus der Unterlage der ihnen jeweils unmittelbar vorangehenden Wesensglieder. Ein Teil der Kräfte, der geistigen Energien, die die «Geburt» eines Wesensgliedes bewirkt haben, werden nach Abschluss dieses Prozesses frei für die Entwicklung des nachfolgenden Wesensgliedes. In der zweiten Lebensphase, ab dem 63. Lebensjahr, beeinflussen die vorangehenden Wesensglieder die nachfolgenden wie folgt:

FORTLAUFENDE ENTWICKLUNG – s. Zeichnung, äußere Pfeile. Die Geburt der Wesensglieder bis zum 42. Lebensjahr geschieht naturgemäß: ein Wesensglied wird nach dem anderen geboren, ohne dass der Mensch speziell etwas dafür tun muss; nach dem 42. Jahr aber nur noch durch sein Zutun. Wie weit er diese aber dann zur Reife bringt, das hängt allein von ihm ab, von seiner Arbeit an sich selbst. Hier muss man sich an das im 1. Kapitel, Abschnitt 1, erwähnte biografische Gesetz erinnern, dass der natürliche seelisch-geistige Reifeprozess heute ungefähr mit dem 26. Lebensjahr aufhört und dass das weitere Reifen nur durch Selbstentwicklung erfolgt.

KOMBINIERTE ENTWICKLUNG – s. Zeichnung, innere Pfeile. Im ersten Zyklus werden ab dem vierten Jahrsiebt während des ganzen weiteren Lebens für die Entwicklung eines Wesensgliedes zusätzlich die Entwicklungsbeiträge anderer Wesensglieder fortwährend mitverarbeitet:
– *die Empfindungsseele* verarbeitet die neu gewonnenen Inhalte des *Empfindungsleibes*
– *die Verstandes- oder Gemütsseele* verarbeitet die neu gewonnenen Inhalte der *Empfindungsseele* und des *Ätherleibes*

– *die Bewusstseinsseele* verarbeitet die neu gewonnenen Inhalte der *Verstandes- oder Gemütsseele* und des *physischen Leibes*
– *das Geistselbst* verarbeitet die neu gewonnenen Inhalte der *Bewusstseinsseele*
– *der Lebensgeist* verarbeitet die neu gewonnenen Inhalte des *Geistselbsts* und der *Verstandes- oder Gemütsseele*
– *der Geistesmensch* verarbeitet die neu gewonnenen Inhalte des *Lebensgeists* und der *Empfindungsseele*.

VERWANDLUNG ZU GEISTGLIEDERN – s. folgende Zeichnung, waagerechte Pfeile. Im zweiten Zyklus seines Lebens, zu Beginn des zehnten Jahrsiebts, hat der 63 Jahre alte Mensch sein karmisches Schicksal erfüllt. In diesem Zyklus, dem wahrlich kreativen, kann er – frei von altem Karma – *sich selbst* als wahrer Mensch verwirklichen.

Als geistige Wesenheit besteht der Mensch aus *Geistselbst*, *Lebensgeist* und *Geistesmensch*. Diese wurden in der Zeit von 43 bis 63 anfänglich vorbereitet, vollendet werden können sie aber erst nach dem 63. Lebensjahr. Auf einer höheren Stufe durchläuft der Mensch im zweiten Lebenszyklus Ähnliches wie im ersten. Nun kann und sollte der Mensch sich aber auf die eigentliche Verwandlung des *physischen*, *Äther-* und *Astralleibes* zu rein geistigen Wesensgliedern konzentrieren, um sie in sein Ich zu integrieren. So erhebt sich der Mensch vom irdischen «Da-sein» allmählich zum rein geistigen Sein.

Diesen Prozess der «Vergeistigung» kann der Mensch selbstverständlich nicht in der zweiten Lebensphase einer einzigen Inkarnation vollenden, sondern nur über viele wiederkehrende. In diesem schöpferischen Tun können wir den Sinn und die Berechtigung der höheren Lebenserwartung erkennen.

Der Verwandlungs- bzw. Vergeistigungsprozess, durch den

sich der Mensch, während er noch auf der Erde lebt, allmählich *selbst vollendet*, vollzieht sich etwa folgendermaßen (s. nachfolgende Zeichnung):

– das GEISTSELBST entsteht durch die Verwandlung des *Astralleibes* unter Mitwirkung der *Bewusstseinsseele* und des *physischen Leibes*. Hat der Mensch das GEISTSELBST verwirklicht, so ist er ein Wesen mit hellsichtig wahrnehmendem Bewusstsein, aber noch keine lebendige und individualisierte Geistgestalt

– der LEBENSGEIST entsteht durch die Verwandlung des *Ätherleibes* unter Mitwirkung des *Geistselbsts* und der *Verstandes- oder Gemütsseele*. Hat der Mensch den LEBENSGEIST verwirklicht, so ist er ein lebendiges Wesen mit hellsichtig wahrnehmendem Bewusstsein, aber noch immer keine individualisierte Geistgestalt

– der GEISTESMENSCH entsteht durch die Verwandlung des *physischen Leibes* unter Mitwirkung des *Lebensgeistes* und der *Empfindungsseele*. Hat er den GEISTESMENSCHEN verwirklicht, dann ist er eine selbstständige Geistgestalt in der geistigen Welt. Er ist letztendlich zu einem wahrnehmenden, lebendigen und voll gestalteten, zu einem vollendeten Individuum geworden – er ist ein Geist unter Geistern und *hat damit seine schicksalsmäßig geplante Inkarnationsreihe erfüllt*. Für ihn selbst besteht nun keine weitere Notwendigkeit mehr sich zu reinkarnieren; er kann sich aber aus Liebe zu seinen Mitmenschen weiterhin inkarnieren, um sie in ihrer Entwicklung zu unterstützen. (Die Grundlagen für diese vereinfachte Darstellung findet man in Rudolf Steiners *Theosophie* und in seinen thematisch verwandten Büchern und Vorträgen.)

X. DER «LEBENS-PLAN»

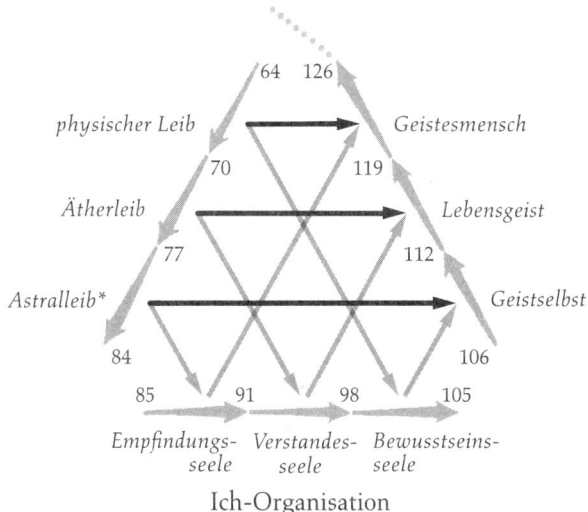

* Der *Astralleib* besteht aus dem *Empfindungsleib* und einem Teil der *Empfindungsseele*. Rudolf Steiner hat meistens das Wort «Astralleib» benutzt, wenn es um die Verwandlung in den *Geistesmenschen* geht.

Im Anschluss hieran möchte ich die biografischen Eckpunkte «geboren werden – leben und sterben – sich selbst erschaffen» im Urbild des Lebenslaufs unter der bereits im 2. Kapitel, Abschnitt 3, und Kapitel 10, Abschnitt 1–2, erwähnten rosenkreuzerischen Devise kurz beleuchten. Dafür beziehe ich mich auf Steiners *Philosophie der Freiheit* und auf die Nah-Tod-Erlebnisse einiger Menschen, die uns in ermutigenden Worten Sinn und Ziel des Lebens vor Augen führen.

Vor Beginn der Sterblichkeit auf Erden nahmen alle Menschen als Geistwesen an der Erschaffung der Welt teil. Es begeisterte uns, mit dabeizusein. Wir waren mit Gott, und wir wussten, dass Er uns erschaffen hatte, dass wir Seine eigenen Kinder waren. Er freute sich an unserer Entfaltung

4. EINBLICK UND AUSBLICK II

und empfand für jeden von uns absolute Liebe ... Nachdem uns der Schöpfungsplan dargelegt worden war, sangen wir jubilierend und wurden von Gottes Liebe erfüllt.[230]

Als diese Visionen geendet hatten, wurde mir plötzlich klar, dass die jenseitigen Wesenheiten verzweifelt versuchten, uns zu helfen, nicht weil wir so gute Menschen waren, sondern weil sie in ihrer Welt nicht vorwärts kommen konnten, wenn wir hier auf der Erde keine spirituellen Fortschritte machten. ‹Ihr Menschen seid die eigentlichen Helden›, sagte ein Wesen zu mir. ‹Diejenigen, die auf die Erde gehen, sind Helden und Heldinnen, denn ihr tut etwas, wozu kein anderes spirituelles Wesen den Mut hat. Ihr seid auf die Erde gegangen, um mit Gott schöpferisch tätig zu sein.›[231]

In diese Worte kleiden Betty Eadie und Dannion Brinkley die große Lebenswahrheit: Aus der göttlichen Welt wollen wir geboren werden mit dem klaren Ziel, uns – und damit auch die geistige Welt – weiterzuentwickeln.

EX DEO NASCIMUR

Nur die Wahrheit kann uns Sicherheit bringen im Entwickeln unserer individuellen Kräfte. Wer von Zweifeln gequält ist, dessen Kräfte sind gelähmt. In einer Welt, die ihm rätselhaft ist, kann er kein Ziel seines Schaffens finden.[232]

Mit diesen Worten drückt Rudolf Steiner in seiner *Philosophie der Freiheit* das Ringen des Menschen um den Sinn des Lebens aus. Der irdische Mensch muss durch die «Feuerprobe» des «Stirb und Werde», um sich selbst als Geistwesenheit erschaffen zu können.

IN CHRISTO MORIMUR

Man muss sich der Idee als Herr gegenüberstellen, sonst gerät man unter ihre Knechtschaft.[233]

So zeigt Steiner nachdrücklich, dass nur der als Geistwesenheit «auferstandene» Mensch sich als gleichwertig den

geistigen Wesenheiten in der Geistwelt gegenüberstellen und
sich als freier Geist aufrecht erhalten kann. (Steiner benutzt
hier den Begriff «Idee» im Sinne Platons als «geistige Wesenheit». Daraus wurde später der abstrakte Begriff «Idee».)
PER SPIRITUM SANCTUM REVIVISCIMUS

EDN — ICM — PSSR

Von der «Ich-Kultur» –
Die Anthroposophische Kulturepoche

Zum Schluss möchte ich einen wesentlichen und hoch-
aktuellen Aspekt der Biografie-Problematik betrachten, der
schon vor hundert Jahren von Rudolf Steiner vorhergesehen
wurde:
Und wenn wir nun weitergehen, so kommen wir in unseren
fünften nachatlantischen Zeitraum, und wir kommen dazu,
sagen zu müssen, dass in unserem fünften nachatlantischen
Zeitraum das allgemeine Lebensalter der Menschheit dem
individuellen Lebensalter zwischen dem 28. und 21. Lebens-
jahre entspricht. Das heißt: als 1413 der fünfte Zeitraum
begonnen hatte, war die allgemeine Menschheitsentwick-
lung so, dass die Menschen sich abhängig wissen durften
in ihrer geistig-seelischen Entwicklung bis zum 28. Lebens-
jahr. Dann musste die Seele selbstständig werden. Sie sehen
also, dass für dieses Zeitalter notwendig ist, dass mit vollem
Bewusstsein angestrebt wird, innerlich, durch spirituelle
geistige Entwicklung, der Seele das zu geben, was aus der
Abhängigkeit vom Körperlich-Physischen nicht mehr her-
gegeben werden kann. Der Mensch muss in diesem Zeitalter
in die Seele Dinge aufnehmen, die nur individuell an ihn
herankommen können, die seine Seele unmittelbar in ih-

4. EINBLICK UND AUSBLICK II

rer Unabhängigkeit und Freiheit ergreifen und sie als Seele hinausführen über das 28., 27., 26. Jahr und so weiter. Allerdings, vorläufig geht noch die allgemeine Erziehung dahin, an den Menschen nicht mehr heranzubringen, als eben gerade dem entspricht, was die Menschheit von selbst hergibt. Jetzt steht eben in unserem Zeitalter die Menschheit im Ganzen im 27. Lebensjahr. Sie wird 26, 25 und so weiter Jahre alt werden. Und bis der fünfte Zeitraum abgelaufen sein wird, wird sie bis zum 21. Jahr heruntergerückt sein. Daraus ersehen Sie die Notwendigkeit des Auftretens der Geisteswissenschaft, welche an die Seele dasjenige heranbringen will, was nicht aus der körperlichen Entwicklung folgen kann, welche die Seele unterstützen will in ihrer frei auf sich gestellten Entwicklung. Denn wir haben sonst die Erscheinung, dass die Menschen, deren Entwicklung nur abhängig bleibt von dem, was äußerlich aus der Sinnenwelt und aus der gewöhnlichen Geschichtswelt kommen kann, für unser Zeitalter nicht älter als 27 Jahre würden – und wenn sie 100 Jahre alt werden in Wirklichkeit. Das heißt, dasjenige, was sie in ihrer innerlichen Verfassung an Ideen, Empfindungen, an Idealen äußern könnten, das würde immer den Charakter tragen von dem, was dem menschlichen Lebensalter bis zum 27. Jahre entspricht ... Das Leben in die Zukunft hinein braucht konkrete Ideen, konkrete Ideale, es braucht solche Ideen und solche Ideale, welche mit der Wirklichkeit einen Bund eingehen können – ich habe das von den verschiedensten Gesichtspunkten aus erwähnt –, sie müssen aber geholt sein aus wirklicher Erkenntnis der Entwicklungs- und Daseinsbedingungen der Menschheit. Es kann nicht Heil in diese Menschheitsentwickelung hineinkommen, solange man sich nicht dazu bequemen wird, dasjenige, was man Idealismus nennt, auf solche konkrete Geistesforschung zu begründen. Aus der Willkür heraus lassen sich heute keine Ideale aufstellen, die wirklichkeitsbefreundet sind, die in die

Wirklichkeit hineinpassen. Stellen Sie sich nur einmal vor, wie es im sechsten Zeitraum sein wird, in dem Zeitraum, der den unsrigen ablöst, und wie es sein würde, wenn dasjenige, was aus den Quellen der geistigen Welt geholt werden kann, sich nicht verbinden würde mit der unabhängigen, auf sich selbst in Freiheit gestellten Menschenseele. Dann wird die Menschheitsentwicklung eingetreten sein in ein Lebensalter, das dem individuellen Lebensalter vom 21. bis zum 14. Jahre entspricht. Dann wird man 30, 40, 50 Jahre alt sein können, wenn dann nicht die individuelle Entwicklung angefacht worden ist, und eine Lebensreife haben können von 17, 16, 15 Jahren. Es ist auch wiederum das Große an der menschheitlichen Entwicklung, dass, je weiter die Erde vorrückt, desto mehr der Fortschritt der Menschheit in des Menschen eigene Hand gegeben ist. Aber wenn das nicht berücksichtigt wird, dass des Menschen Fortschritt in des Menschen eigene Hand gegeben wird, was folgt? Die epidemische Dementia praecox! [234] (Hervorhebung F. L.)

Die von Steiner vorhergesehenen Symptome kann man heute bereits überall deutlich erkennen, sie treten immer schneller und massiver auf; sie sind solche, die wir weder ausser Acht lassen können noch dürfen, sondern denen wir konkret ins Auge schauen müssen. Um ihnen jetzt vorbeugen und sie in der Zukunft vielleicht sogar vermeiden zu können, müssen wir ein neues Menschenbild entwickeln. Der heutige *homo sapiens*, der Nachfolger des *homo erectus*, schwebt heute in größter Gefahr, sich in einen *homo technicus* zu erniedrigen und sein Menschsein – sein ICH – zu verlieren, anstatt sich zu einem *homo spiritualis* zu erheben.

So sind wir heute wahrhaft herausgefordert, ein Bild des zukünftigen Menschen in uns in klaren Konturen zu entwerfen, um es dann verwirklichen zu können. Dafür müssen wir den Schatz der geistigen Weisheit, der «*sophia*», der in den Tiefen unserer Seele verborgen liegt, in volles

4. EINBLICK UND AUSBLICK II

Bewusstsein heben und dieser geistigen Weisheit, d. h. auf unsere tiefsten Intuitionen, unsere Herzensstimme, hören, sodass wir unsere Weiterentwicklung als Einzelne und als Menschheit gesund und stark in Angriff nehmen können. Ein solches Bild des zukünftigen Menschen hat Steiner bereits vor über hundert Jahren in den Begriff «ethischer Individualist» gefasst und Nietzsche in den meistens missverstandenen und oft missbrauchten Begriff des «Übermenschen». In genau diesem Sinne ist die Bezeichnung «Anthroposoph» zu verstehen: «*Anthroposophie ist eben nicht eine Lehre, Anthroposophie ist etwas Wesenhaftes, sie ist ein Mensch.*»[235]

Wir, als Menschheit, befinden uns heute (2014) in der Kulturepoche der Bewusstseinsseele («fünfter nachatlantischer Zeitraum»), noch unter dem hemmenden Einfluss der vorherigen Epoche, der Verstandes- oder Gemütsseele. Jede Kulturepoche gliedert sich in drei Perioden von jeweils ca. 700 Jahren: in die erste ragt noch die hemmende Trägheit der vorherigen Kulturepoche hinein und in die letzte fließen bereits die fördernden Kräfte der folgenden Kulturepoche ein, nur die mittlere trägt in Reinform den ihr eigentlichen Charakter. Heute, gegen Ende des ersten Drittels der Bewusstseinsseelen-Zeit, ragen für uns noch die Kräfte der Verstandes- oder Gemütsseele hinein; in relativ kurzer Zeit werden wir im mittleren Drittel ankommen, der reinen Bewusstseinsseelen-Periode.(S. die Zeichnung) Wir werden dies auf gute Weise nur dann tun können, wenn wir die beschriebenen Gefahren vermeiden und den Herausforderern des menschlichen Ich, den mächtigen Asuras, standhalten. Unsere Kultur wird dann erstmalig eine wahre «Ich-Kultur» sein, die «Anthroposophische Kulturepoche». Zur Impulsierung und Grundlegung dieser künftigen Hochkultur rief die geistige Führung der Welt schon 250 Jahre vor ihrem eigentlichen Beginn die *anthroposophische*

X. DER «LEBENS-PLAN»

Geisteswissenschaft ins Leben – und zwar durch den Menschen Rudolf Steiner.[236] Dies ist der welthistorische Aspekt unter dem die individuelle Biografie zu betrachten ist.

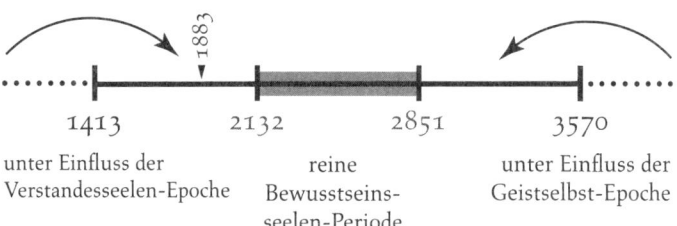

Die Bewusstseinsseelen-Kulturepoche
(Der fünfte nachatlantische Zeitraum)

Anhang

Der folgende Abschnitt war ursprünglich Teil des 1. Kapitels «Der Lebensplan», Unterkapitel «3. Zeit der Reife: Die Brücke im 35. Jahr»

ANHANG

Worte für den Wanderer

Die Schätze, die wir durch Rudolf Steiner empfangen haben, werden uns jahrhundertelang begleiten. Einer dieser Schätze hat intensiv mit dem Hinabtauchen des Menschen in das *natürliche* Dasein und seinem Auftauchen als individuelles Geistwesen zu tun. Bevor das erste Goetheanum erbaut wurde, wurden die Worte gegeben, die helfen sollten, die Entwicklungsreihe der Säulenkapitäle im großen Kuppelsaal zu verstehen. Diese «Säulenworte» bleiben für den flüchtigen Betrachter rätselhaft; durch meditative Kraft können sie jedoch zum Leben erweckt werden und aufblühen. Ohne diese Erweckung bleiben sie, was sie sind, kristallisierte Samenworte: Das Es, An Es, In Es, Ich, Vom Ich, Aus Mir, Ich ins Es.

Wie gewaltig ist der Zusammenhang, in dem diese Worte stehen! Die Säulenformen sprachen nicht nur von den großen kosmischen Urbildern – Saturn, Sonne, Mond, Erde –, sondern in ihnen hallten auch deren Nachbilder wider: die Erdepochen, die Naturreiche, die Entwicklungsstadien der Menschheit. Diese Worte sprechen ganz persönlich zu uns von den Phasen, in denen wir unser Schicksal in der irdischen Existenz erfüllen: vom Werden eines «Es» zu einem «Ich», zu einem gebenden schöpferischen Wesen – dem Ideal des Menschseins.

Ist ein Mineral nicht ein «Es»? Und das Pflanzenwesen, überschwebt und geliebkost vom Licht, das sich «an es» hingibt, spiegelt es nicht in Zahl und Maß dessen Weisheit wider? Und Beginnt die Innerlichkeit, das «In es», nicht mit dem Tier? Ganz gewiss beginnt die «Ich-heit» mit dem Menschen.

Als wir noch in der Wiege lagen, wurden wir liebevoll «es» genannt, und wir spiegelten jede Geste unserer Umgebung wider. In der Schulzeit nahmen wir «an», wir spiegelten die Weisheit, die Sprache derer wider, die wir liebten. Und die

«Es»-heit der Adoleszenz mit all ihrer anstrengenden, unvorhersehbaren «Innerlichkeit» ist die Feuerprobe für die elterliche Liebe. Wenn dann in den mittleren Jahren das «Ich» sich zu zeigen beginnt, sind wir wirklich auf dem Weg zur Eigenständigkeit.

Das Es – an Es – in Es – Ich! Erkennen wir nun, wohin all die Jahre der Vorbereitung geführt haben? Begreifen wir, dass all dieses Empfangen, Beschenktwerden, Geführtwerden sich wandeln muss? Es war nicht unsere Bestimmung, uns immer weiter von den kosmischen Kräften tragen zu lassen. Das «Ich» verwandelt deren Gaben so, dass wir selber Schenkende werden. Nach der Mitte des Lebens können Ideen und Inspirationen «vom Ich» ausstrahlen. Nach 50 kann Lebenskraft heilend «aus mir» zu anderen hinfließen. Und in den «zauberkräftigen» Jahren um 60 wirkt der Wille nach außen und kann die Umgebung zum Handeln anfeuern. Das «Ich» kann «ins Es» wirken.

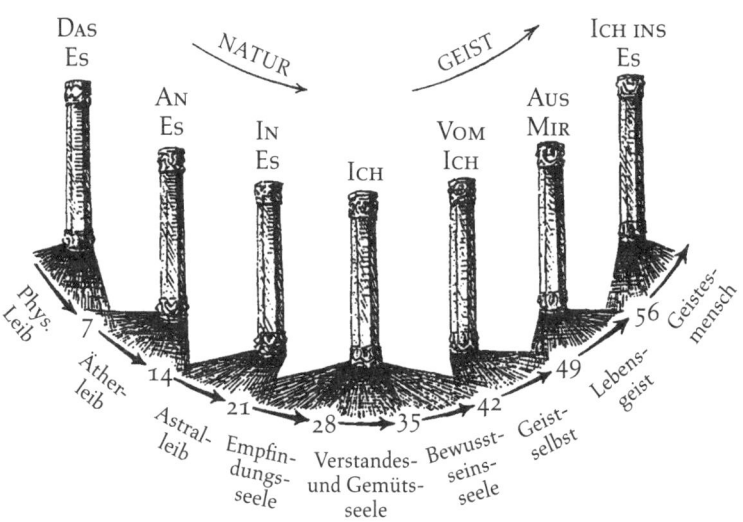

ANHANG

Das sind die Worte, die im Geiste zu dem gesprochen werden, der in Gedanken mit den plastischen Formen dieser sieben Lebenssäulen lebt.

Der folgende Abschnitt war ursprünglich Teil des 3. Kapitels «Ausgleich der Polaritäten im Menschenleben».

ANHANG

Luzifer und Ahriman in Amerika

Es ist für uns fast eine Binsenweisheit geworden, dass im Westen Ahriman herrscht. Der krasse Materialismus, die unser ganzes Leben beherrschende Technologie sind deutliche Zeichen und Symptome dafür.

In anthroposophischen Kreisen wird viel über Ahriman gesprochen, wenig jedoch über Luzifer. Man nimmt wohl an, er sei weit weg, vielleicht im Orient.

Haben wir je bemerkt, wie luziferisch unsere Kultur ist? In Amerika gibt es prozentual viel mehr religiöse Sekten, viel mehr Kirchgänger als in Europa. Evangelisationseifer ist so typisch amerikanisch wie apple pie, überall wird Hölle und Verdammnis gepredigt. Millionen behaupten «wiedergeboren» zu sein. Ganze Scharen von Amerikanern meditieren täglich, sind durch östliche Rituale «initiiert» worden.

«Materialistisches Vorstellen [fördert] einen Spiritualismus ... und zwar einen luziferisch orientierten Spiritualismus.»[237]

Die Kommune, eine Gemeinschaft gleichgesinnter Menschen, die abseits des allgemeinen Zivilisationsstromes leben, ist etwas typisch Amerikanisches und hat eine lange, faszinierende Geschichte. Dann die Vergötterung von Schauspielern, Opern- und Schlagersängern, Fußballspielern und so weiter. Der Rummel, der bei Präsidentschafts- und Kongreßwahlen veranstaltet wird, und die Verherrlichung von Politikern. Im Grunde wird mit jeder Wahl in ein Amt ein Star geboren!

«Und so steht auf der ... Seite des Geisteslebens das furchtbare Luziferische ... Denn jedes Amt zieht dem Menschen eine luziferische Uniform an.»[238]

Wenn wir dieses doppelte Bild, die ahrimanische «Subkultur» auf der einen und die luziferische «Superkultur» auf der anderen Seite, dieses luziferische Phosphoreszieren über der ahrimanischen Technologie, nicht zur Kenntnis nehmen, sind wir blind für unsere Umgebung.

«Aber nun entsteht im Weltenall niemals ein Einseitiges, ohne dass das entsprechende andere dazu entsteht, niemals nur ein Pol, ohne dass der andere Pol mitentsteht. Zu diesem Ahrimanischen, das auf der Erde in den materiellen Formen der Industrie und so weiter, der Maschinen entsteht, entsteht ebensoviel – nun aber auf geistigem Gebiete – Luziferisches. Niemals entsteht bloß das Ahrimanische; sondern in demselben Maße, als dieses sichtbar auf der Erde entsteht, wie ich es eben dargestellt habe, entsteht, durchwebend diese ganze Kultur, die sich so vom Ahrimanischen durchdringt, ein Luziferisches. In demselben Maße, als die Menschen auf der Erde entstehen und die ahrimanische Kultur auf der Erde sich kristallisiert, wirken herein in den menschlichen Willen die geistigen Korrelate, wirken herein in das menschliche Wollen, in die menschlichen Impulse, in die menschlichen Leidenschaften und Stimmungen. Hier auf der Erde die ahrimanische Maschine – in der geistigen Strömung, in die wir hineingestellt sind, für jede Maschine ein luziferisches Geistwesen! Indem wir unsere Maschinen erzeugen, rücken wir hinunter in das tote Reich, das deshalb erst äußerlich recht sichtbar ist, in die ahrimanische Kultur. Wie ein Spiegelbild entsteht unsichtbar zu dieser ganzen ahrimanischen Kultur eine luziferische Kultur. Das heißt, in demselben Maße, als die Maschinen entstehen, wird die Menschheit auf der Erde in ihrer Moralität, in ihrem Ethos, in ihren sozialen Impulsen von luziferischen Stimmungen durchzogen. Das eine kann nicht ohne das andere entstehen. So stellt sich die Welt zusammen.»[239]

«Trivialisierter Mystizismus» war wohl die Unterströmung der Siebzigerjahre. Die ebenfalls luziferische Welle der neuen Dekade [der Achtzigerjahre] soll die der «Ich-Generation» sein: Kümmere dich um deine eigenen Angelegenheiten, suche Selbsterfüllung, alles hat mit dir selbst zu tun, nicht mit den anderen, und so weiter. Die schrillen

Töne der vielen «Rechte»-Bewegungen, sind sie nicht alle Ausdruck eines egozentrischen luziferischen Antriebs?

Wenn wir dieses Doppelgesicht Amerikas nicht erkennen, läuft die Anthroposophie selbst Gefahr, nach der luziferischen Seite abzudriften. Wenn man beobachtet, welche anthroposophischen Bücher gekauft werden, so sieht man, dass es nicht gerade die wissenschaftlichen Titel sind, welche die Leser anziehen. Ebenso ist es mit Vorträgen: Die Zuhörer fühlen sich vor allem von esoterischen und religiösen Themen angezogen.

Jede Tendenz unter Anthroposophen, die Anthroposophie als eine «spirituelle Bewegung» zu bezeichnen, die Ähnlichkeiten mit anderen spirituellen Bewegungen hat, führt zu einer Verfälschung des eigentlichen Wesens dieser Arbeit. Im Westen heißt «spirituell» soviel wie religiös; treffender ist die Bezeichnung, die Rudolf Steiner in den letzten Jahren seines Wirkens benutzte: «Initiationswissenschaft».

Auch die Betonung des Gegensatzes von christlich auf der einen und östlich beziehungsweise luziferisch auf der anderen Seite ist irreführend. Sie ähnelt der Polarisation von Christus und Teufel durch die Kirchen. «Es gibt ... einen gewissen Betrug, der immer wieder und wiederum in die Menschheit hineingetragen wird, hineingetragen wird von denjenigen, die geistige Geheimnisse kennen. Und dieser Betrug hüllt sich in einen falschen Gegensatz, in eine falsche Polarität. Haben Sie nicht gehört, dass die Leute sagen, es gibt Luzifer, und sein Gegner ist Christus –, dass die Leute die Polarität aufstellen: Christus-Luzifer, als Gegner? ... Der wahre Gegensatz, den diejenigen, die wahr reden wollen aus der geistigen Welt, den Menschen mitgeteilt haben, der wahre Gegensatz ist der zwischen Ahriman und Luzifer, und der Christus-Impuls bringt etwas anderes und hat nichts zu tun mit der Polarität Ahriman-Luzifer, sondern er bewegt sich in der Gleichgewichtslinie.»[240]

ANHANG

Der Goetheanismus, der Mutterboden der Anthroposophie, scheint in diesem Land ein Stiefkind zu sein. Begeisterung für goetheanistische Naturstudien ist selten. Goetheanistische Mineralogie, Botanik, Zoologie und Physiologie sind Themen, die selten von Mitgliedern der Anthroposophischen Gesellschaft studiert oder in Vorträgen behandelt werden. Astrologie scheint wesentlich anziehender zu sein als Astronomie. Weist das auf einen Mangel an Interesse für das Geistige in der Natur, einen Mangel an Liebe zu ihm hin?

In Amerika besteht, vielleicht aufgrund des zergliedernden ahrimanischen Einflusses, die Tendenz, Himmel und Erde zu trennen. Man beschäftigt sich mit Spiritualität unabhängig von Naturphänomenen und bewegt sich im Unsichtbaren, im Dunkel-Okkulten fern vom Licht der Wissenschaft. Auch auf subtilere Weise zeigt sich das ahrimanische Wirken: Man liest sehr viel, ohne die Dinge wirklich zu studieren, und man hört dauernd Vorträge, ohne den Inhalt zu durchdenken. Wieviele Redner halten Vorträge, ohne die Tafel zu benutzen, dieses «ahrimanische» Werkzeug, das so viel zum begrifflichen Erfassen des Gehörten beiträgt. Weit verbreitet ist die klassische Methode, vor passiven Hörern vom Blatt oder aus dem Buch vorzulesen. Wo sonst auf der Welt bekommen wir Texte vorgelesen, außer als Blinde?

Am anderen Ende des Spektrums haben wir die Jagd nach Wissen ohne Mysterien, das Studium eines Textes ohne Imagination und Enthusiasmus und trockene Präsentationen und Berichte.

Und dann gibt es das Geheimnis der «Zweige». Sie sind die geistigen Nuklei des höheren Lebens, in denen Menschengeister und Geistwesen zusammenkommen – wie es in den *Briefen an die Mitglieder* beschrieben ist.[241] Ihre Misere scheint heute universell zu sein. Warum? Haben wir die Symptome nicht richtig gedeutet? Die traditionellen Muster, die Kräfte, die wir mitbringen, reichen für geistige Begegnungen zwischen Menschen nicht mehr aus. Damit Gedanken gemeinsam erlebt werden können, muss jeder Teilnehmer fähig sein, diese Gedanken selbstständig zu denken. Das aktive «Zweigleben» der Zukunft ist etwas Neues. Es setzt einen selbst errungenen Idealismus voraus.

Der eigentliche Kern der Anthroposophie, ihre wirkliche Besonderheit ist das Wissen und die lebendige Erfahrung, dass die materiellen Dinge mit den unsichtbaren Kräften, aus denen sie gebildet wurden, verwoben sind; historisch gesehen: die Verschmelzung der Mysterienströme des Nordens und des Südens, des Kosmischen und des Tellurischen, die heute stattfindet. Die heutige Aufgabe, das Irdische zu spiritualisieren, verlangt, dass der Mensch zum Meister über die Geheimnisse beider Bereiche wird.

«Aller Fortschritt der Menschheit in die Zukunft wird nur möglich sein, wenn der Mensch diese andere Seite des Daseins auch kennenlernt. Geradeso wie einstmals die Menschen ihre Erkenntnis den oberen Welten nur zugewendet haben ... so brauchen wir, nachdem die Menschen also die Geheimnisse des Himmels und die Geheimnisse der Erde in der alten Initiationswissenschaft studiert haben, eine moderne Initiationswissenschaft, die gewissermaßen im Rhythmus sich hin- und herbewegen kann zwischen Himmel und Erde, die den Himmel frägt, wenn sie über die Erde Aufschluss haben will, und die Erde frägt, wenn sie über den Himmel Aufschluss haben will.»[242]

Dies sollte ein warnender Hinweis für uns westliche Menschen sein: Der moderne Weg zum Geist wurde der rosenkreuzerische genannt. Das Symbol des Rosenkreuzes ist ein Bild für die Vereinigung von Himmel und Erde, von Wissenschaft und Geist, des Denkers und des Sehers im Menschen. Das Schicksal der Anthroposophie in Amerika sollte nicht in der Loslösung der Rosen vom Kreuz bestehen.

Bloß der an die äußeren Sinne gebundenen Wissenschaft

folgen, würde uns dazu bringen, dass wir die Rosen vom Kreuze reißen und bloß hinschauen nach dem, was erstarrt. Wir würden allmählich eine Weltanschauung gewinnen, die den Menschen ganz abbringen würde von allem Hinblicken nach dem Geistigen; die ihn nur hinschauen lassen würde nach dem, was ahrimanisch erstarrt ist ... Das ist eine Gefahr, die Rosen vom Kreuze zu reißen und bloß das schwarze, verkohlte Kreuz zu haben.

Die andere Gefahr ist die, das Kreuz von den Rosen zu reißen und bloß nach dem Geiste streben wollen, verachten das, was die Gottheit selbst in die Weltenentwickelung hineingestellt hat, nicht liebevoll untertauchen wollen in den Gedanken, dass das, was hier in der Sinnenwelt ist, ein Ausdruck des Göttlichen ist. Das ist die einseitig religiöse Weltanschauung, welche die Wissenschaft verachtet, die bloß die Rosen will und die unbewusst nach dem luziferischen Element des Ostens hinstrebt – wie die Wissenschaft, die die Rosen vom Kreuze reißen will und bloß das verkohlte Kreuz behalten will, nach dem Westen hinstrebt. Wir aber in Mitteleuropa, wir sind dazu berufen, die Rosen am Kreuze zu haben, das zu haben, was nur durch den Zusammenhang der Rosen mit dem Kreuze ausgedrückt wird, der Rosen am Kreuze.

Und wir empfinden, indem wir zum starren Kreuze hinschauen, dass dasjenige, was als starres Materielles in die Welt gekommen ist, aus dem Göttlichen in die Welt getreten ist. Es ist, wie wenn die Geistigkeit selbst sich einen Kreis geschaffen hat im Materiellen: Ex Deo nascimur. Wir fühlen auch, dass, wenn wir es richtig verstehen, wir nicht nur mit Luzifer in die geistige Welt hineingehen dürfen, sondern dass wir sterben, indem wir uns verbinden mit dem, was vom göttlichen höheren Selbst in die Welt hinuntergestiegen ist: In Christo morimur. Und in der Zusammenfassung des Kreuzes mit den Rosen, der materiellen Weltanschau-

ung mit der spirituellen Weltanschauung, fühlen wir, wie die Menschenseele im Geiste erwachen kann: *Per Spiritum Sanctum reviviscimus.*[243]

Der folgende Abschnitt war ursprünglich Teil des 6. Kapitels «Menschenbegegnungen im Lichte von Mond und Sonne».

ANHANG

Von Kräften und neuen Formen

Ohne auf die vielfältigen Faktoren und Elemente einzugehen, die zu einem Zerbrechen und einer Auflösung menschlicher Beziehungen führen – jene Gegenkräfte von Mond-Luzifer und Sonne-Ahriman –, wollen wir ein wenig über die Aufgabe nachdenken, die es bedeutet, als Anthroposophen zusammenzuarbeiten. Die Tatsache, dass sehr verschiedenartige historische Strömungen, die nie zuvor gleichzeitig auf der Erde waren, sich in der Anthroposophischen Gesellschaft verbunden haben, wirft Licht auf manche merkwürdigen Erscheinungen. Die Geschichte der Anthroposophischen Gesellschaft und vieler anthroposophischer Institutionen zeugt von den Schwierigkeiten einer solchen Aufgabe.

In einem Bericht über die Bemühungen, manche der immer noch bestehenden alten Spaltungen zu überwinden, erwähnte Jörgen Smit,[244] dass das «Wir», die Gruppenmeinungen, fallen gelassen werden müssen, um zu einer individuellen, unabhängigen Urteilsbildung zu kommen. Das «Wir»-Gefühl spielt uns auch im sozialen Bereich oft übel mit. Das «Einer-von-uns»-Syndrom bewirkt, dass wenige hervorgehoben und die anderen ignoriert werden, eine Tendenz, die sich in vielen Zusammenkünften, auch in anthroposophischen Einrichtungen, zeigt und jede Möglichkeit zu echter Gemeinschaft zerstört. «Wir-Gefühl» ist ein beschönigender Begriff für eine Art von «Politik», bei der die instinktiven Gruppierungen ausgespielt und die eigenen Genossen auf Kosten anderer bevorzugt werden. Das alles sind Hindernisse auf dem Weg, Außenseiter, Neulinge oder Alte – also alle, die «anders» sind – anzunehmen und zu integrieren. In manchen Bereichen nennt man so etwas Vorurteile; in Wirklichkeit zeigt sich darin etwas, was man, in diesem Zusammenhang, «Mondkrusten» nennen könnte, Überreste alter, instinktiver Astralkräfte, welche zur Lähmung der Fähigkeiten führen, die man bräuchte, um die spirituellen Sonnenkräfte zu pflegen. Ohne Letztere, ohne Wärme und Licht, brechen wir mit der Zukunft. Es ist das Verhängnis von Splitterparteien, dass sie trennen und sich absondern – ein manchmal explosiver Vorgang.

Es wird oft berichtet, was Rudolf Steiner auf Ita Wegmans Frage antwortete, was geschehen würde, wenn die Mitglieder den neuen Impuls nicht aufnähmen, der durch die Neugründung der Gesellschaft gegeben wurde. Er sagte: «Dann wird das Karma walten.» Diese Worte drückten Verzweiflung aus, denn diese Art von Karma ist altes Mondenkarma, das zur Bildung von Cliquen und exklusiven Zirkeln führt und damit zu Brüchen und Spaltungen. Es hat nichts mit den Zukunftskräften zu tun, die Menschen verschiedener karmischer Strömungen verbinden, jeden am anderen erwachen lassen und die Kräfte der inneren Sonne wachrufen.

Die Fähigkeit dazu zeigt sich in den Bemühungen Rudolf Steiners in seinen letzten Lebensjahren, eine Gruppe produktiver Menschen um sich zu sammeln, die imstande sein würden, sein Werk weiterzuführen.

Ob in einer Gruppe die Sonnenkräfte, die in den anderen schlummernden Fähigkeiten, gefördert wurden, kann man in hohem Maß daran ablesen, was für Nachwuchs herangezogen wird, welche neuen Talente, Begabungen und welches Engagement sich aus dem Kreis der Teilnehmer heraus entwickeln – was sich aber nicht dadurch zeigt, dass man junge Leute in Positionen befördert, für die sie noch nicht reif sind, denn das würde sie mit der Zeit nur schwächen.

Man wird hier an das Emblem der Freien Hochschule für Geisteswissenschaft erinnert, das Rudolf Steiner entworfen hat: zwei so zueinander in Beziehung stehende Formen, dass die äußere, größere, die andere, keimhafte wie in einer helfenden Geste zum Wachstum anregt. Das war ja sein Lebensmotiv: in anderen Fähigkeiten zu wecken und es ihnen zu ermöglichen, sich weiterzuentwickeln.

Emblem der Freien Hochschule
für Geisteswissenschaft

Anmerkungen

Die Zitate ohne Autorenangabe sind dem Werk Rudolf Steiners entnommen. Es erscheint innerhalb der Gesamtausgabe (GA) im Rudolf Steiner Verlag, Dornach.

Von den im Vorwort (zur Erstausgabe 1990) erwähnten Werken erschienen in deutschen Ausgaben:
- Moody, Raymond: *Leben nach dem Tod.* Hamburg 1977.
- Moody, Raymond: *Nachgedanken über das Leben nach dem Tod.* Hamburg 1978.
- Ritchie, George: *Rückkehr von morgen.* Marburg/Lahn 1989.
- Sheehy, Gail: *In der Mitte des Lebens. Die Bewältigung vorhersehbarer Krisen.* München 1989.
- Sheehy, Gail: *Neue Wege wagen. Ungewöhnliche Lösungen für gewöhnliche Krisen.* München 1984.
- Lievegoed, Bernard: *Lebenskrisen – Lebenschancen. Die Entwicklung des Menschen zwischen Kindheit und Alter.* 9. Aufl. München 1992.
- Lievegoed, Bernard: *Der Mensch an der Schwelle. Biografische Krisen und Entwicklungsmöglichkeiten.* 3. Aufl. Stuttgart 1991.
- Lauenstein, Dieter: *Der Lebenslauf und seine Gesetze.* 6. Aufl. Stuttgart 1992.

1 Obwohl diese Beispiele aus der damals anfänglichen *Lebenslauf-Forschung* stammen und die amerikanischen Verhältnisse in den 1970er Jahren charakterisieren, scheinen sie auch heute noch gültig zu sein. Heute ist die Lebenslauf-Forschung ein wichtiges interdisziplinärwissenschaftliches Fach geworden, das versucht, Lösungen für die weltweit aktuellen Probleme zu finden, verursacht durch

den rasant zunehmenden demografischen Wandel, insbesondere durch die höhere Lebenserwartung, das steigende Bildungsniveau und das Bevölkerungswachstum. Diese Forschung berührt fast alle Lebensaspekte, aber leider nicht die speziellen, in diesem Buch behandelten biografischen Aspekte.

Leider konnte ich die zitierte amerikanische Studie weder durch bestätigende noch widersprechende Statistiken aktualisieren. Für entsprechende Hinweise bin ich dankbar.

Dem Interessenten der Lebenslauf-Biografie-Forschung im Allgemeinen stehen eine Fülle von Informationsquellen zur Verfügung: Forschungs-Institute (z. B. Max-Planck-Institut für demografische Forschung, Institut für Demoskopie, Allensbach), Universitäten mit speziellen Lebenslauf-Forschungsprogrammen (z. B. Universität Bremen und Heidelberg), Stiftungen (z. B. Jacobs Foundation), Zeitschriften (z. B. *BIOS* Zeitschrift für Biografieforschung) usw.

2 Marquand, John: *Point of No Return*. Globe Books, New York 1952.
3 Der Leser findet als Beilage zu diesem Buch einen «Lebens-Plan». Er kann als visuelle Hilfe den Überblick erleichtern. Er ist eine grafische Darstellung der gesamten Lebensentwicklung – die urbildhafte Biografie. Hinweise, wie man den Plan für die eigene Biografie benutzt, finden sich im letzten Kapitel.
4 Belyi, Andrej: *Verwandeln des Lebens*. Zbinden Verlag, Basel 1975.
5 Die Bedeutung dieser Tatsache wurde von Rudolf Steiner in vielen Vorträgen erwähnt, zum Beispiel:
  – Stuttgart, 26. April und 13. Mai 1917. In: *Die geistigen Hintergründe des Ersten Weltkrieges*. GA 174 b.
  – Berlin, 29. Mai, 19. Juni 1917. In: *Menschliche und menschheitliche Entwicklungswahrheiten. Das Karma des Materialismus*. GA 176.
  – Dornach, 2. November 1918. In: *Geschichtliche Symptomatologie*. GA 185.
  – Dornach, 25. Dezember 1919. In: *Wie kann die Menschheit den Christus wiederfinden?* GA 187.

ANMERKUNGEN

- Dornach, 28. März 1919. In: *Vergangenheits- und Zukunftsimpulse im sozialen Geschehen.* GA 190.
- Dornach, 2. April 1920. In: *Heilfaktoren für den sozialen Organismus.* GA 190.
- Dornach, 13. Mai 1921. In: *Perspektiven der Menschheitsentwickelung.* GA 204.

6 Dornach, 13 Mai 1921. In: *Perspektiven der Menschheitsentwickelung.* GA 204; Dornach, 6. Oktober 1921, nachmittags. In: *Vorträge und Kurse über christlich-religiöses Wirken.* GA 343.

7 Stuttgart, 25. April 1923. In: *Konferenzen mit den Lehrern der Freien Waldorfschule 1919-1924.* GA 300 c.

8 Arnheim, 10. März 1908. In: *Das Goetheanum,* 10. Dezember 1944, 23. Jahrg., Nr. 50, S. 394 f.

9 *Anthroposophische Leitsätze.* GA 26.

10 Leipzig, 15. Februar 1907. In: *Die Menschenschule,* 1967, 41. Jahrg., Heft 9, S. 256 f.

11 Berlin, 4. März 1907. In: *Ursprungsimpulse der Geisteswissenschaft.* GA 96.

12 Berlin, 28. Februar 1907. In: *Die Erkenntnis des Übersinnlichen in unserer Zeit und deren Bedeutung für das heutige Leben.* GA 55.

13 Siehe Anmerkung 8.

14 Siehe Anmerkung 8.

15 Berlin, 12. Dezember 1907. In: *Die Erkenntnis der Seele und des Geistes.* GA 56.

16 Berlin, 14. März 1910. In: *Metamorphosen des Seelenlebens – Pfade der Seelenerlebnisse. Erster Teil.* GA 58.

17 Berlin, 16. November 1915. In: *Schicksalsbildung und Leben nach dem Tode.* GA 157 a.

18 Berlin, 18. November 1915. In: *Schicksalsbildung und Leben nach dem Tode.* GA 157 a.

19 Berlin, 26. März 1918. In: *Erdensterben und Weltenleben. Anthroposophische Lebensgaben. Bewusstseins-Notwendigkeiten für Gegenwart und Zukunft.* GA 181.

20 Berlin, 29. Januar 1918. In: *Erdensterben und Weltenleben. An-*

throposophische Lebensgaben. Bewusstseins-Notwendigkeiten für Gegenwart und Zukunft. GA 181.

21 1927 zeigte Philo T. Farnsworth im Alter von 21 Jahren das Funktionsmodell eines Fernsehsystems, das auf der von ihm erfundenen und 1928 patentierten Kathodenstrahlröhre basierte. Vladimir Zworykin, Physiker bei der Radio Corp. of America, hatte 1928 eine ähnliche bildabtastende Kathodenstrahlröhre erfunden. Dann kaufte RCA das Patent für die Farnsworthsche Kathodenstrahlröhre. Diese Einrichtung entwickelte Zworykin weiter zu der bekannten Bildröhre (Kineskope) des Fernsehapparats, zusammen mit seiner eigenen Aufnahmeröhre (Iconoscope) für die Fernsehkamera. So konnte RCA – später NBC – am 30. Juli 1930 in New York City mit der ersten Fernsehversuchsstation W2RBX beginnen.

22 Stuttgart, 29. Juni 1919. In: *Geisteswissenschaftliche Behandlung sozialer und pädagogischer Fragen.* GA 192.

23 Berlin, Juli 1916. In: *Weltwesen und Ichheit.* GA 169.

24 *Schwellenluft:* Ähnlich sprach Hermann Poppelbaum von dem «Lufthauch», der von jenseits der Schwelle kommt.

25 Siehe Anmerkung 20.

26 Berlin, 31. Oktober 1914. In: *Menschenschicksale und Völkerschicksale.* GA 157.

27 *Wie erlangt man Erkenntnisse der höheren Welten?* Kapitel: Die Einweihung. GA 10.

28 Morgenstern, Christian: *Werke und Briefe*, Band II, Urachhaus, Stuttgart 1992.

29 Moody, Raymond: *Leben nach dem Tod.* Hamburg 1977.

30 Siehe Anmerkung 29.

31 Steffen, Albert: *Barrabas. Drama in vier Akten.* Dornach 1949. (Dies sind die letzten Worte des Epilogs des Barrabas, Jenseits der Todesschwelle.)

32 Zürich, 11. Februar 1919. In: *Der innere Aspekt des sozialen Rätsels. Luziferische Vergangenheit und ahrimanische Zukunft.* GA 193.

33 Wien, 8. Februar 1912. In: *Das esoterische Christentum und die geistige Führung der Menschheit.* GA 130.

ANMERKUNGEN

34 Englischer Erzieher und Anthroposoph, Gründer des Emerson College in Forest Row, England. – Übersetzt etwa: «So wie wir es in uns hineinnehmen, so geben wir es wieder von uns.»
35 Siehe Anmerkung 32.
36 Oslo, 10. Juni 1910: In: *Die Mission einzelner Volksseelen im Zusammenhang mit der germanisch-nordischen Mythologie.* GA 121.
37 Siehe Anmerkung 36.
38 Augsburg, 14. März 1913. In: *Die Welt des Geistes und ihr Hereinragen in das physische Dasein.* GA 150.
39 Siehe Anmerkung 38.
40 «Luziferisches und Ahrimanisches in ihrem Verhältnis zum Menschen». In: *Philosophie und Anthroposophie. Gesammelte Aufsätze 1904-1918.* GA 35.
41 Berlin, 23. Juli 1918. In: *Erdensterben und Weltenleben. Anthroposophische Lebensgaben. Bewusstseins-Notwendigkeiten für Gegenwart und Zukunft.* GA 181.
42 Siehe Anmerkung 41.
43 Siehe Anmerkung 41.
44 Siehe Anmerkung 41.
45 Dornach, 21. und 22. September 1918. In: *Die Polarität von Dauer und Entwickelung im Menschenleben.* GA 184.
46 London, 16. November 1922. In: *Geistige Zusammenhänge in der Gestaltung des menschlichen Organismus.* GA 218.
47 Dornach, 21. und 22. November 1914. In: *Der Zusammenhang des Menschen mit der elementarischen Welt.* GA 158.
48 Siehe Anmerkung 47.
49 4. Szene aus «Die Pforte der Einweihung», weiter 10. Szene desselben Stückes und 11. und 12. Szene aus «Die Prüfung der Seele» und 6. Szene aus «Der Hüter der Schwelle»; alle in: *Vier Mysteriendramen.* GA 14.
50 Siehe Anmerkung 47.
51 Siehe Anmerkung 47.
52 Siehe Anmerkung 47.

ANMERKUNGEN

53 Siehe Anmerkung 47.
54 Siehe Anmerkung 47.
55 Siehe Anmerkung 47.
56 Dornach, 7. Mai 1923. In: *Vom Leben des Menschen und der Erde. Über das Wesen des Christentums.* GA 349.
57 Dornach, 4. und 5. Oktober 1918. In: *Die Polarität von Dauer und Entwickelung im Menschenleben.* GA 184.
58 Dornach, 2. April 1922. In: *Das Sonnenmysterium und das Mysterium von Tod und Auferstehung.* GA 211.
59 Dornach, 2. und 15. November 1919. In: *Soziales Verständnis aus geisteswissenschaftlicher Erkenntnis.* GA 191.
60 Siehe Anmerkung 59.
61 Siehe Anmerkung 59.
62 Stuttgart, 9. Juni 1919. In: *Geisteswissenschaftliche Behandlung sozialer und pädagogischer Fragen.* GA 192.
63 Siehe Anmerkung 57.
64 Siehe Anmerkung 59.
65 Siehe Anmerkung 57.
66 Siehe Anmerkung 45.
67 Siehe Anmerkung 45.
68 Siehe Anmerkung 57.
69 Stuttgart, 21. August 1919. In: *Allgemeine Menschenkunde als Grundlage der Pädagogik.* GA 293.
70 Stuttgart, 2. September 1921. In: *Anthroposophie, ihre Erkenntniswurzeln und Lebensfrüchte.* GA 78.
71 «Im Anbruch des Michael-Zeitalters», 17. August 1924. In: *Anthroposophische Leitsätze.* GA 26.
72 *Mein Lebensgang.* 33. Kapitel. GA 28.
73 Siehe Anmerkung 57.
74 Dornach, 19. August 1918. In: *Die Wissenschaft vom Werden des Menschen.* GA 183.
75 Siehe Anmerkung 29.
76 Paris, 24. Mai 1924. In: *Esoterische Betrachtungen karmischer Zusammenhänge. Fünfter Band.* GA 239.

77 Dornach, 29. und 30. Mai 1924. In: *Esoterische Betrachtungen karmischer Zusammenhänge.* Zweiter Band. GA 236.
78 Siehe Anmerkung 76.
79 Torquay, 16. August 1924. In: *Das Initiaten-Bewusstsein.* GA 243.
80 Siehe Anmerkung 79.
81 Stuttgart, 1. Juni 1924. In: *Esoterische Betrachtungen karmischer Zusammenhänge.* Sechster Band. GA 240.
82 Siehe Anmerkung 76.
83 Siehe Anmerkung 77.
84 Siehe Anmerkung 79.
85 Siehe Anmerkung 79.
86 Siehe Anmerkung 77.
87 Siehe Anmerkung 77.
88 Siehe Anmerkung 76.
89 Siehe Anmerkung 79.
90 Siehe Anmerkung 76.
91 Siehe Anmerkung 79.
92 Breslau, 8. Juni 1924. In: *Esoterische Betrachtungen karmischer Zusammenhänge.* Fünfter Band. GA 239.
93 Siehe Anmerkung 76.
94 Siehe Anmerkung 79.
95 Siehe Anmerkung 79.
96 Siehe Anmerkung 77.
97 Siehe Anmerkung 77.
98 Siehe Anmerkung 79.
99 Siehe Anmerkung 79.
100 Dornach, 30. Mai 1924. In: *Esoterische Betrachtungen karmischer Zusammenhänge.* Zweiter Band. GA 236.
101 Siehe Anmerkung 76.
102 Paris, 25. Mai 1924. Ebd.
103 Paris, 23. Mai 1924. In: *Esoterische Betrachtungen karmischer Zusammenhänge.* Fünfter Band. GA 239.
104 Prag, 31. März 1924. Ebd.
105 Siehe Anmerkung 104.

ANMERKUNGEN

106 *Die Geheimwissenschaft im Umriß*, Kapitel «Schlaf und Tod». GA 13.
107 Dornach, 24. Februar 1924. In: *Esoterische Betrachtungen karmischer Zusammenhänge. Erster Band.* GA 235.
108 Prag, 30. März 1924. In: *Esoterische Betrachtungen karmischer Zusammenhänge. Fünfter Band.* GA 239.
109 Siehe Anmerkung 108.
110 Breslau, 9. Juni 1924. Ebd.
111 Siehe Anmerkung 104.
112 Siehe Anmerkung 108.
113 Siehe Anmerkung 106.
114 Siehe Anmerkung 102.
115 Siehe Anmerkung 102.
116 Siehe Anmerkung 81.
117 Siehe Anmerkung 100.
118 Siehe Anmerkung 100.
119 Siehe Anmerkung 92.
120 Dornach, 18. Mai 1924. In: *Esoterische Betrachtungen karmischer Zusammenhänge. Zweiter Band.* GA 236.
121 Siehe Anmerkung 120.
122 Siehe Anmerkung 120.
123 Siehe Anmerkung 120.
124 Siehe Anmerkung 120.
125 Siehe Anmerkung 120.
126 Siehe Anmerkung 120.
127 Siehe Anmerkung 120.
128 Siehe Anmerkung 120.
129 Siehe Anmerkung 120.
130 Siehe Anmerkung 120.
131 Siehe Anmerkung 120.
132 «Die Prüfung der Seele», Erstes Bild. In: *Vier Mysteriendramen.* GA 14.
133 Dornach, 5. Juli 1924. In: *Heilpädagogischer Kurs.* GA 317.
134 Dornach, 24. Februar 1924. In: *Esoterische Betrachtungen karmischer Zusammenhänge. Erster Band.* GA 235.

135 Wien, 8. Februar 1912. In: *Das esoterische Christentum und die geistige Führung der Menschheit.* GA 130.
136 Dornach, 1. März 1924. In: *Esoterische Betrachtungen karmischer Zusammenhänge.* Erster Band. GA 235.
137 Dornach, 30. Mai 1924. In: *Esoterische Betrachtungen karmischer Zusammenhänge.* Zweiter Band. GA 236.
138 Budapest, 7. Juni 1909. In: *Das Prinzip der spirituellen Ökonomie im Zusammenhang mit Wiederverkörperungsfragen.* GA 109.
139 München, 12. Februar 1911. In: *Das Goetheanum,* 23. Jahrg. Nr. 45, 5. November 1944.
140 Osis, Karlis und Haraldson, Erlendur: *At The Hour of Death.* Avon Books, New York 1977.
141 Siehe Anmerkung 140.
142 Siehe Anmerkung 138.
143 Dornach, 17. Februar 1924. In: *Esoterische Betrachtungen karmischer Zusammenhänge.* Erster Band. GA 235.
144 Bern, 25. Januar 1924. In: *Esoterische Betrachtungen karmischer Zusammenhänge.* Sechster Band. GA 240.
145 Stuttgart, 6. Februar 1924. Ebd.
146 Zürich, 28. Januar 1924. Ebd.
147 Siehe Anmerkung 144.
148 Siehe Anmerkung 144.
149 Siehe Anmerkung 146.
150 Siehe Anmerkung 144.
151 Siehe Anmerkung 144.
152 Campbell, Susan: *The Couple's Journey.* Impact Publishers, San Luis Obispo, CA 1980.
153 Siehe Anmerkung 144.
154 Dornach, 27. Januar 1924. In: *Anthroposophie – Eine Zusammenfassung nach einundzwanzig Jahren.* GA 234.
155 Siehe Anmerkung 154.
156 Siehe Anmerkung 146.
157 Dornach, 6. Juli 1924. In: *Esoterische Betrachtungen karmischer Zusammenhänge.* Dritter Band. GA 237.

ANMERKUNGEN

158 Siehe Anmerkung 157.
159 Siehe Anmerkung 157.
160 Dornach, 16. April 1920. In: *Entsprechungen zwischen Mikrokosmos und Makrokosmos*. GA 201.
161 Die Quellen, die ich benutzt habe, um das Thema des hohen Alters zu beleuchten, sind:
– *Altern in Deutschland* (2009) herausgegeben von der Deutschen Akademie der Naturforscher Leopoldina – Nationale Akademie der Wissenschaft und Deutsche Akademie der Technikwissenschaften (acatech)
– *HD100-II Zweite Heidelberger Hundertjährigen-Studie* (2013) heraus gegeben von der Universität Heidelberg
– Online-Quellen:
  – Gerontology Research Group, www.grg.org
  – Guiness Book of Records, www.guinessworldrecords.com
  – Lucy Lists, www.lucywho.com
  – Die Zeit, www.zeit.de
  – Der Spiegel, www.spiegel.de
  – Focus, www.focus.de
  – The Guardian, www.theguardian.com
  – BBC News, www.bbc.co.uk.
  – CNN, www.cnn.com
  – Wikipedia, www.wikipedia.org
162 Arthur Schopenhauer, *Aphorismen zur Lebensweisheit*. Berlin: Wegweiser Verlag, 1924. S. 52. Zitiert in der *HD100-II Zweite Heidelberger Hundertjährigen-Studie* (2013)
163 Platon, *Sämtliche Dialoge*, Band 1. «Apologie des Sokrates». Koblenz, 2013. S. 57.
164 Siehe Anmerkung 7.
165 Berlin, 29. Mai 1917. In: *Menschliche und menschheitliche Entwicklungswahrheiten. Das Karma des Materialismus*. GA 176.
166 Hamburg, 15. November 1913. In: *Das Goetheanum*, 21. Jahrg., Nr. 10 (8. März 1942) und 11 (15. März 1942).
167 Siehe Anmerkung 165.

ANMERKUNGEN

168 *Die geistige Führung des Menschen und der Menschheit.* Erster Vortrag. GA 15.
169 Siehe Anmerkung 168.
170 Siehe Anmerkung 168.
171 Siehe Anmerkung 168.
172 Siehe Anmerkung 168.
173 Siehe Anmerkung 168.
174 Berlin, 16. Januar 1911. In: *Exkurse in das Gebiet des Markus-Evangeliums.* GA 124.
175 Berlin, 20. Februar, 6. und 13. März 1917. In: *Bausteine zu einer Erkenntnis des Mysteriums von Golgatha. Kosmische und menschliche Metamorphose.* GA 175.
176 Siehe Anmerkung 175.
177 Siehe Anmerkung 175.
178 «Anthroposophischer Seelenkalender». In: *Wahrspruchworte.* GA 40.
179 «Die Erziehung des Kindes vom Gesichtspunkte der Geisteswissenschaft.» In: *Lucifer-Gnosis.* GA 34. – Als Taschenbuch unter dem Titel: *Die Erziehung des Kindes / Die Methodik des Lehrens.*
180 Siehe Anmerkung 175.
181 Siehe Anmerkung 175.
182 Siehe Anmerkung 175.
183 Siehe Anmerkung 175.
184 Siehe Anmerkung 175.
185 Siehe Anmerkung 175.
186 Siehe Anmerkung 175.
187 Siehe Anmerkung 92.
188 Siehe Anmerkung 179.
189 Siehe Anmerkung 79.
190 Im Laufe der weiteren Darstellungen wird das Erlebnis des «Tunnels» mit dem Lebenstableau in Verbindung gebracht und in poetischer Sprache dargestellt. Diese übersinnlichen Erfahrungen auch begrifflich näher zu fassen würde den Rahmen dieser Darstellung

sprengen. Für eine Begründung dieses Verhältnisses steht, soweit dem Verfasser bekannt ist, keine Literatur zur Verfügung.

Bezeichnungen des «Tunnel-Erlebnisses: Die Bezeichnung «Tunnel» wird in der Literatur über Nah-Tod-Erlebnisse paradigmatisch gebraucht, um eine ganze Reihe von Erfahrungen, die in den verschiedensten Vorstellungen zum Ausdruck gebracht werden, zu umfassen. Zu solchen Bezeichnungen gehören, um nur wenige zu nennen: Tunnel, Höhle, Brücke, Tal, Vakuum, Trichter, Durchgang, Tor, konzentrische Kreise oder Alpenpaß mit Alpenblumen. Siehe dazu insbesonders: Raymond Moody, *Leben nach dem Tode* (Anm. 21) und Elisabeth Kübler-Ross, *Über den Tod und das Leben danach*, 2. Aufl. Melsbach 1984.

Verbindungsorgan: Aus den Schilderungen der Erlebnisse geht deutlich hervor, dass der «Tunnel» tatsächlich eine Verbindung zwischen den physisch-sinnlichen und den geistig-übersinnlichen Räumen bezeichnet. Er kann aber diese Verbindung nur dadurch schaffen, dass er das Organ – eigentlich eine Art Glied, Band oder Verlängerung – des Ätherleibes ist, das diesen mit dem Astralleib und dem Ich – so etwa wie eine Kette – verbindet, wenn sie voneinander getrennt sind wie zum Beispiel während des Schlafzustandes. Durch dieses «Tunnel»-Organ ziehen sich Astralleib und Ich im Schlaf aus dem Ätherleib heraus; durch dasselbe Organ bleiben sie während des Schlafes mit dem Ätherleib verbunden und kehren auch durch es beim Aufwachen wieder in den Ätherleib zurück. Dem morgenländischen Hellsehen war dieses Verbindungsorgan als das «Kundalinifeuer» oder die «Silberschnur» bekannt. Unter dem Namen Kundalinifeuer wird es von Rudolf Steiner im Vortrag vom 29. Dezember 1903 erwähnt (in «Beiträge zur Rudolf Steiner Gesamtausgabe» Nr. 51/52, Michaeli 1975). E. Kübler-Ross spricht von der Silberschnur.

Das Lebenstableau: Der Ätherleib trägt in sich das Lebenstableau. Während des Einschlafens nehmen Astralleib und Ich, wenn sie sich durch das Verlängerungsorgan aus dem Leibe herausziehen, das Lebenstableau wahr, das, in holografischer Weise, auch in dieser Verlängerung des Ätherleibes eingeprägt ist. Nach dem Tode bleiben durch dieses Verbindungsorgan Astralleib und Ich noch für einige Tage mit dem Ätherleib verbunden – siehe dazu den Vortrag vom 17. März 1924, GA 349 –, dadurch nehmen sie in diesem das Lebenstableau wahr.

Der «Tunnel» bei den Pflanzen? – Ein ähnliches Verbindungsorgan haben auch die Pflanzen, denn dem menschlichen Ätherleib entspricht das ätherische Wesen der Pflanzen. Es sind eigentlich die ätherischen Kräfte dieser Pflanzenorgane, die zur Planetenwelt hinaufsteigen. Dieser Prozess ist von Rudolf Steiner im Vortrag vom 30. August 1922, GA 214, erwähnt.

Warum ist der «Tunnel» dunkel? – Wenn der «Tunnel» als eigentlicher Tunnel – oder Rohr – erlebt wird, dann wird er dunkel sein, und ob man etwas auf den «Wänden» des Tunnels sehen kann oder nicht, hängt von der seelischen und geistigen Verfassung des Beobachters ab. Seelische Angst, allzu verständlich in den außerordentlichen Zuständen solcher Erlebnisse, wie auch ein geistig unentwickeltes Bewusstsein werden tatsächlich Finsternis über das Erlebnis breiten. Ist aber die Seele den geistigen Erlebnissen hingegeben und ist auch das Bewusstsein für das Geistige geschult, dann kann durch die eigene geistige Kraft der «Tunnel» wie ein schönes Tal, ein mit Blumen bedeckter Alpenpaß oder eben wie das eigentliche Lebenstableau erscheinen. Das «Lichtwesen», das sich am Ende des Tunnels zeigt, kann aber dem Hindurchgehenden das Lebenstableau an den Wänden des «Tunnels» in vollen Farben und allen Einzelheiten offenbaren, auch wenn die genannten Vorbedingungen – Furchtlosigkeit und geistige Schulung – nicht erfüllt sind.

191 Siehe Anmerkung 29.
192 Moody, Raymond: *Das Licht von drüben. Neue Fragen und Antworten.* Rowohlt, Reinbek bei Hamburg 1989.
193 Ritchie, George: *Rückkehr von morgen.* Verlag der Francke-Buchhandlung, Marburg/Lahn 1989.
194 Siehe Anmerkung 18.
195 Siehe Anmerkung 168.

ANMERKUNGEN

196 Siehe Anmerkung 40.
197 Goethe, Johann Wolfgang: «Selige Sehnsucht». Aus dem «Buch des Sängers» des *Westöstlichen Divan*.
198 Torquay, 16. August 1924. Im: *Initiaten-Bewusstsein*. GA 243.
199 Siehe Anmerkung 79.
200 Dornach, 18. Dezember 1920. In: *Die Brücke zwischen der Weltgeistigkeit und dem Physischen des Menschen. Die Suche nach der neuen Isis, der göttlichen Sophia*. GA 202.
201 Siehe Anmerkung 146.
202 Siehe Anmerkung 146.
203 Siehe Anmerkung 145.
204 Siehe Anmerkung 146.
205 Dornach, 6. Mai 1922. In: Menschliches Seelenleben und Geistesstreben im Zusammenhange mit Welt und Erdenentwickelung. GA 212.
206 Siehe Anmerkung 200.
207 Siehe Anmerkung 10.
208 Dornach, 19. Januar 1923. In: *Lebendiges Naturerkennen. Intellektueller Sündenfall und spirituelle Sündenerhebung*. GA 220.
209 Siehe Anmerkung 208.
210 Siehe Anmerkung 208.
211 Wien, 29. März 1910. In: *Makrokosmos und Mikrokosmos*. GA 119.
212 *Seelenübungen mit Wort- und Sinnbild-Meditationen*. GA 267. S. 464.
213 *Aus den Inhalten der esoterischen Stunden*. GA 266/1. S. 100.
214 Wien, 31. März 1910. In: *Makrokosmos und Mikrokosmos*. GA 119. S. 286.
215 Siehe Anmerkung 175.
216 Siehe Anmerkung 175.
217 Siehe Anmerkung 175.
218 Siehe Anmerkung 175.
219 Siehe Anmerkung 30.
220 Siehe Anmerkung 192.

ANMERKUNGEN

221 Dornach, 19. Dezember 1920. In: *Die Brücke zwischen der Weltgeistigkeit und dem Physischen des Menschen.* GA 202.
222 Siehe Anmerkung 221.
223 Siehe Anmerkung 221.
224 Siehe Anmerkung 221.
225 Rittelmeyer, Friedrich: *Meditation. Zwölf Briefe über Selbsterziehung.* 12. Aufl. Verlag Urachhaus, Stuttgart 1989.
226 Siehe Anmerkung 162.
227 *Ein Weg zur Selbsterkenntnis des Menschen.* GA 16. 2004, S. 79f.
228 *Theosophie.* GA 9. S. 172
229 Rudolf Steiner hat über Asura wenig mitgeteilt, aber diese wenigen Mitteilungen tragen wesentlich dazu bei, die traditionellen Vorstellungen über das Böse differenziert betrachten zu können. Ich habe die folgenden Quellen benutzt: *Beiträge zur Rudolf Steiner Gesamtausgabe.* Nrn. 67/68, 69/70, 71/72 und 78 wie auch die GA Nrn. 51,92, 93, 93a, 99, 104, 104a, 107, 108, 114, 191, 264, 266a und 296.
230 Betty J. Eadie: *Licht am Ende des Lebens.* München 1994. S. 63 ff.
231 Dannion Brinkley: *Zurück ins Leben.* München 1994. S.63
232 *Die Philosophie der Freiheit.* GA 4. S. 268
233 *Die Philosophie der Freiheit.* Erstes Kapitel «Die Ziele alles Wissens».Berlin 1894. S. 8. – Für die Auflage 1918 überarbeitete Rudolf Steiner das erste Kapitel, «Die Ziele alles Wissens», und setzte es als «Zweiter Anhang» ans Ende des Buches. Darum findet sich die zitierte Fassung in keiner der späteren Ausgaben der *Philosophie der Freiheit.*
Die Originalfassung des Kapitels «Die Ziele alles Wissens» findet man in den folgenden Büchern:
– *Die Philosophie der Freiheit.* Photomechanischer Nachdruck der Erstauflage von 1894. Herausgeber Kurt Franz David. Dornach 1983.
– Rudolf Steiner: *Dokumente zur «Philosophie der Freiheit».* GA 4.
– Rudolf Steiner: *Die Philosophie der Freiheit.* In: Florin Lowndes: *Codex – Rudolf Steiner decodiert.* Warburg 2009.

ANMERKUNGEN

234 Berlin, 29. Mai 1917. In: *Menschliche und menschheitliche Entwicklungswahrheiten. Die Karma des Materialismus.* GA 176.
235 Dornach, 29. September 1921, vormittags. In: *Vorträge und Kurse über christlich-religiöses Wirken II.* GA 343, S. 128.
236 Steiner beginnt seine schriftstellerische Tätigkeit im Jahr 1883 mit seinen Einführungen zu Goethes Naturwissenschaftlichen Schriften, deren Herausgeber er war: *Goethes Werke. Naturwissenschaftliche Schriften. Herausgegeben von Rudolf Steiner. Erster Band.* In: «Deutsche National-Literatur». Herausgegeben von Joseph Kürschner. 114. Band. Berlin und Stuttgart, 1883.
237 Siehe Anmerkung 45.
238 Siehe Anmerkung 62.
239 Berlin, 3. Juli 1918. In: *Erdensterben und Weltenleben. Anthroposophische Lebensgaben. Bewusstseins-Notwendigkeiten für Gegenwart und Zukunft.* GA 181.
240 Siehe Anmerkung 57.
241 Brief an die Mitglieder. Nachrichtenblatt, 23. März 1924. In: *Die Konstitution der Allgemeinen Anthroposophischen Gesellschaft und der Freien Hochschule für Geisteswissenschaft. Der Wiederaufbau des Goetheanum.* GA 260 a.
242 London, 30. August 1922. In: *Das Geheimnis der Trinität.* GA 214.
243 Prag, 15. Mai 1915. In: *Das Geheimnis des Todes.* GA 159.
244 *Was in der Anthroposophischen Gesellschaft vorgeht*, 15. Juni 1980.

Register

Abbau, -kräfte 205 f.
Ahriman 33, 131, 139, 142, 151, 153, 156, 158 f., 211, 350, 399, 400 ff.
– als «Herr des Intellekts» 143
– denkt im heutigen Menschen 158
– der gute Ahriman 143, 388
– erlösen 141
– seine Gaben 158
– herrscht über die zweite Lebenshälfte 134
– und äußere Form 148
– und begriffliches Denken 155
– und das 9. Lebensjahr 132
– und das Skelett 145
– und Differenzieren 145
– und Gesetze 148
– und Computer-Intellekt 133
– und Macht 150
– und physisch-leibliches Trugbild 136
ahrimanischer Strom 348
Allgemeine Menschenkunde 151
Alternsforschung
– Ergebnisse der 280

Angeloi (Engel) 184, 190, 199, 204, 208, 212, 320, 398, 400
– als Geistselbst 305 ff.
– als Sonnenwesen 255, 362
– als kosmisches Vorbild des Menschen 255, 362
– Denken als ihre Gabe 215
– hinter jedem Menschen 254
– im 1. Kindheitsalter 184
– und das Ich 255
– und Initiierter 266 f.
– und Luzifer 400 f.
Anschauendes Denken 324, 351, 373
Anthroposophie (siehe auch Geisteswissenschaft) 33, 88, 104, 117 ff., 183, 195, 219 ff., 250, 264, 423 ff.
– als Lebensweise 120
– Anfänge der 111
– ist eine Wesenheit (keine Lehre) 413
– Kern der 425
– -Kultur 413
– und Biografie 33
– Weg zur A. finden 40, 118, 151 ff., 216 ff., 251 f., 272
– Willensweg 214

449

REGISTER

Archai 190, 199, 204, 212, 320, 325, 398, 402
- als Geistesmensch 305, 314, 316
- als Urkräfte 184
- als Zeitgeist 182
- und Asuras 400 ff.
- und Herz-Denken 402
- und Menschenschicksal 198
- und Pubertät 185
- und Venus-Dasein 184
- und Weltentstehung 185 f.

Archangeloi (Erzengel) 190, 199, 204, 208, 212, 254, 305, 320, 381, 398, 401 f.
- als Lebensgeist 313
- als Volksgeist 182 ff.
- und Ahriman 400 f.
- und Lebenskräfte 311
- und Merkur-Dasein 184
- und Schulalter 184
- und Welt des Sohnes 313 f.

Archangelos 398

Arché 398

Astralleib 35, 54, 73 ff., 307, 343, 347
- Einfluss Luzifers und Ahrimans 139
- und Lebensgeist 312
- und Mondknoten 276
- und Mondwesen 194
- und Tor des Mondes 257
- tritt zurück und verhärtet 61
- Verwandlung des 407

Asura 399 f., 402, 413

At the Hour of Death 242

Aufbaukräfte 61, 205

Aura
- des jungen Menschen 29
- des Kindes 297
- des Vater-Prinzips 319

«Badewannenform» 324, 356, 365

Baum der Erkenntnis 375, 401

Baum des Lebens 375

Belyi, Andrej 41

Bewusstseinsseele 39, 42, 54, 97, 156, 216, 234, 276, 305, 342, 393, 407, 413
- und die Engländer 96

bildhafte Fantasie
- und die Teenager-Jahre 206

Bildhaftigkeit
- sinnenfällige und spirituelle 63

«Charley-Gray-Syndrom» 31

Cherubim 186, 191, 193, 199, 206, 221

Christus 120 ff., 295, 299 f., 314, 327, 382, 386 ff., 423
- als Sonnenwesen 94
- der Weg, die Wahrheit und das Leben 299

- der Willensweg zu 121
- Gott der Wiedergeburt 122
- und der Jahreslauf 312
- und die Polarität
  Luzifer/Ahriman 423

Christus-Impuls 107, 423
Christus-Sprache 106
Christus-Tat 344
Christus-Wesen 312, 345
Christus Jesus
- sein Tod und das 33. Jahr der Menschheit 295
- und Bewusstseinsformen 300 f.
- und die «drei Jahre» 299 f.

Das Licht von drüben 329, 383
Das wiedergefundene Licht 338
«Dementia praecox» (Demenz) 411
Denken
- reines, von Luzifer und Ahriman ungestörtes 139 f.
- Weg zum Christus 107
Deutsche
- und Ich-Seele 96
Devachan 243 ff.
Die Erziehung des Kindes 323
Die Philosophie der Freiheit 243, 258, 377, 408
Dynamis 186, 190 f., 199

Ecco homo 386, 388
Edmunds, Francis 119
Ehe
- Partnerprobleme 260
- früh geschlossene 35, 260
- karmische Aufgabe 339
- Nestbauinstinkt 209, 260
Eingeweihter
- Begegnung mit anderen Menschen 265 ff.
- seine Schau der Lebenszyklen 163
- und die Angeloi 267
- und seine Fähigkeiten 305
Einweihung (s. auch Initiation) 32, 167
Elohim (s. auch Exusiai und Sonnengeister der Form)
- als Geber des Ich 128
Elternliebe 236 f.
Empfindungsseele 36, 50, 54, 64, 93, 96, 238, 292, 315, 342, 405, 407
- und die Italiener 96
- und die Jahre 21-28 36
Engel (Angeloi)
- als Geistselbst 305 ff.
- als kosmisches Vorbild des Menschen 362
- als Träger des wahren Selbst 311
- dachten im Menschen 158
- Denken als Gabe der 215
- deren Wohnsitz 255

– inspirieren Weisheit 312
– Sprache der 103
– verlassen vom 209
Entwicklung
– dreigliedrige 342
– viergliedrige 343
– siebengliedrige 342
– neungliedrige 342
Eros
– und Jugend 35
Erwachsenenleben
– frühes und spätes 291 f.
– Phasen 31
Erzengel (Archangelos)
– als Lebensgeist 305
– als Volksgeist 182
Erzengel Gabriel 51
Erzengel Michael 144
Ethischer Individualismus 243
«Ex Deo nascimur» 121, 327, 388, 408, 426
Exusiai 186, 190 f., 199

Faust
– Entstehungsgeschichte 356
Fegefeuer/Kamaloka 285
Fortpflanzungskraft
– Aufhören der 49, 292
Franzosen
– und die Verstandesseele 96
Freiheit 83, 100, 168, 187, 196, 207, 250, 257, 296, 356, 362 f., 372, 382 ff., 411 f.

– als geistige Aktivität 202, 255
– als Geistwille 316
– als Herausforderung 279
– aus Einsicht 250
– Beginn der 65
– verlieren 158
– drei Möglichkeiten der 151
– Gabe des höheren Selbst 310
– Irrtum über 83
– Quell der 364
– Weg zur 143
Freundschaften
– egoistische 230
– im späteren Leben 232
– in der Jugend 231 f.

*G*arbo, Greta 114
Geburt(en) der Wesensglieder
– alle sieben Jahre 54
– des astralischen Leibes 54
– des ätherischen Leibes 54
– des Ich 54, 128
– des physischen Leibes 54
Gedächtnis (Erinnerung)
– Beginn 131
Geheimwissenschaft im Umriss 152, 327
Gehirn
– und geistige Kräfte 297
Geistesmensch 45, 54, 305, 306 f., 342 f., 345, 352, 355, 366, 381, 393, 405 ff.

REGISTER

- als vergeistigter physischer
    Leib 305
- aus einem Archai geboren
    314, 316
- in der Lebensmitte 306
- seine neuen Mysterien 320
Geisteswissenschaft (siehe auch
    Anthroposophie)
- als Gedankenwissenschaft
    37
- und die Biografie 33
- und die Jahre 28-35 37
Geistselbst 43, 54, 96, 98, 282,
    308, 313, 319 f., 329 f., 342 f.,
    345, 352, 366, 368, 393, 405 ff.
- Begegnung des Ich mit 306 f.
- umgewandelter Astralleib 305
- und Nachtschlaf 306 f.
Geistselbst-Seele
- und die Russen 96
«Genius» 331
- als Geistselbst 308, 329 f.
- Begegnung mit 307 f.
- von Angeloi getragen 308
Geschlechtsreife 79, 171, 174,
    178, 184 f., 197, 204, 346
Gesetz des Schicksals (Karma)
    192
Golgatha, Mysterium von 121,
    295, 312 f., 344
Gottessohn
- und Menschensohn 300 f.,
    386
Göttliche Komödie 172

Heiliger Geist
- in Engelgestalt 320
Herzensdenken 154, 386
Herzenskräfte 87
Herz-Denken 365, 375 f., 402
Hierarchien 61, 63, 103, 109,
    131, 143, 163–221, 253, 283,
    345, 381, 389, 392, 398, 402
- Geführtwerden durch 219
- Gestalter des Karma 198 f.,
    210
- und Anthroposophie 220
- und der dreigliedrige Mensch
    201, 204
- und die 21-Jahres-Perioden
    201
Hierarchie, die erste 308, 325
- als Willenshierarchie 183,
    202, 214
- und Stoffwechsel-Gliedmaßen-
    System 202
- und der menschliche Wille
    183, 202
- und die zweite Lebenshälfte
    214
Hierarchie, die zweite 314, 364
- alleiniges Wirken 204, 208 f.
- und Fühlen 183
- und Pubertät 204
Hierarchie, die dritte 320
- Gedanken-Hierarchie 203
- und Nerven-Sinnes-
    System 204
- und die Trinität 305

– und Verstandeskräfte 183
Hippokrates 341
Hundertjährige 279, 395

Ich-Kultur 413
Ich-Organisation 377
Ich-Seele des Deutschen 96
Ich-Wesen 299, 307, 329
Ich-Wesenheit des
 Christus 299
Imagination 154 f., 167 f.,
 239,329, 331, 347, 372 f.
Initiation (s. auch Einweihung)
 52, 165 ff., 188, 266 ff.
– des Willens 120
– und Imagination 169
– und Inspiration 169, 173 f.
Initiationswissenschaft 182,
 254 f., 266, 423, 425
«In Christo morimur» 327,
 388, 409, 426
Inkarnation 53, 67, 182, 208,
 220, 230 f., 234 ff., 253, 277,
 300, 315, 324, 326, 341, 344,
 354, 357, 362, 381, 391, 406
– des Christus und die ersten
 drei Jahre 299
– Ende der Inkarnations-
 reihe 402
– in Wellen 226
– karmische Sequenzen 192,
 318 f.
– planen 283

– Vorblick auf 194
Inspiration 40, 85 ff., 167, 169 f.
– und geistige Wahrnehmungsorgane 181
Italiener
– und Empfindungsseele 96

«Jahre der Gnade» (63–126)
 279, 342 f., 381, 395
Jahve
– als Monden-Elohim 93
– Gott der Geburt, Persönlich-
 keit und Völker 93
– und Idealismus der Jugend
 121
Jugendkräfte 36, 42 f., 52, 64,
 69, 109, 113, 149, 291 ff.
Jugendkräfte/Seelenreife 48,
 292
Jobs, Steve 284
Jugendzeit 109
Jupiter(sphäre)
– Schenker von Weisheit 179

Kamaloka/Fegefeuer 285
Karma 179, 192 ff., 197 ff., 199.
 200, 207, 225–267, 277, 317,
 327, 355 ff., 391, 430
– altes und neues 260, 263,
 271
– bei der Schwangerschaftsunterbrechung 237

- Erfüllung des 210, 271
- Missverständnis des Begriffs 259
- gestaltet das Schicksal 198 ff.
- karmafreie Jahre 342, 357–363, 388, 395, 405
- Notwendigkeit des 342
- und das 63. Lebensjahr 271, 342, 395, 405

Kentaur
- Bild der Lebensperioden 42

Kind
- Aura des Kindes 297
«Kind der Götter» 46, 355

Kopf
- und Erziehung 83
- Verhältnis zum Herzen 83 ff.

Kosmisches Jahr 273

Krise
- mit 33 207, 344, 350, 354, 358
- um 30 35, 344
- um 35 94
- Krisenjahre 327, 363

Kulturepochen 48 f., 292 f., 413
- und Anthroposophie 409, 413
- und Entwicklungsalter der Menschheit 48 f., 292

Kyriotetes 186, 190 f., 199

Langlebigkeit von 100 Jahren 280

Leben
- Dauer bei Mensch und Tieren 272
- die drei großen Phasen 34
- vorgeburtlicher Vorblick 194
- Lebenserwartung von 100 Jahren 280

Lebensalter
- des Abenteuers 36, 326, 363
- der Arbeit für die Allgemeinheit 326
- der Einsamkeit 364
- der Identifikation 326
- der Nachahmung 326, 348 f.
- der Unabhängigkeit 58, 326, 346, 358, 366
- der Verarbeitung von Erfahrungen 113 f., 326
- hohes Alter 279 ff.

2 1/3-Jahres-Rhythmus 325, 333, 343, 345, 347 ff., 358
3: 131, 299, 366
- luziferischer Einfluss 131
0–7: 35, 128, 166, 169, 171, 173, 178, 351, 366
7–14: 128, 166, 169 f., 178, 343, 351, 366, 370 f.
9: ahrimanischer Einfluss 132
9 1/3: 57, 348
11 2/3: 57, 349
12: 47
- Erwachen des Intellekts 56

REGISTER

14-21: 128 f., 131, 166, 169 ff.,
178, 184, 204 f., 343, 346, 351,
366, 412
18/7 (Mondknoten): 34, 274,
325, 345
21-28: 36, 42, 96, 128 f., 131,
205, 208, 358, 363, 366
21-42: 42, 129, 166, 171, 174,
178, 197, 343 f., 363 f., 357 f.,
366
27: 33, 43, 48 ff., 68, 96,
179
– Ende der Jugendkräfte 149,
292 ff., 411
– Ende der natürlichen Entwicklung 43, 49, 292
28-35: 37, 315, 349, 358, 363,
366
28–42: Begegnung mit dem Vater-Prinzip 314 ff.
30 : 64, 70, 149, 213, 230, 294,
315, 318
– Entwicklung nach 358
– Krise um 31, 35, 344
– und karmische Beziehungen
230
32: Krise im Jahr 346
33:
– im Leben Rudolf Steiners 258
– Krise 209, 344, 349 f., 354,
357 f.
– Todeserfahrung 294 f.
– Tod und Auferstehung Christi
295

– Verdunkelung des geistigen Lebens 295
35:
– die Brücke 66–79, 368
– Einsamkeit 64
– Grenzscheide 79
– innere Motivation 70
– körperliche Kräfte nach 60 f.
– Lebensmitte 60, 72, 75
– Lehrer der Geisteswissenschaft 77 f.
– mit sich selbst beschäftigt 75
– Reife danach 71 ff.
– Rückzug ins Innere 73
– spirituelle Anlagen 73
– Inkarnation/Exkarnation
60 f.
– und frühere Verkörperungen 71
– und Ratgeben 71
– Urteilsvermögen 75
– Wendepunkt 70 ff.
35–42: 31, 39, 364, 366
37/2 (Mondknoten) 274
42–49: 43, 166, 170, 174, 351,
366
– Geistselbst als Möglichkeit 43
49–56: 166, 170, 174, 351, 366
– Lebensgeist als Möglichkeit 44
55/10 (Mondknoten) 274, 277
56–63: 167, 170, 172, 175, 179,
351, 366
– Geistesmensch als Möglichkeit 45

63: 48, 356 f.
- die Jahre nach 46, 167 f., 271, 324, 341, 355
- im Leben Rudolf Steiners 46
- und Karma 363, 395
  (s. auch «Jahre der Gnade»)
- Zyklen von 395, 405
63-84: 357 ff.
72: Lebensspanne von 34, 273, 279
74/5 (Mondknoten) 274, 278
64-126: 357
93: (Mondknoten) 278
100: durchschnittliche Lebenserwartung von 280
120: Lebenspanne von 280
Lebensgeist 44, 54, 307, 313 f., 320, 342 f., 345, 352, 370 f., 393, 405 ff.
- als Potenzial 44
- Erneuerung 306
- umgewandelter Lebensleib 305
- und Christus 381 ff.
Lebenskräfte 35, 44, 59, 61, 115, 120, 204, 214, 238, 277, 294, 311, 360, 366, 381 f.
Lebensperioden
- als Seelenorgane 171
- als Wahrnehmungsorgane 169 f., 181
Lebensplan
- Bedeutung 67
- urbildhaft 305, 323
- -Modelle 397

Lebensspanne von 120 Jahren 280
Lebenstableau 164 ff., 173, 181 f., 184, 188, 196 f., 285, 329 ff., 347, 351, 372 f., 379
- als vorgeburtliche Schau 194
- Raum und Zeit 188
- während des Schlafens 329 f.
Leben nach dem Tod 22 f., 105, 165, 329, 382
Lebensrückschau 105
- objektive und subjektive 227
Lehrer
- und Karma 234 f.
Leinhas, Emil 90
Lichtwesen 65, 105, 265, 382
Logos
- drei Aspekte 320
Lusseyran, Jacques 338
Luzifer 83, 131-136, 139-159, 217, 350, 399 ff., 402, 405
- der gute 143, 388
- im Schlaf 140
- in revolutionären Strömungen 142
- Irrtum über 83
- hat kein Wahrheitsgefühl 152, 155
- Regent über die erste Lebenshälfte 134
- «Schutzheiliger» der Jugend 211
- seine Gaben 143, 158, 388

– und aufgeblasenes Ego 133
– und das 3. Lebensjahr 131
– und das Ich 131
– und Erinnerung 131
– und Formlosigkeit 148
– und Freiheit 83
– und geistig-seelisches Trugbild 136
– und Gesetze 148
– und Kunst und Religion 144
– und Mystiker 148
– und Selbstgefühl 131
– und Vereinheitlichungstendenz 145
– wohltätige Wirkung 134

Mantren 218
Mars-Sphäre
– und Individualisierung 179
– und Lebensalter 42-49 174
Meditation(en) 218
– der meisten Menschen 218
– rosenkreuzerische 327
Menschensohn
– und Gottessohn 300
Merkur-Sphäre
– und das Lebensalter 7-14 174
Metamorphose (Verwandlung) 33, 44, 61, 120, 134, 136, 187, 344 f., 349, 364
– als christliches Ideal 188
– der Pflanze 59, 189
– der Seelenkräfte 234

– des Herzdenkens 154
– des Seelenlebens 312
– durch Christus-Kräfte 345
– durch inneren Tod 344
– im Lebenslauf 301
– Reihe von 301
Messner, Reinhold 286
Michael (Erzengel)
– seine Aufgabe 221
– Träger der Waage 144
– und Asura 402
– und das Herz-Denken 402
– Zeitgeist 402
Mond
– der große Mahner 258
– Kräfte 69, 177 f., 256
– Tor des Mondes 69, 253 f.
– und altes Karma 260
– Wesen 129, 173, 194, 254
Mondenlehrer
– Bewahrer der Lebenserinnerungen 253
– Geführtwerden durch 190
Mondensphäre
– in der M. nach dem Tod 189
– und die Kindheit 176, 182
Mondknoten 34, 274, 276 ff., 286, 325, 345, 347
– im hohen Alter 286
Moses 285, 397
Moody, Raymond 22 f., 105, 165, 329, 382
Mutter-Sohn-Beziehung 238

Mysterium von Golgatha 121, 295, 312 f., 344
Mystischer Kubus 139 f.

Nah-Tod-Erlebnisse 164, 241, 408
– und das Lichtwesen 382
– Verwandler des Lebens 383
Nietzsche (Friedrich) 412

«Per Spiritum Sanctum reviviscimus» 327, 388, 409, 427
Pflanze
– imaginatives Bild des Lebenslaufes 58 ff.
Phaidon 379
Planetensphären
– und die Hierarchien 184
– und Inspiration 181
– und Karma 197 f.
– und Lebensalter 201 f.
Platon 220, 282, 387, 410
– seine letzte Inkarnation 220
– und die Mysterien 387
Pneumatografie 357
Pubertät 133, 204, 292
– und die zweite Hierarchie 204

Reife (s. auch Unreife) 30, 67, 101, 178, 215, 237, 291 ff., 352, 393, 411

– der Persönlichkeit 35 f.
– der Seele in den Kulturepochen 48 f.
– des Geistes 34, 45, 72, 77 ff., 84, 109, 115 ff., 150, 202, 280, 296, 301, 306, 346, 395, 403
– seelische 44, 83, 92, 177
Ritchie, George 23, 329
Rittelmeyer, Friedrich 387
Rosenkreuzer
– Meditation 327
– Pfad 217
Rückkehr von morgen 23, 329
Russen
– und Geistselbst-Seele 96

Saturn-Sphäre
– und die Jahre 56-63 179
Säulenworte 327, 342, 417
Schicksal (s. auch Karma) 67, 92, 96, 103 f., 108 f., 163, 172, 181 f., 186, 192–199, 209, 225–230, 233, 235, 238, 249, 250–254, 258 ff., 263 f., 266, 277, 282 ff., 310, 316, 323, 330, 335 f., 338, 341, 346, 362, 374, 405 ff.
– Signatur des S. 334
Schlaf
– Heiligkeit des S. 310, 320
Schmetterling 63, 217, 340, 364, 394

– Bild der Seelen-
  verwandlung 64
Schopenhauer (Arthur) 281
Schröer, Karl Julius 220
Schutzengel, -geist 51, 104,
  267
– beim Schlaf 310
– der Familie 51
Schwangerschaftsabbruch
– karmische Folgen 237
Seelenkalender 311
Seelenreife/Jugendkräfte 48,
  292
Selbstmord 316
Seraphim 186, 191, 193, 199,
  206, 221
Smit, Jörgen 429
Sokrates 281, 379
Sonne
– als Geburtsort 196
– das Tor der 254 ff.
– innere 43, 69, 296, 345
– Quell des Moralischen 364
– und der Stern des Menschen
  272 f.
– und neues Karma 260, 362 f.
– Wohnsitz der Angeloi 255,
  362
Sonnen-Sphäre
– und die Jahre 21–42 174, 178
Sonnengeister der Form
– als Schenker des Ich 128
Sonnenwesen
– und Freiheit 255, 363

Sonnenzyklus
– das Leben nach Ablauf des
  271
Steiner, Rudolf 34, 42, 45, 156
– im 33. Lebensjahr 258
– seine «trockene mathematische Stilweise» 155
– seine Biografie 328
– seine Karmaforschung 47
Stern(e)
– als Engel 307
– jedes einzelnen Menschen
  272 f.
«Stirb und Werde» 326 f., 355,
  357 ff., 363, 409

The Couple's Journey 260
Theosophie 54, 172, 282,
  407
Throne 186, 191, 193, 199,
  206, 221
Timaios 387
Tochter-Vater-Beziehung 238
Tod
– als innere Erfahrung 294
– früher 316 f.
Todeskräfte 296
Toscanini, Arturo 330
Traum und Mondenkarma 262
Trinität 34, 305, 327
Tunnel-Erlebnis 329 ff.

Übermensch (Nietzsches) 412
Unreife (s. auch Reife) 46, 50,
  68, 78, 85 f., 116, 201, 346
Urbild (Archetyp)
  – der Biografie 361, 372
  – des Lebenslaufes 365, 386,
    408
  – des Menschen 344, 387
  – Einswerden mit 361

Vater-Prinzip
  – Aura 319
  – Begegnung mit 315 ff.
  – und das Alter 28–42 314 f.
  – und das Alter 28–35 315
  – und Selbstmord 316
Vater-Tochter-Beziehung 238
Venus-Sphäre
  – und die Jahre 14-21 178
Vererbung 93, 163, 177, 196,
    239 f., 339
  – ihre Verwandlung 240
  – Kinder wählen ihre Eltern 236
  – Selektion von Eigenschaften 239 f.
  – vom Vater 239
  – von der Mutter 239
  – und Umwelt 238
Verstandesseele
  – und Franzosen 96
Verstandes-Gemütsseele 36,
    54, 96, 149, 294, 315, 342,
    393, 405, 407, 412 f.
  – und die Jahre 28-35 37
Verwandlung (s. Metamorphose)
Vier Mysteriendramen 139
Vom Menschenrätsel 377
Vorgeburtliches
  Lebenstableau 194

Wahrheit, Schönheit,
  Güte 143, 326, 367
Waldorfschule
  – Lehrplan 49, 56 f., 348
Weg
  – des Denkens/Gedankenweg 93, 103, 107, 150, 215
  – des Fühlens (Urteils) 93
  – des Wollens 93, 219
  – vom Denken zum
    Wollen 219
  – zum Geist 368, 380, 425
  – zum Christus 107
Wegman, Ita 430
Weihnachten (Mittwinter)
  – Begegnung mit dem
    Lebensgeist 312
  – Begegnung mit dem
    Sohn 314
Welt des Sohnes 311, 382
Weltenordnung 137, 198, 316,
    380
Wie erlangt man Erkenntnisse
  der höheren Welten?
    120, 152

Wiedergeburt   93, 107, 121 ff.,
    357
Wille (Wollen)
– bei jungen und bei älteren
    Menschen   202
– Initiation des   120
– und die erste Hierarchie   202
– Weg des   93
– Weg zum Christus   121
Wilson, Woodrow
– und abstrakte Ideale   293

Zeit
– Gestalt   372
– Mensch als Zeitwesen   305
– -Struktur des Lebens   163
– Zusammenziehung und
    Ausdehnung   188 f.
Zeitgeist   46, 97, 355, 402

NOTIZEN

NOTIZEN